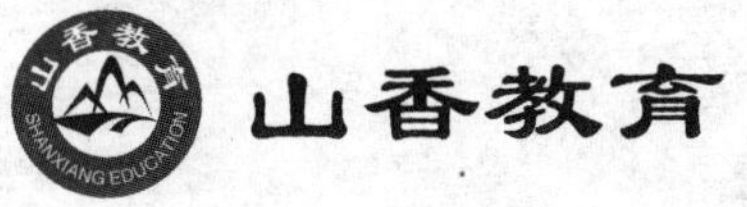

准考证号______

姓名______

河南省特岗教师招聘考试

历年真题详解及预测试卷

教育理论基础(真题题本)

重要提示:

为维护您的个人权益,确保考试的公平公正,请您帮助我们监督考试实施工作。

本场考试规定:监考人员要向本考场全体考生展示题本密封情况,并邀请2名考生代表验封签字后,方能开启试卷袋。

目　录

2023年河南省特岗教师招聘考试教育理论基础真题试卷(一)

(满分150分　时间120分钟)

本套试卷共50小题,包括单项选择题(25小题),多项选择题(10小题),判断题(10小题),案例分析题(2小题),论述题(1小题),教学设计题(1小题),教育写作(1小题)。

一、单项选择题(请在每小题的四个选项中选出一个正确答案,并将正确选项的字母写在括号内。不选、错选或多选者,该题无分。本大题共25小题,每小题1分,共25分)

1.党的二十大报告指出,中国的问题必须从中国基本国情出发,由中国人自己来解答。这体现出开辟马克思主义中国化时代化新境界(　　)

A.必须坚持人民至上　　B.必须坚持自信自立

C.必须坚持守正创新　　D.必须坚持问题导向

2.教育部印发的《关于加强中小学地方课程和校本课程建设与管理的意见》指出,中小学地方课程和校本课程要强化系统设计,增强地方课程、校本课程与国家课程的有效配合,形成课程育人合力。这遵循的原则是(　　)

A.整体设计,协同育人　　B.因地制宜,体现特色

C.以管促建,提升质量　　D.以评促建,提升质量

3.初二学生李某品学兼优,因为拒绝参加班主任介绍的培训班,期末操行评定被评为D等。班主任这种行为侵犯了李某的(　　)(常考)

A.人身自由权　　B.隐私权

C.人格尊严权　　D.受教育权

4.教师在课堂教学、日常管理中,对违规违纪情节较为轻微的学生,可以当场实施的教育惩戒方式是(　　)

A.由学校德育工作负责人予以训导　　B.暂停校外集体活动

C.一节课堂教学时间内的教室内站立　　D.承担校内公益服务任务

5.教师应该理解学生的情感,包容学生的缺点。这体现的教师职业道德规范是(　　)

A.爱国守法　　B.关爱学生

C.终身学习　　D.为人师表

6.某市豫剧团在多所学校开展"戏剧进校园"活动。这体现了影响学校教育的因素是(　　)

A.政治　　B.经济　　C.文化　　D.科技

山香教育 SHANXIANG EDUCATION

7. 家长一门心思把孩子送进名校或名师班级。这种现象表明家长过度重视(　　)

A. 遗传因素　　B. 环境因素　　C. 家庭因素　　D. 主观因素

8. 根据学生评价调整学校教育发展方向,改善教育活动。这体现了学生评价的(　　)(易错)

A. 诊断功能　　B. 管理功能　　C. 激励功能　　D. 发展功能

9. 师生关系类型多样,其中最基本的关系是(　　)

A. 社会关系　　B. 教育关系　　C. 心理关系　　D. 伦理关系

10. 课堂教学中教师引导学生模拟科学家发现知识的过程,以学生为主体,一步一步揭示和总结问题的答案。这属于新课改倡导的(　　)

A. 自主学习　　B. 合作学习　　C. 探究学习　　D. 综合学习

11. 教师用动画片、故事等学生喜闻乐见的形式导入新课。这种导入形式体现了(　　)

A. 导入要有针对性　　B. 导入要有趣味性

C. 导入要有厚重感　　D. 导入要有"度"的把握

12. 下列选项中,作者和教育名著对应不正确的是(　　)(易混)

A. 洛克——《教育漫话》　　B. 第斯多惠——《德国教师培养指南》

C. 乌申斯基——《人是教育的对象》　　D. 保罗·朗格朗——《学会生存》

13. 虚拟仿真技术是20世纪末兴起的一门综合性信息技术,近年来逐渐引发了教育教学的深刻变革。虚拟仿真技术引发的变革不包括(　　)

A. 引发学生学习环境的变化　　B. 推动学生学习方式的革新

C. 取代学生学习体验的发生　　D. 促进学生学习习惯的改变

14. 教师为了帮助学生加深理解本节课所学习的知识,根据课程内容设置了具有一定延伸意义和高层次的作业。这种作业是(　　)(易混)

A. 预习型作业　　B. 巩固型作业

C. 拓展型作业　　D. 综合型作业

15. "出自造物主之手的东西都是好的,而一到了人的手里,就全变坏了。"这句话蕴含的教育思想是(　　)

A. 自然主义　　B. 经院主义

C. 理性主义　　D. 要素主义

16. "一手画方,一手画圆"体现的注意品质是(　　)

A. 注意广度　　B. 注意分配　　C. 注意分散　　D. 注意转移

17. 快速播放静止的图片,让人看到连续运动的场景,这是利用了(　　)

A. 视觉后像　　B. 感觉对比　　C. 视觉适应　　D. 感觉补偿

18. 人类记忆结构由三个不同的子系统构成,短时记忆能转化为长时记忆的有效方法是(　　)

A. 复述　　B. 编码　　C. 注意　　D. 提取

19. 学生因上课专心听讲而受到老师表扬，逐步养成良好的听课习惯，其理论依据是(　　)(易混)

A. 经典性条件反射　　B. 联结反应

C. 操作性条件反射　　D. 习惯成自然

20. 根据埃里克森的心理发展理论，小学阶段学生的主要发展任务是(　　)

A. 获得勤奋感、克服自卑感　　B. 获得主动感、克服内疚感

C. 获得亲密感、避免孤独感　　D. 获得完善感、避免失望

21. 下列选项中，不属于训练学生创造性思维的常用方法是(　　)

A. 自我设计训练　　B. 推测与假设训练

C. 发散思维训练　　D. 评价与反思训练

22. 在操作技能形成中，动觉控制起主导作用的阶段是(　　)

A. 操作定向　　B. 操作模仿　　C. 操作整合　　D. 操作熟练

23. 教师在教学活动中表现出观察敏锐、语言流畅、思维严谨等多种能力，说明其具有(　　)(易错)

A. 教学天才　　B. 教学艺术　　C. 教学才能　　D. 教学智慧

24. 学生掌握了哺乳动物的特征是"哺乳"和"胎生"，与生活在水里、陆地没有关系，对于学生来说这个概念是(　　)

A. 具体概念　　B. 人工概念

C. 抽象概念　　D. 日常概念

25. 下列选项中，属于影响态度与品德学习的外部条件的是(　　)

A. 态度定势　　B. 道德认知　　C. 认知失调　　D. 同伴群体

二、多项选择题(每小题的五个选项中至少有两个选项是正确的，请将正确选项的字母写在括号内。不选、错选、少选或多选者，该题无分。本大题共10小题，每小题2分，共20分)

1. 下列选项中，体现了"爱岗敬业"的教师职业道德规范的有(　　)

A. 对成绩差的学生进行课外辅导

B. 用综合性标准对学生进行评价

C. 注重培养学生良好的品行

D. 积极寻找学生身上的闪光点

E. 立志在三尺讲台建功立业

2. 中小学校防治学生欺凌和暴力的直接责任人有(　　)

A. 校长　　B. 年级主任　　C. 班主任　　D. 学生家长

E. 分管法治教育副校长

3. 设计校本课程的教学目标应遵循的原则有(　　)

A. 发展性原则　　B. 整体性原则

C. 可行性原则　　D. 可操作性原则

E. 阶段性原则

山香教育 SHANXIANG EDUCATION

4. 从角色特点来看,班主任对于学生全面发展负有的责任包括(　　)

A. 教育的责任　　B. 培养的责任

C. 发现的责任　　D. 宣传的责任

E. 激活的责任

5. 说课是教学研究工作的重要形式。说课的主要内容包括(　　)

A. 说教材　　B. 说学情

C. 说教学过程　　D. 说教学目标

E. 说教法

6. 中小学教师学习教育学知识的价值包括(　　)

A. 反思日常教育经验　　B. 科学解释教育问题

C. 沟通教育理论与实践　　D. 培植坚定的教育信念

E. 促进教师成为研究者

7. 下列选项中,与意志坚持性相反的意志品质有(　　)(易错)

A. 独立性　　B. 独断性　　C. 盲从　　D. 执拗性

E. 动摇性

8. 学习迁移是一种学习对另一种学习的影响。下列选项中,属于学习迁移的有(　　)

A. 原型启发　　B. 触类旁通

C. 闻一知十　　D. 举一反三

E. 聪明过人

9. 根据皮亚杰的认知发展阶段理论,学生在具体运算阶段思维的主要特点有(　　)(常考)

A. 可逆性　　B. 守恒

C. 自我中心性　　D. 不可逆性

E. 去自我中心性

10. 心理现象包括心理过程和个性心理两个方面。下列选项中,属于心理过程的有(　　)

A. 认知过程　　B. 行动过程

C. 学习过程　　D. 意志过程

E. 情感过程

三、判断题(判断下列命题的正误,正确的请在题后的括号内打"√",错误的打"×"。本大题共 10 小题,每题 1 分,共 10 分)

1.《关于构建优质均衡的基本公共教育服务体系的意见》指出,完善交流轮岗保障与激励机制,将到乡村学校或办学条件薄弱学校任教 3 年以上作为申报高级职称的必要条件。

(　　)

2. 未成年学生对学生伤害事故负有责任的,由其监护人依法承担相应的赔偿责任。

(　　)

3. 孟子“扩充四端”的人性教育论和荀子“化性起伪”的人性教育论都属于外铄论。(常考)
(　　)

4. 自觉性是学生主观能动性的最高表现。(　　)

5. 讲授法的优点是有助于充分发挥学生的主动性和积极性。(　　)

6. 教学评价的价值在于运用它来探明、改善和提高教学活动。(　　)

7. 根据 A > B、B > C，推出 A > C，这种思维是发散思维。(　　)

8. 学生的学习动机水平越高，学习效果越好。(　　)

9. 不同气质类型的人做同样一件事情，其行为方式和情绪反应有所不同。(　　)

10. 在教学过程中，教师对教学活动进行不断的自我认识和反思的能力是教学监控能力。
(　　)

第 3 题

第 8 题

四、案例分析题(本大题共 2 小题，每小题 10 分，共 20 分)

1. 阅读材料，回答问题。

小王考取了某地的特岗教师，一开始他的工作热情很高。但是一学期之后，小王不想继续在农村任教，便向学校提出辞职。学校考虑到小王的聘任合同尚未到期，且小王突然辞职，其所担任课程无人接替，就暂未同意他的辞职申请，劝其继续在校任教。小王认为学校是故意为难自己，就经常迟到、早退，违反教学纪律。班上的同学因成绩不好而十分苦恼，小王老师也漠不关心，甚至对学生进行挖苦、讽刺。

请结合材料，运用教师职业道德和教育法律法规知识分析：

(1)小王老师违背了《新时代中小学教师职业行为十项准则》中的哪些准则？(6 分)

(2)小王老师违反了哪些教育法律法规？(4 分)

2. 阅读材料，回答问题。

语文课上，李老师为了让学生们理解并记住“家”字，先展示了“家”字的演变过程，然后根据甲骨文讲解了“家”字的真正含义，“家”字上面的“宀”与房屋有关，最早的房子是用来祭祀祖先或家族开会的地方，下面的“豕”指猪，是当时难得的祭品，用于最隆重的祭祀。通过这种方法，学生明白了“家”是人们遮风挡雨、团聚栖息的港湾。学生们觉得用这种方法易学好记，对生字的字形、字义都有了深刻的认识。

请结合材料，运用心理学知识分析：

(1)李老师是运用什么识记类型帮助学生记忆的？(2 分)

(2)教学中如何运用这种识记提高学生的学习效果？(8 分)

五、论述题(本大题共 15 分)

结合实践论述劳动教育如何与德育、智育、体育、美育相融合。

六、教学设计题(本大题共20分)

请根据下面提供的教学材料和相关情况,按要求完成教学设计。

教学材料:统编本七年级语文教材综合性学习板块——“天下国家”。

“天下国家”是一个古老的话题,在两千多年前的战国时期,人们就经常讨论。孟子说:“人有恒言,皆曰‘天下国家’。天下之本在国,国之本在家,家之本在身。”

请你根据上述材料完成该主题的综合性学习教学设计,写出设计的理念、目标与实施过程。

七、教育写作(本大题共40分)

阅读下面的材料,根据要求写作。

你们在信中说,走进乡土中国深处,才深刻理解什么是实事求是、怎么去联系群众,青年人就要"自找苦吃",说得很好。新时代中国青年就应该有这股精气神。党的二十大对建设农业强国作出部署,希望同学们志存高远、脚踏实地,把课堂学习和乡村实践紧密结合起来,厚植爱农情怀,练就兴农本领,在乡村振兴的大舞台上建功立业,为加快推进农业农村现代化、全面建设社会主义现代化国家贡献青春力量。

——习近平总书记给中国农业大学科技小院的同学们的回信

你对以上材料有哪些联想和思考?请从农村特岗教师的角度,写一篇文章。要求:选准角度,确定立意,明确文体,自拟标题,不要套作,不得抄袭。不得泄露个人信息,不少于600字。

扫码免费领取:
①精选历年考试真题及解析
②获取当地考试资讯,从容准备
③山香老师备考指导,不走弯路
④备考交流群,互动答疑,督促学习

免费领取方式:
①扫码关注公众号
②回复"资料"进行领取

2022年河南省特岗教师招聘考试教育理论基础真题试卷(二)

(满分150分　时间120分钟)

本套试卷共41小题,包括单项选择题(20小题)、判断题(15小题)、案例分析题(3小题)、论述题(1小题)、教学设计题(1小题)、教育写作(1小题)。

一、单项选择题(请在每小题的四个选项中选出一个正确答案,并将正确选项的字母写在括号内。不选、错选或多选者,该题无分。本大题共20小题,每小题2分,共40分)

1. 2021年3月,教育部等六部门印发了《义务教育质量评价指南》,其中,"践行为党育人、为国育才使命,坚持正确政绩观和科学教育质量观,促进义务教育公平发展和质量提升"体现的基本原则是(　　)

A. 坚持正确方向　　B. 坚持育人为本

C. 坚持问题导向　　D. 坚持以评促建

2. 2021年7月,中共中央办公厅、国务院办公厅印发了《关于进一步减轻义务教育阶段学生作业负担和校外培训负担的意见》,要求初中书面作业平均完成时间不超过(　　)(常考)

A. 60分钟　　B. 70分钟　　C. 80分钟　　D. 90分钟

3. 李老师在学生做实验时到室外接听电话,几个学生趁机乱扔实验用品导致实验室失火,所幸没有造成人员伤亡。李老师的这种行为(　　)

A. 侵犯了学生的健康权　　B. 属于不作为侵权

C. 侵犯了学生的受教育权　　D. 属于意外教学事故

4. 小明上课时不好好听课还干扰别人,王老师就令其本节课站到教室最后面反省,王老师的这种行为属于(　　)

A. 变相体罚　　B. 因材施教

C. 教育惩戒　　D. 教学管理

5. 根据《学生伤害事故处理办法》的规定,学校对未成年学生不承担(　　)

A. 安全教育职责　　B. 自救教育职责

C. 法定监护职责　　D. 安全管理职责

6. 习近平总书记提出的"四有好老师"主要体现了对教师的(　　)

A. 专业素养要求　　B. 政治素养要求

C. 知识结构要求　　D. 能力结构要求

山香教育 SHANXIANG EDUCATION

7. 提出“使无业者有业，使有业者乐业”教育思想的是(　　)(易混)

A. 黄炎培　　B. 陈鹤琴

C. 蔡元培　　D. 陶行知

8. 学校通过组织“我为父母洗脚”的活动，培养学生的感恩之心，这种德育方法属于(　　)

A. 说服法　　B. 榜样法　　C. 锻炼法　　D. 陶冶法

9. “古之王者，建国君民，教学为先”体现了教育目的价值取向上的(　　)(常考)

A. 个人本位论　　B. 科学本位论

C. 教育无目的论　　D. 社会本位论

10. 王老师课堂上鼓励学生质疑，以讨论、协商的方式解决问题，该教学管理类型是(　　)

A. 权威型　　B. 民主型　　C. 放任型　　D. 专制型

11. 下列选项中，对形成性评价的功能描述不正确的是(　　)

A. 有利于强化学生的学习　　B. 有利于确定学生的学习进度

C. 有利于给教师提供反馈　　D. 有利于检查学生的学习准备程度

12. 教师在课堂上经常对学生进行鼓励性反馈，给予积极的期待，增强学生学习的内部动力，该教学方法属于(　　)

A. 愉快教学法　　B. 情境教学法

C. 尝试教学法　　D. 成功教学法

13. 学生在阅读课文时发现某段语句没读懂，就放慢阅读速度，重新仔细地进行阅读，其使用的学习策略是(　　)(常考)

A. 复述策略　　B. 资源管理策略

C. 元认知策略　　D. 精加工策略

14. 为了帮助学生区分“燥”“躁”二字，教师把两字不同的偏旁部分标成红色，这符合知识感知的(　　)

A. 强度律　　B. 差异律

C. 活动律　　D. 组合律

15. 小轩在老师上课提问时，经常没有弄清题意，便抢先回答。他的认知风格属于(　　)(常考)

A. 冲动型　　B. 场独立型　　C. 沉思型　　D. 场依存型

16. 学生的学习目的不明确，在家长的督促下才能完成作业，应着重培养其意志品质的(　　)(易错)

A. 自制性　　B. 自觉性

C. 果断性　　D. 坚持性

17. 通过写诗作画让自己摆脱失去亲人的痛苦，这种情绪调节的方法是(　　)

A. 系统脱敏法　　B. 强化法

C. 幽默法　　　　　　　　　　　　D. 升华法

18.“先天下之忧而忧，后天下之乐而乐”体现的情感是(　　)

A. 道德感　　　　　　　　　　　　B. 理智感

C. 愉悦感　　　　　　　　　　　　D. 热爱感

19. 阳阳的数学成绩比语文成绩好，他学数学的积极性更高，这符合桑代克学习理论的(　　)

A. 准备律　　　　　　　　　　　　B. 练习律

C. 效果律　　　　　　　　　　　　D. 强化律

20. 教师利用榜样的作用使学生产生见贤思齐的上进心而不断完善自我，这种学习属于(　　)

A. 直接学习　　　　　　　　　　　B. 替代学习

C. 自主学习　　　　　　　　　　　D. 参与学习

二、判断题(判断下列命题的正误，正确的请在题后的括号打“√”，错误的打“×”。本大题共 15 小题，每小题 1 分，共 15 分)

21. 2022 年 3 月，教育部印发的《义务教育课程方案和课程标准(2022 年版)》从有理想、有本领、有担当三个方面，明确义务教育阶段时代新人培养的具体要求。(　　)

22. 学校在事先告知家长的情况下，可以给予违规违纪情节严重的小学高年级学生停课一周的教育惩戒。(　　)

23. 学校不能把教师考核结果作为受聘任教、实施奖惩的依据。(　　)

24. 教师若持有“性恶论”人性假设，其教育方法会更加注重“外铄”。(　　)

第 24 题

25. 数学、化学、生物等学科内容缺乏美的元素，教师很难在相应课程教学中开展美育。(　　)

26. 招聘、升学等选拔性考试通常采用目标参照评价。(易错)(　　)

27. 教育目的要反映生产力和科技发展对人才的需求。(　　)

28.“人生的扣子从一开始就要扣好”，强调的是价值观教育。(　　)

29. 个案研究法是在某一时间点，针对某一个体、某一群体或某一组织进行调查，从而研究其行为的一种研究方法。(　　)

30. 创造力是一种特殊的智力品质，智力越高的人，创造水平也越高。(　　)

31.“仁者见仁，智者见智”是人的心理主观性的体现。(　　)

32. 斯金纳的操作性条件作用理论不仅适用于塑造新行为，也适用于改变不良习惯。(　　)

第 32 题

33. 良好的师生关系及和谐的课堂气氛，是维持学生学习动机的基本条件。(　　)

34. 格塞尔“双生子爬梯实验”的结果表明，家庭教育在儿童发展中的作用更显著。(　　)

35. 萌萌听老师讲《猴子捞月》的故事，头脑中就产生了小猴子调皮、淘气的形象，这属于创造想象。(常考)(　　)

三、案例分析题(本大题共 3 小题,每小题 10 分,共 30 分)

36.“出彩河南人”2021 最美教师——元建周。元建周是河南省首批特岗教师,他扎根乡村,潜心教育十余年,诠释了一名教师对人民教育事业的忠诚。他生活节俭,从微薄的工资中拿出一部分来接济贫困学生,不让一个学生辍学,被学生亲切地称为元大哥。他利用业余时间不断充电,2015 年取得教育硕士专业学位。他教育学生懂得感恩、美言善行,有的学生成才后,已经开始捐助社会困难群体。他先后被评为安阳市优秀教师、优秀班主任等。新华社以《太行深处最情牵》为题对他的事迹进行了报道。

请结合材料,运用教师职业道德相关知识对该案例进行分析。

37.一位教师曾表示,在现代信息技术条件下,学生获取知识的途径更加开放、多元、便捷,可以随时通过互联网获取需要的知识,学生对基本知识的掌握已经越来越不重要了。他还举例说,即便是最强人类大脑的记忆,也很难比得上一个普通电脑的存储能力。因此,教师已经没有必要让学生去掌握基本知识,只要培养学生的相应的能力即可。

请结合材料,运用教育学相关知识对案例进行分析。

38. 1968 年美国著名的心理学家罗森塔尔及其团队做了一个实验，研究者从小学每个年级中随机抽出部分学生进行了一个非言语智力测验，并告诉教师这个测验能预测学生未来的智力发展。之后，研究者又从中随机抽取了 20% 的学生，告诉教师这些学生是有发展潜力的。8 个月后，重新测试，发现那些被告知有发展潜力的学生在各方面都获得了更大的进步，成绩提高更明显。

请结合材料，运用心理学相关知识对该案例进行分析。

四、论述题（本大题共 10 分）

39. 请结合某一学科，论述如何在教学中对学生进行思想政治教育。

五、教学设计题(本大题共 15 分)

40. 请根据所提供的教学材料和学生情况,按一节课的要求完成教学设计。

教学材料:某版本小学六年级《道德与法治》教科书中编排了“爱护地球 共同责任”单元,其中一节是“应对自然灾害”,主要内容如下:我国是世界上遭受自然灾害最严重的国家之一,主要的自然灾害有旱灾、台风、洪涝、地震、滑坡、泥石流、病虫害等。自然灾害不仅会造成资源破坏、直接经济损失和人员伤亡,还会带来各种间接损失,甚至会影响社会稳定和可持续发展。除了自然的原因外,人类在生产、生活中不合理的行为也会诱发或加重自然灾害。面对自然灾害,人们不断探寻科学、有效的方法抗击灾害,从而提高抗灾能力。自然灾害始终伴随着人类的生活,人类也一直在与自然灾害进行着斗争。正是在这一过程中,人们形成了不屈不挠、团结互助的抗灾精神。尽管自然灾害还会发生,但是我们会尽最大的力量,全国上下形成减灾共同体,共同预防、减少自然灾害对我们的伤害。

学生情况:教学对象为某农村小学六年级学生,班级人数为 46 人。

请设计本节课的教学目标及教学过程。

六、教育写作(本大题共40分)

41. 阅读下面材料,根据要求写作。

教师要成为大先生,做学生为学、为事、为人的示范,促进学生成长为全面发展的人。

——习近平

(希望教师)当好学生成长的引路人,为培养德智体美劳全面发展的社会主义建设者和接班人、全面建设社会主义现代化国家不断作出新贡献。

——习近平

结合材料,深入思考,自拟题目,写一篇不少于600字的议论文。

2021年河南省特岗教师招聘考试教育理论基础真题试卷(三)

(满分150分　时间120分钟)

本套试卷共41小题,包括单项选择题(20小题),判断题(15小题),案例分析题(3小题),论述题(1小题),教学设计题(1小题),教育写作(1小题)。

一、单项选择题(请在每小题的四个选项中选出一个正确答案,并将正确选项的字母写在括号内。不选、错选或多选者,该题无分。本大题共20小题,每小题2分,共40分)

1.习近平总书记在庆祝中国共产党成立100周年大会上指出,一百年来,中国共产党团结带领中国人民进行的一切奋斗、一切牺牲、一切创造,归结起来的一个主题是(　　)

A.实现中华民族伟大复兴　　B.全面建设小康社会

C.带领人民创造美好生活　　D.构建人类命运共同体

2.2021年7月,中共中央、国务院印发的《关于新时代加强和改进思想政治工作的意见》中,把思想政治工作作为(　　)

A.社会发展的根本任务　　B.治党治国的重要方式

C.学校工作的主要内容　　D.教育学生的重要手段

3.《中华人民共和国义务教育法》规定,在民族地区和边远贫困地区工作的教师享有(　　)(易混)

A.困难补助津贴　　B.艰苦贫困地区补助津贴

C.生活补助津贴　　D.特殊岗位补助津贴

4.初中三年级的班主任李老师为了不影响本班普通高中的升学率,要求学习不好的学生只能报考职业高中,李老师的这种行为(　　)

A.属于职业生涯指导　　B.体现了因材施教

C.侵犯了学生的受教育权　　D.侵犯了学生的人身自由权

5.体育老师在课堂上发现某学生的动作很不规范,要求其反复练习5次,该老师的这种行为属于(　　)

A.体罚　　B.变相体罚

C.正常的教学行为　　D.教育机智

6.教师在教育教学过程中,带头践行社会主义核心价值观,弘扬真善美,传递正能量。这体现了《新时代中小学教师职业行为十项准则》中的(　　)(易混)

A.热爱教育事业　　B.潜心教书育人

C. 坚持言行雅正　　D. 传播优秀文化

7. 某小学提出的培养目标是:培养勇于担当、乐于奉献、善于合作的现代小公民。这体现了教育的(　　)

A. 政治功能　　B. 文化功能

C. 人口功能　　D. 科技功能

8. 下列选项中,对教育名著认识不正确的是(　　)

A.《大教学论》首次系统论述了班级授课制

B.《爱弥儿》对绅士教育进行了全面论证

C.《民主主义与教育》提出了教育即经验的改组或改造

D.《普通教育学》标志着教育学的发展进入了科学化时期

9. 下列选项中,与个体发展的影响因素对应错误的是(　　)

A. 种瓜得瓜,种豆得豆——遗传决定

B. 出淤泥而不染——主体作用

C. 近朱者赤,近墨者黑——环境影响

D. 揠苗助长——因材施教

10. 某小学实施美育时,选用的京剧脸谱、豫剧服饰与民间泥塑等内容属于(　　)

A. 艺术美　　B. 社会美　　C. 自然美　　D. 科学美

11. 在课程目标取向中,强调通过学生、教师与教育情境的交互作用产生课程目标,而不是课程开发者和教师所强加的目标。这体现的是(　　)

A. 行为目标取向　　B. 教学性目标取向

C. 表现性目标取向　　D. 生成性目标取向

12. 某小学以“做非遗文化小传人”为主题,组织学生到当地非物质文化传承基地,开展优秀传统文化教育活动。这体现的德育原则是(　　)(常考)

A. 长善救失原则

B. 尊重信任与严格要求相结合原则

C. 知行统一原则

D. 正面教育与纪律约束相结合原则

13. 主张心理学研究应关心人的价值和尊严,促进人潜能发挥的心理学流派是(　　)

A. 行为主义心理学　　B. 机能主义心理学

C. 精神分析心理学　　D. 人本主义心理学

14. 学生把握问题的性质和关键信息,在头脑中形成问题空间的过程是(　　)

A. 理解问题　　B. 发现问题　　C. 提出假设　　D. 验证假设

15. 古诗里所描写的“月儿弯弯照九州,几家欢乐几家愁”说明人的情绪具有(　　)

A. 主观性　　B. 感染性　　C. 两极性　　D. 客观性

16. 教师让学生尽可能多地写出曲别针的用途来训练学生的创造力。这种方法属

山香教育 SHANXIANG EDUCATION

于(　　)

A. 头脑风暴训练　　B. 发散思维训练

C. 推测与假设训练　　D. 自我设计训练

17. 小刘把考试取得好成绩归因于穿了“幸运服”、考场号正好是自己的“幸运数字”。按照动机的归因理论，小刘的归因模式属于(　　)

A. 内在不稳定型　　B. 内在稳定型

C. 外在不稳定型　　D. 外在稳定型

18. 小王违反课堂纪律，老师取消了他的“班级之星”称号。该老师的做法属于(　　)

A. 正强化　　B. 惩罚

C. 负强化　　D. 反馈

19. 个体在追求的目标失败时，以“失败乃成功之母”来达到心理平衡的心理效应是(　　)

A. 酸葡萄效应　　B. 首因效应

C. 甜柠檬效应　　D. 近因效应

20. 学生认为“社会法则应符合公众权益，否则就应该修改。”根据科尔伯格的理论，该生的道德发展属于(　　)

A. 社会契约取向阶段

B. 惩罚与服从取向阶段

C. 普遍伦理取向阶段

D. 维护权威或秩序取向阶段

二、判断题(判断下列命题的正误，正确的请在题后的括号打“√”，错误的打“×”。本大题共 15 小题，每题 1 分，共 15 分)

1. 2021 年 4 月，教育部办公厅发布《关于进一步加强中小学生睡眠管理工作的通知》，明确要求小学生每天睡眠时间不少于 10 小时。(　　)

2.《中华人民共和国教育法》规定，学校及其他教育机构中的教学辅助人员，实行教育职员制度。(　　)

3. 高等学校毕业生以志愿者的方式到农村地区缺乏教师的学校任教，其任教时间计入工龄。(　　)

4. 教育民主化作为现代教育最显著的特征，追求的是平等、高质量和适合个性特征的教育。(　　)

5. 中小学教师备课的主要任务是分析教材，吃透主旨，最终形成正式的教案。(常考)(　　)

6. 某语文老师在教学过程中为了了解学生对阅读知识和技能的掌握情况而进行的评价是诊断性评价。(　　)

第5题　　第6题

山香教育 SHANXIANG EDUCATION

7. 以马克思主义为指导，深入挖掘学科内容的思想性、教育性。这体现了教学的方向性原则。（　　）

8. 教师要加强作业管理，控制学生书面作业的总量与时长，严禁机械性、重复性和体罚性作业，提高作业育人质量。（　　）

9. 中小学教师通过描述自身的教育故事，对这些故事进行意义建构，在此基础上形成对教育活动的解释性理解。这种研究方法属于行动研究。（易错）（　　）

10. 教师在讲课时利用手势以增强学生感知的效果，其所依据的感知规律是强度律。（　　）

11. 对"榜样学习"的教育效应做出合理解释的心理学理论是班杜拉的观察学习理论。（　　）

12. 百米竞赛的预备信号与起跑信号相隔太长时间，会影响运动员的成绩，是由于注意起伏的影响。（　　）

第7题　第9题　第12题　第13题

13. 典型的事实和生动的例子是一门学科中最具有广泛迁移价值的材料。（　　）

14. 人们常说"北方人比较豪爽""军人严格自律"，这体现的是人格的首要特质。（　　）

15. 课间休息有助于减少前后两节课记忆材料引起的前摄抑制和倒摄抑制。（常考）（　　）

三、案例分析题（本大题共 3 小题，每小题 10 分，共 30 分）

1. 2021 年 6 月 29 日被颁授"七一勋章"的云南省丽江华坪女子高级中学党支部书记、校长张桂梅同志，扎根贫困地区 40 余年，看到不少山区女孩因贫困失学而深感痛心，2008 年创办了全国第一所全免费女子高中。她坚持为党育人、为国育才，以党建统领教学、以革命传统立校、以红色文化育人，引导学生们感党恩、听党话、跟党走，做党的好女儿。她生活节俭，拿出自己绝大部分工资接济困难学生，把母亲般的慈爱全部献给学生，帮助近 2000 名贫困山区女孩圆大学梦。她先后荣获"全国十佳师德标兵""全国教书育人楷模"等荣誉称号。

请结合材料，运用教师职业道德的知识对该案例进行分析。

2. 班主任张老师为了在班级中开展富有特色的劳动教育活动，鼓励学生观察记录校内外劳动活动的过程，创编劳动故事。他还在教室里专门布置由学生自主设计与创作的劳动故事文化墙，并设立“我是小小发言人”岗位，由学生轮流负责自主创编讲解稿，为来访客人讲解文化墙的内容。学生大胆自信、风格迥异的解说给参观的客人留下了深刻印象。通过这项活动，原本内向的学生也变得活泼开朗、积极向上了。

请结合材料，运用教育学相关知识对该案例进行分析。

3. 李老师是一位教学经验丰富的语文教师，在教学生如何写“买”“卖”两个字时，李老师告诉学生“多了就卖，少了就买”，学生很快记住了这两个字。针对有的学生常常把“干燥”写成“干躁”，把“急躁”写成“急燥”的问题，李老师就教学生记住“干燥防失火，急躁必跺足”，学生从此不再混淆这两个字了。

请结合案例运用心理学相关知识分析。

(1)李老师采用了何种学习策略来帮助学生记忆？(5 分)

(2)根据该学习策略的特点分析其在学习中的意义。(5 分)

四、论述题(本大题共10分)

请结合实际,论述新任教师促进自身专业发展的主要途径。

五、教学设计题(本大题共15分)

请根据所提供的教学材料和相关情况,按要求完成教学设计。

教学材料:

某版本小学五年级语文教科书中安排了综合性学习单元——“走进信息世界”。

学习任务:

感受信息传递方式的快速发展,体会信息给我们的学习、工作和生活带来的影响,并学习搜集和处理信息,还可以利用获得的信息,写简单的研究报告。

活动板块:

板块一 “信息传递改变着我们的生活”,该板块安排了有关信息传递方式及对人类生活产生影响的五篇阅读材料。

板块二 “利用信息,写简单的研究报告”,该板块安排了两篇不同类型简单的研究报告《奇怪的东南风》和《关于李姓的历史和现状的研究报告》。

相关情况:授课对象为某乡村小学五年级学生,班级人数为40人。

请设计一则语文综合性学习活动方案,写出活动理念、目标和具体过程。

山香教育
SHANXIANG EDUCATION

六、教育写作(本大题共 40 分)

阅读下面材料,根据要求写作。

说到老师,你会想到谁?可能会想到孔子、陶行知、苏霍姆林斯基,可能会想到于漪、张玉滚、李芳,也可能会想到在你求学历程中对你产生积极影响的某些老师。说到“好老师”,你会想到什么词语?可能是师德高尚、教书育人,也可能是严肃认真、学识渊博,可能是风趣幽默、民主亲和……

请结合上述材料,深入思考,确定立意,自拟题目,写一篇不少于 600 字的议论文。

2020年河南省特岗教师招聘考试教育理论基础真题试卷(四)

(满分150分 时间120分钟)

本套试卷共41小题,包括单项选择题(20小题),判断题(15小题),案例分析题(3小题),论述题(1小题),教学设计题(1小题),教育写作(1小题)。

一、单项选择题(请在每小题的四个选项中选出一个正确答案,并将正确选项的字母写在括号内。不选、错选或多选者,该题无分。本大题共20小题,每小题2分,共40分)

1. 2020年5月18日,国家主席习近平在第73届世界卫生大会视频会议开幕式上的致辞题目是( )

A.《携手抗疫,共克时艰》

B.《论坚持推动构建人类命运共同体》

C.《团结合作战胜疫情,共同构建人类卫生健康共同体》

D.《论坚持全面深化改革》

2. 2019年11月,中共中央、国务院印发了《新时代爱国主义教育实施纲要》,提出新时代爱国主义教育需要长期坚持的主题是( )

A. 实现中华民族伟大复兴的中国梦　　B. 爱党爱国爱社会主义

C. 维护祖国统一和民族团结　　D. 立足中国又面向世界

3. 以法律形式规定了我国教育基本制度的是( )

A.《中华人民共和国未成年人保护法》

B.《中华人民共和国教育法》

C.《中华人民共和国教师法》

D.《中华人民共和国义务教育法》

4. 下列选项中,不属于发散思维的是( )

A. 研究人员提出多种解决问题的设想

B. 学生从多种解题方法中筛选出一种最佳解法

C. 教师设想多种教学改革方案

D. 作家为了提高写作水平进行一事多写

5. 中小学在职教师有偿补课主要违反的教师职业道德规范是( )(易混)

A. 爱岗敬业　　B. 为人师表

C. 教书育人　　D. 关爱学生

6. 在教师的支持和帮助下，学生通过主动探究，获取知识和能力的教学方法是(　　)

A. 范例教学法　　B. 程序教学法

C. 暗示教学法　　D. 发现法

7. 下列选项中，不是出自《论语》的是(　　)

A. "敏而好学，不耻下问"

B. "君子博学而日参省乎己，则知明而行无过矣"

C. "学而不厌，诲人不倦"

D. "知之为知之，不知为不知，是知也"

8. 下列选项中的教育名著与作者对应不正确的是(　　)(易错)

A.《大教学论》——夸美纽斯

B.《民主主义与教育》——杜威

C.《爱弥儿》——卢梭

D.《给教师的一百条建议》——赞科夫

9. "不论教育者怎样研究教育学理论，如果他没有教育机智，他就不可能成为一个优秀的教育实践者。"这句话说明教师劳动具有(　　)

A. 创造性　　B. 长期性

C. 示范性　　D. 广延性

10. 下列选项中，关于学科课程和活动课程的描述不正确的是(　　)(易错)

A. 学科课程更关注知识结构与逻辑

B. 活动课程更关注学生的间接经验

C. 活动课程所获结论有时可能有误

D. 两类课程既相互区别又相辅相成

11. 在教育中把儿童当作儿童，而不当作"小大人"。这表明个体身心发展具有(　　)

A. 均衡性　　B. 互补性

C. 阶段性　　D. 不平衡性

12. 关于班级组织的社会化功能，下列选项中描述不正确的是(　　)

A. 塑造主导价值观　　B. 培养交往技能

C. 助力个性养成　　D. 形成角色认同

13. 初中生常常被"我到底是谁?""我将成为什么样的人?"之类的问题困扰。根据埃里克森的理论，其面临的主要冲突是(　　)

A. 亲密感对孤独感　　B. 勤奋感对自卑感

C. 信任感对不信任感　　D. 同一性对角色混乱

14. 某同学一次考试成绩不理想，就认为自己能力不行。按照动机的归因理论，该同学的归因模式属于(　　)

A. 内控—稳定性　　B. 内控—不稳定性

C. 外控—稳定性　　D. 外控—不稳定性

15. 下列选项中,不属于心智技能的是(　　)

A. 感知声音　　B. 计算题目

C. 记忆公式　　D. 阅读文章

16. 王老师经常鼓励胆小的同学在课堂上大胆表达自己的观点,并对其发言行为加以表扬,使其克服了胆怯心理。王老师运用的方法是(　　)

A. 自我控制法　　B. 强化法　　C. 系统脱敏法　　D. 代币法

17. 教师把零散的、枯燥的信息编成歌谣、口诀,帮助学生提高记忆效果的学习策略是(　　)

A. 组织策略　　B. 元认知策略

C. 复述策略　　D. 精加工策略

18. 学过长方形的面积计算公式后,再学习正方形的面积计算公式。这种学习类型是(　　)

A. 上位学习　　B. 下位学习

C. 并列学习　　D. 结合学习

19. 下列选项中,最能体现斯金纳的操作性条件作用理论在教育上应用的是(　　)

A. 确定教学主题　　B. 更新教学内容

C. 塑造学生行为　　D. 了解学生态度

20. 下列选项中,关于流体智力和晶体智力说法正确的是(　　)(易错)

A. 流体智力与个体的天赋有关

B. 晶体智力较少依赖文化和知识的内容

C. 流体智力在人的一生中一直在发展

D. 晶体智力是在信息加工和问题解决过程中表现出的能力

二、判断题(判断下列命题的正误,正确的请在题后的括号打"√",错误的打"×"。本大题共 15 小题,每小题 1 分,共 15 分)

1.《中华人民共和国民法典》是新中国第一部以法典命名的法律。(　　)

2. 适龄儿童、少年因身体状况需要延缓入学或者休学的,其父母或其他法定监护人应当提出申请,由学校批准。(　　)

3. 15 岁初中生小明辍学去工厂打工挣钱,工厂可以雇用他。(　　)

4. 通过培养人来促进政治、经济、文化、科技的发展是教育的社会功能。(　　)

5. 启发式教学是一种具体的教学方法。(易错)(　　)

6. 从研究方法上来看,行动研究属于量化研究。(　　)

7. 非制度化教育推行的理念是"教育不应再限于学校的围墙之内"。(　　)

8. 某中学组织学生赴大别山革命老区接受红色教育的方法属于实践锻炼法。(易混)(　　)

山香教育 SHANXIANG EDUCATION

9. 教师要根据学习任务的不同难度,恰当控制学生学习动机的激发程度。（ ）

10. 教师对做事总是虎头蛇尾的学生应着重培养其意志品质的自制性。（ ）

11. 教师对学生作业采用“错一罚十”的做法是违背记忆规律的。（ ）

12. “感时花溅泪,恨别鸟惊心”说明人的情绪和情感具有感染性。（ ）

13. 认知方式有优劣之分,沉思型优于冲动型,场独立型优于场依存型。(易错)（ ）

14. 教师让学生根据文章标题猜测文中内容的创造性训练方法是自我设计训练。（ ）

15. 小张成为教师后要求自己的行为与教师角色保持一致,其态度处于依从阶段。（ ）

三、案例分析题(本大题共 3 小题,每小题 10 分,共 30 分)

1. 李老师参加了某教育学会组织的为期一天的学术研讨会,事先未向学校请假,也未向学校领导请示派人代课,导致他所任教的两个班各有一节缺课。学校发现后,按照本校的教学管理规定,认定为教学事故。李老师对学校认定意见不服,向学校的主管部门提出申诉,要求撤销对其教学事故的认定,其申诉理由是依据《中华人民共和国教师法》规定:“教师享有从事科学研究、学术交流,参加专业的学术团体,在学术中充分发表意见的权利”。

请结合案例运用法律法规知识分析。

(1)该教师有权利对学校的认定意见提出申诉吗?(5 分)

(2)该校的主管部门会同意他的申诉要求吗？为什么？(5 分)

2. 近年来,人工智能的发展环境发生了深刻的变化,呈现出深度学习、跨界融合、人机协同、自主操控等新特征。在可预见的未来,诸如超市收银员、银行柜台服务人员、高速公路收费人员、餐饮服务人员等,将会被人工智能部分或全部取代。但是,根据一项国际研究的预测和分析,未来二十年最不容易被人工智能取代的职业之一是教师职业。

请结合案例运用教育学知识分析:人工智能时代教师职业角色的“不变”与“变化”各是什么?

3. 阿西莫夫是世界著名的科普作家。有一次，一位汽车修理工对他说："有一位聋哑人，想买几根钉子，就来到商店，对售货员做了一个这样的手势：左手食指立在柜台上，右手握拳做出敲击的样子。售货员见状，先给他拿来一把锤子，聋哑人摇摇头。于是售货员就明白了，他想买的是钉子。聋哑人刚买好钉子，走出商店，接着进来一位盲人。这位盲人想买一把剪刀，请问："盲人将会怎样做？"阿西莫夫顺口答道："盲人肯定会这样——"，他伸出食指和中指，做出剪刀的形状。听了阿西莫夫的回答，汽车修理工笑着说："盲人想买剪刀，只需开口说'我买剪刀'就行了，他干吗要做手势呀？"

请结合案例运用心理学知识分析。

(1)该案例反映了什么心理效应？(5 分)

(2)该心理效应对学生的学习有什么影响？(5 分)

四、论述题(本大题共 10 分)

请结合实际，论述运用榜样示范法的基本要求。

五、教学设计题(本大题共15分)

为贯彻落实《中共中央 国务院关于全面加强新时代大中小学劳动教育的意见》《大中小学劳动教育指导纲要(试行)》,全面提高学生劳动素养,某乡村小学拟开展"公益劳动周"活动。在"公益劳动周"活动开始前,班主任李老师想通过主题班会的形式,使学生们进一步认识该公益劳动,积极参加公益劳动。

相关情况:活动对象为小学五年级学生,班级人数为40人。

请你根据上述材料完成主题班会的方案设计。

六、教育写作(本大题共40分)

阅读下面材料,根据要求写作。

要保证贫困山区的孩子上学受教育,有一个幸福快乐的童年。(习近平)

下一代要过上好生活,首先要有文化,这样将来他们的发展就完全不同……把贫困地区孩子培养出来,这才是根本的扶贫之策。(习近平)

抓好教育是扶贫开发的根本大计,要让贫困家庭的孩子都能接受公平的有质量的教育,起码学会一项有用的技能,不要让孩子输在起跑线上,尽力阻断贫困代际传递。(习近平)

综合上述材料,你有怎样的感触及思考?请联系实际,写一篇不少于600字的文章。

要求:选好角度,确定立意,自拟标题;除诗歌外,文体不限。

2019年河南省特岗教师招聘考试教育理论基础真题试卷(五)

(满分150分 时间120分钟)

本套试卷共41小题,包括单项选择题(20小题),判断题(15小题),案例分析题(3小题),论述题(1小题),教学设计题(1小题),教育写作(1小题)。

一、单项选择题(请在每小题的四个选项中选出一个正确答案,并将正确选项的字母写在括号内。不选、错选或多选者,该题无分。本大题共20小题,每小题2分,共40分)

1. 在2018年召开的全国教育大会上,习近平总书记对教育的地位和作用作出全新判断,首次提出(　　)

A. 教育事关社会稳定、家庭幸福

B. 教育是十年树木、百年树人的事业

C. 教育为学生终身发展奠定基础

D. 教育是国之大计、党之大计

2. 2019年2月,中共中央、国务院印发了《中国教育现代化2035》,下列选项中属于推进教育现代化基本理念的是(　　)

A. 服务国家人民　　B. 体现前瞻引领

C. 注重面向人人　　D. 突出改革创新

3. 2019年6月,中共中央、国务院印发了《关于深化教育教学改革全面提高义务教育质量的意见》,《意见》提出坚持"五育"并举,全面发展素质教育。其具体措施包括(　　)

A. 突出德育实效、提升智育水平、强化体育锻炼、增强美育熏陶、加强劳动教育

B. 突出德育实效、提升智育水平、开足体育课时、增强美育熏陶、加强劳动教育

C. 完善德育体系、提升德育水平、开足体育课时、增强美育熏陶、加强劳动教育

D. 完善德育体系、提升智育水平、强化体育锻炼、增强美育熏陶、加强劳动教育

4. 教师职业道德评价最根本的指导思想和原则是(　　)(易混)

A. 社会主义科学性　　B. 社会主义教育性

C. 社会主义方向性　　D. 社会主义发展性

5. 为了保证教育教学活动的顺利开展,教师在不违背法律限度的前提下,对个别学生的违纪可以采取的手段是(　　)

A. 罚款　　B. 惩戒　　C. 听课　　D. 体罚

6. 对于有严重不良行为的未成年学生,学校和学生监护人应当相互配合加以管教,无力管

山香教育 SHANXIANG EDUCATION

教的可以(　　)

A. 将其交给警察管教

B. 将其送专门学校继续接受教育

C. 劝其退学

D. 取消学籍

7. 教师不仅要在课内、校内发挥影响力,还要进行家访,协调学校、家庭、社会的教育影响,这体现的教师劳动特点是(　　)

A. 广延性　　B. 长期性

C. 示范性　　D. 复杂性

8. 课前学生自学教学视频等教学资源,课堂上师生开展作业答疑、协调探究和互动交流等活动,这种教学模式是(　　)(易错)

A. 翻转课堂　　B. 视频教学

C. 范例教学　　D. 程序教学

9. 中小学开设的研学旅行课程属于(　　)

A. 活动课程　　B. 学科课程

C. 选修课程　　D. 分科课程

10. 教育要培养的是中国特色社会主义事业的建设者和接班人,而不是旁观者和反对派,这句话深刻揭示了教育的(　　)

A. 经济属性　　B. 政治属性

C. 文化属性　　D. 科技属性

11. 提出强调学生亲自去发现问题的结论和规律,使自己成为发现者的观点的教育家是(　　)

A. 布卢姆　　B. 斯金纳

C. 布鲁纳　　D. 斯宾塞

12. 学生形成各种操作技能不可缺少的关键环节是(　　)(常考)

A. 示范要领　　B. 讲解要点

C. 反馈信息　　D. 适当练习

13. 下列选项中关于学生奖励和惩罚的观点正确的是(　　)

A. 多使用外部奖励不会削弱内部动机　　B. 惩罚比奖励的效果更好

C. 奖励和惩罚不需要考虑个别差异　　D. 奖励比惩罚的效果更好

14. "我好开心,今天我当值日生,老师表扬了我"这句话反映的是学生自我意识中的(　　)

A. 自我认识　　B. 自我监控

C. 自我调节　　D. 自我体验

15. 我们常用电吹风来吹头发,却没有想过用它来烘干潮湿的衣服,这种心理现象属

于(　　)

A. 问题表征　　B. 原型启发

C. 功能固着　　D. 高原现象

16. 教师在课堂上提问一些有难度的问题时,通常会不由自主地将眼光停留在那些优秀的学生身上,这种现象反映的是(　　)

A. 从众效应　　B. 首因效应

C. 期望效应　　D. 投射效应

17. 体育活动中,老师让胆小害怕的学生先看别的同学练习,再让他尝试简单练习,然后进行难度大的练习,多次练习后学生在面对难度大的练习时也不害怕了,这种消除恐惧心理的方法是(　　)(易混)

A. 心理放松法　　B. 系统脱敏法

C. 注意转移法　　D. 意志锻炼法

18. 教师在教生字的时候,把容易写错的笔画用彩笔标出来,这是利用知觉的(　　)

A. 理解性　　B. 选择性　　C. 整体性　　D. 恒常性

19. 小明解答出一道困惑自己许久的难题时,无比兴奋、激动的情感体验称为(　　)

A. 理智感　　B. 道德感

C. 美感　　D. 责任感

20. 小学低年级学生在教师指导下进行识字学习时,有的按字音归类识字,有的按偏旁结构归类识字,这种学习策略是(　　)

A. 组织策略　　B. 元认知策略

C. 资源管理策略　　D. 精细加工策略

二、判断题(判断下列命题的正误,正确的请在题后的括号选择"A",错误的选择"B"。本大题共 15 小题,每小题 1 分,共 15 分)

1. 2019 年 4 月召开的河南省教育大会确定了"加快推进教育现代化,建设教育强省"的奋斗目标。(　　)

2.《关于深化教育教学改革全面提高义务教育质量的意见》中提出,为了推进国际交流,有条件的义务教育学校可以引进境外课程,使用境外教材。(　　)

3. 对于无故旷课的中小学生,教师和学校要及时与其父母或其他法定监护人取得联系。(　　)

4. 实施素质教育就是要学生什么都学,什么都学好。(常考)(　　)

5. 班主任工作的中心环节是做好"后进生"的转化教育工作。(　　)

6. 反思有助于教师把经验与理论联结起来,从而更加有效地运用自己的专业技能。(　　)

7. 学校开展劳动教育,只是让学生掌握一定的生活劳动知识和技能,为未来职业教育打好基础。(　　)

山香教育 SHANXIANG EDUCATION

8. 教师不仅是课程的实施者，也是课程的开发者。（常考） （ ）

9. 根据耶克斯—多德森定律，当学生学习较容易的任务时，教师应尽量使学生紧张一些。 （ ）

10. 场依存者通常以内在动机为主，对学习材料本身感兴趣。 （ ）

11. 平行四边形知识的掌握影响着菱形的学习属于自上而下的迁移。 （ ）

12. "笨鸟先飞""勤能补拙"强调了非智力因素的作用。 （ ）

13. "落叶知秋"说明思维具有直观性。 （ ）

14. 教师能否自觉关注学生是衡量教师是否成熟的标志。 （ ）

15. 小学生常认为听父母和老师的话就是好孩子，说明其道德发展处于自我中心阶段。 （ ）

三、案例分析题（本大题共 3 小题，每小题 10 分，共 30 分）

1. 河南省镇平县高丘镇黑虎庙小学校长张玉滚，不忘初心，扎根深山 18 年，奋斗在乡村教育第一线。他勤恳敬业，乐于奉献，对工作高度负责，他潜心钻研业务，苦练教学本领，千方百计上好每一堂课。山区学校寄宿学生多，他学缝衣做饭；学生家庭困难，他慷慨解囊；山区不通车，他用扁担把学生教材和学习用品挑进大山。用无怨无悔的坚守和付出照亮山区孩子的求学之路。18 年来，他教过 500 多名学生，培养出 16 名大学生，有的还读了研究生。他先后被誉为"全国优秀教师""全国师德标兵""时代楷模""感动中国 2018 年度人物"。

请结合材料，运用教师职业道德的知识，对该案例进行分析。

2. 小刚的成绩在班上一直不好，特别是数学每次考试不是个位数就是十几分。一次考试后，老师说："小刚真笨！"他一生气，决心下一次一定要考好。于是他加倍努力，终于考了80分，较之前有了很大进步。小刚心想，这次老师一定会表扬我了吧。可是出乎他的意料，老师却说："别人都考了90多分，你怎么才考了80分？"

结合材料，运用基础教育课程改革的评价理念对案例进行分析。

3. 雨后，一只蜘蛛艰难地向墙上已经支离破碎的网爬去，由于墙壁潮湿，蜘蛛爬着爬着就会掉下来，但它就是不放弃，就这样，蜘蛛一次次掉下来，又一次次地向上爬……这一情景被两个考试失利的学生看到了，一个学生叹气说，我就像这只蜘蛛一样，总是遭遇挫折和失败，回天无力呀！另一个学生则被蜘蛛屡败屡战的精神所感动，他承认这正是自己所缺少的，无论遇到什么样的困难，只要自己坚强起来，不轻言放弃，就一定会成功！

请结合材料，运用心理学知识对该案例进行分析。

四、论述题(本大题共10分)

请结合新时代立德树人的要求,论述学校德育的主要途径。(常考)

五、教学设计题(本大题共15分)

根据所提供的教学材料和相关情况,完成教学设计。

教学材料:某版本《品德与社会》四年级上册编排了“安全地生活”主题单元,其中一节是“与陌生人交往的时候”,主要内容为我们经常与陌生人打交道:走在路上,可能会有人向我们问路;在公共场所里,有时会有一些不认识的人,主动和我们说话……当我们与陌生人打交道的时候,怎样才能做到既热情大方懂礼貌,又能保护自己,不上当受骗呢?

相关情况:授课对象为某乡村小学四年级学生,人数40人。

请设计一个体验活动方案,写出活动内容、形式和具体做法。

六、教育写作(本大题共40分)

①要立志,立鸿鹄志,做奋斗者。(习近平)

②捧着一颗心来,不带半根草去。(陶行知)

③让生命与使命同行。(于漪)

综合上述材料,你有怎样的感触及思考?请联系实际,写一篇不少于600字的文章。要求:选好角度,确定立意,自拟题目;诗歌除外,文体不限。

2018年河南省特岗教师招聘考试教育理论基础真题试卷(六)

(满分150分　时间120分钟)

本套试卷共31小题,包括单项选择题(25小题),案例分析题(3小题),论述题(1小题),教学设计题(1小题),教育写作(1小题)。

一、单项选择题(请在每小题的四个选项中选出一个正确答案,并将正确选项的字母写在括号内。不选、错选或多选者,该题无分。本大题共25小题,每小题2分,共50分)

1. 习近平总书记在党的十九大报告中指出,中国特色社会主义进入新时代,我国社会主要矛盾已经转化为(　　)

A. 人民日益增长的美好生活需要和不平衡不充分的发展之间的矛盾

B. 人民日益增长的美好生活需要和物质产品不丰富之间的矛盾

C. 人民日益增长的幸福生活需要和不平衡不充分的发展之间的矛盾

D. 人民日益增长的幸福生活需要和物质产品不丰富之间的矛盾

2. 中国共产党河南省第十届委员会第六次全体会议中提出的河南的三大精神财富是(　　)

A. 艰苦奋斗精神、红旗渠精神、焦裕禄精神

B. 愚公移山精神、红旗渠精神、南街村精神

C. 愚公移山精神、红旗渠精神、焦裕禄精神

D. 艰苦奋斗精神、红旗渠精神、史来贺精神

3. 新中国成立以来,党中央出台的第一个专门面向教师队伍建设的里程碑式政策文件是(　　)

A.《乡村教师支持计划(2015~2020年)》

B.《中共中央 国务院关于全面深化新时代教师队伍建设改革的意见》

C.《国家中长期教育改革和发展规划纲要(2010~2020年)》

D.《教育部关于建立健全中小学师德建设长效机制的意见》

4. 下列选项中,说法错误的是(　　)

A. 严禁中小学校组织学生参加有偿补课

B. 严禁在职的中小学教师参加校外培训机构组织的有偿补课

C. 在职中小学教师可以为生病请假的学生无偿补课

D. 在职中小学教师可以推荐学习困难的学生到校外培训机构参加有偿补课

5. 小学生小明屡次迟到早退，扰乱课堂秩序，教师和学校可以采取的管理方式是(　　)

A. 体罚　　B. 停课　　C. 开除学籍　　D. 批评教育

6.《学记》中体现启发性教学原则的名句是(　　)(常考)

A. 道而弗牵，强而弗抑，开而弗达　　B. 不陵节而施

C. 建国君民，教学为先　　D. 禁于未发之谓豫

7. "与善人居，如入芝兰之室，久而自芳也。"所体现的影响人发展的因素是(　　)

A. 自我意识　　B. 社会环境

C. 遗传素质　　D. 主观努力

8. 教师与专家共同合作，将实际问题作为主题进行研究的方法是(　　)

A. 实验法　　B. 观察法

C. 调查法　　D. 行动研究法

9. 泰勒主张在确定课程目标时，首先要考虑的因素是(　　)

A. 学科专家的建议　　B. 学生的兴趣和需要

C. 社会生活　　D. 家长的需要

10. 师生关系在人际关系层面上的特点是(　　)(易混)

A. 教学相长　　B. 民主平等

C. 相互促进　　D. 授受关系

11. "为中华之崛起而读书"体现了《中国学生发展核心素养》中的(　　)素养。

A. 责任担当　　B. 实践创新

C. 学会学习　　D. 健康生活

12. 班级文化建设里，教室板报、名言、班级舆论等属于(　　)

A. 物质文化　　B. 精神文化

C. 组织文化　　D. 制度文化

13. 下列选项能体现教师劳动的长期性特点的是(　　)

A. 桃李不言，下自成蹊　　B. 学高为师，身正为范

C. 十年树木，百年树人　　D. 学而不厌，诲人不倦

14. 教师展示实物、标本让学生观察，这种导入新课的方法属于(　　)

A. 直接导入　　B. 问题导入

C. 故事导入　　D. 直观导入

15. 发展性教学理论的代表人物是(　　)

A. 布鲁纳　　B. 布卢姆　　C. 赞科夫　　D. 巴班斯基

16. 亮亮的语文成绩一直不好，虽几经努力但毫无成效，于是他便在语文课上不听讲，也不做语文作业。这种心理现象属于(　　)

A. 习得性无助　　B. 自我效能感

C. 期望效应　　D. 思维定势

山香教育 SHANXIANG EDUCATION

17. 小明对“为什么偷东西是不对的”这一问题的回答是“被抓住会挨打”，由此可以判断其道德发展水平处于(　　)

A. 前习俗水平　　B. 习俗水平

C. 后习俗水平　　D. 超习俗水平

18. 学生背会一篇课文用了10分钟，然后再花5分钟读该文章，这种知识保持的方法属于(　　)(常考)

A. 及时复习　　B. 运用记忆术

C. 适当过度的学习　　D. 合理分配学习时间

19. 下列选项中有关气质与性格关系的描述，错误的是(　　)(易混)

A. 气质是先天的，性格是后天的

B. 气质无好坏之分，性格有好坏之分

C. 气质表现得早，性格表现得晚

D. 气质可塑性大，性格可塑性小

20. 小强不善于结交朋友，语文、英语成绩一般，但擅长绘画。根据加德纳的多元智力理论，小强具备较高的(　　)

A. 视觉—空间智力　　B. 言语智力

C. 逻辑—数学智力　　D. 音乐智力

21. 刚上完一节饶有兴趣的课，但学生不受该节课的影响，并自觉进入下节课的学习。这种现象属于(　　)

A. 注意的分散　　B. 注意的起伏

C. 注意的分配　　D. 注意的转移

22. 儿童的现有水平和即将达到的发展水平之间的差距，维果斯基称之为(　　)

A. 先行组织者　　B. 最近发展区

C. 学习准备　　D. 教学支架

23. 讲解“果实”的概念时，教师运用变式给学生呈现苹果、花生、棉籽等实物，其主要目的是(　　)(易错)

A. 激发学习兴趣　　B. 引起学生注意

C. 突出本质特征　　D. 丰富学生想象

24. 考试失利时不是垂头丧气，而是认真分析失败的原因，确定努力的方向。这种对待挫折的方式是(　　)

A. 宣泄　　B. 放松

C. 心理补偿　　D. 认知重组

25. 学生使用列提纲、画网络图等方式增强学习效果，这种学习策略属于(　　)

A. 组织策略　　B. 调节策略

C. 复述策略　　D. 计划策略

山香教育 SHANXIANG EDUCATION

二、案例分析题(本大题共 3 小题,每小题 10 分,共 30 分)

1. 河南省信阳市浉河区董家河镇绿之风希望小学教师李芳,从教以来,二十九年如一日,全面贯彻党的教育方针,辛勤耕耘,无私奉献,在平凡的工作岗位上创造出不平凡的业绩;她积极推进素质教育,注重对学生的思想教育和健全的人格培养,用自己的言行感染学生;她不断学习,始终坚持用最先进的教育思想和方法教育学生,总是以新的课程理念打造每一堂课,她的课生动活泼、充满激情,深受学生喜爱;她始终把每一个学生都看作自己的孩子,对所教学生的性格、爱好、家庭情况都了如指掌,尽心帮助每一名困难学生,是学生心中的好老师、好“妈妈”。在学生面临危难的生死一瞬间,她挡在学生身前,用生命完成了最后一堂课!

请从教师职业道德的角度对该案例进行分析。

2. 张老师选了一篇课文改编成课本剧,分配表演任务时,听到了学生们的议论,学生 A 说:“老师怎么选了这篇课文,又长又不好演。”学生 B 说:“你管呢,让演什么就演什么呗。”学生 A 又说:“我可不想演”。于是,张老师就请不想演的学生谈谈自己的看法,学生 A 说:“您选的课文不好,而且您每次都是写好剧本让我们演,为什么不让我们自己来试一试呢?”经过考虑,张老师把编导的任务交给了学生 A,学生 A 高兴地接受了任务,与同学们商量表演哪一课,并请老师做参谋。最终,课本剧表演非常成功,师生共同品尝了收获的喜悦。

请结合基础教育课程改革的教学理念对该案例进行分析。

3. 四(3)班的小东,非常顽皮,不讲卫生,上课爱打瞌睡,学习成绩也不好,同学们很不喜欢他,他也常表现出破罐子破摔的样子。班主任黄老师看在眼里,急在心上。一次班会活动,黄老师发现小东在台上镇定自若,还很幽默,就及时表扬、鼓励了他。在一次"班级之最"评选中,小东被评为"小品演得最好的人"。由于小东点子多,大家选他做了班会策划的组长,得到老师和同学们的肯定后,小东积极为班级做事,变得干净整洁了,也爱学习了。原来最不喜欢上黄老师的英语课,现在是英语课上发言最积极的人,学习也有了明显的进步。

请结合德育原则对此案例进行分析。

三、论述题(本大题共 15 分)

请结合实际论述如何培养学生良好的意志品质。

四、教学设计题(本大题共 15 分)

请根据所提供的教学材料和相关情况,按要求完成教学设计。

教学材料:某版本《品德与社会》五年级下册某一课为《生活中的快乐》,其中"感受快乐"部分的主要内容为:在我们的生活中,处处可以感受到快乐。当我们听到好消息、取得好成绩时,当我们尽情地玩耍、唱歌时,快乐都伴随着我们。快乐是好心情,快乐是一种感受。

相关情况:授课对象为某乡村小学五年级学生,班级人数为 40 人。

请设计一个体验活动,写出活动的内容、形式和具体做法。

五、教育写作(本大题共 40 分)

阅读下面材料,选好角度,自拟题目,联系实际,写一篇不少于 600 字的文章,除诗歌外,文体不限。

农民播种时,将种子埋在土里之后,要重重地踩上一脚。土松苗反而会长不出来,破土之前遇到坚实土地的苗才能茁壮成长。

2017年河南省特岗教师招聘考试教育理论基础真题试卷(七)

(满分150分　时间120分钟)

本套试卷共31小题,包括单项选择题(25小题),案例分析题(3小题),论述题(1小题),教学设计题(1小题),教育写作(1小题)。

一、单项选择题(请在每小题的四个选项中选出一个正确答案,并将正确选项的字母写在括号内。不选、错选或多选者,该题无分。本大题共25小题,每小题2分,共50分)

1. 社会主义核心价值观中个人行为层面的基本理念是(　　)

A. 富强、民主、文明、和谐　　B. 自由、平等、公正、法治

C. 爱国、敬业、诚信、友善　　D. 爱国、民主、自由、平等

2. 2017年5月14日,国家主席习近平在"一带一路"国际合作高峰论坛发表主旨演讲时指出,要将"一带一路"建成(　　)

A. 和平、繁荣、开放、创新、文明之路　　B. 和平、繁荣、共享、发展、文明之路

C. 和平、发展、开放、创新、富强之路　　D. 和平、繁荣、共享、发展、富强之路

3.《河南省中长期教育改革和发展规划纲要(2010~2020年)》指出,教育工作的重中之重是(　　)

A. 高等教育　　B. 职业教育　　C. 义务教育　　D. 民办教育

4. 教师参加专业的学术团体,在学术活动中充分发表意见,进行学术交流。这是《中华人民共和国教师法》赋予教师的(　　)(常考)

A. 教育教学权　　B. 民主管理权

C. 科学研究权　　D. 参加培训权

5. 体现教师职业道德的本质属性,统帅整个教师职业道德体系的是(　　)

A. 教师职业道德范畴　　B. 教师职业道德评价

C. 教师职业道德规范　　D. 教师职业道德基本原则

6. "人过四十不学艺"的说法违背了(　　)

A. 民主教育的思想　　B. 终身教育的思想

C. 生活教育的思想　　D. 多元教育的思想

7. "良好的教育目的能使人付出为达到该目的所需的力量"说明教育目的具有(　　)

A. 激励作用　　B. 评价作用

C. 导向作用　　D. 聚合作用

山香教育 SHANXIANG EDUCATION

8. 个体身心发展的速度、成熟水平等具有不均衡性，所以教育应该(　　)（易错）

A. 因材施教　　B. 抓住关键期

C. 分阶段实施　　D. 扬长避短

9. 学生的模仿性和向师性特点决定了教师的劳动特点具有(　　)

A. 复杂性　　B. 创造性　　C. 示范性　　D. 长期性

10. “我想不到有任何无教学的教育，正如在反向方面，我不承认有任何无教育的教学”强调教学过程中要坚持的教学规律是(　　)

A. 发展性规律　　B. 间接性规律

C. 双边性规律　　D. 教育性规律

11. 当某学生上课分心向窗外看时，教师采取的下列处理方式中最为恰当的是(　　)

A. 迅速对其提问　　B. 用语言对其提醒

C. 用目光注视该生　　D. 边讲课边走到该生旁对其暗示

12. “到什么山上唱什么歌”启示我们应该坚持的教学原则是(　　)

A. 巩固性原则　　B. 因材施教原则

C. 循序渐进原则　　D. 直观性原则

13. 我国正式实施的第一个学制是(　　)（易混）

A. 癸卯学制　　B. 壬寅学制

C. 壬戌学制　　D. 六三三学制

14. 班主任工作的首要任务是(　　)

A. 提高学生学习成绩　　B. 组织建立良好的班集体

C. 促进后进生转化　　D. 协同任课教师做好教学工作

15. 春秋时期的六艺“礼、乐、射、御、书、数”，它们从课程类型来看是(　　)

A. 广域课程　　B. 综合课程　　C. 活动课程　　D. 学科课程

16. 埃里克森的人格发展理论认为，6 ~ 11 岁儿童主要面临的心理发展危机是(　　)

A. 自主感对羞耻感　　B. 勤奋感对自卑感

C. 主动感对内疚感　　D. 自我同一性对角色混乱

17. 教师对遇事总是举棋不定、犹豫不决的学生，应着重培养其意志品质的(　　)（易混）

A. 自觉性　　B. 坚持性　　C. 自制性　　D. 果断性

18. 小明在语文学习中，经常反思自己的学习方法是否有效。他使用的学习策略是(　　)

A. 认知策略　　B. 元认知策略

C. 精加工策略　　D. 资源管理策略

19. 学生在阅读《西游记》时，大脑里呈现出孙悟空的形象属于(　　)

A. 再造想象　　B. 无意想象　　C. 创造想象　　D. 幻想

20. 学生掌握乘法原理后，可以将其运用到许多问题情境中。这种迁移属于(　　)（常考）

A. 水平迁移　　B. 垂直迁移　　C. 一般迁移　　D. 特殊迁移

山香教育 SHANXIANG EDUCATION

21. 教师通过详细演算例题来帮助学生形成的心智技能阶段是(　　)

A. 原型模仿　　B. 原型操作　　C. 原型定向　　D. 原型内化

22. 班杜拉认为影响个体自我效能感形成的最主要因素是(　　)

A. 个体的努力程度　　B. 个体的成败经验

C. 个体的学习动机　　D. 个体面临的任务难度

23. 当小刚发现自己的观点和其他同学不一致时,也能坚持已见,其认知方式属于(　　)

A. 集中型　　B. 沉思型　　C. 场独立型　　D. 场依存型

24. 如果将期末考试结果的解释视为总结性评价,那么对教学过程中测验结果的解释就是(　　)

A. 非正式评价　　B. 诊断性评价

C. 形成性评价　　D. 真实性评价

25. 学校心理健康教育的对象是(　　)

A. 全体学生　　B. 有心理障碍的学生

C. 有品行问题的学生　　D. 有学习困难的学生

二、案例分析题(本大题共 3 小题,每小题 10 分,共 30 分)

1. 记得在一个寒冬的早晨,西北风呼呼地刮着。因为昨晚课外辅导班下课太晚,早自习铃声响过,我才走进教室。这时赵小明匆匆忙忙从我身后冲进来。我大声说:"赵小明,你为什么又迟到?把手从裤兜里拿出来,站好!"这时,我听到有人唏嘘:"自己手不也伸进裤兜里吗?自己不也是刚到教室吗?"我心头一惊,正要发作的火一下子熄灭了,并陷入了沉思:平时,一些看起来很微不足道的细节,都会给学生带来潜移默化的影响。同学们板演后随手把粉笔往讲台上一扔,学生干部管理班级时用教鞭敲击讲台,这不都是我的行为在学生身上的再现吗?

请运用中小学教师职业道德知识对该教师的做法进行分析。

2. 赵老师是学校公认的好教师。在师范院校就读期间，为了成为一名称职的语文教师，除了认真学习本专业各门课程，他还广泛涉猎了其他专业知识。在从事语文教学之后，他经常阅读中外名家名著。从教近10年来，为了提高自己的教育教学与科研水平，他还不断地学习教育学、心理学和现代教育技术的知识，通过反思自己的教学实践，创新教育教学方式，形成了独特的教学风格和实践智慧。

请从教育学角度分析赵老师的知识素养。

3. 在一节数学课上,学习了“三角形具有稳定性”之后,李老师让前后桌的每4位学生组成一个小组,(班级学生的座位是按照他们的身材高矮编排而成的)讨论“三角形在日常生活中的应用”。同时,李老师告知学生:“你们小组内部每个人不仅要为自己的学习负责,还要为你们小组同伴的学习负责。”学生立即讨论起来。

“晾衣架是三角形的。”

“我家空调下面的支架是三角形的。”

“我的风筝是三角形的。”

…………

当学生讨论时,李老师适时地介入、引导,促使学生畅所欲言。

请运用教学方法的相关理论对案例中李老师的做法进行分析。

三、论述题(本大题共15分)

请结合实际论述教育心理学对教师在教育实践中的作用。

四、教学设计题(本大题共 15 分)

下面是人教版二年级语文上册《秋天的图画》,请根据课文内容回答问题。

1　秋天的图画

秋天来啦，秋天来啦，山野就是美丽的图画。梨树挂起金黄的灯笼，苹果露出红红的脸颊，稻海翻起金色的波浪，高粱举起燃烧的火把。谁使秋天这样美丽？看，蓝天上的大雁作出了回答，它们排成一个大大的“人”字，好像在说——勤劳的人们画出秋天的图画。

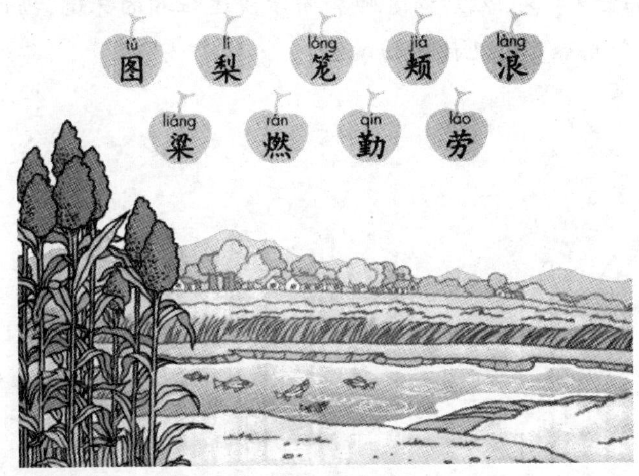

(1)请根据课文内容制定本节微型课的教学目标。(5 分)

(2)请根据课文内容设计一个朗读教学设计,并说明设计意图。(10 分)

五、教育写作(本大题共40分)

阅读下面的内容,自选角度,自拟题目,联系实际,写一篇不少于600字的文章(除诗歌外,文体不限)。

一位美国老师在生物课上讲蚯蚓。讲着讲着,一个小学生站了起来——

生:请问老师,蚯蚓是什么味道?

师:抱歉,我没有尝过。

生:我可以尝尝吗?

师:当然可以!

生:我尝过了,您加分吗?

师:当然加分!

这位学生果真去品尝了蚯蚓,然后向老师和同学讲述蚯蚓的味道,据说这位学生后来成了一位生物学家(这位老师培养了好几位生物学家)。

2016年河南省特岗教师招聘考试教育理论基础真题试卷(八)

(满分150分　时间120分钟)

本套试卷共31小题,包括单项选择题(25小题),案例分析题(3小题),论述题(1小题),教学设计题(1小题),教育写作(1小题)。

一、单项选择题(请在每小题的四个选项中选出一个正确答案,并将正确选项的字母写在括号内。不选、错选或多选者,该题无分。本大题共25小题,每小题2分,共50分)

1. 党的十八届五中全会强调,党执政兴国的第一要务是(　　)

A. 改革　B. 发展　C. 稳定　D. 创新

2. 习近平在建党95周年讲话中强调,到2020年实现的第一个百年奋斗目标是(　　)

A. 全面建成小康社会　B. 全面建成富强社会

C. 全面建成和谐社会　D. 全面建成文明社会

3.《国家中长期教育改革和发展规划纲要(2010~2020年)》强调的国家基本教育政策是(　　)

A. 育人为本　B. 改革创新

C. 促进公平　D. 提高质量

4. 根据《中华人民共和国教师法》的规定,教师是履行教育教学职责的(　　)

A. 技术人员　B. 管理人员　C. 科研人员　D. 专业人员

5. 教师职业道德的核心是(　　)

A. 热爱教育事业　B. 热爱学生

C. 为人师表　D. 团结协作

6. 渗透在学校的自然环境、物质环境、人际环境及观念环境中的课程是(　　)

A. 必修课程　B. 显性课程

C. 隐性课程　D. 选修课程

7. 直接制约着教育的性质和发展方向的社会因素是(　　)(易错)

A. 生产力　B. 政治经济制度

C. 文化　D. 科学技术

8. 通过问答的形式来引导学生获取或巩固知识的方法是(　　)

A. 讨论法　B. 讲授法　C. 谈话法　D. 练习法

9. 师生关系在教学层面上的特点是(　　)(易错)

A. 授受关系　B. 互相促进　C. 民主平等　D. 长善救失

山香教育 SHANXIANG EDUCATION

10.“不陵节而施”体现的教学原则是(　　)

A. 巩固性原则　　B. 循序渐进原则

C. 启发性原则　　D. 直观性原则

11.“苦其心智,劳其筋骨,饿其体肤,空乏其身”所体现的德育方法是(　　)

A. 锻炼法　　B. 陶冶法　　C. 说服法　　D. 榜样法

12. 促进个体发展从潜在的可能状态转向现实状态的决定性因素是(　　)

A. 学校教育　　B. 遗传素质

C. 社会环境　　D. 个体主观能动性

13. 通过制定和执行规章制度去管理班级的模式是(　　)

A. 常规管理　　B. 平行管理

C. 民主管理　　D. 目标管理

14. 加德纳的多元智力理论启示教育教学应该(　　)(常考)

A. 理论联系实际　　B. 主动施教

C. 循序渐进　　D. 个别化

15. 衡量一个教师成熟的主要标志是(　　)

A. 自觉地关注教材　　B. 自觉地关注学生

C. 自觉地关注生存　　D. 自觉地关注情境

16.“心晴的时候,雨也是晴;心雨的时候,晴也是雨”描写的心理现象是(　　)

A. 情绪　　B. 性格　　C. 认知　　D. 思维

17. 教师边讲课边环视学生,又恰当地组织教学,体现的注意品质是(　　)

A. 注意的广度　　B. 注意的分散

C. 注意的分配　　D. 注意的深度

18. 一个人的情绪兴奋性高,抑制能力差,反应速度快但不灵活。他的气质类型是(　　)(易混)

A. 多血质　　B. 黏液质　　C. 抑郁质　　D. 胆汁质

19. 受过去经验与习惯影响而产生的心理活动的准备状态是(　　)

A. 迁移　　B. 定势　　C. 原型启发　　D. 动机

20. 吃不着葡萄说葡萄酸,得不到的东西是不好的。这种心理防御机制是(　　)

A. 否认　　B. 文饰　　C. 投射　　D. 幻想

21. 追求个人特有潜能的充分发挥和个人价值的实现是(　　)

A. 生理与安全需要　　B. 尊重需要

C. 归属与爱的需要　　D. 自我实现的需要

22. 下列说法正确的是(　　)

A. 接受心理辅导的人精神都有问题　　B. 心理健康的人人格健全

C. 考试焦虑不是心理问题　　D. 气质类型有好坏之分

山香教育 SHANXIANG EDUCATION

23. 教师对学生期望的积极预言效应称为(　　)

A. 首因效应　　B. 近因效应

C. 罗森塔尔效应　　D. 马太效应

24. 学习新信息对回忆已有旧信息的抑制作用是(　　)

A. 倒摄抑制　　B. 前摄抑制　　C. 消退抑制　　D. 超限抑制

25. 教育要适应人的发展的个别差异性,就要做到(　　)(常考)

A. 循序渐进　　B. 因材施教　　C. 教学相长　　D. 防微杜渐

二、案例分析题(本大题共 3 小题,每小题 10 分,共 30 分)

1. 小李以优异的成绩应聘为某中学特岗教师,她一到岗就认真备课、讲课,勤奋学习,刻苦钻研,不断提高自己的教学技能,教学效果好,她的课很受学生欢迎。但是,小李不能容忍学生不认真听讲,对个别不认真听课的学生她经常采取罚站、不许进教室听课等方式惩罚他们。

请从教育法规和教师职业道德角度对李老师的做法进行分析评价。

2. 王老师教学生学习认字，当教到“天”字时，为了加深学生的印象，他开始引导学生：“你头顶上是什么？”

学生想了想：“头发。”

老师：“头发上面是什么呢？”

学生：“屋顶。”

老师：“屋顶上面呢？”

学生：“瓦片。”

老师有点着急：“你们好好看看，上面到底还有什么？”

学生低语：“还有，还有小鸟在飞。”

请运用所学教学原则分析王老师的做法。

3. 课堂上，胡老师在黑板上用简练的几笔勾画出一只公鸡，并总结出画公鸡的七个要素。接着，胡老师让四位同学在黑板上画出四种不同的图形，由胡老师按画公鸡的要素依次在这四个不同图形上分别添加几笔，画出了四只栩栩如生的公鸡。这使同学们精神为之一振，都想一试身手。于是，胡老师让全体学生在纸上动手画公鸡。在观察学生画画的过程中，胡老师没有批评任何一个学生画得不像，而是不时地对学生进行指导。之后，胡老师要求学生剪下画好的公鸡，贴在一张画有养鸡场的铅笔画纸上，构成了一幅具有千姿百态公鸡的漂亮作品。最后，胡老师别具匠心地用铅笔画和纸篓做成了立体鸡，并在鸡背上开个洞，让学生把剪下的碎纸片儿揉成颗粒作为饲料喂鸡，教室很快干净了。

请分析案例中的胡老师在教学中体现出的教师角色。

三、论述题（本大题共 15 分）

举例说明如何在教学中激发学生的学习动机。

四、教学设计题(本大题共15分)

请根据所提供的教学材料和相关情况,按要求完成教学设计。

教学材料:某版本小学四年级品德与社会教科书中《我的邻里乡亲》一课,部分内容如下:

每个家庭都有自己的邻居,有的邻里之间亲亲热热,如同一家人;有些则很少往来,你们那里的邻里关系是怎样的?

实际上我们周围存在着各种各样的邻里关系。(教科书中用三幅图呈现了不同学生眼中不同的邻里关系:第一幅图呈现的是某同学家所在的院子里有五户人家,大人们经常聊天,小孩则在一旁玩游戏;第二幅图呈现的是某同学家所在的楼里,邻居们平时见面只是点点头,没什么来往;第三幅图呈现的是某同学的邻居端着一筐橘子让大家品尝)

俗话说:“远亲不如近邻。”亲戚朋友一般住得相对比较远,不常见面,但是左邻右舍却几乎每天都能看到。邻居间的和睦相处是安宁、愉快的生活所不可缺少的。(教科书中用三幅图呈现了“远亲不如近邻”:第一幅图呈现的是某同学妈妈出差了,邻居帮忙照顾她;第二幅图呈现的是某同学忘记带房门钥匙了,邻居张奶奶热情地招呼该同学到她家先坐一会儿;第三幅图呈现的是一位老爷爷站在楼梯里,提醒刚下班的邻居,楼里第二天要通煤气,家里别忘了留人)

相关情况:授课对象为某乡村小学四年级的学生,班级人数共45人。

设计要求:

(1)确定教学目标。(5分)

(2)设计教学过程并说明设计的理由。(10分)

五、教育写作(本大题共 40 分)

阅读下面的内容,自选角度,自拟题目,联系实际,写一篇不少于 600 字的文章(除诗歌外,文体不限)。

一个小男孩和父亲去钓鱼,他钓到了一条大鱼,父子俩都很欢喜。可是父亲突然发现,还有几个小时才到开放捕捞的时间,尽管没有人看见儿子钓到了这条鱼,父亲还是坚决地让孩子遵守规定把鱼放回湖里。小男孩当时非常难过,但最终还是按照父亲的话去做了。多年以后,小男孩已长大成人,每当他遇到道德难题,他就会想起父亲的告诫,那就是:道德实践起来很难,一个人要是从小就常常受到类似钓鱼这件事那么具体而严格的教育,也许会获得更多道德实践的勇气和力量。

2015年河南省特岗教师招聘考试教育理论基础真题试卷(九)

(满分150分　时间120分钟)

本套试卷共32小题,包括单项选择题(25小题),案例分析题(3小题),论述题(1小题),教学设计题(2小题),教育写作(1小题)。

一、单项选择题(请在每小题的四个选项中选出一个正确答案,并将正确选项的字母写在括号内。不选、错选或多选者,该题无分。本大题共25小题,每小题2分,共50分)

1.2015年2月3日,习近平总书记在中共党校省部级主要领导干部专题研讨班开班式上集中论述了“四个全面”战略布局,“四个全面”是指(　　)

A.全面建成小康社会、全面深化改革、全面依法治国、全面反腐倡廉

B.全面建成小康社会、全面深化改革、全面依法治国、全面从严治党

C.全面建设小康社会、全面深化改革、全面依法治国、全面反腐倡廉

D.全面建设小康社会、全面深化改革、全面依法治国、全面从严治党

2.2014年9月9日,习近平总书记在北京师范大学考察时强调,全国广大教师要做(　　)

A.有理想信念、有高尚道德、有扎实知识、有仁爱之心的好老师

B.有理想信念、有道德情操、有专业知识、有仁爱之心的好老师

C.有理想信念、有高尚道德、有专业知识、有仁爱之心的好老师

D.有理想信念、有道德情操、有扎实知识、有仁爱之心的好老师

3.国务院办公厅近期印发的《乡村教师支持计划(2015—2020年)》提出,力争到2017年逐步形成(　　)

A.“下得去、留得住、教得好”的局面

B.“走出去、引进来、干得好”的局面

C.“下得去、上得来、教得好”的局面

D.“下得去、回得来、干得好”的局面

4.某教学点的张老师根据班级学生人数太少的情况,打破传统课堂讲授惯例,进行讨论式教学改革。张老师这样做是《中华人民共和国教师法》赋予他的(　　)(易错)

A.科学研究权　　B.教育教学权

C.管理学生权　　D.民主管理权

5.苏霍姆林斯基说:“教师成为学生道德上的指路人,并不在于他时时刻刻都在讲大道理,而在于他对人的态度(对学生、对未来公民的态度),能为人师表,在于他有高度的道德水平。”

这句话说明教师职业道德应具有(　　)(常考)

A. 鲜明的继承性　　B. 强烈的责任性

C. 独特的示范性　　D. 严格的标准性

6."亲人不在身边,老师就是我们的亲人"反映了留守儿童所期待的教师角色是(　　)

A. 父母与朋友　　B. 研究者

C. 管理者　　D. 授业、解惑者

7. 某班主任在工作中时常感到学生家长难以应付,经常被家长误解甚至发生口角。该班主任有待提高的能力是(　　)

A. 教学能力　　B. 评价能力

C. 沟通能力　　D. 研究能力

8. 提出"生活即教育""社会即学校""教学做合一"教育思想的教育家是(　　)

A. 陶行知　　B. 杨贤江

C. 陈鹤琴　　D. 晏阳初

9."君子有九思:视思明,听思聪,色思温,貌思恭,言思忠,事思敬,疑思问,忿思难,见得思义。"孔子的这句话体现的教育思想是(　　)(易错)

A. 以人为本　　B. 教育反思

C. 有教无类　　D. 情境教学

10."教师是课程开发者"体现了课程实施的(　　)

A. 忠实取向　　B. 相互适应取向

C. 工具理性取向　　D. 创生取向

11."道而弗牵,强而弗抑,开而弗达"体现的教学原则是(　　)

A. 直观性原则　　B. 启发性原则

C. 循序渐进原则　　D. 因材施教原则

12. 儒家思想作为我国传统文化的主体,其教育思想的根本是(　　)

A. 智育　　B. 美育　　C. 道德教育　　D. 体育

13."一年站稳讲台,三年独当一面,五年成为优秀教师,十年成为教学名师"体现的是新入职教师的(　　)

A. 教育情感　　B. 教育理想

C. 教育目标　　D. 职业生涯规划

14. 近年来兴起的慕课(MOOC)是指(　　)

A. 大规模开放在线课程　　B. 大范围深度改革课程

C. 大规模设计开发课程　　D. 大规模深度实施课程

15. 在信息化环境中,课前学生学习教学视频等资源,课堂上师生开展作业答疑、协作探究和互动交流等活动的新型教学模式是(　　)

A. 自主学习　　B. 翻转课堂

山香教育 SHANXIANG EDUCATION

C. 探究学习　　D. 视频学习

16. 采取跑步、大声喊叫甚至痛哭一场来缓解心理压力的方式属于(　　)

A. 松弛训练　　B. 心理置换

C. 合理宣泄　　D. 理性疗法

17. 个体心理发展中,充满独立性和依赖性、自觉性和幼稚性矛盾的阶段是(　　)

A. 童年期　　B. 少年期　　C. 青年初期　　D. 青年期

18. 讲解果实概念时,既可列举可食用的果实,也可列举不可食用的果实,以便突出果实都是有种子的本质特征。这种知识概括的方式是(　　)

A. 正例与反例　　B. 比较　　C. 变式　　D. 直观

19. 学生期望得到老师的帮助,又不愿老师管得太死这种心理冲突是(　　)

A. 双趋冲突　　B. 趋避冲突

C. 双避冲突　　D. 多重趋避冲突

20. 学生学会写"石"字,有助于写"磊"字。这种迁移属于(　　)

A. 具体迁移　　B. 一般迁移　　C. 垂直迁移　　D. 顺应迁移

21. 画家必须作画才能获得最大的满足,诗人必须写诗才能获得最大的满足。这类现象体现了人的(　　)(常考)

A. 归属与爱的需要　　B. 尊重的需要

C. 自我实现的需要　　D. 安全的需要

22. 学生阅读不熟悉的材料时放慢速度,遇到不理解的内容就反复阅读的学习策略是(　　)

A. 认知策略　　B. 组织策略

C. 资源管理策略　　D. 元认知策略

23. 鼓励学生对问题进行应急性回答,并提出多种类型的答案或各种不合常规的设想,以培养其创造性。这种方法是(　　)(易混)

A. 发散思维训练　　B. 头脑风暴训练

C. 推测与假设训练　　D. 自我设计训练

24. 根据成就动机理论,教师在教育实践中对力求成功的学生应更多地安排(　　)

A. 非常容易的任务　　B. 没有难度和竞争性不强的任务

C. 非常困难的任务　　D. 有一定难度和竞争性的任务

25. 根据教师不同时期所关注的焦点问题,福勒和布朗把教师的成长阶段按顺序分为(　　)

A. 关注学生→关注生存→关注情境

B. 关注学生→关注情境→关注生存

C. 关注情境→关注学生→关注生存

D. 关注生存→关注情境→关注学生

山香教育 SHANXIANG EDUCATION

二、案例分析题（本大题共3小题，其中第1小题9分，第2小题和第3小题各8分，共25分）

1. 对某乡村中学八年级(1)班的学生来说，付老师就是他们最敬爱的人。晓彤天生听力有障碍，又遭遇家庭不幸，因而性格孤僻、意志消沉。尽管工资微薄，付老师毅然自己掏钱给她配上了助听器。小杰是班里的“问题学生”，付老师经过家访找到了小杰“任性”的根源，有针对性地对其实施教育和引导，最终使小杰成为班里品学兼优的好学生。小龙一直是班里的尖子生，后来由于早恋出现了迟到、早退的现象，成绩明显下降。付老师多次找他推心置腹地谈心，终于使其认识到早恋的危害并加以改正。

请结合案例，分析教师关爱学生的基本要求。

2. 科学地预设教学目标是上好一节课的前提和基础。下面是两位教师为一节课“This is my sister”预设的教学目标。阅读后按要求答题。

第一位教师	第二位教师
1. 通过单词游戏,能够记住新单词。 2. 通过听说练习,能够运用基本句型进行流畅的对话。 3. 通过巩固训练,能够综合运用所学知识介绍他人。 4. 通过观看关于“家人”的视频,增强亲情感。	1. 学会新单词。 2. 掌握关于人物提问和回答的基本句型。 3. 能够综合运用所学知识介绍他人。 4. 能够熟练背诵全文。

请分析上面哪一位教师预设的教学目标较为理想,并说明理由。

3. 下面是一位教师在上课过程中遇到的突发事件，该教师成功地化解了该事件，确保了教学活动的顺利开展。阅读后按要求答题。

在一次公开课上，执教老师对一个胖乎乎的男孩说："请你把这段课文给大家读一下，好吗？""老师，现在我不想读。"这名学生不顾有听课老师在场，大胆地表达了自己的意愿。"你有权保持沉默，"执教老师笑容依然，"我们会耐心地等待，以后再欣赏你的精彩表现。"果然，在后半节课上，这个学生主动发言，以自己精彩的朗读博得了听课老师和学生们的热烈掌声。

请分析该教师在处理这一事件时所表现出的教育教学素养。

三、论述题（本大题共 15 分）

请结合教育教学实际，试述如何通过创设适宜的环境培养学生的创造性。

四、教学设计题(本大题共 2 小题,每小题 10 分,共 20 分)

请根据所提供的教学材料和相关情况,按要求完成教学设计。

1. **教学材料**:某版本小学四年级数学教材编排了“认识计算器”一课,教学内容为古今计算工具的演变过程以及正确使用计算器进行较大数目的四则运算。

相关情况:授课对象为某乡村小学四年级(1)班的学生,班级人数为 45 人。

请设计一个课堂导入活动并说明设计理由。

2. **教学材料**:某版本七年级语文教材编排了“汉字的魅力”单元,在该单元教学建议中要求教师结合实际组织一次以“汉字的运用”为主题的语文实践活动。

相关情况:教学对象为某乡镇学校七年级(1)班的学生,班级人数为 60 人。

请设计一次语文实践活动,写出活动的内容、方式及具体做法。

五、教育写作(本大题共40分)

阅读下面的材料,选好角度,自拟题目,联系实际,写一篇不少于600字的文章,除诗歌外,文体不限。

传说,北山愚公家门前有两座大山挡住了路,他下定决心要把山平掉,河曲智叟笑他太傻,认为不可能。愚公回答说:"我死后有儿子,儿子死后有孙子,子子孙孙是没有穷尽的,这两座山可不会再增高了,凿去一点儿就会少一点儿,终有一天会凿平的。"

作为愚公移山的发祥地,愚公移山的精神在河南薪火相传。广大乡村教师扎根基层,面对工作、生活上的困难,发扬愚公移山精神,艰苦奋斗,谱写了绚丽的人生篇章。

2014年河南省特岗教师招聘考试教育理论基础真题试卷(十)

(满分150分　时间120分钟)

本套试卷共45小题,包括单项选择题(20小题),判断题(20小题),案例分析题(2小题),论述题(1小题),教学设计题(1小题),教育写作(1小题)。

一、单项选择题(请在每小题的四个选项中选出一个正确答案,并将正确选项的字母写在括号内。不选、错选或多选者,该题无分。本大题共20小题,每小题2分,共40分)

1. 习近平总书记指出,实现中国梦必须(　　)

A. 走中国道路,弘扬中国精神,凝聚中国力量

B. 走中国道路,弘扬中国精神,凝聚世界力量

C. 走中国道路,弘扬航天精神,凝聚中国力量

D. 走中国道路,弘扬国际精神,凝聚中国力量

2. 党的十八届三中全会《决定》提出的关于教育改革的总体部署是(　　)

A. 深化教育领域综合改革　　B. 推进基础教育课程改革

C. 推进考试招生制度改革　　D. 推进管办评分离

3. 社会主义核心价值观之社会层面的价值要求是(　　)

A. 富强　民主　文明　和谐　　B. 自由　平等　公正　法治

C. 爱国　敬业　诚信　友善　　D. 自由　民主　诚信　法治

4. 教育的基本着眼点是(　　)

A. 传授知识　　B. 发展智力

C. 人的发展　　D. 社会发展

5. 直接制约教育的性质和发展方向的是(　　)

A. 生产力　　B. 科学技术

C. 政治经济制度　　D. 文化

6. 奠定班级授课制理论基础的代表性著作是(　　)(常考)

A. 赫尔巴特的《普通教育学》　　B. 夸美纽斯的《大教学论》

C. 巴班斯基的《教学过程最优化》　　D. 杜威的《民主主义与教育》

7.《中小学教师专业标准(试行)》对教师的基本专业要求涵盖三个维度,它们是(　　)

A. 专业理念与师德、专业知识、专业技能

B. 专业理念与师德、专业技能、专业情意

C. 专业理念与师德、专业知识、专业能力

D. 专业理念与师德、专业知识、专业情意

8. 教师不顾学生的年龄特点和实际水平，采取“揠苗助长”的做法，违背了儿童身心发展的（　　）（易混）

A. 顺序性　　B. 不均衡性

C. 差异性　　D. 统一性

9. 按学科制定的、体现国家对基础教育课程基本规范和质量要求的指导性文件是（　　）

A. 课程计划　　B. 教学计划

C. 课程标准　　D. 课时计划

10. 知识不是通过教师传授获得，而是学习者在一定情境下利用学习资料生成意义的过程。这符合（　　）

A. 行为主义学习观　　B. 人本主义学习观

C. 新行为主义学习观　　D. 建构主义学习观

11. 采用问卷、访谈等方式搜集有关材料，进行分析研究的科研方法是（　　）

A. 调查法　　B. 行动研究法

C. 观察法　　D. 实验法

12. 循循善诱、以理服人，从提高学生认识入手以调动学生主动性的德育原则是（　　）

A. 疏导原则　　B. 因材施教原则

C. 导向性原则　　D. 教育影响的一致性与连贯性原则

13. 良好班集体形成的基础是（　　）

A. 明确的共同目标　　B. 一定的组织结构

C. 共同生活的准则　　D. 成员间平等、心理相容的气氛

14. 根据自己的生物钟安排学习活动属于学习策略中的（　　）（常考）

A. 认知策略　　B. 资源管理策略

C. 组织策略　　D. 元认知策略

15. 基础教育课程改革中“建立促进学生全面发展的评价体系”的理论依据是（　　）（常考）

A. 二因素理论　　B. 三维结构理论

C. 三元智力理论　　D. 多元智力理论

16. 小学生有错误行为时，家长便限制他看动画片，不让他从事有趣的活动。这属于（　　）

A. 正强化　　B. 负强化　　C. 惩罚　　D. 消退

17. 通过集体讨论，使思维相互撞击迸发火花，达到集思广益效果的创造性训练方法是（　　）

A. 发散思维训练　　B. 头脑风暴训练

山香教育 SHANXIANG EDUCATION

C. 推测与假设训练　　D. 自我设计训练

18. 皮亚杰的认知发展理论认为,7～11 岁儿童的认知发展处于(　　)

A. 感知运动阶段　　B. 前运算阶段

C. 具体运算阶段　　D. 形式运算阶段

19. 指导学生使用"我能应付这个考试""成绩并不重要,学会才是重要的"等正向的自我对话以缓解考试焦虑的方法是(　　)

A. 全身松弛训练法　　B. 系统脱敏法

C. 肯定性训练法　　D. 改善认知法

20. 动作技能练习到一定阶段时,出现的进步暂时停止或下降,难以有所提高的现象是(　　)

A. 定势现象　　B. 迁移现象

C. 退步现象　　D. 高原现象

二、判断题(判断下列命题的正误,正确的请在题后的括号内打"√",错误的打"×"。本大题共 20 小题,每小题 1 分,共 20 分)

1. 党的十八届三中全会提出的全面深化改革的总目标是完善和发展中国特色社会主义制度、推进国家治理体系和治理能力现代化。(　　)

2. 2014 年河南省政府工作报告提出要打造富强河南、文明河南、平安河南、美丽河南。(　　)

3. 新手型教师备课就是把教学内容写成详细的文字教案。(　　)

4. 以农村教师为重点,加强教师队伍建设是促进我国教育公平的措施之一。(　　)

5. 基础教育课程改革提倡自主、合作、探究的学习方式。(　　)

6. 对学生进行思想品德教育是班主任工作的首要任务。(易错)(　　)

7. 基础教育课程改革要为学生的终身学习奠定基础。(　　)

8. 当前的教学设计越来越倾向于从关注"学"向关注"教"转变。(　　)

9. 信息技术与学科教学整合的最终目标是帮助教师减轻教学工作量。(　　)

10. 教师职业道德的主要范畴包括教师义务、教师良心、教师荣誉。(易混)(　　)

11. 维果斯基认为,好的教学应当先于发展、引导发展,其实质在于创造最近发展区。(　　)

12. 学生参加课外活动要体现自愿原则,活动应以小型为主。(　　)

13. 通过教师、学生、文本之间的交流和沟通实现教学目标的行为方式是课堂导入。(　　)

14. 教学中用不同形式的直观材料或事例来说明事物的本质属性称为比较。(常考)(　　)

15. 态度与品德也可以通过观察、模仿榜样的行为而习得。(　　)

16. 能否自觉关注学生是衡量一个教师是否成熟的重要标志之一。(常考)(　　)

山香教育 SHANXIANG EDUCATION

17. 学生为了得到老师或父母的奖励而努力学习的动机是内部动机。 ( )

18. “举一反三”“闻一知十”是典型的学习迁移。 ( )

19. 中学阶段同辈群体对人格发展的影响在某种程度上甚至超过父母。 ( )

20. 判断一个人心理健康状况应兼顾内部协调与对外良好适应两个方面。 ( )

三、案例分析题(本大题共 2 小题,每小题 10 分,共 20 分)

1. 城市学生杜某,大学毕业后通过招教考试成为一名乡村教师。在认真备课、反复试讲后,他心情忐忑地走上讲台,刚做完自我介绍,一个男生突然站起来说道:“老师,我们条件不好,学习基础又差,你会喜欢我们吗?”杜老师没有回答,微笑地看着他问:“你会不会嫌弃自己的家人?”男生马上回答:“当然不会,一家人怎么会嫌弃呢?”杜老师转向全班同学郑重地说:“我既然成了同学们的老师,大家就成为一家人,我当然不会嫌弃你们了。同学们只看到了自己的不足,却没有看到自己的长处,我们农村孩子朴实、能吃苦,只要我们共同努力,都会成为优秀学生的。老师喜欢你们,看好你们!”这一开场很快抓住了孩子们的心。

请从教师职业道德规范的角度对该教师的做法进行分析评价。

2. 某教师在教文言文《强项令》时，提了一个问题："课文题目中的'强项'是什么意思？"学生根据课文的注释，马上回答是"硬脖子"的意思。为了让学生对比古今词义的区别，教师又追问："'强项'在现代汉语中是什么意思？"这个问题一下子把学生问懵了，课堂上出现了"冷场"的局面，教师接连问了几个学生都没有答出来。课后，教师进行了认真的教学反思。第二天给另一个班上课时，该教师及时改变了提问策略。在学生找出"强项"在课文中的意思之后，教师请学生们思考："请问你们都有什么强项？"一个学生答道："我的强项是打乒乓球。"教师接着问："那么，你所用的'强项'是什么意思呢？"学生想了想说："是'长处'的意思。"于是，教师再次请大家思考："'强项'在古代汉语和现代汉语中的词义有什么差别？"学生们纷纷举手并给出正确的答案。（注：教学对象为七年级学生）

请运用有关教学理论对此案例进行分析评价。

四、论述题（本大题共 15 分）

请结合学科教学谈谈如何培养学生解决问题的能力。

五、教学设计题(本大题共 15 分)

请根据所提供的教学材料,完成教学设计。

教学材料:八年级思想品德《诚信的智慧》。

诚信的品德是高尚的,诚信的要求是确定的,但做到诚信的具体条件又是非常复杂的。我们对诚信的理解应与具体的情境结合起来,在现实生活中做出诚信的正确选择。

对人诚实与尊重他人隐私,往往相互关联且常常发生冲突。面对这一两难选择,我们应该正确把握二者之间的关系。一方面,"以诚待人,以信交友"是人际交往的基本准则,我们应当恪守诚实的品德;另一方面,尊重隐私又是待人坦诚的前提,是维持良好关系、良好沟通的基础。尊重他人隐私,未经本人同意不得将其公开,也是我们在交往中应有的品德。当二者发生冲突时,我们要结合具体情境,坚持原则,权衡利弊,按照实际情况妥善处理。

诚实与说谎是水火不相容的,做诚实的人就不应该撒谎。然而,我们生活的环境是复杂的,人的思维方式、行为方式也不是直线式的。在特定的交往情境中,有时需要我们隐瞒事情的某些真相,说一些"善意的谎言"。但这不是出于个人的"私利",而恰恰是维护对方利益的需要。从根本上说,善意的谎言并不违背诚实的道德。

诚信的核心是善。尽管诚信问题上有各种复杂的情况,但只要我们正确理解诚信原则、与人为善,出于公心、永不自欺,我们就能拥有诚信的智慧,做一个诚信的人。

六、教育写作(本大题共 40 分)

阅读下面的材料,请自选角度,自拟题目,写一篇不低于 600 字的文章。诗歌除外,文体不限。

2014 年 3 月 17 日晚,周口市郸城县秋渠一中校长张伟连续工作三个昼夜,因过度劳累突发脑干出血,经全力抢救无效,不幸去世,年仅 42 岁。从教 20 年来,张伟同志始终奋斗在农村教育教学第一线,他常说:“干教育是个良心活,我献身教育一生无悔。”作为教师,他承担两个学科以上的教学任务,爱岗敬业,知识渊博,教学艺术性强;同时作为一名校长,他以身作则,科学管理,把一所落后的乡村中学办成了远近闻名的优质学校。他甘于清贫,面对高薪聘请不为所动。他被广大师生和群众誉为“践行焦裕禄精神的好校长”“学生心目中的好老师”。

2013年河南省特岗教师招聘考试教育理论基础真题试卷(十一)

(满分150分　时间120分钟)

本套试卷共45小题,包括单项选择题(20小题),判断题(20小题),案例分析题(2小题),论述题(1小题),教学设计题(1小题),教育写作(1小题)。

一、单项选择题(请在每小题的四个选项中选出一个正确答案,并将正确选项的字母写在括号内。不选、错选或多选者,该题无分。本大题共20小题,每小题2分,共40分)

1. 党的十八大报告的主线是(　　)

A. 坚持和发展中国特色社会主义

B. 坚持和发展中国特色社会主义政治

C. 坚持和发展中国社会主义经济

D. 坚持和发展中国特色社会主义文化

2. 解决"三农"问题的根本途径是(　　)

A. 发展中小城市

B. 城乡发展一体化

C. 发展农村经济

D. 乡村发展一体化

3.《河南省中长期教育改革和发展规划纲要(2010~2020年)》提出的我省义务教育发展的战略性任务是(　　)

A. 大力发展义务教育

B. 跨越式发展义务教育

C. 稳步发展义务教育

D. 均衡发展义务教育

4. 教师职业道德高低的试金石是(　　)

A. 教书育人　　B. 为人师表

C. 热爱学生　　D. 严谨治学

5. 教育名著《给教师的一百条建议》《把整个心灵献给孩子》的作者是苏联教育家(　　)

A. 杜威　　B. 赞科夫

C. 布鲁纳　　D. 苏霍姆林斯基

山香教育 SHANXIANG EDUCATION

6. 个体主观能动性在人的发展中起的作用是(　　)

A. 物质前提　　B. 内部动力

C. 主导作用　　D. 外部动力

7. “为谁培养人”和“培养什么样的人”体现的是(　　)

A. 教育内容　　B. 教育方法

C. 教育手段　　D. 教育目的

8. “学不躐等”“不陵节而施”所体现的教学原则是(　　)

A. 因材施教原则　　B. 启发性原则

C. 循序渐进原则　　D. 直观性原则

9. 学校体育的根本任务是(　　)

A. 使学生掌握体育知识　　B. 输送运动员

C. 训练学生的体育技能　　D. 增强学生体质

10. 学校德育的基本途径是(　　)(易混)

A. 团队活动　　B. 课外、校外活动

C. 品德课和各科教学　　D. 班主任工作

11. 现代教学理论认为,教学的本质是(　　)

A. 学生学的活动　　B. 教师教和学生学的统一活动

C. 教师教的活动　　D. 传授知识的活动

12. 班主任工作的前提和基础是(　　)(常考)

A. 组织和培养班集体　　B. 把课上好

C. 了解和研究学生　　D. 组织班级活动

13. 知识学习的最终目的是(　　)

A. 感知　　B. 应用　　C. 理解　　D. 巩固

14. 教师板书设计时利用色彩对比以突出直观对象的特点。这一做法运用了感知的(　　)

A. 强度律　　B. 差异律　　C. 活动律　　D. 组合律

15. 学生的人生观开始形成且品德出现两极分化的阶段是(　　)

A. 学前阶段　　B. 小学阶段

C. 初中阶段　　D. 高中阶段

16. 儿童早期心理发展存在的对某种刺激特别敏感的短暂时期是(　　)

A. 关键期　　B. 成熟期

C. 青春期　　D. 发展期

17. 根据心理学规律,当学生面对重要考试时教师应使其紧张和焦虑程度控制在(　　)(易错)

A. 较高水平　　B. 较低水平

山香教育 SHANXIANG EDUCATION

C. 中等水平　　　　D. 极高水平

18. 根据心理辅导的目标,可以将心理辅导分为调适性辅导和(　　)

A. 发展性辅导　　　　B. 小组性辅导

C. 整体性辅导　　　　D. 个别性辅导

19. 下列选项属于现代教学媒体的是(　　)

A. 标本　　　　B. 挂图

C. 网络教室　　　　D. 模型

20. 教师在教学过程中呈现问题的不同方式将影响个体对问题的解决,这是(　　)

A. 知识经验　　　　B. 定势

C. 问题表征　　　　D. 心理准备

二、判断题(判断下列命题的正误,正确的请在题后的括号内打"√",错误的打"×"。本大题共20小题,每小题1分,共20分)

1. 建设中国特色社会主义的总任务是实现社会主义现代化和中华民族伟大复兴。(　　)

2. 郑州航空港经济综合实验区是我国首个上升为国家战略的航空港经济发展先行区。(　　)

3. 教师职业道德修养是将教师职业道德要求转化为自己的信念并付诸行动的活动。(易错)(　　)

4. 教师高雅的生活情趣由物质条件所决定。(　　)

5. 根据《中华人民共和国教师法》的规定,教师有参加进修或者其他方式的培训的权利。(常考)(　　)

6. 中小学教师要将《教师专业标准》作为自身专业发展的基本准则。(　　)

7.《教师教育课程标准(试行)》强调教师要成为反思性实践者。(　　)

8. 班级物质文化体现在教室墙壁的名言警句、海报、班级舆论以及班风等方面。(　　)

9. 在教学过程中,传授和学习书本知识要以学生个人的直接经验为基础。(易混)(　　)

10. 新课程改革强调的综合实践活动就是课外活动。(　　)

11. 教学的艺术在于激励、唤醒和鼓舞。(　　)

12. 运用实际锻炼法要求以理服人、以情动人、情理交融。(　　)

13. "千教万教教人求真,千学万学学做真人"体现了教师团结协作的精神。(　　)

14. 信息技术与学科课程整合有利于实现新型教学方式、变革传统教学结构。(　　)

15. 与学校相比,家庭是学生心理健康教育的更重要的场所。(　　)

16. 对经验的概括水平越低,迁移的范围越小,效果越差。(　　)

17. 教师教学时需要配合使用正例和反例,学生年龄越小越应该多用反例。(　　)

18. 儿童期的智力已经成熟,抽象逻辑思维已从"经验型"向"理论型"转化。(　　)

19. 在操作技能的形成中,过度学习的量越大越好。(　　)

20. 有效利用社会资源是人的学习策略之一。(常考)(　　)

山香教育 SANXIANG EDUCATION

三、案例分析题(本大题共2小题,每小题10分,共20分)

1. 冬季的一天,大雪纷飞,刘老师发现班上有几名同学还穿着单鞋。下课后,她就把这几名同学叫到一起,询问了同学们的鞋码。中午,她顾不上吃饭,骑上自行车到镇上给这几名同学一人买了一双棉鞋。四年来,刘老师资助了26名学生,这些学生都亲切地叫她“刘妈妈”。

农村重男轻女现象仍然存在,在刘老师教的班里就有几个女孩因家长不支持而将要辍学。刘老师知道后,就主动到这几个学生家中,多次做家长的思想工作,使家长明白受教育是每一个适龄儿童和少年的权利与义务,也是家庭应当承担的责任,最终留住了这几个女生。

请从教师职业道德的角度对刘老师的做法进行分析评价。

2. 某物理老师在教《轮轴》一课的时候，设计了一个游戏：看谁的力气大。他故意挑选了身高相近的男女同学各一名，先请他们上讲台掰手腕，女同学输了。接着，老师又拿出一个啤酒瓶，请这两位同学再比一比。男同学捏住瓶子的颈口部分，女同学握住瓶身部分，各自用力向相反的方向旋转，结果女同学赢了。这时，教室里沸腾了，同学们纷纷议论。老师顺势说道："请大家想一想，为什么会产生这样的现象呢？这与我们要学习的内容有什么关系呢？"接着，老师就开始了新课的教学。

请运用有关的教学理论对此案例进行分析。

四、论述题（本大题共 15 分）

请联系实际谈谈教师应如何调控课堂气氛。

五、教学设计题(本大题共 15 分)

请根据所提供的教学材料和学生情况,按一节课的要求完成教学设计。

教学材料:某版本《品德与社会》编排了“成长的快乐和烦恼”主题单元,其中一节是《挫折和失败是成长所需要的》,主要内容如下:

挫折和失败是成长所需要的

在我们的生活中,每个人都可能遇到挫折和失败。比如:体育比赛失败了;一个愿望未实现;做错事情受到了批评。挫折和失败往往会使我们感到沮丧。可是,你知道吗? 这并不一定是坏事,挫折和失败是我们成长中不可缺少的经历。

美国一位著名的电影演员,在他最初尝试做电影演员时,曾遭遇到了无数次的拒绝。但他不气馁,他知道,失败一定是有原因的。每一次被拒绝,他就认真反省,再寻求机会。后来,他又尝试写剧本,待剧本被导演看中后,再恳求当演员。

在他遭到 1300 多次拒绝后,一位曾拒绝了他 20 多次的导演对他说:“我不知道你能不能演好,但你的精神让我感动。我可以给你一个机会,我要把你的剧本改成电视连续剧,不过,先拍一集,让你当主角,如果效果不好,你从此就断了这个念头吧。”

幸运之神终于对他露出了笑脸。他成功了,并创下了当时全美国最高收视纪录!

学生情况:教学对象为某农村小学的五年级学生,班级人数为 45 人。

设计要求:

(1)请写出本课的教学目标;(3 分)

(2)请写出本课的教学方法;(2 分)

(3)请简述本课的教学过程。(10 分)

六、教育写作(本大题共40分)

请阅读下面的歌词,写一篇不少于600字的读后感。题目自拟,诗歌除外。

长大后我就成了你

小时候我以为你很美丽/领着一群小鸟飞来飞去/小时候我以为你很神奇/说上一句话也惊天动地/长大后我就成了你/才知道那间教室/放飞的是希望/守巢的总是你/长大后我就成了你/才知道那块黑板/写下的是真理/擦去的是功利

小时候我以为你很神秘/让所有的难题成了乐趣/小时候我以为你很有力/总喜欢把我们高高举起/长大后我就成了你/才知道那支粉笔/画出的是彩虹/洒下的是泪滴/长大后我就成了你/才知道那个讲台/举起的是别人/奉献的是自己

2012年河南省特岗教师招聘考试教育理论基础真题试卷(十二)

(满分150分　时间120分钟)

本套试卷共45小题,包括单项选择题(20小题),判断题(20小题),案例分析题(2小题),论述题(2小题),教育写作(1小题)。

一、单项选择题(请在每小题的四个选项中选出一个正确答案,并将正确选项的字母写在括号内。不选、错选或多选者,该题无分。本大题共20小题,每小题2分,共40分)

1.《国民经济和社会发展十二五规划纲要》的主线是(　　)

A. 转变教育发展方式　　B. 转变经济发展方式

C. 转变科技发展方式　　D. 转变文化发展方式

2.《国家中长期教育改革和发展规划纲要(2010~2020年)》提出的我国教育改革和发展的战略主题是(　　)(常考)

A. 坚持以人为本,全面实施素质教育　　B. 坚持德育为先

C. 坚持能力为重　　D. 坚持全面发展

3. 民族精神教育的核心是(　　)

A. 民主法治　　B. 爱国主义

C. 自由平等　　D. 公平正义

4. 我国教师职业道德基本原则是(　　)

A. 热爱学生　　B. 注重礼仪

C. 集体主义　　D. 忠于人民教育事业

5."以学生为本"就是给学生提供(　　)

A. 最适合的教育　　B. 最优质的教育

C. 最先进的教育　　D. 最特殊的教育

6. 教师具有精深的专业知识、精益求精的精神、谦虚谨慎的态度、锐意创新的品质是(　　)的基本要求。

A. 严谨治学　　B. 团结协作

C. 为人师表　　D. 廉洁从教

7. 提出"教育即生活""在做中学"的教育家是(　　)(常考)

A. 夸美纽斯　　B. 赫尔巴特

C. 杜威　　D. 凯洛夫

山香教育 SHANXIANG EDUCATION

8. 孔子云:“其身正,不令而行;其身不正,虽令不从。”这表明教师的劳动具有(　　)

A. 复杂性　　B. 示范性

C. 灵活性　　D. 创造性

9. 教学的根本目的是(　　)

A. 培养全面发展的人　　B. 传授知识

C. 发展智力　　D. 陶冶情操

10. 教师通过生动的讲解、形象的描述来帮助学生理解知识的直观类型是(　　)

A. 实物直观　　B. 模像直观

C. 抽象直观　　D. 言语直观

11. 教育活动的出发点和归宿是(　　)(易混)

A. 教学内容　　B. 教育目的

C. 教学质量　　D. 教学手段

12. 当代学校教学的基本组织形式是(　　)

A. 个别教学制　　B. 分组教学制

C. 班级授课制　　D. 特朗普制

13. 教师用总结性的语言提纲挈领地再现教学内容中的知识结构体系,从而结束课堂教学的方法是(　　)

A. 比较结课　　B. 归纳结课

C. 活动结课　　D. 悬念结课

14. 通过摆事实、讲道理,使学生提高认识,形成正确观点的德育方法是(　　)

A. 榜样示范法　　B. 陶冶教育法

C. 说理教育法　　D. 实际锻炼法

15. 个体生长过程有两个高峰期,第二高峰期是(　　)

A. 乳儿期　　B. 幼儿期　　C. 童年期　　D. 少年期

16. 我国中小学教师专业标准的基本理念是(　　)

A. 师德为先、学生为本、知识为重、终身学习

B. 德育为先、教师为本、能力为重、终身学习

C. 师德为先、学生为本、能力为重、终身学习

D. 德育为先、教师为本、知识为重、终身学习

17. 学习者为了提高学习效果和效率,有目的、有意识地制定的学习方案是(　　)(常考)

A. 学习策略　　B. 学习目标

C. 学习过程　　D. 学习内容

18. 属于个性心理特征的是(　　)

A. 情感　　B. 意志　　C. 感觉　　D. 气质

19. 通过学生的行为表现捕捉基本信息,从而了解学生是否存在某些心理异常的状况并对

山香教育 SHANXIANG EDUCATION

学生的心理健康进行评价的方法是(　　)(易混)

A. 心理测量法　　B. 环境适应判断法

C. 症状观察法　　D. 自然实验法

20. 教师利用班级集体成员共同讨论决定的规则来改变学生态度的方法是(　　)

A. 说服教育　　B. 榜样力量

C. 奖励与惩罚　　D. 群体约定

二、判断题(判断下列命题的正误,正确的请在题后的括号内打"√",错误的打"×"。本大题共20小题,每小题1分,共20分)

1. 切实缩小校际差距,着力解决择校问题;加快缩小城乡差距,努力缩小区域差距,是义务教育的战略性任务。(　　)

2. 中原经济区建设要走一条不以牺牲农业和粮食、生态和环境为代价的"三化"(新型工业化、新型城镇化和农业现代化)协调发展的新路子。(　　)

3. 充分保护和科学利用全球华人根亲文化资源,是我省华夏历史文明传承创新区的内容之一。(　　)

4. 义务教育是国民基础教育,它不具有强制性,所以适龄儿童、少年可以接受也可以拒绝。(　　)

5. 教育必须与宗教实行分离。(　　)

6. 新课程改革突出强调了社会主义核心价值体系的引领作用。(　　)

7. 教师职业道德评价是教师个人按照教师道德的要求所进行的自我锻炼、自我教育的过程。(易错)(　　)

8. 学校和社会联合,营造家庭教育氛围,是妥善解决农村留守儿童教育管理问题的重要措施之一。(　　)

9. 学生是学习的主体,任何教学手段必须通过学生起作用。(　　)

10. 学校教育在个体身心发展中起主导作用。(易混)(　　)

11. 教师备课就是钻研教材和制订教学进度计划。(　　)

12. 新课程改革课程目标设计的三个维度是知识与技能、过程与方法、情感态度与价值观。(　　)

13. 研究性学习注重研究的结论甚于研究的过程。(　　)

14. 教师的威信主要来自学校赋予教师管理学生的权力。(　　)

15. 学习风格是学生在学习过程中形成的,具有不稳定性,并且有高低、好坏之分。(　　)

16. 心理健康具有相对性,从健康到不健康只是程度不同,并无本质区别。(　　)

17. 面向全体学生、关注个别学生是学校心理辅导的一个基本原则。(　　)

18. 课堂心理气氛的形成受多方面因素的影响,其中学生对良好的课堂心理气氛的形成起着关键作用。(易混)(　　)

19. 认知内驱力和自我提高内驱力是少年期学生学习的主要动机。(易错)(　　)

20. 原有认知结构的概括水平越高,迁移的可能性越大,效果越好。(常考)(　　)

山香教育 SHANXIANG EDUCATION

三、案例分析题(本大题共 2 小题,每小题 10 分,共 20 分)

1. 河南林州市横水镇卸甲平村小学教师王生英,2004 年当选为全国模范教师候选人。王生英同志的丈夫王河生在东北找到了挣钱的门路,承包了一个建筑工程。一个工程下来,收入相当可观。丈夫怀着兴奋的心情回家与王老师商量:“咱们一块到东北吧!我管工地,你当会计,不用受累,挣钱又多,比你在家教书强一百倍。”她劝丈夫说:“谁不知道钱多了好,谁不知道过清闲的日子好。可咱能为了钱,撇下这些孩子吗?我们山里人缺的不仅仅是钱,更缺的是知识和文化呀!”

山里雨水多,校舍破旧,为了不耽误孩子们的学习,她拖着残疾的腿,冒着不停的大雨,踏着泥泞打滑的山路,挨家挨户到每个学生家里上课、辅导、批改作业。

请从教师职业道德的角度对该教师的做法进行分析评价。

2. 一位教师在教《两条小溪的对话》时,让学生分角色表演。有一位学生问老师:“我能不用书中的原话吗?”老师和蔼地问:“为什么呢?”“因为书中的原话太长,我背不下来,如果拿着书表演,又不太好。”孩子说出了原因。“你的意见很好,用你自己的话来表演吧。”老师高兴地抚摸了一下孩子的头。果然,这个孩子表演得非常出色。

请用教育学知识对上述案例进行分析评价。

四、论述题(本大题共 2 小题,每小题 15 分,共 30 分)

1. 试述班主任如何培养班集体。

2. 结合实际阐述如何培养学生的创造性。(常考)

五、教育写作(本大题共 40 分)

“读书……书读得越多……”“书籍是人类进步的阶梯。”

请以“书”为话题,结合教师职业特点和教师专业发展作文。

要求:立意明确,题目自拟,体裁不限,诗歌除外,不少于 800 字。

准考证号________

姓名________

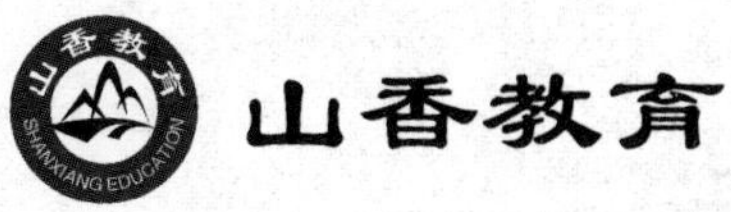

河南省特岗教师招聘考试

历年真题详解及预测试卷

教育理论基础(预测题本)

重要提示:

为维护您的个人权益,确保考试的公平公正,请您帮助我们监督考试实施工作。

本场考试规定:监考人员要向本考场全体考生展示题本密封情况,并邀请2名考生代表验封签字后,方能开启试卷袋。

目 录

河南省特岗教师招聘考试教育理论基础预测试卷(十三)

(满分150分　时间120分钟)

本套试卷共50小题,包括单项选择题(25小题),多项选择题(10小题),判断题(10小题),案例分析题(2小题),论述题(1小题),教学设计题(1小题),教育写作(1小题)。

一、单项选择题(在下列每小题列出的四个选项中只有一个是最符合题意的,请将其代码填在括号内。错选、多选或未选均不得分。本大题共25小题,每小题1分,共25分)

1. 2022年4月,教育部印发新修订的义务教育课程方案和语文等16个课程标准(2022年版),以习近平新时代中国特色社会主义思想为指导,落实(　　)根本任务,强调育人为本,依据培养要求,明确义务教育阶段培养目标。

A. 深化教育改革　　B. 立德树人

C. 促进教育公平　　D. 教书育人

2. 对义务教育质量进行评价,对促进义务教育内涵发展和质量提升、推进教育治理体系和治理能力现代化意义重大。在评价方式上应该坚持的做法是(　　)

①注重结果评价与增值评价相结合　②注重综合评价与特色评价相结合

③注重自我评价与外部评价相结合　④注重学校评价与家长评价相结合

A. ①②③　　B. ①③④

C. ②③④　　D. ①②④

3. 学生们都很讨厌田老师,原因在于他经常讽刺学生、说话刻薄,在很多场合下,挫伤了学生的自尊心。按照《中华人民共和国教师法》的规定,学校可以对其(　　)

A. 给予行政处罚　　B. 给予行政处分

C. 取消教师资格　　D. 撤职留校察看

4. 我国最早提出"教育"一词的是(　　)

A. 孔子　　B. 墨子　　C. 孟子　　D. 荀子

5. "君子如欲化民成俗,其必由学乎"揭示了(　　)的关系。

A. 教育与政治　　B. 教育与文化

C. 教育与人口　　D. 教育与生产力

6. 班级组织建立的首要原则是(　　)

A. 有利于教育的原则　　B. 目标一致的原则

C. 可接受性原则　　D. 有利于身心发展的原则

山香教育 SHANXIANG EDUCATION

7.“教师服装要表达的信息是尊严而不是刻板,是美丽而不是妖艳,是自信而不是寒酸,是高雅而不是富贵,是大方而不是怪异。”这主要是教师职业道德规范中(　　)的要求。

A. 爱岗敬业　　B. 为人师表

C. 关爱学生　　D. 教书育人

8.(　　)是反映亚里士多德教育思想的代表性著作。

A.《民主主义与教育》　　B.《政治学》

C.《理想国》　　D.《论演说家的培养》

9. 教师的根本任务是(　　)

A. 教书育人　　B. 教学

C. 班级管理　　D. 道德教育

10. 盲人的触觉、听觉一般非常灵敏,这说明了个体身心发展具有(　　)

A. 顺序性　　B. 不平衡性

C. 互补性　　D. 个体差异性

11. 教学过程最优化的教学思想是由(　　)提出的。

A. 赞科夫　　B. 巴班斯基

C. 苏霍姆林斯基　　D. 凯洛夫

12. 教学规律对教学活动具有制约作用,是确立教学原则的重要依据。依循“教师主导与学生主体相统一”的教学规律而确立的教学原则主要是(　　)

A. 直观性原则　　B. 启发性原则

C. 量力性原则　　D. 循序渐进原则

13. 寻求发展是学校心理辅导的(　　)

A. 基本目标　　B. 高级目标

C. 基本任务　　D. 基本标准

14. 下列体现了环境对人的发展有重要影响的是(　　)

A. 同流而不合污

B. 龙生龙,凤生凤,老鼠的儿子会打洞

C. 一方水土养一方人

D. 世上无难事,只怕有心人

15. 学生在学习数学知识时,将学到的数学知识按照一定的逻辑归纳成一个知识网络。这种学习策略是(　　)

A. 组织策略　　B. 计划策略

C. 复述策略　　D. 精加工策略

16. 关于影响儿童身心发展的因素,不同教育学家所持的观点不同。优生学的奠基人高尔顿所持的观点是(　　)

A. 环境决定论　　B. 遗传决定论

山香教育 SHANXIANG EDUCATION

C. 强化控制论　　D. 社会历史论

17. 小静为数学竞赛熬夜准备了很久，但在考试当天起晚了，没能赶上第一场比赛，后续比赛也无缘参加。可小静却说："塞翁失马，焉知非福。我终于可以好好休息几天了。"小静的这种应对挫折的方式属于(　　)

A. 宣泄　　B. 幽默　　C. 合理化　　D. 投射

18. 就教师的知识素养而言，学生身心发展的知识、教育心理学、教学法等知识属于教师的(　　)

A. 事件性知识　　B. 条件性知识

C. 实践性知识　　D. 过错性知识

19. 李老师在讲解圆周率时，给学生介绍了我国数学家刘徽、祖冲之在当时数学工具匮乏的情况下，克服困难，为数学界做出了巨大贡献。李老师的做法体现了教学过程中的(　　)

A. 教师主导作用与学生主体作用相统一的规律

B. 传授知识与思想品德教育相统一的规律

C. 掌握知识与发展智力相统一的规律

D. 直接经验与间接经验相统一的规律

20. 汤老师讲解一个知识后，出示了两道习题，让学生当堂完成。其做法依据的是学习的(　　)

A. 准备律　　B. 练习律　　C. 效果律　　D. 遗忘律

21. 在教育史上首次提出"教育遵循自然"的观点的教育家是(　　)

A. 苏格拉底　　B. 孔子

C. 亚里士多德　　D. 柏拉图

22. 18 世纪法国思想家卢梭认为"儿童的自然"决定教育目的。这种教育目的价值取向属于(　　)

A. 个人本位论　　B. 社会本位论

C. 国家本位论　　D. 生活本位论

23. 联合国教科文组织于 1996 年提出了教育的四大支柱，即(　　)、学会做事、学会合作、学会生存。

A. 学会认知　　B. 学会交往　　C. 学会思考　　D. 学会学习

24. 当小花同学没有参与集体活动时，老师不评价她，而是表扬其他小朋友；当小花同学想要加入集体活动时，老师会欢迎她的加入，并给予肯定。这种引导方式属于(　　)

A. 消退　　B. 习得　　C. 负强化　　D. 正强化

25. 某生会背诵九九乘法口诀，并懂得"三三得九"就是 3 个 3 相加之和是 9。这种学习属于(　　)

A. 信号学习　　B. 连锁学习

C. 机械学习　　D. 有意义学习

山香教育 SHANXIANG EDUCATION

二、多项选择题(每小题的五个选项至少有两个选项是正确的,请将正确选项的字母写在括号内。不选、错选、少选或多选者,该题无分。本大题共 10 小题,每小题 2 分,共20 分)

1. 下列哪些属于传统教育的特点(　　)

A. 以教材为中心　　B. 以儿童为中心

C. 以教师为中心　　D. 以课堂为中心

E. 以经验为中心

2. 教师专业发展的途径主要包括(　　)

A. 师范教育　　B. 课外辅导

C. 入职培训　　D. 在职培训

E. 自我教育

3. 下列选项中,属于"爱国守法"的教师职业道德规范所规定的具体职业行为要求的有(　　)

A. 全面贯彻国家教育方针　　B. 自觉遵守教育法律法规

C. 对工作高度负责　　D. 依法履行教师职责权利

E. 不得有违背党和国家方针政策的言行

4. 运用讲授法的基本要求有(　　)

A. 分为讲述、讲演

B. 讲授的内容要有科学性、思想性、系统性

C. 注重启发

D. 讲究语言艺术

E. 写板书

5. 下列选项中,符合我国当前基础教育课程设置特点的有(　　)

A. 小学阶段以综合课程为主

B. 小学阶段以分科课程为主

C. 高中阶段以综合课程为主

D. 初中阶段以分科和综合课程相结合为主

E. 高中阶段以分科课程为主

6. 根据多元智力理论可知,空间感知能力强的人,适合从事的职业有(　　)

A. 律师　　B. 画家　　C. 神学家　　D. 雕塑家

E. 建筑师

7. 学生学习的特点有(　　)

A. 以直接经验的掌握为主线　　B. 以间接经验的掌握为主线

C. 计划性和组织性　　D. 目的性

E. 被动性

8. 心智技能与操作技能相比，有(　　)特点。

A. 对象具有观念性　　B. 执行具有内潜性

C. 结构具有简缩性　　D. 动作具有外显性

E. 运用具有闭合性

9. 下列关于注意的描述，正确的有(　　)

A. 学生自习时专心致志，是有意注意的表现

B. 阅读时“一目十行”，表明注意转移能力强

C. 开车时眼观六路、耳听八方，表明注意分配能力强

D. 教师上课时声调抑扬顿挫，是利用无意注意规律组织教学

E. 教师把黑板边缘装饰得丰富多彩，这正确运用了无意注意规律

10. 依据《中小学教育惩戒规则(试行)》规定，学生违反校规校纪，情节较重或者经当场教育惩戒拒不改正的，学校可以实施的教育惩戒措施包括(　　)

A. 承担校内公益服务任务

B. 由学校德育工作负责人予以训导

C. 安排接受专门的校规校纪、行为规则教育

D. 暂停或者限制学生参加游览、校外集体活动以及其他外出集体活动

E. 点名批评

三、判断题(判断下列命题的正误，正确的请在题后的括号打“√”，错误的打“×”。本大题共 10 小题，每小题 1 分，共 10 分)

1. 教师可以通过教职工代表大会或者其他形式，参与学校的民主管理。(　　)

2. 国家财政性教育经费、社会组织和个人对教育的捐赠，必须用于教育，不得挪用、克扣。(　　)

3. 思维定势对问题的解决总是起妨碍的作用。(　　)

4. 教学反思是教师成长的有效途径之一。(　　)

5. 如果你注视瀑布的某一处一段时间后，再看周围静止的田野，会觉得田野上的一切在向上飞升。这种现象是运动后效。(　　)

6. 一般而言，分散复习的效果优于集中复习。(　　)

7. 男女的智力结构存在差异。(　　)

8. 现代学制主要有三种类型：双轨制、单轨制和分支型学制。原来的西欧学制属于双轨制，苏联的学制属于单轨制，美国的学制属于分支型学制。(　　)

9. 受教育者是教育实践活动中的主导者，是学习的主体。(　　)

10. 教育与生产劳动相结合是实现人的全面发展的唯一途径。(　　)

四、案例分析题(本大题共 2 小题，每小题 10 分，共 20 分)

1. 王鹏和张明因为小事吵了起来，张明挨了王鹏两拳，刚要还手，上课铃响了，王鹏跑进教室了。张明觉得吃了亏，怒不可遏，在教室门口不断挑衅王鹏，喊他出教室，要把他揍一顿，此时

山香教育 SHANXIANG EDUCATION

正好上物理课的苏老师看到了这一幕。苏老师和蔼地对张明说:“张同学,你看老师手里拿这么多作业本,你能帮老师发给同学们吗?”张明虽然还在生气,但还是很快接过作业发了下去。苏老师对全班同学说:“刚才,张明虽然和别人闹上了小矛盾,可他为了不影响大家上课,愉快地帮我们发作业,这很好,我相信他下课后会正确处理这件事的。”张明听了老师的表扬,转怒为喜,上课也非常认真。

下课后,苏老师请王鹏帮他把物理教具拿回办公室,趁机询问王鹏课间事情发生的经过。听完王鹏的陈述,苏老师对他说:“打架会给别人造成伤害,如果是你被打了,你会有什么样的感觉?我们已经是中学生了,要学会用自己的智慧,正确地解决冲突。”最后王鹏主动找张明道歉,两人重归于好。

请结合材料从教师职业道德角度评析苏老师的教育行为。

2. 案例一 在一堂道德与法治课上,学生就“教育权与受教育权”的内容展开学习。当讨论到“课堂中,李鹏总是发出巨大的声响,严重影响课堂,张老师让李鹏到教室后面罚站,李鹏仍不改正。于是,下课后,张老师将李鹏叫到办公室继续教育,耽误了上下一节课。李鹏家长知道后,立即以张老师剥夺了李鹏的受教育权为由投诉到学校,要求处罚张老师”这个案例时,学生众说纷纭。

学生甲:李鹏严重影响了课堂,不剥夺他的受教育权,就侵犯了其他学生的受教育权。

学生乙:要是下一节是我喜欢的美术课或者信息课,我也觉得张老师剥夺了我的受教育权。

学生丙:老师下课后把李鹏叫到办公室教育,其实是一种思想政治教育,李鹏也是在接受教育。

……

山香教育 SHANXIANG EDUCATION

案例二 2020 年 5 月,广州某小学一年级学生家长刘某在网络上发帖投诉,声称班主任在明知孩子患有哮喘的情况下,仍对其进行了罚跑操场十圈的体罚,之后孩子大量吐血并留下手抖等后遗症。此前,该班主任还曾索要 6 万元“照顾费”,而家长却投诉无门。此事引起了巨大的舆论关注,随后警方介入调查。

事情的真相究竟如何呢？学校所在区教育局调查称，2019 年 12 月 10 日，该班主任因学生违反管理纪律，以班规为由，让刘某女儿等 5 名违纪学生跑 10 圈。视频监控显示，刘某女儿在 32 分钟内，跑跑、走走、停停共完成了 9 圈，其后在课堂上及当日被家长接走时均无异样。

学校已于 2019 年 12 月 12 日暂停该老师的班主任职务，并进行了全校通报批评，同时免去其品德学科组组长的职务。根据警方通报，涉事家长刘某发帖中所述学生遭体罚吐血、凌晨 2 点被老师威胁殴打、送老师 6 万元等情节均系编造，有血印的衣服照片也系用化妆品和水伪造。

刘某无法向警方提供其女儿哮喘诊断的有关病历证明，警方调查更是找到了刘某通过网络平台雇佣水军“运作”这一事件的直接证据。2020 年 11 月 20 日，广州市白云区人民法院公开开庭审理并当庭宣判，刘某以寻衅滋事罪被判处有期徒刑一年六个月，缓刑二年。此外，警方还一并打掉了非法提供推广营销等服务的营利性代刷平台，并抓获相关犯罪嫌疑人。

(1)你对案例一中学生的观点有何看法？(5 分)

(2)即将成为一名教育工作者的你，可以从案例二中吸取哪些经验和教训？(5 分)

五、论述题(本大题共 15 分)

谈谈作为教师，如何减轻学生在学习中产生的习得性无助感。

六、教学设计题(本大题共20分)

“请党放心,强国有我!”在2021年7月1日举行的庆祝中国共产党成立100周年大会上,千余名来自首都大中小学的青少年,向党深情告白。未来属于青年,希望寄予青年。传承红色基因,赓续红色血脉。新时代的学生要以实现中华民族伟大复兴为己任,不断发扬革命精神和光荣传统,争做新时代的“共产主义事业接班人”!

如果你是一位班主任,请根据上述背景,设计一节主题班会。

作答要求:写明班会主题、设计思路和班会过程。

七、教育写作(本大题共40分)

国家发布《新时代基础教育强师计划》,强调要做高质量教师。某校长分享,要成为高质量教师,应该要唱好三支歌:

第一支歌是《在希望的田野上》,教育是希望的行业;

第二支歌是《爱拼才会赢》,教师要勇于拼搏,砥砺前行;

第三支歌是《众人划桨开大船》,强调要通力协作。

结合材料,深入思考,自拟题目,写一篇不少于600字的议论文。

河南省特岗教师招聘考试教育理论基础 预测试卷(十四)

(满分150分　时间120分钟)

本套试卷共50小题,包括单项选择题(25小题),多项选择题(10小题),判断题(10小题),案例分析题(2小题),论述题(1小题),教学设计题(1小题),教育写作(1小题)。

一、单项选择题(在下列每小题列出的四个选项中只有一个是最符合题意的,请将其代码填在括号内。错选、多选或未选均不得分。本大题共25小题,每小题1分,共25分)

1. 中共中央办公厅、国务院办公厅印发的《关于进一步减轻义务教育阶段学生作业负担和校外培训负担的意见》在工作目标中指出,学生过重作业负担和校外培训负担、家庭教育支出和家长相应精力负担________内有效减轻、________内成效显著,人民群众教育满意度明显提升。(　　)

A. 半年　1年　　B. 半年　2年　　C. 1年　3年　　D. 2年　5年

2. 根据《中华人民共和国教师法》的规定:"制止有害于学生的行为或者其他侵犯学生合法权益的行为,批评和抵制有害于学生健康成长的现象。"这属于(　　)

A. 教师的义务

B. 教师的权利

C. 是教师的权利,但不是教师的义务

D. 既不是教师的权利,也不是教师的义务

3.《中华人民共和国未成年人保护法》第七十条规定:"学校应当合理使用网络开展教学活动。未经学校允许,未成年学生不得将手机等智能终端产品带入课堂,带入学校的应当统一管理。"这个描述属于对未成年人的(　　)

A. 家庭保护　　B. 学校保护

C. 社会保护　　D. 网络保护

4. 教师运用口头语言系统连贯地向学生传授知识、技能的方法是(　　)

A. 谈话法　　B. 演示法　　C. 讲授法　　D. 讨论法

5. "视其所以,观其所由,察其所安"最符合下列哪项德育原则(　　)

A. 导向性原则

B. 尊重信任学生与严格要求学生相结合的原则

C. 教育影响的一致性与连贯性原则

D. 因材施教原则

山香教育 SHANXIANG EDUCATION

6. 学校组织机构、班级管理方式和班级运行方式属于(　　)

A. 观念性隐性课程　　B. 物质性隐性课程

C. 制度性隐性课程　　D. 心理性隐性课程

7. 德育工作的出发点是(　　),它制约着德育工作的基本过程。

A. 德育内容　　B. 德育方法

C. 德育目标　　D. 德育形式

8. 建构主义知识观强调知识的(　　)

A. 动态性　　B. 客观性

C. 永恒性　　D. 普遍适应性

9. 某学生怕老师,说明他在班上最缺少马斯洛所说的哪一种需要的满足(　　)

A. 归属与爱的需要　　B. 自尊需要

C. 求知需要　　D. 自我实现的需要

10. 下列选项中,对心理健康理解不正确的是(　　)

A. 心理健康是比较而言的,从健康到不健康只是程度的不同

B. 心理健康反映的是某一段时间内的特定状态,而不应认为是固定的和永远如此的

C. 心理健康标准是一个发展的文化的概念,会随着社会的发展变化而发展变化

D. 心理健康等于没有疾病或疾病仅限于躯体疾病

11. 张老师带领学生学习《黄果树瀑布》一文时,首先为同学们播放了一段黄果树瀑布的视频,再开始学习课文。请问张老师运用了下列哪一种教学方法(　　)

A. 讲授法　　B. 演示法　　C. 发现法　　D. 练习法

12. 个体成功地完成某一项活动所必须具备的个性心理特征是(　　)

A. 气质　　B. 性格　　C. 兴趣　　D. 能力

13. 教学是教师的教与学生的学的共同活动。教学过程的中心环节是(　　)

A. 领会知识　　B. 巩固知识　　C. 运用知识　　D. 检查知识

14. 数学课上,学生们在学习了分数乘法后再进行分数加减法计算时,有的学生错误地将分子与分子、分母与分母分别相加减,这一迁移属于(　　)

A. 正迁移　　B. 逆向迁移　　C. 负迁移　　D. 纵向迁移

15. 在品德形成中,将成善的依据置于环境和教化中,主张个体必须通过选择或创造良好环境来培育自己的品德。以上观点属于(　　)

A. 外铄论　　B. 内发论

C. 遗传决定论　　D. 顺应自然说

16. 小明问:“你知道金庸的作品有哪几部吗?”还不等小华回答,小明就说:“飞雪连天射白鹿,笑书神侠倚碧鸳”。小明采取的记忆方法是(　　)

A. 视觉想象法　　B. 首字连词法

C. 谐音联想法　　D. 关键词法

山香教育 SHANXIANG EDUCATION

17. 提出以高难度、高速度、理论知识为主导进行教学的是(　　)

A. 凯洛夫　　B. 赞科夫　　C. 布鲁纳　　D. 布卢姆

18. 教师在不同的成长阶段,所关注的问题不同,当教师把关注的焦点一味地投向讨学生喜欢时,这说明教师的成长处于(　　)

A. 关注生存阶段　　B. 关注情境阶段

C. 关注学生阶段　　D. 关注成长阶段

19. "环境决定论"认为环境对人的身心发展起决定作用。"环境决定论"的代表人物是(　　)

A. 孟子　　B. 霍尔　　C. 高尔顿　　D. 华生

20. 从课程功能的角度,可以把课程分为(　　)、知识性课程、技能性课程和实践性课程。

A. 程序性课程　　B. 练习性课程

C. 地方性课程　　D. 工具性课程

21. 俗语所说的"矮个子里找高个"运用的是(　　)

A. 相对性评价　　B. 形成性评价

C. 诊断性评价　　D. 绝对性评价

22. 世界上最早的教育专著是(　　)

A.《学记》　　B.《论语》

C.《大教学论》　　D.《普通教育学》

23. 人们看到用筷子演奏的大提琴表演后深感震惊,这是因为看到筷子一般只能想到夹食物这一用途,想不到可以作为乐器演奏歌曲,这种现象属于(　　)

A. 功能固着　　B. 原型启发　　C. 思维发散　　D. 功能变通

24. 下列选项中,采取了精加工策略的是(　　)

A. 王燕边听英语边在本子上做笔记

B. 小蒙睡前在心里默读了一遍今天学习的古诗词

C. 高考前,小红搬到安静的小区以复习功课

D. 小丹将电路知识分成一些小的版块进行学习

25. 学生张亮乱扔垃圾,被老师教育后改正了,可是过了一段时间后,他的老毛病又犯了,老师应该加强其(　　)的培养。

A. 道德认识　　B. 道德情感　　C. 道德意志　　D. 道德行为

二、多项选择题(每小题的五个选项中至少有两个选项是正确的,请将正确选项的字母写在括号内。不选、错选、少选或多选者,该题无分。本大题共10小题,每小题2分,共20分)

1. 以语言传递为主的教学方法主要包括(　　)

A. 讲授法　　B. 谈话法

C. 讨论法　　D. 读书指导法

E. 参观法

山香教育 SHANXIANG EDUCATION

2. 西欧封建社会教会教育的内容是“七艺”，包括“三科”和“四学”。其中，“三科”是指(　　)

A. 辩证法　　B. 文法　　C. 修辞　　D. 音乐

E. 算术

3. 在西方教育思想史上，被称为“里程碑著作”的有(　　)

A.《爱弥儿》　　B.《理想国》

C.《普通教育学》　　D.《民主主义与教育》

E.《大教学论》

4. 小强妈妈望子成龙心切，小强一上幼儿园，才刚刚学会认字，就给他报了一个作文班。上小学后，明知道儿子不喜欢弹钢琴，还是给他报了钢琴兴趣班。这说明小强妈妈在教育过程中违背了儿童身心发展的(　　)

A. 互补性　　B. 差异性　　C. 稳定性　　D. 顺序性

E. 阶段性

5. 学生的主体性表现在(　　)

A. 创造性　　B. 自觉性　　C. 独立性　　D. 向师性

E. 依赖性

6. 与自觉性相反的两个意志品质分别是(　　)

A. 受暗示性　　B. 优柔寡断　　C. 任性　　D. 独断性

E. 动摇性

7. 心理学家斯金纳把有机体的行为分为(　　)

A. 应答性行为　　B. 操作性行为

C. 机械性行为　　D. 重复性行为

E. 刻板性行为

8. 下列选项中，不属于意志行动的有(　　)

A. 膝跳反射　　B. 背课文

C. 口头禅　　D. 计算数学题

E. 吹口哨

9. 下列选项中，属于学习现象的有(　　)

A. 蚂蚁搬家　　B. 解数学题　　C. 膝跳反射　　D. 读书写字

E. 蜜蜂采蜜

10. 关于《新时代中小学教师职业行为十项准则》中提出的“传播优秀文化”的内容，下列描述正确的是(　　)

A. 带头践行社会主义核心价值观，弘扬真善美，传递正能量

B. 不得通过课堂、论坛、讲座、信息网络及其他渠道发表、转发错误观点

C. 不得编造散布虚假信息、不良信息

山香教育 SHANXIANG EDUCATION

D. 不得违背社会公序良俗

E. 恪守宪法原则，遵守法律法规

三、判断题（判断下列命题的正误，正确的请在题后的括号打“√”，错误的打“×”。本大题共 10 小题，每小题 1 分，共 10 分）

1. 小剑在课堂上扰乱课堂秩序，班主任让其在体育课时间到办公室写检讨。班主任的做法侵犯了小剑的受教育权。（　　）

2. 学校应当以各种方式为学生及其家长了解学生的学业成绩提供便利。（　　）

3. 学科课程之外的课外活动、社会实践活动等，对智力的培育不重要。（　　）

4. 教师利用入学测验掌握新生的学习情况属于形成性评价。（　　）

5. 夸美纽斯说过：“凡是需要知道的事物，都要通过事物本身来学习，应该尽可能把事物本身或代替事物的图像呈现给学生。”这体现了教学的量力性原则。（　　）

6. 终身教育主要是为了发展人的职业能力。（　　）

7. “玉不琢，不成器；人不学，不知义”反映了教育对个体发展的作用。（　　）

8. 学校门口突然发生了一场车祸，刚放学的孩子都愣在当场，不知如何是好。这体现的是应激的情绪状态。（　　）

9. 看见路上的垃圾后就绕道走开，这属于正强化。（　　）

10. 小说中的重要人物具有鲜明的特点，是其最典型、最具有概括性的特质，该特点属于人物的中心特质。（　　）

四、案例分析题（本大题共 2 小题，每小题 10 分，共 20 分）

1. 小张是一名刚毕业参加工作并担任班主任的教师，因为年轻没有经验，害怕镇不住那些调皮的学生，他不仅在工作上兢兢业业，还对待学生十分严厉，经常采取罚款，不许学生进教室，甚至罚站、罚跑步等变相体罚的方式来惩罚犯错误的学生，严重影响了学生的身心健康。由于小张急于想在教学中做出一番成绩，他对成绩好的那些“好孩子”十分关心，在许多问题上，更多采纳“好孩子”们的意见，而不太注意其他学生的感受，学生和家长对他的做法意见很大。据此，学校领导也善意地批评过他，但小张却不以为然。

请运用所学的教师职业道德规范的知识，对小张的做法进行分析。

2. 随着社会现代化水平的提高和信息化手段的运用，一些学校开始借助网络技术促进学生的学习，例如，布置开放性作业，让学生通过网络查找相关资料，或是让学生在班级群对读课文、写作业进行“打卡”。对这种做法，家长褒贬不一。认同的人认为作业的形式就应多种多样，学生的信息素养就是要在日常的学习中养成，坚持打卡，有助于学生养成良好的习惯。但也有家长吐槽，为了完成作业，学生经常使用手机、电脑，有时甚至耗费 1 到 2 个小时。学生频繁使用网络会造成一定程度的网络依赖，同时视力也会受到影响。

请用教育学相关知识分析上述案例。

五、论述题（本大题共 15 分）

2021 年，中共中央办公厅、国务院办公厅印发《关于进一步减轻义务教育阶段学生作业负担和校外培训负担的意见》，强调要着眼建设高质量教育体系，强化学校教育主阵地作用。构建教育良好生态，有效缓解家长焦虑情绪，促进学生全面发展、健康成长。

论述“双减”背景下，强化学校教育主阵地作用的措施。

六、教学设计题(本大题共 20 分)

请根据所提供的教学材料和学生情况,按一节课的要求完成教学设计。

3 主动拒绝烟酒与毒品

烟酒有危害

随着社会生活范围的不断扩展，我们会受到烟酒的诱惑。吸烟与饮酒会危害我们的身心健康。只有认清危害，主动拒绝，学会自我保护，我们才能健康地成长。

活动园

在“认清烟酒危害”的学习分享活动中，各小组从不同的角度展示了学习资料。

第一组 “图”说危害

同学们参加了一次科普活动。活动中，工作人员展示的因吸烟而发生病变的肺标本，让同学们十分震惊。

正常人的肺和长期吸烟者的肺

第二组 “数”说危害

据世界卫生组织发布的报告，饮酒与200余种疾病和伤害有关。2016年，我国因饮酒致癌而死亡的近8万人，因饮酒发生交通事故而死亡的近9万人。

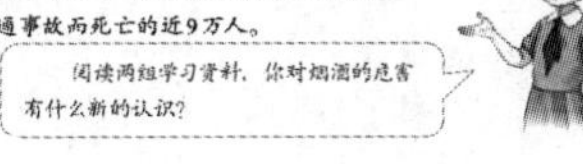

相关链接

未成年人吸烟可能引起思维能力的退化和智力功能的损伤；喝酒会导致大脑功能发生变化，神经发育受阻，影响认知和行为能力的健康发展。酒精会刺激消化道，导致肠胃不适和消化不良，影响正常饮食及营养摄入，阻碍正常的生长发育。

吸烟、喝酒不仅直接危害青少年的身心健康，还能诱发不良行为，甚至导致违法犯罪。

活动园

在“认识烟酒危害”展板设计中，同学们开展了“观点大碰撞”活动。请你结合生活中的事例，参考“说服的理由”，帮助同伴澄清一些“错误的认识”吧！

错误的认识	说服的理由
全家聚会，大人和孩子一起喝酒能活跃氛围，还能促进血液循环。	过多饮酒会导致情绪失控，引发矛盾冲突。酒驾会引发交通事故。
只要是在家里吸烟就没关系。	二手烟会危害家人的健康。
吸烟能忘记烦恼，结交新朋友，拉近与人的距离，产生灵感。	青少年吸烟、喝酒会促成不良交友，影响身体发育。

阅读角

爷爷的悔恨

“咳！咳！……”隔壁房间又传来爷爷一阵急促的咳嗽和喘息声。我赶忙去帮他捶背。爷爷叹了口气说：“后悔也来不及了！这烟把我害苦了！”原来，13岁那年，爷爷的学习和生活遇到了很大的困难。一位同村的好友，见他烦恼，就给他烟抽，并对他说：“抽了烟，所有的烦恼都会烟消云散。”最初，爷爷不想抽，后来经不住这位好友相劝，开始抽烟解闷。在那段日子里，他整日与那位朋友和烟为伴。

几十年的烟瘾使爷爷的身体越来越差。他的牙齿全黄了，肺炎、冠心病等接踵而来。

学生情况:教学对象为某农村小学五年级学生,班级人数为 40 人。

请设计本节课的教学目标及教学过程。

七、教育写作(本大题共40分)

人性中最本质的需求就是渴望得到尊重和欣赏。赏识教育的特点就是注重孩子的优点和长处,逐步形成燎原之势,让孩子在“我是好孩子”的心态中觉醒;而抱怨教育的特点是注重孩子的弱点和短处,小题大做,无限夸大,使孩子自暴自弃,在“我是坏孩子”的意念中消沉。

结合材料,深入思考,自拟题目,写一篇不少于600字的议论文。

河南省特岗教师招聘考试教育理论基础预测试卷(十五)

(满分150分　时间120分钟)

本套试卷共41小题,包括单项选择题(20小题),判断题(15小题),案例分析题(3小题),论述题(1小题),教学设计题(1小题),教育写作(1小题)。

一、单项选择题(在下列每小题列出的四个选项中只有一个是最符合题意的,请将其代码填在括号内。错选、多选或未选均不得分。本大题共20小题,每小题2分,共40分)

1. 党的二十大报告首次从世界观和方法论的哲学高度,对习近平新时代中国特色社会主义思想的立场、观点、方法进行了系统概括,即“六个必须坚持”。下列关于“六个必须坚持”的理解,不正确的是(　　)

A. 是推进马克思主义理论创新的基本遵循和根本方法

B. 是新时代中国共产党人理论创造、实践探索、政治品格的集中体现

C. 是习近平新时代中国特色社会主义思想最为核心关键的组成部分

D. 是理解把握党的创新理论的“金钥匙”

2. 小刚七岁了,到了该入学的年龄,但因对学校教育不满意,小刚父母联络了几位家长,请了家庭教师在家进行授课。对于小刚父母的做法,下列说法正确的是(　　)

A. 小刚父母应当向当地教育部门审批备案

B. 小刚父母的做法是自觉自愿的,谁也无权干涉

C. 当地教育行政部门应该责令小刚父母限期改正

D. 小刚父母应该受到法律制裁

3. 某校一名学生在体育课上剧烈运动导致突然死亡,后查明该生患有严重心脏病,不适宜做剧烈运动。家长事先曾将此事告知过该生的班主任,但该班主任未将此事告知体育老师,也未采取其他任何措施,该生班主任的行为涉嫌(　　)

A. 侵犯学生的生命权、身体权　　B. 侵犯学生的健康权

C. 不作为侵权　　D. 触犯刑法

4. 英语老师根据不同学生的学习水平安排不同的单词记忆任务和听力作业。这体现了教师劳动具有(　　)的特点。

A. 广延性　　B. 群体性　　C. 创造性　　D. 长期性

5. 强调课程实施是按部就班地执行预定课程方案的过程,这种课程实施取向是(　　)

A. 忠实取向　　B. 相互适应取向　　C. 创生取向　　D. 情感取向

山香教育 SHANXIANG EDUCATION

6. 在古代欧洲,曾经出现过一种旨在培养多方面发展的人的和谐教育,它是(　　)

A. 斯巴达教育　　B. 雅典教育

C. 教会教育　　D. 骑士教育

7. 下列现象属于负强化的是(　　)

A. 如果学生认真完成作业,就允许他们看一小时电视

B. 如果学生不认真完成作业,就让他们抄课文

C. 如果学生不认真完成作业,就不许他们看电视

D. 如果学生认真完成作业,就不让他们抄课文

8. "现代教育学之父"是(　　)

A. 夸美纽斯　　B. 康德

C. 赫尔巴特　　D. 洛克

9. 班主任王老师为了激发学生的学习动机,开展了一系列的学习竞赛活动。正如王老师所料,学生的学习热情高涨,成绩明显提高。但没有想到的是学生之间相互猜忌、隐瞒学习资料的现象日趋严重。上述事实表明教育(　　)

A. 既有正向显性功能,又有正向隐性功能

B. 既有负向显性功能,又有负向隐性功能

C. 既有正向隐性功能,又有负向隐性功能

D. 既有正向显性功能,又有负向隐性功能

10. 小明期末考试数学没考好,妈妈批评了他,他对妈妈说:"我比上次考得好,上次我都没及格,这一次我及格了。"小明对自己这次数学考试的评价属于(　　)

A. 绝对性评价　　B. 相对性评价

C. 诊断性评价　　D. 个体内差异评价

11. 学校利用各种形式的黑板报、走廊或教室墙壁上的名人名言对学生进行思想品德教育。这种方法属于(　　)

A. 品德评价法　　B. 实际锻炼法

C. 陶冶教育法　　D. 说服教育法

12. "既想……又怕……"体现了动机冲突中的(　　)

A. 双趋冲突　　B. 双避冲突

C. 趋避冲突　　D. 多重趋避冲突

13. 苏格拉底的"产婆术"最能体现教学的(　　)

A. 循序渐进原则　　B. 巩固性原则

C. 启发性原则　　D. 理论联系实际原则

14. 当小明取得好的成绩后,妈妈对他给予了表扬和鼓励,这符合桑代克学习规律中的(　　)

A. 动机律　　B. 练习律　　C. 准备律　　D. 效果律

山香教育 SHANXIANG EDUCATION

15. 周恩来在南开中学就读时,曾立下了"为中华之崛起而读书"的志向,这种学习动机属于(　　)

A. 内部的高尚动机　　B. 内部的低级动机

C. 外部的高尚动机　　D. 外部的低级动机

16. 态度的核心成分是(　　)

A. 认知成分　　B. 情感成分

C. 行为成分　　D. 品德成分

17. 当课上老师提问时,学生小丽并不着急举手回答,而是先认真思考后才举手回答,答案也较为全面和准确。这说明小丽属于(　　)的学生。

A. 沉思型　　B. 冲动型　　C. 发散型　　D. 辐合型

18. 根据皮亚杰的认知发展阶段理论,"吃一堑,长一智"体现的认知过程是(　　)

A. 图式　　B. 同化　　C. 平衡　　D. 顺应

19. "以身教者从,以言教者讼。"这说明教师应遵守(　　)的职业道德规范。

A. 廉洁从教　　B. 关爱学生

C. 教书育人　　D. 为人师表

20. 5 岁的小明总是围着妈妈问"为什么太阳会发光?""为什么蚂蚁会搬家?"……依据埃里克森的人格发展阶段理论,小明所处的发展阶段是(　　)

A. 自主感对羞耻感　　B. 主动感对内疚感

C. 勤奋感对自卑感　　D. 自我同一性对角色混乱

二、判断题(判断下列命题的正误,正确的请在题后的括号打"√",错误的打"×"。本大题共 15 小题,每小题 1 分,共 15 分)

1. 同样一幅画,成人和儿童感知到的知识点存在不同,这反映了知觉的选择性。(　　)

2. 取得教师资格的人员首次任教时,应当有试用期。(　　)

3. 与人的责任心有关的情感体验最主要的是理智感。(　　)

4. 加涅将学习水平由低到高分为八个层次,其中最高层次是辨别学习。(　　)

5. "老将出马,一个顶俩""姜还是老的辣",这说明老年人的流体智力还在发展。(　　)

6. 当学生表现出一次正确的行为时,就表示他已确实学到了该种行为。(　　)

7. 教师在教学中经常用学生喜欢做的事情去强化其不喜欢做的事情,诸如"只要写完作业,就可以出去玩"。这是对普雷马克原理的具体应用。(　　)

8. 教育制度的发展经历了从前制度化教育到制度化教育,再到非制度化教育的过程。(　　)

9. 体育课是学校体育的基本组织形式。(　　)

10. 教育的思想、内容、方法等不仅反映时代文化特征,而且带有自己发展的历史烙印。(　　)

11. "孟母三迁"的故事表明环境对人的身心发展具有决定性作用。(　　)

山香教育 SHANXIANG EDUCATION

12. 教师职业的内在要求是教书育人。 （ ）

13. 赞科夫、布鲁纳和瓦·根舍因一同被国际上誉为“课程现代化”的三大典型代表。 （ ）

14. 教育活动中要注意“三结合”，发展教育合力。这“三结合”所指的三种教育是班级教育、家庭教育和社会教育。 （ ）

15. “自有人生，便有教育”。这里的教育是狭义的教育概念。 （ ）

三、案例分析题（本大题共 3 小题，每小题 10 分，共 30 分）

1. 细心的周老师发现，班上苏同学的活泼纯朴的样子有了一些改变，课上注意力不集中的现象也时有发生。周老师便找到与苏同学要好的几位同学了解情况，有同学反映曾经在抖音上看到苏同学做直播。于是周老师对苏同学进行了家访，苏同学是单亲家庭（母亲意外早逝）的留守儿童，她奶奶称赞自己的孙女乖巧懂事，只是最近一段时间晚上回家迟了，苏同学解释为初一作业越来越多，就在学校做完作业才回家。

晚自习下课后，周老师跟踪苏同学发现，她走进了学校附近的一家销售美容产品的店铺，跟进去时却没找到她，周老师经过追问店主得知，苏同学正在为该店进行网络直播带货。原来，店主为了营销产品，发现苏同学聪明秀气，又了解到其家庭经济困难，于是为其提供智能手机和相关设备，让苏同学注册直播账号，每天做 1 小时直播，并为其行为签约付费。周老师要求店主立即停止这种不当行为，让自己带领苏同学回家。在周老师耐心细致的开导和帮助下，苏同学改正了错误。

不久后，周老师发现本校另一位女生晚自习后也走进那家店铺，许久未出店门，经过确认发现该生也在参与直播带货。周老师便与店主交涉，店主先是设法讨好周老师，遭到拒绝后，便称该生并非周老师班上的学生，让周老师不要多管闲事，还对周老师进行口头威胁。周老师见店主不能认识和改正自身的错误行为，果断地向相关部门进行举报。

（1）运用《中华人民共和国未成年人保护法》的相关知识，分析材料中的违法主体及其违法行为。（5 分）

（2）结合材料，分析周老师践行了哪些新时代中小学教师职业行为准则。（5 分）

2. 师：丑小鸭伤心地离开了家，就是离家出走的意思，你们离家出走过吗？

生：（齐答）没有。

师：所以我们体会不到丑小鸭的伤心，现在我们来一起朗读课文4到6自然段，谁来说说丑小鸭后来怎么样了。（教师随后请学生回答，生1、生2都答不上来，教师表情严肃）

生3：丑小鸭很……很……很悲惨。（紧张）

师：悲惨吗？你来说说到底是怎么个悲惨法？（追问）

生3：不……不知道。（更紧张，声音更小）

师：还有谁能回答这个问题？（全班鸦雀无声）

师：算了，我们还是回到课本，先看看第4段是怎么说的，书上说小鸟讥笑它，这时候丑小鸭会有什么样的感觉？

生：紧张。（脱口而出）

师：不对，再猜一猜。（学生七嘴八舌，有学生喊"害怕"）

师：害怕，对了，就是害怕。（马上给予表扬）

师：现在我要请小A回答问题。（走到小A面前）丑小鸭白天躲起来，到了晚上才敢出来找吃的，它愿意吗？

小A：不愿意。

师：那它有办法吗？

小A：没办法。

师：哪个词语表示它没办法？

小A：只好。

师：晚上天黑黑的，你害怕吗……（这时有些学生坐不住了，开始交头接耳，教师停下讲课，转而批评学生）

（1）案例中的教师主要采用了哪种教学方法？结合案例分析该教学方法的运用要求。（5分）

（2）结合案例分析该教师违背了哪些教学原则。（5分）

3. 心算技能一般可利用运算规律，对算式进行变形，使算式表达符合已有的心智操作基础，从而准确快速的计算。例如，某教师在教 1.8 ×27 时，教学过程是：

呈现 1.8 ×27 =(2 -0.2) ×27 =2 ×27 -0.2 ×27

或者 1.8 ×27 =1.8 ×(30 -3) =1.8 ×30 -1.8 ×3

出一些类似的题目引导学生进行纸笔操作练习，从而产生言语表征，形成熟练的心算技能。

根据心智技能形成理论，说明案例中教师是如何引导学生形成心算技能。

四、论述题(本大题共 10 分)

请结合实际，论述实际锻炼法的概念与运用要求。

五、教学设计题(本大题共15分)

请根据统编本六年级语文教材——《青山不老》这篇课文进行教学设计,写出设计目标与实施过程。

20* 青山不老

> 人与土地、人与自然相互依存。巍巍青山,有多少默默守护的人。默读课文,说说文中的老人创造了怎样的奇迹,是在什么样的条件下创造的。再想想课文为什么以"青山不老"为题。

窗外是参天的杨柳。院子在山沟里,山上全是树。我们盘腿坐在土炕上,就像坐在船上,四周全是绿色的波浪,风一吹,树梢卷过涛声,叶间闪着粼(lín)粼的波光。

我知道这条山沟所处的大环境。这是中国的晋西北,是西伯利亚大风常来肆虐(nüè)的地方,是干旱、霜冻、沙尘暴等与生命作对的怪物盘踞(jù)之地。过去,这里风吹沙起,能一直埋到城头。当地县志记载(zǎi):"风大作时,能逆吹牛马使倒行,或擎(qíng)之高二三丈而坠。"就在如此险恶的地方,我对面这个手端一杆旱烟袋的瘦小老头,竟创造了这块绿洲。

我还知道这个院子里的小环境。一排三间房,就剩下老者一人。老人每天早晨抓把柴煮饭,带上干粮扛上铁锹(qiāo)进沟上山;晚上回来,吃过饭,抽袋烟睡觉。六十五岁那年,他组织了七位老汉开始治理这条沟,现在已有五人离世。他可敬的老伴,与他风雨同舟一生;一天他栽树回来时,发现她已静静地躺在炕上过世了。他已经八十一岁,知道终有一天自己也会爬不起来。他唯一的女儿三番五次地从城里回来,要接他去享清福,他不走。他觉得种树是命运的选择,屋后的青山就是生命的归宿。

他敲着旱烟锅不紧不慢地说着,村干部在旁边恭敬地补充着……十五年啊,绿化了八条沟,造了七条防风林带、三千七百亩林网,这是多么了不起的奇迹。去年冬天,他用林业收入资助每户村民买了一台电视机——他还有宏伟设想,还要栽树,直到自己爬不起来为止。

在屋里说完话,老人陪我们到沟里去看树。杨树、柳树,如臂如股,劲(jìng)挺在山洼、山腰。看不见它们的根,山洪涌下的泥埋住了树的下半截,树却勇敢地顶住了山洪的凶猛。这山已失去了原来的坡形,依着一层层的树形成一层层的梯。老人说:"这树下的淤泥有两米厚,都是好土啊!"是的,保住了这黄土,我们才有这绿树;有了这绿树,我们才守住了这片土。

看完树,我们在村口道别。老人拄(zhǔ)着拐杖,慢慢迈进他那个绿风荡漾的小院。我不禁鼻子一酸——也许老人进去后就再也出不来了。作为一个山野老农,他就这样来实现自己的价值。他已经将自己的生命转化为另一种东西。他是真正与山川共存、与日月同辉了。

这位普通老人让我领悟到:青山是不会老的。

六、教育写作(本大题共40分)

阅读下面材料,根据要求写作。

乌申斯基说:“教师是克服人类无知和恶习的大机构中的一个活跃而积极的成员,是过去历史所有高尚而伟大的人物跟新一代人之间的中介人,是那些争取真理和幸福的人的神圣遗训的保存者,……是过去和未来之间的一个活的环节。”

请根据材料,从教师角度出发,深入思考,确定立意,自拟题目,写一篇不少于600字的议论文。

河南省特岗教师招聘考试教育理论基础预测试卷(十六)

(满分 150 分　时间 120 分钟)

本套试卷共 41 小题,包括单项选择题(20 小题),判断题(15 小题),案例分析题(3 小题),论述题(1 小题),教学设计题(1 小题),教育写作(1 小题)。

一、单项选择题(在下列每小题列出的四个选项中只有一个是最符合题意的,请将其代码填在括号内。错选、多选或未选均不得分。本大题共 20 小题,每小题 2 分,共 40 分)

1.《中共中央 国务院关于深化教育教学改革全面提高义务教育质量的意见》中提出了全面提高义务教育质量的主要任务。下列选项中,不属于《意见》中提出的主要任务的是(　　)

①坚持"五育"并举,全面发展素质教育

②健全充满活力的教育体制

③强化课堂主阵地作用,切实提高课堂教学质量

④按照"四有好老师"标准,建设高素质专业化教师队伍

⑤把改革创新作为教育发展的强大动力

⑥深化关键领域改革,为提高教育质量创造条件

A. ①②　　B. ②⑤　　C. ③④　　D. ⑤⑥

2. 根据我国《义务教育法》的有关规定,下列表述错误的是(　　)

A. 应当保障适龄儿童在户籍所在地学校择优免试入学

B. 自行实施义务教育的社会组织,应当经县级人民政府教育行政部门批准

C. 新建居民区需要设置学校的,应当与居民区的建设同步进行

D. 校长应当符合国家规定的任职条件

3. 张老师经常向校长反映学校存在的问题,有的人理解,有的人却认为张老师是在打小报告,其实张老师是在(　　)

A. 履行教师义务　　B. 履行教师职责

C. 行使教师权利　　D. 行使公民权利

4. "以僧为师,以吏为师"是古代(　　)的教育特征。

A. 中国　　B. 埃及　　C. 希腊　　D. 罗马

5. 在某次课间休息时,英语吴老师对数学孙老师说:"郑伟的数学肯定学得不错吧,因为他的英语成绩实在很差。"在郑伟学习的事情上,英语吴老师的心理效应属于(　　)

A. 社会刻板效应　　B. 首因效应

山香教育 SHANXIANG EDUCATION

C. 投射效应　　D. 近因效应

6. 在隐性课程的几种主要表现形式中，学校建筑、教室的设置、校园环境等属于(　　)

A. 制度性隐性课程　　B. 物质性隐性课程

C. 心理性隐性课程　　D. 观念性隐性课程

7. 学习“三角形”这一概念，就是掌握所有三角形都具有三条相连接的边和三个角这样两个共同的关键特征，而与它的大小、形状、颜色等特征无关。这种学习属于(　　)

A. 表征学习　　B. 概念学习　　C. 命题学习　　D. 原理学习

8. (　　)的建立，标志着我国师范教育的诞生。

A. 南洋公学师范院　　B. 京师大学堂

C. 京师同文馆　　D. 通州师范学院

9. 柏拉图在其著作《理想国》中指出，公民教育的目的是培养德才兼备的具有理性的人，维护城邦稳定有序。这一观点体现的教育目的的价值取向是(　　)

A. 宗教本位论　　B. 个人本位论

C. 社会本位论　　D. 文化本位论

10. “让学校的每一面墙壁都开口说话”充分运用了(　　)

A. 陶冶教育法　　B. 榜样示范法

C. 实际锻炼法　　D. 品德评价法

11. 早上醒来看到地上湿漉漉的，就推测昨天晚上可能下雨了。这反映的是思维的(　　)

A. 概括性　　B. 灵活性　　C. 间接性　　D. 直觉性

12. 孔子一直强调学习是需要方法和技巧的，有很多名言流传至今，其中，“学而时习之”体现了什么教学原则(　　)

A. 启发性原则　　B. 巩固性原则

C. 量力性原则　　D. 理论联系实际原则

13. 微格教学的课堂教学时间一般为(　　)

A. 3～5 分钟　　B. 5～20 分钟

C. 5～10 分钟　　D. 10～30 分钟

14. 小童是个充满好奇心的孩子，对未见过的一切事物都好奇，爱看爱问，并渴望了解，从而获得了许多同龄人不知道的知识。根据奥苏贝尔的观点，在小童的学习动机中占主导地位的是(　　)

A. 自我提高内驱力　　B. 附属内驱力

C. 认知内驱力　　D. 生理内驱力

15. 适用于学生少、教师少、校舍和教学设备较差的农村以及偏远地区的特殊教学组织形式是(　　)

A. 班级授课制　　B. 个别教学

C. 分组教学　　D. 复式教学

山香教育 SHANXIANG EDUCATION

16. 德育过程的构成要素包括(　　)

A. 教育者、受教育者　　B. 教育者、受教育者、德育内容

C. 教育者、受教育者、德育内容、德育方法　　D. 教育者、受教育者、德育环境

17. 小学生在执行某些任务时不能独立完成，需要在能力更强的老师和同学的帮助下完成，这样的任务范围被称为(　　)

A. 教学支架　　B. 最近发展区

C. 先行组织者　　D. 互动合作

18. 小小、豆豆、丁丁三个小朋友一起玩耍，豆豆和丁丁一起把一个玩偶放到了抽屉里，然后丁丁就跑出去玩了，豆豆偷偷把玩偶从抽屉里拿出来，藏到了衣柜里，小小在旁边看到了整个过程。处于前运算阶段的小小会认为，丁丁从外面回来后会(　　)找玩具。

A. 到衣柜里　　B. 到抽屉里

C. 到其他地方　　D. 不去

19. 孔子骂"请学稼"的樊迟为"小人"。这反映了(　　)

A. 古代教育与生产劳动相结合

B. 古代教育与生产劳动相分离

C. 古代教育具有生产性

D. 古代教育具有公共性

20. 李玲在数学课上多次被老师批评，不愉快的经验让她只要上数学课就焦虑紧张，也不喜欢数学老师，逐渐不喜欢上数学课，后来发展为不喜欢上其他课，最终害怕去上学。行为主义理论称这种现象为(　　)

A. 正强化　　B. 负强化　　C. 消退　　D. 泛化

二、判断题(判断下列命题的正误，正确的请在题后的括号打"√"，错误的打"×"。本大题共 15 小题，每小题 1 分，共 15 分)

1. 上课了，佳佳还沉浸在课间时同桌给他讲的故事情节中，这说明佳佳的注意分配能力不够好。(　　)

2.《中华人民共和国未成年人保护法》规定，对未成年人的信件、日记、电子邮件等，任何组织或者个人不得隐匿、毁弃。(　　)

3. 最早提出"隐性课程"这一概念的是美国教育家、课程理论专家布鲁纳。(　　)

4. 洛克反对天赋观念，提出了"白板说"，认为人的心灵原来就像一块白板，没有一切特性，没有任何观念，天赋的智力人人平等。(　　)

5. 职业正义感是教师从事职业活动最强大的精神动力和根本目的。(　　)

6. "学然后知不足，教然后知困"体现出师生关系具有教学相长的特点。(　　)

7. 在对待师生关系上，新课程强调教师的教学行为要体现帮助、引导。(　　)

8. 依据奥苏贝尔的有意义学习理论，学习材料的逻辑意义能确保产生有意义学习。(　　)

9. 一篇课文，如果记忆 10 次刚好能够达到背诵的程度，那么，如果想达到最佳的学习程度，

山香教育 SHANXIANG EDUCATION

应该记忆 20 次。（ ）

10. “总吃蜜，蜜也不甜”从心理学角度看这种现象属于联觉。（ ）

11. 教育目的和培养目标是同一概念。（ ）

12. 学习动机是指激发学生进行学习活动，维持学习活动，并使该学习活动趋向教师所设定的目标的内在心理倾向。（ ）

13. 幼儿听老师讲大灰狼扮成兔妈妈要吃小白兔的故事后，对大灰狼憎恶，对小白兔友善。这里发生的是言语信息的学习。（ ）

14. “少年早慧”和“大器晚成”是智力发展水平不同的表现。（ ）

15. 在教学中，掌握知识和发展智力孰重孰轻？“实质教育论”重智轻知，而“形式教育论”重知轻智。（ ）

三、案例分析题（本大题共 3 小题，每小题 10 分，共 30 分）

1. 某省级示范中学初三学生吴某，从小就是老师们喜欢的乖学生，他的学习成绩一直非常优秀，初一到初二两年中多次考试成绩在年级中都是数一数二的。进入初三时，班主任老师找吴某谈话，并说老师们一致看好他，认为他有冲击中考状元的实力，希望他继续努力，不要辜负老师们对他的期望，为学校争光。吴某听后也暗下决心，要去搏一搏，随后的日子里，吴某每天学习的时间越来越长，做的题目越来越多。一段时间之后，吴某出现了食欲减退、失眠等反应，学习成绩反而下降了。

结合材料，回答问题：

（1）简述任务难度、学习效率与学习动机水平的关系。（2 分）

（2）运用学习动机相关原理，分析班主任老师的做法存在的问题。（4 分）

（3）你认为激励吴某学习的正确做法有哪些？（4 分）

2. **案例一** 在一节新课文的学习结束后，语文老师何某请两位学生在黑板上比赛听写学过的五个生字。学生 A 和学生 B 积极举手“应战”。结果学生 A 全对，获得了同学们的掌声，学生 B 因为只写对了两个，而羞愧地低下了头。见此情景，何老师说道：“B 同学虽然只写对了两个，但他刚才第一个举手，而且他的字写得很漂亮，值得同学们学习。相信 B 同学下次也能全写对。”这时，学生 B 抬起了头，脸上洋溢着灿烂的笑容……

案例二 学生伍某属于班上的后进生，数学考试经常不及格，但他酷爱打篮球，经常利用课余时间练习投篮，有时甚至因为太投入而忽略了上课铃声，导致上课总是迟到，刘老师多次对其教育均无效。在一次考试中，伍某认真地做完了每一道题，而且自我感觉良好。当刘老师分析试卷时，伍某一看自己考了 75 分，分数远比预想中的要高，心里非常高兴，于是和同桌说了几句话。刘老师发现后，走到伍某身边说：“伍某，你不要太兴奋，别看这次考了 75 分，但却是第 40 名，全班倒数第四。”伍某的头立即低了下去，觉得自己考得再好也考不过其他同学，认为自己是个失败者……

请结合教育评价的相关理论，评析、比较案例一和案例二中两位教师的做法。

3. 某老师的困惑为：为了充分体现评价的激励作用，在课堂教学中，我不遗余力地表扬学生，该表扬的我大力表扬，不该表扬的我也表扬，该批评的我一句话也不说。可是一段时间下来，我美好的愿望并没有得到理想的回报。学生头脑中的纪律意识越来越淡薄，我万不得已稍加批评，他恨不得跟我对着干；更要命的是，学生产生了“表扬疲劳症”，我很难看到表扬的激励作用。

针对这位老师的困惑，谈谈你的看法和建议。

四、论述题（本大题共 10 分）

试述师生关系的内容。

五、教学设计题(本大题共15分)

请根据下面提供的教学材料和相关情况,按要求完成教学设计。

教学材料:统编本八年级语文教材综合性学习板块——“人无信不立”。

“信”,即诚信,是中华民族的传统美德之一,也是社会主义核心价值观之一。在古人眼中,“信”是立身之本、交友之道、经商之魂、为政之要;在现代社会,诚信是公民的第二张身份证。

请你根据上述材料完成该主题的综合性学习教学设计,写出设计的理念、目标与实施过程。

六、教育写作(本大题共40分)

阅读下面材料,根据要求写作。

有一位母亲很喜欢带着5岁的女儿逛商场,可是女儿却总是不愿意去,母亲觉得奇怪,商场里琳琅满目、五颜六色的东西那么多,小孩子为什么不喜欢呢?直到有一次,孩子的鞋带开了,母亲蹲下身子为孩子系鞋带,突然发现一种从未见过的可怕的景象:眼前晃动着的全是腿和胳膊。于是,她抱起孩子,快步走出商场。从此,即使是必须带孩子去商场的时候,她也是把孩子抱在怀里。

要求:请从教育角度立意,不要脱离材料内容及含义的范围,写一篇不少于600字的文章,自拟题目,文体不限,诗歌除外。

河南省特岗教师招聘考试教育理论基础预测试卷(十七)

(满分 150 分　时间 120 分钟)

本套试卷共 41 小题,包括单项选择题(20 小题),判断题(15 小题),案例分析题(3 小题),论述题(1 小题),教学设计题(1 小题),教育写作(1 小题)。

一、单项选择题(在下列每小题列出的四个选项中只有一个是最符合题意的,请将其代码填在括号内。错选、多选或未选均不得分。本大题共 20 小题,每小题 2 分,共 40 分)

1. 在一次学校组织的义务劳动中,学生小明不慎发生腿部韧带拉伤,那么小明的医疗费用应由谁来承担(　　)

A. 小明本人　　B. 小明的监护人

C. 小明的学校　　D. 小明的监护人和学校

2. 2021 年 3 月教育部等六部门印发了《义务教育质量评价指南》,其中践行为党育人、为国育才使命,促进义务教育公平发展和质量提升体现的基本原则是(　　)

A. 坚持正确方向　　B. 坚持以评促建

C. 坚持育人为本　　D. 坚持问题导向

3. 某初中生在校园内踢球时不小心撞碎了宣传栏的玻璃,黄老师当众对其进行粗暴的言语辱骂。黄老师的做法主要侵犯了该同学的(　　)

A. 受教育权　　B. 人格尊严权

C. 生命健康权　　D. 人身自由权

4. (　　)是以教育目的为指导思想,以"学生守则"为基本依据,对学生一个学期内在学习、劳动、生活、品行等方面的小结与评价。

A. 操行评定　　B. 成绩评定

C. 素质评定　　D. 道德评定

5. 亮亮刚学会开车时很不熟练,开车时很紧张,但是后来随着开车次数的增多和开车技能的提高,亮亮开车已经非常熟练了,这时亮亮的注意属于(　　)

A. 无意注意　　B. 有意注意

C. 有意后注意　　D. 随意注意

6. 以下不属于课程表的安排应遵循的原则的是(　　)

A. 迁移性原则　　B. 普遍性原则

C. 整体性原则　　D. 生理适宜原则

山香教育 SHANXIANG EDUCATION

7. 初中教师李某违反教学纪律，敷衍教学，擅自从事影响教育教学本职工作的兼职兼薪行为，这违背了《新时代中小学教师职业行为十项准则》中的（　　）

A. 坚守廉洁自律　　B. 规范从教行为

C. 自觉爱国守法　　D. 潜心教书育人

8. 洛克在《教育漫话》一书中提出了（　　）

A. "泛智"教育思想　　B. 自然主义教育思想

C. 要素教育论　　D. 绅士教育理论体系

9. 小红看到有人摔倒会绕开走，看到教室杂乱会暂时离开。这种行为属于（　　）

A. 消退　　B. 回避条件作用

C. 逃避条件作用　　D. 强化

10. "以身立教""为人师表"体现了教师劳动的（　　）特点。

A. 示范性　　B. 复杂性　　C. 创造性　　D. 长期性

11.《学记》指出："时教必有正业，退息必有居学"，这句话体现的教育思想是（　　）

A. 教学相长　　B. 因材施教

C. 以人为本　　D. 课内与课外相结合

12. 孔子的学生颜回说："夫子循循然善诱人，博我以文，约我以礼，欲罢不能。"这句话体现了德育的（　　）

A. 导向性原则　　B. 疏导原则

C. 尊重学生与严格要求学生相结合原则　　D. 教育影响的一致性与连贯性原则

13. 对声音、节奏、单词的意义较为敏感的学习者，其哪项智力占优势（　　）

A. 人际智力　　B. 言语智力

C. 空间智力　　D. 内省智力

14. "笑一笑，十年少。"这句话体现了情绪与情感的（　　）功能。

A. 组织　　B. 信号　　C. 感染　　D. 健康

15. 国民教育制度的核心部分是（　　）

A. 教育管理制度　　B. 成人教育制度

C. 学校教育制度　　D. 终身教育制度

16. 根据皮亚杰的观点，可以同时从两个或两个以上角度思考问题，这一特征是儿童认知发展水平达到哪个阶段的重要标志（　　）

A. 感知运动阶段　　B. 前运算阶段

C. 具体运算阶段　　D. 形式运算阶段

17. 为了记住"帽子、雪山、房屋、猫、信封"等词语，而进行"你戴上帽子去爬雪山，雪山上有间房屋，里面有一只猫在抓信封"这样的联想。这运用的学习策略是（　　）

A. 复述策略　　B. 组织策略

C. 精加工策略　　D. 计划和监控策略

山香教育 SHANXIANG EDUCATION

18. 李岩将来想当一名科学家,他的数学老师却说:“你现在学数学都那么吃力,以后物理、化学肯定也学不好,一定不能把成为一名科学家作为人生目标。”该数学老师的说法(　　)

A. 忽视了学生的主体性　　B. 忽视了学生的发展性

C. 忽视了学生的创造性　　D. 忽视了学生的差异性

19. 孩子得了蛀齿感觉特别疼,但又不肯看医生,害怕治病时打针。这种情况下引起的心理冲突是(　　)

A. 趋避冲突　　B. 双趋冲突

C. 双避冲突　　D. 多重趋避冲突

20. “万绿丛中一点红”容易引起人们的无意注意,这主要是由于刺激物具有(　　)

A. 强度的特点　　B. 新异性的特点

C. 变化的特点　　D. 对比的特点

二、判断题(判断下列命题的正误,正确的请在题后的括号打“√”,错误的打“×”。本大题共 15 小题,每小题 1 分,共 15 分)

1. 国家实行九年义务教育制度,不收学费、杂费。(　　)

2. 高中教育是国家统一实施的所有适龄儿童、少年必须接受的教育,是国家必须予以保障的公益性事业。(　　)

3. “上行下效、耳濡目染”属于观察学习。(　　)

4. 能够在较短的时间内记住较多的东西,就是记忆准确性良好的表现。(　　)

5. 小黄性格孤僻、行动迟缓,他善于觉察别人不易察觉到的细小事物,具有内倾性等心理特征。小黄的气质类型最有可能是抑郁质。(　　)

6. 在抗击新冠肺炎疫情期间,人民群众对驰援各地的医务工作者表达感激之情。这种情感体验属于道德感。(　　)

7. 刺激的泛化和刺激的分化是互补的过程。(　　)

8. 教育的双重文化属性是指教育是文化的一部分,但教育又是一种非常特殊的文化,因为教育既是文化的构成体,又是文化的传递、深化与提升的手段。(　　)

9. 在我国现行课程中,小学阶段以分科课程为主。(　　)

10. 教材和教科书是一回事,只是在叫法上不同。(　　)

11. 全面发展就是学生德智体美劳诸方面平均发展。(　　)

12. 班主任做好个别教育工作是指要做好先进生的教育工作和后进生的教育工作。(　　)

13. 智育等于知识教育。(　　)

14. 诊断性评价主要是针对在学习上存在问题障碍的学生,正常的学生不需要诊断性评价。(　　)

15. 泰勒被誉为“课程评价之父”。(　　)

山香教育 SHANXIANG EDUCATION

三、案例分析题(本大题共3小题,每小题10分,共30分)

1. 某村小学老师李某,教学成绩较好,但是对待学生很严格,甚至是严厉,批评学生时语言粗暴,脾气特别大,有时候还辱骂、打学生。因为都是同村的,彼此都很熟悉,家长心里也清楚李老师是为了孩子好。有一次李老师把粉笔头扔到某个男生眼睛上,致使该男生眼睛红肿了几天,李老师视而不见,不承认错误,更别提主动道歉了,这个男生之后心情压抑,上完中学,成绩也不好就外出打工去了。

(1)李老师的行为主要违背了2008年修订的《中小学教师职业道德规范》中的哪一条?写出这一条的具体内容。(5分)

(2)请对李老师提出合理建议。(5分)

2. 某学生的母亲是个单亲妈妈,因为工作忙,经常不能按时接孩子。为了得到班主任徐老师的支持和理解,她把自己的情况告诉了徐老师。有一次,徐老师在跟同事的聊天中谈到了该学生的母亲是单亲妈妈,还在全班同学面前把这件事情说了出去。一传十,十传百,越来越多的人知道了该学生的情况,该学生知道之后觉得抬不起头,再也不愿意去上学了。

(1)徐老师侵犯了该生的什么权利?(3分)

(2)徐老师的做法违反了哪些法规?(4分)

(3)该教师应承担什么法律责任?(3分)

3. 谢老师在科学课上讲解食物链和食物网的知识时，首先播放一个两分钟的短视频，导入新课后，用 PPT 展示一些动植物的图片，并提出一系列问题："这些动植物之间存在怎样的关联？它们能形成一个完整的食物链吗？为什么？"让学生自己去发现、分析问题。

在讲解完食物链和食物网的概念之后，谢老师又提供 4 组动植物名称，要求全班学生分成 4 个小组讨论并绘制食物网，提高学生分析问题、解决问题的能力。

谢老师采用了哪些教学方法？请结合案例进行分析。

四、论述题（本大题共 10 分）

在教学中如何促进学生的学习迁移？

五、教学设计题(本大题共 15 分)

请根据所提供的教学材料和学生情况,按一节课的要求完成教学设计。

教学材料:某版本《道德与法治》六年级上册某一课为《人大代表为人民》,其中“人民选出的代表”部分的主要内容为:作为国家的主人,为了行使当家作主的权利,人民通过选举代表组成人民代表大会,统一管理国家和地方事务。你知道人民是如何选出代表的吗?选举是公民参与国家政治生活的重要途径,选票代表着一种民主权利。县、乡两级人大代表换届选举是全体选民行使选举权的重要体现,每一张选票都应当认真对待和珍视。法律规定的选举资格为:中华人民共和国年满 18 周岁的公民,不分民族、种族、性别、职业、家庭出身、宗教信仰、教育程度、财产状况、居住期限,都有选举权和被选举权。依照法律被剥夺政治权利的人没有选举权和被选举权。

学生情况:教学对象为某农村小学六年级学生,班级人数为 45 人。

请设计本节课的教学目标及教学过程。

六、教育写作(本大题共 40 分)

阅读下面的材料,根据要求写作。

①天行健,君子以自强不息。(《周易》)

②露从今夜白,月是故乡明。(杜甫)

③何须浅碧深红色,自是花中第一流。(李清照)

④受光于庭户见一堂,受光于天下照四方。(魏源)

⑤必须敢于正视,这才可望敢想,敢说,敢作,敢当。(鲁迅)

⑥数风流人物,还看今朝。(毛泽东)

中国文化博大精深,无数名句化育后世。读了上面六句,你有怎样的感触与思考?请以其中两三句为基础确定立意,并合理引用,写一篇作文。

要求:自选角度,自拟题目,文体不限,诗歌除外,不少于 600 字。

河南省特岗教师招聘考试教育理论基础预测试卷(十八)

(满分 150 分　时间 120 分钟)

本套试卷共 41 小题,包括单项选择题(20 小题),判断题(15 小题),案例分析题(3 小题),论述题(1 小题),教学设计题(1 小题),教育写作(1 小题)。

一、单项选择题(在下列每小题列出的四个选项中只有一个是最符合题意的,请将其代码填在括号内。错选、多选或未选均不得分。本大题共 20 小题,每小题 2 分,共 40 分)

1. 习近平总书记在全国教育大会上的讲话中指出,坚持把(　　)作为推动党和国家各项事业发展的重要先手棋,不断使教育同党和国家事业发展要求相适应、同人民群众期待相契合、同我国综合国力和国际地位相匹配。

A. 优先发展教育事业　　B. 大力发展教育事业

C. 高质量发展教育事业　　D. 公平推进教育均衡发展

2. 教育部印发的《义务教育课程方案(2022 年版)》明确提出,聚焦(　　),培养学生适应未来发展的正确价值观、必备品格和关键能力。

A. 中国教育资源公平配置　　B. 中国学生发展核心素养

C. 基础教育高质量发展　　D. 中国学生理想信念教育

3. 下列属于教育法律关系主体的是(　　)

A. 权利　　B. 义务　　C. 自然人　　D. 物

4. 学生中流传的俏皮话"大考大玩,小考小玩,不考不玩",体现的心理学原理是(　　)

A. 耶克斯—多德森定律　　B. 罗森塔尔效应

C. 皮格马利翁效应　　D. 社会刻板效应

5. 学校人际关系状况,师生特有的心态、行为方式等属于(　　)

A. 显性课程　　B. 活动课程

C. 隐性课程　　D. 学科课程

6. 教学的内容、方法和进度,既要适合学生已有的发展水平,又要有一定的难度,激励他们通过努力达成目标,以便有效地促进学生的身心发展。这体现了下列哪项教学原则(　　)

A. 量力性原则　　B. 因材施教原则

C. 启发性原则　　D. 循序渐进原则

7. 某校长自述,因为家庭原因自己未能走进大学,高中毕业后便走向社会,但他凭借自身过硬的学习能力,从专科到本科,从本科到硕士,被戏称为"考试专业户",最后从教师岗位做到了

山香教育 SHANXIANG EDUCATION

校长职务,为学校发展贡献了重大力量。这表明(　　)

A. 遗传素质是人的身心发展的前提

B. 环境因素对人的发展起重要作用

C. 学校教育对人的发展起主导作用

D. 主观能动性是个体身心发展的动力

8. 为使学生了解有关电荷的知识,老师在课堂上做了有关摩擦生电的实验。该老师所采用的教学方法是(　　)

A. 实验法　　B. 演示法　　C. 观察法　　D. 讨论法

9. 某教师教授《景阳冈》时发现学生积极性不高,便灵机一动,让学生替武松写一封求职自荐信,学生表现出浓厚的学习兴趣。这体现出教师劳动的(　　)

A. 复杂性　　B. 长期性　　C. 创造性　　D. 示范性

10. 林老师班上有一名随班就读的智障学生小舒。在帮助小舒掌握知识的同时,林老师还随机地渗透了帮助他人、与他人友好合作等情感教育;在班级活动中,林老师从不把他当智障学生对待,鼓励他参加广播操比赛、队列比赛、英语比赛等,同学们也都热情地帮助他。林老师的做法遵循了(　　)的教师职业道德规范。

A. 为人师表和团结协作　　B. 爱国守法和求实创新

C. 爱岗敬业和终身学习　　D. 关爱学生和教书育人

11. 人们暴跳如雷、手舞足蹈大多发生在(　　)的情绪状态下。

A. 心境　　B. 紧张　　C. 激情　　D. 应激

12. 老师换了一个新发型进入教室,引发了学生的窃窃私语。学生的这种注意属于(　　)

A. 有意注意　　B. 无意注意

C. 有意后注意　　D. 无意后注意

13. 根据学习的定义,下列选项中属于学习的是(　　)

A. 狗熊练习投篮动作　　B. 吃杨梅时唾液分泌增加

C. 入芝兰之室,久而不闻其香　　D. 服用兴奋剂后比赛取得好成绩

14. 下列各句中,与"天将降大任于斯人也,必先苦其心志,劳其筋骨,饿其体肤,空乏其身,行拂乱其所为,所以动心忍性,曾益其所不能"所体现的德育方法相同的是(　　)

A. "桃李不言,下自成蹊"

B. "安不忘危,盛必虑衰"

C. "随风潜入夜,润物细无声"

D. "宝剑锋从磨砺出,梅花香自苦寒来"

15. 通过动作练习形成的活动方式对各种变化的条件具有高度的适应性,动作的执行达到高度的程序化、自动化和完善化,这是操作技能形成中的(　　)阶段。

A. 操作认知　　B. 操作联合

C. 操作整合　　D. 操作熟练

16. 下列关于课程资源的说法中，正确的是(　　)

A. 教师和学生不是课程资源　　B. 课程资源越多越好

C. 课程资源具有多样性　　D. 课程资源就是教科书

17. 在思想品德教育过程中，如果只一味地看到学生差的地方，认为学生一无是处，就违背了(　　)的原则。

A. 集体教育和个别教育相结合

B. 尊重信任学生与严格要求学生相结合

C. 正面教育与纪律约束相结合

D. 依靠积极因素，克服消极因素

18. 在教育起源的学说中，认为教育起源于儿童对成人的无意识模仿的是(　　)

A. 生物起源说　　B. 心理起源说

C. 劳动起源说　　D. 神话起源说

19. "强、平衡、灵活"体现的气质类型是(　　)

A. 多血质　　B. 胆汁质　　C. 黏液质　　D. 抑郁质

20. 孩子的许多无理取闹的行为实际上是学习的结果，比如通过哭闹来取得自己心仪的玩具，在这个过程中，家长的让步起着(　　)作用。

A. 泛化　　B. 消退　　C. 分化　　D. 强化

二、判断题(判断下列命题的正误，正确的请在题后的括号打"√"，错误的打"×"。本大题共 15 小题，每小题 1 分，共 15 分)

1. 对严重的欺凌行为，学校不得隐瞒，应当及时向公安机关、教育行政部门报告，并配合相关部门依法处理。(　　)

2. 教师向学生推销商品侵犯了学生的财产权。(　　)

3. 巩固性原则又称为可接受性原则，是为了防止发生教学难度低于或高于学生实际程度而提出的。(　　)

4. 只有当社会的发展处于负向时，教育才会发挥负向功能。(　　)

5. 义务教育阶段的教学计划具有强制性、普遍性和基础性的特点。(　　)

6. "纸上得来终觉浅，绝知此事要躬行"这句话体现了因材施教的德育原则。(　　)

7. 教师职业道德既是一种行为规范，又是一种文化现象。(　　)

8. 历史上最早把"课程"用作一个专门的教育术语的教育家是斯宾塞。(　　)

9. "外行看热闹，内行看门道"体现的是知觉的理解性。(　　)

10. 上位学习和下位学习中都可能发生垂直迁移。(　　)

11. 美国教育心理学家奥苏贝尔认为，"先行组织者"是先于学习任务本身呈现的一种引导性材料，它的抽象、概括和综合水平高于学习任务，并且与认知结构中的原有观念和新的学习任务相关联。(　　)

12. 顺向迁移有助于新知识的理解和掌握，逆向迁移有助于已有知识的巩固和完善。(　　)

上香教育 SHANGXIANG EDUCATION

13. 小辉的学习成绩一般,但音乐节奏感却很强。这说明他的智商高。 ( )

14. 儿童活泼、多问是“多动症”的表现。 ( )

15. 俗语“人心不同,各如其面”说明个体身心发展具有个别差异性。 ( )

三、案例分析题(本大题共3小题,每小题10分,共30分)

1. 1980年,江西省奉新县边远山村教师奇缺。时年只有十九岁的南昌市进贤县姑娘支月英不顾家人反对,远离家乡,只身来到离家两百多公里、离乡镇45公里、海拔近千米且道路不通的泥洋小学,成了一名深山女教师。

一到学校,她发现这里条件比想象中还要艰苦。学校地处江西省奉新县和靖安县两县交界的泥洋山深处,交通不便,离最近的车站都要20多里地,师生上学全靠两条腿在崇山峻岭间爬行。山村生活条件异常艰苦,食品稀缺。支月英像当地人一样,自己动手种菜。

当地老百姓十分疑虑:这个外地姑娘能坚持下来吗?是不是想过渡一下,过不久就溜掉?这话不假,山旮旯太偏太穷。前些年,教师如同走马灯似的来了又走。但过了一年又一年,乡亲们不但看到支月英坚持了下来,还看到无论刮风下雨、结冰打霜,她都把孩子一个个送回家,像对待自己的亲人一般。于是乡亲们议论开了:“这位老师靠得住,肯定会用心教好我们的孩子!”但也有不同声音,“莫想啊,顶多再过两年就会走掉,我们这地方哪能留住这般好老师啊!”冬去春来,寒来暑往。这位外乡的女教师,用自己36年的倾心守望,兑现了自己的承诺,成为深山乡村人人尊敬的人民教师。

上述材料中主人公的事例体现了哪些教师职业道德规范?对你有什么启发?

2. 李宏老师为了上好《两栖动物的生殖与发育》一课，精心制作了课件，并准备了挂图和标本等教具。课上，李老师把标本摆放好，挂好图片进行课件演示，但标本太小了，后面的同学甚至伸长脖子也看不清，李老师不断地翻着课件，但是并没有做适当的讲解，直到下课铃响了，课件还没有翻完。课后学生们反映，课堂上他们忙着看这看那，老师讲什么都没听清，而且课件中有些内容模糊不清，学习效果不佳。

(1)李宏老师在教学中主要运用了哪条教学原则？(4 分)

(2)分析李宏老师应如何正确运用这条原则？(6 分)

3. 辛老师了解到学生小丁的学习基础较差，且因家境贫寒导致自卑心理，他为小丁制定并实施了“智志双扶”的措施。辛老师利用课余时间与小丁谈心，以励志的榜样故事鼓舞他树立理想，实现人生价值；为他组建“学习帮帮团”帮助他学习；让他当班级宣传委员，发挥画画的特长；对他取得的进步给予赞赏；在“我们是一个友爱和谐的家”的班会课上，同学们友善地接纳了小丁；针对小丁在课堂上做小动作的行为，辛老师没有当众训斥他，而是委婉地提示。一段时间后，小丁爱上了学习，成绩也提高了。他在日记中写道：“我要靠自己去奋斗，努力学习吧，我能越来越……”

结合案例，分析辛老师是如何依据需要层次理论制定教育措施的。

四、论述题（本大题共 10 分）

论述在品德培养中教师应如何避免奖励与惩罚所产生的负面心理效应。

五、教学设计题(本大题共 15 分)

教学材料:某版本《道德与法治》三年级上册《心中的“110”》

第一课时:有点警惕性

课本中首先用文字告诉学生:生活中总会遇到陌生人。在这些陌生人中,有很多人会像朋友一样关心、爱护、帮助我们,但也有少数人不怀好意,会危及我们的安全。

接下来课本给出两个场景。

场景一:【我该怎么办】

小朋友一人独自在家,有三个人先后来敲门。一个自称邻居王奶奶,另一个自称修煤气的叔叔,还有一个自称是送快递的叔叔。

场景二:【智捉小偷】

陈宇一个人在家写作业,听到门外有奇怪的响声,于是从门缝里往外看,看到两个陌生的男女正在鬼鬼祟祟地撬张奶奶家的门锁,边撬边四处张望,神色慌张。于是陈宇就拨通了“110”报警电话,从而使警察成功地抓住了这两个小偷。

请根据所提供的教学材料,按要求完成教学设计。

要求:

(1)设计本课时的教学目标;

(2)写出本课时的教学重难点;

(3)阐述本课时的教学过程。

六、教育写作(本大题共40分)

阅读下面的材料,根据要求写一篇不少于600字的文章。

张老师是高二的化学老师,她的每一节课都很精彩,学生们很喜欢。她的儿子图图得了重病,丈夫在偏远地区当老师,家里没有其他人能照顾图图。上课时,她站在讲台上,图图则坐在教室前的椅子上。当图图因不舒服而哭闹时,张老师怕影响到学生学习,便会暂时抱着他继续上课。

张老师教过的学生在网上发布《千名学子联名求助信》,对此一名学生留言:"请不要让一个善良的人承受所有苦难,请不要让一个伤痕累累的母亲失去生活的希望。"此事感动了亿万网友,不少网友纷纷为其点赞并捐款,也有人质疑其为网络炒作。

对以上事情,你怎么看?请结合教育实际,写一篇文章,表明你的态度,阐述你的看法。

要求:立意正确,中心明确,自拟题目,文体不限,诗歌除外。

河南省特岗教师招聘考试教育理论基础预测试卷(十九)

(满分 150 分　时间 120 分钟)

本套试卷共 41 小题,包括单项选择题(20 小题),判断题(15 小题),案例分析题(3 小题),论述题(1 小题),教学设计题(1 小题),教育写作(1 小题)。

一、单项选择题(在下列每小题列出的四个选项中只有一个是最符合题意的,请将其代码填在括号内。错选、多选或未选均不得分。本大题共 20 小题,每小题 2 分,共 40 分)

1. 某老师常把犯错学生关在办公室反省,不允许其参加课外活动,老师的行为侵犯了学生的(　　)

A. 人格尊严权　　B. 人身自由权

C. 生命健康权　　D. 个人名誉权

2. 根据《关于深化教育教学改革全面提高义务教育质量的意见》,(　　)是学校提高教育质量的第一责任人,应经常深入课堂听课、参与教研、指导教学,努力提高教育教学领导力。

A. 班主任　　B. 科任老师

C. 校长　　D. 校务委员会

3. 根据《中华人民共和国教师法》的规定,下列情况属于"不能取得教师资格;已经取得教师资格的,丧失教师资格"的是(　　)

A. 故意犯罪受到刑事处罚的

B. 过失犯罪受到刑事处罚的

C. 故意犯罪受到有期徒刑以上刑事处罚的

D. 过失犯罪受到有期徒刑以上刑事处罚的

4. 教师深夜备课以便更好地在课上服务学生,体现了(　　)的教师职业道德规范。

A. 关爱学生　　B. 爱岗敬业　　C. 终身学习　　D. 为人师表

5. 教育的(　　)的提出,标志着在教育的起源问题上开始从神话解释转向科学解释。

A. 生物起源说　　B. 心理起源说

C. 劳动起源说　　D. 生活起源说

6. 张老师在看到学生遇到危险时,不顾个人安危上前救助学生,这一行为对全体学生产生了积极影响。这体现了教师这一职业的(　　)特点。

A. 复杂性　　B. 示范性　　C. 创造性　　D. 主体性

7. 九宫格中每格中间均有一个黑点,现要求将九个黑点用一笔连起来,而小亮却认为这九

山香教育 SHANXIANG EDUCATION

个黑点组成了正方形，无法完成这一要求。小亮产生这一认知的原因是(　　)

A. 受到表征方式的影响　　B. 受到思维定势的影响

C. 受到无关信息的影响　　D. 受到功能固着的影响

8.《论语》中"不愤不启，不悱不发，举一隅不以三隅反，则不复也"遵循的教学原则是(　　)

A. 因材施教原则　　B. 直观性原则

C. 启发性原则　　D. 循序渐进原则

9. ________中的________体现了教学要遵循学生心理发展的特点，循序渐进。(　　)

A.《论语》　启发诱导　　B.《学记》　启发诱导

C.《论语》　学不躐等　　D.《学记》　学不躐等

10. 小晶说当她听到小刀刮玻璃的声音时，就会觉得很冷，浑身不舒服。这种感觉现象是(　　)

A. 适应　　B. 对比　　C. 联觉　　D. 综合

11. 初学骑车的人总是注意力很集中，像这样有预定目的、需要一定意志努力的注意称为(　　)

A. 有意注意　　B. 有意后注意

C. 无意注意　　D. 不随意注意

12. 提出"经验 + 反思 = 成长"这一教师成长公式的是(　　)

A. 波斯纳　　B. 布鲁纳　　C. 科顿　　D. 布鲁巴奇

13. 学生甲容易受情感左右，缺乏理智，常常在需要克制的时候任意为之，意气行事；而学生乙常常在需要采取行动、迎接挑战的时候临阵退缩，不敢有所行动。这表明学生甲和乙的意志均缺乏(　　)

A. 自觉性　　B. 坚持性　　C. 果断性　　D. 自制性

14. 把枣树、苹果树、梨树等依据其根、茎、叶、果的共性统称为"果树"，这是思维的(　　)的体现。

A. 概括性　　B. 间接性　　C. 广阔性　　D. 深刻性

15. 学生问："老师，我考试总是很紧张，怎么办？"老师说："你学习不够努力，没有复习好，所以就紧张了。"由此可以看出这位老师缺乏(　　)

A. 本体性知识　　B. 条件性知识

C. 实践性知识　　D. 通识性知识

16. 皮亚杰认为(　　)是儿童从他律道德向自律道德转化的分水岭。

A. 8 岁　　B. 10 岁　　C. 12 岁　　D. 14 岁

17. "以小人之心，度君子之腹"可用(　　)解释。

A. 投射效应　　B. 近因效应

C. 晕轮效应　　D. 首因效应

山香教育 SHANXIANG EDUCATION

18. 吴承恩在他的小说《西游记》中，塑造了聪明、活泼、忠诚、嫉恶如仇的孙悟空的形象。这属于(　　)

A. 无意想象　　B. 再造想象

C. 无意记忆　　D. 创造想象

19. "教学"是教学论研究的最基本概念，下列对教学的有关说法错误的是(　　)

A. 教学与教育是部分与整体的关系　　B. 教学工作是学校教育工作的中心

C. 教学是智育的唯一途径　　D. 智育不是教学的唯一任务

20. 弗洛伊德认为，人的性本能是最基本的自然本能，它是推动人发展的潜在的、无意识的、最根本的动因。这是一种(　　)

A. 外铄论的观点　　B. 辐合论的观点

C. 多因素论的观点　　D. 内发论的观点

二、判断题(判断下列命题的正误，正确的请在题后的括号打"√"，错误的打"×"。本大题共15小题，每小题1分，共15分)

1. 心理学家华生根据学生学习内容的不同，把学习分为接受学习和发现学习。(　　)

2. 作为教师，应慎用惩罚，因为惩罚只能让学生明白什么不能做，但并不能让学生知道什么能做，应该怎么做。(　　)

3. 知识掌握得越多，智力就越高，创造力也越高。(　　)

4. 班级成员在服从班集体的正确决策和承担一切责任的前提下，参与班级管理，充分发挥其主体作用的一种管理方式是班级平行管理。(　　)

5. 消退是减少不良行为、消除坏习惯的有效方式。(　　)

6. 当学生把学习成绩不好归因于自己的能力低时，他们更可能放弃学习。(　　)

7. 考试时，从多种答案中选出一个正确答案；工作中，从多种方案中选取一种最佳方案；依靠许多资料归纳出一个正确结论等都是运用了聚合思维。(　　)

8. 2008年修订的《中小学教师职业道德规范》体现了教师职业特点对师德的本质要求和时代特征，爱与授课是贯穿其中的核心和灵魂。(　　)

9. "一两的遗传胜过一吨的教育"是由遗传决定论的代表人物霍尔提出的。(　　)

10. 教育是一种有目的地培养人的活动，这是教育区别于其他现象的根本特征，也是它所具有的本质属性。(　　)

11. 教师职业道德修养的最高层次是"慎独"。(　　)

12. 中小学每个班级应当配备一名班主任。(　　)

13. 直接导入是最简单和最常用的一种导入方法。(　　)

14. 教育目的的"社会本位论"忽视了受教育者个人的发展，因此，我们应当坚持教育目的的"个人本位论"。(　　)

15. 研究者们提出"非正规教育"概念和"非学校化"主张，认为教育不止限于学校教育，应构建学习化社会。(　　)

山香教育 SHANXIANG EDUCATION

三、案例分析题(本大题共 3 小题,每小题 10 分,共 30 分)

1. **作为乡村教师的幸福**

2007 年 4 月,即将从三峡大学毕业的我,申请到湖北西部山区做特岗教师。几个月后,我被分配到湖北省恩施土家族苗族自治州恩施市龙凤镇龙马村的龙马初级中学。

在日常教学中我发现,如果不能走进学生的内心、了解孩子的成长环境,我们就很难被学生接纳、很难改变他们。于是,我们尝试跟学生结对帮扶,带学生打篮球、野炊,与其他教师结伴家访。球场边、花坛边、餐桌边都成为年轻特岗教师与学生交心谈心的场所。周末,我们和学生到学校后面的池塘捉鱼;新年,师生一起携手爬到高高的山峰上。

同时,我们利用各种机会走进学生家庭,了解他们的生活和成长环境。课下,倾听学生的心声,开展学生喜欢的活动。我们通过各种方式去了解孩子,了解他们的家庭和每个孩子独特的故事。

学生梁正君在家门口自制了篮板、篮筐,感叹于他对篮球的热爱、对学习的松懈。之后,我给他送了一个篮网,还组建了一支篮球队,希望他从篮球领域实现自己的梦想。他有幸赶上了 2019 年秋季恩施市首届校园篮球联赛。最终,学校球队获得第五名的佳绩,梁正君当选为恩施市首届校园篮球联赛最佳阵容球员。这次篮球比赛一下子燃起了他进取的愿望,他给自己定了考上恩施市一中的目标。结果,他的中考成绩比参加球赛时提高了 100 多分,如愿考上了恩施市一中。

学生黎萍从小性格腼腆内向。我去家访,才知道她住在海拔 1200 多米的村寨里。那次家访,我走得气喘吁吁,但黎萍在陡峭的山路上如履平地、非常自如。我便鼓励她参加运动会,还专门安排她举着班牌第一个上场。运动会上,她一鼓作气连拿四个第一,从此一发不可收,用自己的努力,获得一张又一张奖状,铺满了家里的一整面墙。之后,我鼓励她担任主持人、参加征文比赛,让她登上一个又一个舞台,取得一项又一项成绩。多年以后,黎萍考上了华中师范大学。

学生唐杉,一直活在"学不好、考不好"的阴影里,甚至还逃课。有一次,我发现她的数学课本竟然被她写写画画涂成了一个歌词本。虽然涂写得满页都是,但字迹工工整整。我说:"你不是很喜欢手抄歌词吗?我们马上就要开展手抄报比赛了,你就用自己抄写的歌词办一期手抄报,去参加比赛。"原以为我要批评她,听到我说的话,唐杉内心忐忑,将信将疑,但还是按要求参加了比赛,哪晓得一举夺魁,拿下了全校首届手抄报比赛的一等奖。自此,唐杉变了,她也终于有了属于自己的舞台,开始自信,开始发光。

我想,所谓教师,就是用自己的人生为孩子的人生领航,在点亮孩子人生的过程中也把自己的人生点亮。

我相信,用我们的青春、我们的责任、我们的爱心、我们的智慧去阻断贫困代际传递,点亮乡村孩子的人生梦想,我们和孩子的未来一定能够闪闪发光。

资料来源:吴艳锋.《作为乡村教师的幸福》[J]. 人民教育,2021(17).(有改动)

SHANXIANG EDUCATION

(1)什么是教师幸福?(5分)

(2)结合材料,说一说吴老师是如何遵循师德规范的。(5分)

2. 在某班,王同学受父母离异影响,由一个自觉学习的好孩子变成了上课容易走神、不按时完成作业的“问题学生”;李同学因受到班主任的公开辱骂而厌恶上课,经常逃学玩游戏。王、李两位同学的学习成绩都下降了。

(1)根据马斯洛的需要层次理论,王、李两位同学的学习成绩下降分别是由哪些需要没有得到满足造成的?(5分)

(2)运用马斯洛的需要层次理论,就如何满足王、李两位同学的需要提出两条合理的建议。(5分)

3. 小学生吴明，从小与父母生活在一起。吴明的父母性格内向，忠厚老实，不善言辞。由于平时忙于农活，而且文化水平不高，吴明的父母平时很少与他交流。在学校里，吴明与同学相处时也比较自私，对集体利益也漠不关心；对于学习，他也是马马虎虎，每次写作业都是应付了事。由于成绩总是排在班级最后几名，每到期末考试前，他偶尔也会制订复习计划，但很快就放弃了。

如果你是吴明的老师，请从性格培养方面开展对他的教育工作。

四、论述题（本大题共 10 分）

结合实际，谈谈教师应如何备课。

五、教学设计题(本大题共 15 分)

请根据所提供的教学材料,完成一节课的教学设计。

感受生活中的法律

鸟儿在蓝天中飞翔,花儿在阳光下绽放。我们生活在蓝天和阳光下,也生活在法律中。法律规范着我们的行为,保护着我们的权利,协调着人与人之间的关系。法律就在我们的身边,时常与我们相伴。

法律保护了我们的权利。在法律的规定下,我们享有人身权、财产权、受教育权等权利,学习知识、快乐成长。

法律规定了我们的义务。过马路,要遵守交通法规;在公共场所,要爱护公物、保护环境;借了别人的东西,要及时归还。等到我们成年后,还要努力工作,为国家和社会作出自己的贡献。

纪律、道德与法律规范着我们的行为。与纪律、道德不同,法律由国家制定和颁布,具有强制力和权威性。所有社会成员都要遵守法律,依法行使自己的权利,依法履行自己的义务。

六、教育写作(本大题共40分)

2021年6月29日,经中共中央批准,“七一勋章”颁授仪式在人民大会堂隆重举行,云南省丽江华坪女子高级中学党支部书记、校长张桂梅获此殊荣,并代表29名获奖者发言。

张桂梅同志扎根边疆教育一线40余年,默默耕耘、无私奉献,为了改变贫困地区女孩失学辍学现状,在党和政府以及社会各界的帮助下,2008年,她推动创建了一所免费招收贫困女生的高中,建校以来已帮助1800多位女孩走出大山,走进大学。张桂梅用爱心和智慧点亮了万千乡村女孩的人生梦想,用知识改变了她们的命运,用教育阻断贫困代际传递,展现了当代人民教师的高尚师德和责任担当,被孩子们亲切地称为“张妈妈”。

2020年12月25日,张桂梅在《人民日报》撰文《传承红色基因 培育时代新人》,提出“让学生远方有灯、脚下有路、眼前有光”的观点,引发了广泛讨论。

立志成为人民教师的你在读了上述材料后,一定有很多感悟和思考吧?请围绕材料,写一篇文章表达张桂梅校长的先进事迹带给你的启示。

要求:选好角度,确定立意,自选文体,自拟标题,不要套作,不得抄袭,不少于600字,不得泄露个人信息。

河南省特岗教师招聘考试教育理论基础预测试卷(二十)

(满分 150 分　时间 120 分钟)

本套试卷共 41 小题,包括单项选择题(20 小题),判断题(15 小题),案例分析题(3 小题),论述题(1 小题),教学设计题(1 小题),教育写作(1 小题)。

一、单项选择题(在下列每小题列出的四个选项中只有一个是最符合题意的,请将其代码填在括号内。错选、多选或未选均不得分。本大题共 20 小题,每小题 2 分,共 40 分)

1. 2021 年 3 月 1 日起施行的(　　)规定,学校、教师应当遵循教育规律,依法履行职责,通过积极管教和教育惩戒的实施,及时纠正学生错误言行,培养学生的规则意识、责任意识。

A.《中小学教育惩戒法》

B.《中小学教育惩戒法征求意见》

C.《中小学教育惩戒条例》

D.《中小学教育惩戒规则(试行)》

2.《义务教育课程方案(2022 年版)》将(　　)从原来的综合实践活动课程中完全独立出来。从 2022 年秋季学期开始,劳动课将正式成为中小学的一门独立课程。

A. 研究性学习　　B. 社区服务　　C. 劳动　　D. 社会实践

3. 根据《中华人民共和国教师法》规定,下列不属于教师权利的是(　　)

A. 开展教育教学改革　　B. 从事科学研究

C. 履行教师聘约　　D. 获取工资报酬

4. 第斯多惠有一句名言:"一个坏的教师奉送真理,一个好的教师则教人发现真理。"这主要体现了教学的(　　)

A. 理论联系实际原则　　B. 启发性原则

C. 循序渐进原则　　D. 因材施教原则

5. 法官判案要理性、客观,不能受情绪和个人偏好的影响。这是对其思维(　　)的要求。

A. 广阔性　　B. 独立性　　C. 批判性　　D. 深刻性

6. 对数学运算有天赋的学生很容易学好数学,而天生就不擅长数学运算的学生则需要花费很长的时间才能达到正常水平。这表明(　　)

A. 遗传素质对人的身心发展起决定作用

B. 遗传素质的差异性对人的发展具有一定影响

C. 遗传素质具有可塑性

山香教育 SHANXIANG EDUCATION

D. 遗传素质对人的作用方式是不同的

7. 在鲜花盛开、花草葱茏的阳春三月，人们常有“花在微笑、草在点头”的愉悦体验。这种情绪状态是(　　)

A. 心境　　B. 激情　　C. 应激　　D. 热情

8. 各类研究中唯一能确定因果关系的研究方法是(　　)

A. 观察研究法　　B. 行动研究法

C. 实验研究法　　D. 个案研究法

9. 以下说法正确的是(　　)

A. “身教重于言教”忽视了教师传授知识的天职

B. “教师应该遵守法律”是法律要求而不是师德要求

C. 在市场经济时代，要求教师廉洁从教只是一句空话

D. 教师不思进取是不符合师德要求的

10. 以下不违背教师职业道德规范的是(　　)

A. 王老师收学生家长送的购物卡

B. 赵老师收到不少学生亲手制作的贺卡

C. 李老师经常让学生家长开车送其回家

D. 宋老师每天都给学生布置过量的作业

11. 主要受人的生理因素影响，30 岁以后随着年龄的增长有降低趋势的智力类型是(　　)

A. 流体智力　　B. 晶体智力

C. 言语智力　　D. 人际智力

12. 小丁在考试中由于情绪高度紧张而忘记知识，这属于(　　)

A. 消退说　　B. 干扰说　　C. 压抑说　　D. 同化说

13. 西汉初期实行的“罢黜百家，尊崇儒术”的文教政策，体现了教育的(　　)

A. 永恒性　　B. 历史性

C. 相对独立性　　D. 继承性

14. 初中生小张的学习动机是为了取得一个好的成绩，将来有一份好的工作；同学小王的学习动机是为了获得老师的表扬和父母的奖励。这两位同学的学习动机分别是(　　)

A. 认知内驱力、自我提高内驱力

B. 内部动机、外部动机

C. 自我提高内驱力、附属内驱力

D. 附属内驱力、自我提高内驱力

15. 某学生这样来管理自己的学习：“如果我能在 30 分钟内完成英语老师布置的家庭作业，那么就可以和爸爸出去玩。”该学生运用的是(　　)

A. 外部强化　　B. 替代强化

C. 自我强化　　D. 消极强化

山香教育 SHANXIANG EDUCATION

16. 陈老师是某中学的数学教师,他在给学生讲解完等差数列的基本概念之后,不断给他们出新的题目进行练习,加深学生对等差数列概念的理解。陈老师遵循了教学过程中的(　　)

A. 循序渐进原则　　　　B. 直观性原则

C. 巩固性原则　　　　D. 启发性原则

17. 为提高学生爱护公共环境卫生的意识,某小学开展了"当一次环卫工"主题教育活动,学生们带着工具走上街头,与环卫工人一起进行路面清扫保洁、擦抹公共设施等劳动。这属于德育方法中的(　　)

A. 情感陶冶法　　　　B. 实际锻炼法

C. 榜样示范法　　　　D. 说服教育法

18. 肖老师是某班新来的班主任,在管理班级时,他首先设法影响整个班集体的氛围,然后再去影响单个学生的发展,最后再通过整个班集体和教师的影响来促进学生的发展。肖老师的这种班级管理模式属于(　　)

A. 班级集中管理模式　　　　B. 班级平行管理模式

C. 班级目标管理模式　　　　D. 班级民主管理模式

19. 某学生认为,插队是不文明的行为,但是当遇到孕妇和老人时,可以让他们"插队",根据皮亚杰的认知发展阶段理论,该学生处于(　　)

A. 感知运动阶段　　　　B. 前运算阶段

C. 具体运算阶段　　　　D. 形式运算阶段

20.《礼记·学记》中说:"记问之学,不足以为人师。"这主要体现的教学规律是(　　)

A. 直接经验与间接经验相统一

B. 掌握知识与发展能力相统一

C. 传授知识与思想品德教育相统一

D. 教师主导作用与学生主体地位相统一

二、判断题(判断下列命题的正误,正确的请在题后的括号打"√",错误的打"×"。本大题共 15 小题,每小题 1 分,共 15 分)

1. 15 岁的王某非常顽劣,因与校外学生打架致人重伤,被判刑半年。刑满释放后的王某要求回学校继续读完初三,学校有权拒绝王某的就读申请。(　　)

2. 根据我国的教育立法体制,地方有权根据本地区的需要制定相应的规范性教育法规文件。(　　)

3. 教师对学业成绩好的学生偏爱,多关心是自然的、无可非议的。(　　)

4. 德育过程要"反复抓,抓反复"所依据的德育规律是知情意行诸因素统一发展规律。(　　)

5. 素质教育也需要考试,有考试就会有应试教育。因此素质教育归根到底还是应试教育。(　　)

山香教育 SHANXIANG EDUCATION

6. 教学的首要任务是发展学生智力，培养学生的创造能力。（　　）

7. 马克思主义教育学认为，教育是一种历史现象，在阶级社会具有阶级性。（　　）

8. 过度学习是指在学习达到刚好能背诵以后的附加学习，这意味着复习的次数越多越好。（　　）

9. 王老师在讲"列方程解行程问题"时，要求学生们说出每一个解题步骤的原因，这有助于提高学生的问题解决能力。（　　）

10. 心理学家艾利斯提出的 ABC 理论中，A 是指事件造成的情绪结果。（　　）

11. 教师的自我教育是教师个体专业化发展最直接、最普遍的途径。（　　）

12. 教学效能感一般指教师对自己影响学生行为和学习结果的能力的一种主观判断。（　　）

13. 教学环境中的物质环境主要指课堂自然条件、教学设施以及空间布置等。（　　）

14. 班主任了解学生的最基本方法是谈话法。（　　）

15. 学生小郑有写日记的习惯，每当遇到不愉快的事情时，他都会将其写进日记，他觉得写完日记后心里舒服多了。在这里，小郑调节情绪的方法是注意转移法。（　　）

三、案例分析题（本大题共 3 小题，每小题 10 分，共 30 分）

1. 初一(2)班学生李小刚对学习毫无兴趣，成绩极差，各科考试很少及格。一次数学期中考试，他一道题也答不上来，就在试卷上写下了这么一段话：

"零分我的好朋友你在慢慢地向我靠近零分你是如此多青难道你把我当着一个无用的人我不是一个无用的人我是人我也有一颗自尊心再见吧零分。"

数学老师阅卷时，看到这份无标点、错别字连篇、字迹潦草的"答卷"后，非常生气地把李小刚叫到了办公室，交给了新任班主任梁老师。梁老师问明情况后，并没有直接训斥李小刚，而是耐心地帮助李小刚在他的"杰作"上加了标点、改了错别字、重新组织了那段话：

零分，我的好朋友，
你在慢慢地向我靠近。
零分，你是如此多情，
难道你也把我当作一个无用的人？
不，我不是一个无用的人！
我是人，我也有一颗自尊心。
再见吧，零分！

然后，梁老师让李小刚读了这段话，听完后梁老师赞叹道："这是诗，一首很好的诗啊！"

听到这句话，李小刚感到很惊讶。梁老师接着说："诗贵在形象，你的这首诗很形象。诗言情，诗言志，从这首诗中可以看出你是一个不甘与零分为伍的人。"

"这是诗？我也能写诗？"

没想到梁老师不但没有批评他，还会如此地评价他，李小刚非常激动。

从此，在梁老师的不断鼓励和帮助下，李小刚驱散了心中的阴霾，坚定了学习的信心，端正

山香教育 SHANXIANG EDUCATION

了学习态度。

两年后,李小刚顺利地考上了高中。

(1)梁老师成功地运用了哪一种德育原则?(5分)

(2)结合案例,阐述贯彻该原则的基本要求。(5分)

2. 某班有三位同学,甲常常表现为:温柔、和顺,对事物观察敏锐,反应敏感,体验深刻,想象丰富,在活动中却不敢表现自己,做事小心谨慎,课堂表现很守纪律。而乙生表现为:动作迅速,精力充沛,热情洋溢,爱发脾气,情绪产生快而强,难以自制,理解问题常比别人快,活泼直率,粗心大意,坚持己见。丙生表现为:对同学非常热情,和许多同学很快就混熟了,但交情都很浅;她兴趣非常广泛,打乒乓球、跳舞、游泳都会,但没有一样精通;学校组织的活动她都争着参加,起初参加活动时劲头很足,但总是不能首尾一致,一会儿喜欢这个,一会儿又喜欢那个;她学习很积极努力,课堂上争着回答老师的问题,作业完成得很快,但有些粗心;情绪易表现于外,也容易变化,遇上不顺心的事就会放声大哭,但别人说几句安慰的话,又会很快破涕为笑。

请根据上述特征,判断甲、乙、丙三位同学的气质类型,这些气质类型的特点是什么,并提出具有针对性的教育措施。

3. 某农村初中校友会的座谈会上,几位校友谈起了母校的物理教师张老师。

省级骨干教师李某说:“如果没有张老师那次突然家访,我成为一名教师的梦想就不可能实现。”李老师当年家境困难,尽管自己学习成绩优异,但父母还是决定终止他的学业,班主任张老师冒雨步行几十里崎岖的山路,与他的家长进行了推心置腹的沟通。家长很受感动,邀请张老师留下吃饭却被他婉拒。

林董事长接着说:“当年自称为下棋神童的我,学习成绩不理想,却只想着早点闯世界,无心读书。张老师作为科任老师主动邀请我对弈,结果难分伯仲。在他的悉心开导下,我的思想发生了根本转变,大学毕业后我的创业也深受他的影响。可很遗憾的是,为表达对张老师的感激,我几次请他和他的家人到国外旅游都被他果断拒绝。”

陈总工迫不及待地说:“我是张老师开小灶的得益者,每次参加物理竞赛前,他都专门为我准备系统的学习资料并精心辅导,遇到无法解答的难题向他请教时,他竭尽全力的指导总会让我茅塞顿开。”

“是啊,张老师的课总是那样深入浅出、生动活泼、引人入胜,听他的课简直是一种享受。他曾多次参加教学竞赛并获奖,出版过个人诗集,长期参加业余马拉松比赛,还是市书法协会的副会长,真是令人钦佩!”某学院李教授补充道。

苏某说:“我可是张老师家的常客,最近张老师家获得‘教育世家’称号,你们不知道,当年师娘没少抱怨张老师,说他只会顾及别人家的孩子。我提议林董事长如果真想报答张老师,不妨以张老师的名义设立一个教育基金。”

结合材料,分析张老师践行了新时代中小学教师的哪些职业行为准则。

四、论述题（本大题共 10 分）

论述遗忘的规律以及影响遗忘进程的因素。

五、教学设计题（本大题共 15 分）

教学材料：某版本《道德与法治》四年级上册第一单元《与班级共成长》第一课《我们班四岁了》。第一课时有两个主题，第一个主题是“我们班的成长足迹”：我们在一起学习已经三年多了，三年多的班级生活给我们留下了许多美好回忆。让我们一起对着过去的照片，回忆一下班里发生过哪些有趣或难忘的事，重温一下班级的成长足迹吧！第二个主题是“我们班很棒”：每个班都有自己的优点，你能说出自己班棒在哪里吗？每个班都有自己的不足，我们一起来找一找自己班还存在哪些问题。

请为本节课设计教学目标和导入环节。

六、教育写作(本大题共40分)

有一位母亲很重视孩子的前途,每天都苦口婆心地教育孩子要好好读书,要爱国,要讲诚信……

父亲白天忙于工作,晚上再晚也会在灯下看书。母亲抱怨道:“你别只顾工作、看书,你也管教管教你的儿子啊!”父亲意味深长地说:“我无时无刻不在教育孩子啊!”

根据以上材料,自拟题目,自定立意,写一篇不少于600字的议论文。

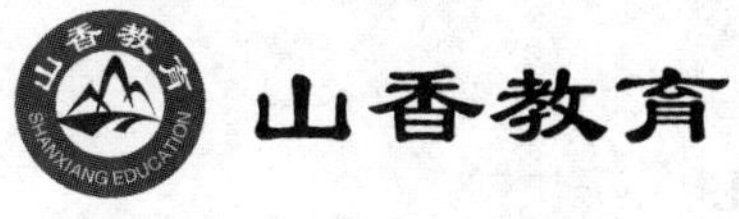

河南省特岗教师招聘考试

历年真题详解及预测试卷

教育理论基础(真题答案本)

准考证号________

姓名________

目 录

2023 年河南省特岗教师招聘考试教育理论基础真题试卷(一)

1 ~ 5	BADCB	6 ~ 10	CBBBC	11 ~ 15	BDCCA	16 ~ 20	BAACA
21 ~ 25	DDCCD			1 ~ 5	AE CE ABCDE ABCE ABCDE		
6 ~ 10	ABC DE ABCD ABE ADE			1 ~ 5	× √ × × ×		
6 ~ 10	√ × × √ √						

一、单项选择题

1. B 【**解析**】本题考查时事政治。党的二十大报告指出,必须坚持自信自立。党的百年奋斗成功道路是党领导人民独立自主探索开辟出来的,马克思主义的中国篇章是中国共产党人依靠自身力量实践出来的,贯穿其中的一个基本点就是中国的问题必须从中国基本国情出发,由中国人自己来解答。我们要坚持对马克思主义的坚定信仰、对中国特色社会主义的坚定信念,坚定道路自信、理论自信、制度自信、文化自信,以更加积极的历史担当和创造精神为发展马克思主义作出新的贡献,既不能刻舟求剑、封闭僵化,也不能照抄照搬、食洋不化。

2. A 【**解析**】本题考查政策文件。《关于加强中小学地方课程和校本课程建设与管理的意见》指出,为全面贯彻党的教育方针,落实立德树人根本任务,提高国家义务教育、普通高中课程方案实施水平,发挥地方课程和校本课程育人功能,需遵循的基本原则是:(1)整体设计,协同育人;(2)因地制宜,体现特色;(3)以管促建,提升质量。其中"整体设计,协同育人"是指坚持立德树人,聚焦核心素养,把促进学生全面发展、健康成长作为出发点和落脚点。强化系统设计,增强地方课程、校本课程与国家课程的有效配合,形成课程育人合力。

3. D 【**解析**】本题考查教师侵权行为的主要类型。受教育权是学生最基本的权利。学生的受教育权包括受完法定年限教育权、学习权和公正评价权。公正评价权是指学生在教育教学过程中,享有教师、学校对自己的学业成绩、道德品质等进行公正评价,并客观真实地记录在学生成绩档案中,在毕业时获得相应的学业成绩证明和毕业证书的权利。题干中的班主任未做到公正评价,侵犯了李某的受教育权。

4. C 【**解析**】本题考查《中小学教育惩戒规则(试行)》。《中小学教育惩戒规则(试行)》第八条规定,教师在课堂教学、日常管理中,对违规违纪情节较为轻微的学生,可以当场实施以下教育惩戒:(1)点名批评;(2)责令赔礼道歉、做口头或者书面检讨;(3)适当增加额外的教学或者班级公益服务任务;(4)一节课堂教学时间内的教室内站立;(5)课后教导;(6)学校校规校纪或者班规、班级公约规定的其他适当措施。教师对学生实施前款措施后,可以以适当方式告知学生家长。

《中小学教育惩戒规则(试行)》第九条规定,学生违反校规校纪,情节较重或者经当场教育惩戒拒不改正的,学校可以实施以下教育惩戒,并应当及时告知家长:(1)由学校德育工作负责人予以训导;(2)承担校内公益服务任务;(3)安排接受专门的校规校纪、行为规则教育;(4)暂

山香教育 SHANXIANG EDUCATION

停或者限制学生参加游览、校外集体活动以及其他外出集体活动;(5)学校校规校纪规定的其他适当措施。

故A、B、D三项是学生违反校规校纪,情节较重或者经当场教育惩戒拒不改正时,学校可以实施的教育惩戒。C项符合题意。

5. B 【解析】本题考查2008年修订的《中小学教师职业道德规范》。2008年修订的《中小学教师职业道德规范》要求教师要"关爱学生"。"关爱学生"方面所规定的具体职业行为要求之一是:关心爱护全体学生,尊重学生人格,平等公正对待学生。其中,平等公正对待学生指的是教师要对不同成绩、不同智商、不同爱好特长、不同家庭情况和不同成长环境的学生进行针对性的灵活教育引导。习近平在北京师范大学师生代表座谈会上表示:"对所谓的'差生'甚至问题学生,教师更应该多一些理解和帮助。教师在学生心目中具有重要位置,教师无意间的一句话,可能造就一个天才,也可能毁灭一个天才。好教师一定要平等对待每一个学生,尊重学生的个性,理解学生的情感,包容学生的缺点和不足,善于发现每一个学生的长处和闪光点,让所有学生都成为有用之才。"因此,题干所述体现了2008年修订的《中小学教师职业道德规范》中的关爱学生。故选B项。

6. C 【解析】本题考查文化对教育发展的影响。教育具有社会制约性,教育的发展受社会政治经济制度、生产力、科学技术和文化等的影响。其中,文化对教育发展的影响表现在:(1)文化类型影响教育目的;(2)文化观念影响教育观念;(3)文化传统影响教育内容和教育方法。题干中的"戏剧进校园"活动正是文化传统影响教育内容和教育方法的表现。故选C项。

7. B 【解析】本题考查影响个体身心发展的主要因素。环境是影响个体身心发展的因素之一,它包括自然环境和社会环境两大部分。广义上来说,教育也包括在环境这一概念之中。题干中的"名校或名师班级"属于社会环境中的教育因素。故选B项。

8. B 【解析】本题考查学生评价的功能。学生评价具有诊断功能、导向功能、发展功能和管理功能。其中,管理功能是指学生评价作为一种价值判断,客观上能够对学生知识的掌握状况和发展水平给予鉴定并做出一定的区分,有益于高一级学校的选拔;同时,学生评价的结果也可作为评价教师工作质量的依据之一。因此,世界各国的学校教育都利用学生评价的管理功能,作为对学生有效分流的主要依据之一,并以此调整学校教育的发展方向,改善教育教学活动。故选B项。

9. B 【解析】本题考查师生关系。师生之间的教育关系,即教师和学生在教育教学活动中为促进学生的发展而形成的主体间的关系。它是一种最基本的关系,是师生关系的主体。故选B项。

10. C 【解析】本题考查新课程倡导的学习方式。探究学习也称为发现学习,是一种以问题为依托的学习,是学生通过主动探究解决问题的过程。新课程要求的学习方式的转变就是要学生转变单一的被动接受式的学习,把学习过程之中的发现、探究等认识活动凸显出来,使学习过程更多地成为学生发现问题、分析并解决问题的过程。题干中,学生在学习过程中主动分析问题并且寻求答案,体现了对探究学习的运用。故选C项。

11. B 【解析】本题考查课堂导入的基本要求。课堂导入的基本要求有:(1)导入要有针对性;(2)导入要有启发性、趣味性;(3)导入要有新颖性;(4)要恰当把握导入的“度”。其中,导入要有启发性、趣味性,要求教师通过设置悬念、创设情境、做游戏、展示现象等方法来设计具有启发性的课堂导入,激发学生兴趣。题干中,教师用学生喜闻乐见的形式导入新课,具有一定的趣味性,能够激发学生的学习兴趣。故选 B 项。

12. D 【解析】本题考查教育家及其著作。法国著名教育家保罗·朗格朗的代表作是《终身教育引论》。《学会生存》是联合国教科文组织国际教育发展委员会于 1972 年提交的一份调查报告,被世界教育界公认为当代教育思想发展历程的里程碑式的著作。故 D 项错误。

13. C 【解析】本题考查虚拟仿真技术。虚拟仿真又称虚拟现实技术或模拟技术,就是用一个虚拟的系统模仿另一个真实系统的技术。虚拟仿真技术具有沉浸性、交互性、逼真性、虚幻性的基本特性,它可以应用在中小学及高校的理论教学和实验教学当中,利用计算机建模和仿真技术来表现某些系统的结构和动态,为学生提供一种可供他们体验和观测的环境,产生各种与现实世界相类似的现象,供学生观察,帮助学生认识和理解这些规律与现象的本质。虚拟仿真技术允许学生看到真实世界以及融合于真实世界之中的虚拟对象,因此增强了现实的体验,而不是替代现实。虚拟仿真技术并不能取代学生学习体验的发生,故选 C 项。

14. C 【解析】本题考查作业的类型。从日常教学作业功能的角度,可以把作业分为:(1)预习型作业;(2)巩固型作业;(3)拓展型作业;(4)综合型作业。

A 项,预习型作业是教师在上新课之前,针对将要传递的新课内容给学生布置的作业,其主要目的是帮助学生在课堂上更好地接受和理解新知识,提高课堂教学的效率。

B 项,巩固型作业是日常教学中最经常使用的作业类型,以学生应掌握的基础知识和基本技能为主要内容,其目的是帮助学生理解和强化课堂所传递的新知识。

C 项,拓展型作业是为了加深理解课堂所学的知识,以及对课堂所学知识进行一定延伸的作业。这是相对高层次的作业,主要是为了适应学生在掌握知识上客观存在的层次性差异,以更好地满足学生发展的不同要求。

D 项,综合型作业主要是在学习内容相对完整的阶段,如学期的期中、期末或单元学习结束时,教师为学生设计的复习型作业,其目的是帮助学生对学习的内容进行必要的总结和回顾,通过复习进一步巩固和加深对知识的理解、掌握和运用。

题干中的教师为了帮助学生加深理解本节课所学习的知识所设置的作业属于拓展型作业。故选 C 项。

15. A 【解析】本题考查卢梭的教育思想。“出自造物主之手的东西都是好的,而一到了人的手里,就全变坏了”出自卢梭的《爱弥儿》,卢梭是自然主义的代表人物,倡导“性善论”。故选 A 项。

16. B 【解析】本题考查注意的品质。注意的分配是指人在进行两种或多种活动时能把注意指向不同对象的现象。例如,司机需要一边驾车,一边观察路况。题干体现的是注意的分配,故本题选 B 项。

17. A 【解析】本题考查感觉的相互作用规律。在刺激作用停止后感觉暂时保留的现象称为感觉后效,即感觉后像。在各种感觉中,视觉的后效最显著,又称视觉后像。我们看电影、电

SHANXIANG EDUCATION

视就是依靠视觉后像的作用。题干中，快速播放静止的图片，让人看到连续运动的场景，这是视觉后像的作用。

18. A 【**解析**】本题考查记忆的相关知识。记忆结构由三个不同的子系统构成：感觉登记（瞬时记忆）、短时记忆和长时记忆。复述是一个常用的有效的记忆策略，也是将短时记忆转化为长时记忆的必要手段。故A项符合题意。

19. C 【**解析**】本题考查操作性条件反射。操作性条件反射是在没有已知刺激的条件下，有机体先做出自发的操作反应，然后才得到强化物的强化，从而使这种操作反应的概率增加，与操作性行为的塑造有关。题干中学生先做出专心听讲的行为，后被老师表扬而受到强化，最终养成良好的听课习惯，这属于操作性条件反射。

易错提示：考生在区分经典性条件反射和操作性条件反射时，要抓住关键点，经典性条件反射指先有刺激（强化）后有行为，对应的是应答性行为；操作性条件反射指先有行为后有刺激（强化），对应的是操作性行为。

20. A 【**解析**】本题考查埃里克森的人格发展阶段理论。美国精神分析学家埃里克森认为，人格发展是一个逐渐形成的过程，必须经历八个顺序不变的阶段。其中，勤奋感对自卑感阶段（6～11岁）的主要发展任务是获得勤奋感，克服自卑感，体验能力的实现。6～11岁儿童处于小学阶段，故A项当选。主动感对内疚感阶段（4～5岁）的主要发展任务是获得主动感，克服内疚感，体验目的的实现。亲密感对孤独感阶段（成年早期）的主要发展任务是获得亲密感，避免孤独感。自我整合对绝望感阶段（成年晚期）的主要发展任务是获得完善感，避免失望。故排除B、C、D三项。

21. D 【**解析**】本题考查创造性思维能力的培养。可以通过各种专门的课程来教授一些创造性思维的策略与方法，训练学生的创造力。常用的方法有以下几种：(1)发散思维训练；(2)推测与假设训练；(3)自我设计训练；(4)头脑风暴训练。

22. D 【**解析**】本题考查操作技能的形成阶段。操作技能的形成阶段包括操作定向、操作模仿、操作整合和操作熟练。其中，在操作模仿阶段，动作控制主要靠视觉控制，动觉控制水平较低；在操作整合阶段，视觉控制不起主导作用，逐步让位于动觉控制，但动觉控制不稳定；在操作熟练阶段，动觉控制增强，不需要视觉的专门控制和有意识的活动。故动觉控制起主导作用是在操作熟练阶段。

23. C 【**解析**】本题考查教学才能。一般而言，要完成某些复杂的活动，仅仅具备一种能力是不够的，它需要多种能力的有机组合。所以，为了成功地完成某种活动所需要的多种能力的完备结合就称为才能。例如，教师要成功地完成教学任务，必须具备驾驭教材、组织教材的能力，逻辑思维、形象思维能力，流畅的语言表达能力，敏锐的观察力和注意力分配能力，以及具有丰富的感情等等，这些能力有机地集于教师一身，就构成了他的教学才能。因此，题干中的“观察敏锐、语言流畅、思维严谨等多种能力”属于教师的教学才能。

24. C 【**解析**】本题考查概念的分类。根据概念所包含属性的抽象与概括的程度，可以分为具体概念与抽象概念。按事物的指认属性形成的概念称为具体概念；按事物的内在的、本质的属性形成的概念称为抽象概念。人工概念是在实验室的条件下，为模拟自然概念的形成过程而人为地制造出的一种概念，它的内涵与外延常常可以人为确定。不经过专门教学，而是在日常同别人交往和积累个人经验的过程中去掌握的概念称为日常概念。题干中，学生掌握哺乳动物的特征是"哺乳"和"胎生"，这属于哺乳动物内在的、本质的属性，说明学生形成的概念是抽象概念。

25. D 【解析】本题考查影响态度与品德学习的一般条件。影响态度与品德学习的外部条件有：(1)家庭教养方式；(2)社会风气；(3)同伴群体。影响态度与品德学习的内部条件有：(1)认知失调；(2)态度定势；(3)道德认知。

二、多项选择题

1. AE 【解析】本题考查2008年修订的《中小学教师职业道德规范》。2008年修订的《中小学教师职业道德规范》中的"爱岗敬业"要求教师忠诚于人民教育事业，志存高远，勤恳敬业，甘为人梯，乐于奉献。对工作高度负责，认真备课上课，认真批改作业，认真辅导学生，不得敷衍塞责。因此，A、E两项符合题意。B、C两项体现了"教书育人"的教师职业道德规范。D项体现了"关爱学生"的教师职业道德规范。

2. CE 【解析】本题考查政策文件。《关于防治中小学生欺凌和暴力的指导意见》指出，要加强平安文明校园建设。校长是学校防治学生欺凌和暴力的第一责任人，分管法治教育副校长和班主任是直接责任人，要充分调动全体教职工的积极性，明确相关岗位职责，将学校防治学生欺凌和暴力的各项工作落实到每个管理环节、每位教职工。

3. ABCDE 【解析】本题考查校本课程的教学目标设计的原则。教学目标设计的基本原则包括：(1)发展性原则；(2)整体性原则；(3)可行性原则；(4)可操作性原则；(5)阶段性原则。故本题全选。

4. ABCE 【解析】本题考查班主任对学生全面发展负有的责任。班主任的角色特点决定着他对学生的全面发展负有以下责任：(1)教育的责任，即教育学生学会做人，学会做事；(2)培养的责任，即利用和创造条件，使学生的整体素质得到提高，健康和谐地发展；(3)发现的责任，即发现学生的个性特点、兴趣爱好、特殊才能、发展的内驱力等，挖掘他们的潜力，使他们得到充分的发展；(4)激活的责任，即启动学生的积极意识和进取心，给予他们成功的体验，引发他们产生健康的积极的欲望和需求，使他们形成自我教育的要求和能力；(5)夯实的责任，即为学生的发展打下坚实的基础，使学生在德、智、体、美各个方面具有可持续发展的能力。故选A、B、C、E四项。

5. ABCDE 【解析】本题考查说课的内容。说课一般包括以下内容：(1)说教材；(2)说学生(说学情)；(3)说教学目标；(4)说教学过程；(5)说教学方法，包括说教法和说学法。故本题全选。

6. ABC 【解析】本题考查教育学的价值。教育学的价值包括：(1)反思日常教育经验；(2)科学解释教育问题；(3)沟通教育理论与实践。

7. DE 【解析】本题考查意志的品质。意志的品质包括意志的自觉性、意志的果断性、意志的自制性和意志的坚持性。其中，意志的坚持性(坚韧性)是一个人在行动中坚持决定，百折不挠地克服重重困难去达到行动目的的品质。坚持是对行动目的的坚持。与坚持性相反的意志品质是动摇性和执拗性。D、E 两项符合题意。A 项为干扰项。B、C 两项是与自觉性相反的意志品质。

8. ABCD 【解析】本题考查学习迁移的内涵。学习迁移是指一种学习对另一种学习的影响,或习得的经验对完成其他活动的影响。我们常说的"举一反三""触类旁通""闻一知十"等就是学习迁移的典型表现。原型启发指在其他事物或现象中获得的信息对解决当前问题的启发作用。原型启发总是促进人们更快地找到问题解决的方法。从某种意义上说,它是一种正迁移。聪明过人的意思是智力超过一般人,不属于学习迁移,排除 E 项。

9. ABE 【解析】本题考查皮亚杰的认知发展阶段理论。具体运算阶段的儿童思维具有以下特征:(1)去自我中心性(去中心化);(2)可逆性;(3)守恒;(4)分类;(5)序列化。

10. ADE 【解析】本题考查心理现象及其结构。心理现象非常复杂,但从形式上可以归纳为心理过程和个性心理两个方面。心理过程是心理活动的一种动态过程,是人脑对客观现实的反映过程。它包括认知过程、情绪情感过程和意志过程三个方面。

三、判断题

1. × 【解析】本题考查政策文件。《关于构建优质均衡的基本公共教育服务体系的意见》指出,实施校长教师有序交流轮岗行动计划,科学推进教师"县管校聘"管理改革,从城市、农村等不同地区的实际出发,完善交流轮岗保障与激励机制,将到乡村学校或办学条件薄弱学校任教 1 年以上作为申报高级职称的必要条件,3 年以上作为选任中小学校长的优先条件,推动优秀校长和骨干教师向乡村学校、办学条件薄弱学校流动。题干中"3 年以上"的说法错误。

2. √ 【解析】本题考查《学生伤害事故处理办法》。《学生伤害事故处理办法》第二十八条规定,未成年学生对学生伤害事故负有责任的,由其监护人依法承担相应的赔偿责任。题干表述正确。

3. × 【解析】本题考查个体身心发展的动因。孟子是内发论的代表人物之一,主张人的本性是善的。在孟子看来,人生来就有天赋本性,那就是恻隐之心、羞恶之心、辞让之心、是非之心。他把这些属于天赋的人性视为"仁义礼智"的四个发端,简称为"四端",认为积极地扩充"四端",可以保持本性的善良。荀子是外铄论的代表人物之一,认为教育在人的发展中起着"化性起伪"的作用。故题干说法错误。

4. × 【解析】本题考查学生的特点。自觉性,也称主动性,是学生主观能动性最基本的表现。创造性是学生主观能动性的最高表现。故题干说法错误。

5. × 【解析】本题考查讲授法的优缺点。讲授法是教师运用口头语言系统连贯地向学生传授知识、技能,发展学生智力的教学方法。其优点是:可以充分发挥教师的主导作用,使学生在短时间内获得大量系统的科学知识,并且能结合知识传授进行思想品德教育。其缺点是:不易发挥学生的主动性和积极性,不利于因材施教,容易造成"填鸭式""满堂灌"的教学效果。故题干说法错误。

6. √ 【解析】本题考查教学评价的意义。教学评价最重要的作用在于运用它来探明、改善和提高教学活动本身的功能。如果说教学活动是一个信息传递系统,教学评价则是这个系统的反馈机制。只有很好地掌握教学评价这个信息反馈机制,才能了解教学系统运行的情况,有效地调节和改善这个系统的整体功能,以最佳方式促进学生的发展,实现预期的教学目的、任务,提高教育质量。故题干说法正确。

7. × 【解析】本题考查思维的种类。根据思维的指向性,可将思维分为聚合思维和发散思维。发散思维是指人们解决问题时,思路朝各种可能的方向扩散,从而求得多种答案。聚合思维是指人们解决问题时,思路集中到一个方向,从而形成唯一的、确定的答案。聚合思维的过程是人们根据已知的信息和利用熟悉的规则,产生逻辑的结论从而解决问题的过程。这是一种有方向、有条理、有范围的思维方式。例如,由 A > B, B > C, C > D,得出结论:A > D。故题干所述的思维属于聚合思维。

8. × 【解析】本题考查学习动机与学习效果的关系。"耶克斯—多德森定律"表明,动机不足或过分强烈都会影响学习效率。一般来讲,最佳水平为中等强度的动机。动机水平与行为效果呈倒 U 型曲线。因此,题干中"动机水平越高,学习效果越好"的说法是错误的。

9. √ 【解析】本题考查气质。气质具有动力性,影响人们的活动方式。因此,同样做一件事情,不同气质类型的人的行为方式和情绪反应有所不同。

10. √ 【解析】本题考查教师的教学能力。教学监控能力是指教师在教学过程中,对正在进行的教学活动进行不断的自我认识和反思,而不是机械地推进教学计划和步骤。

四、案例分析题(参考答案)

1. (1)小王老师违背了《新时代中小学教师职业行为十项准则》中的"自觉爱国守法""潜心教书育人""关心爱护学生""坚持言行雅正"准则。

①自觉爱国守法准则要求教师忠于祖国,忠于人民,恪守宪法原则,遵守法律法规,依法履行教师职责。材料中的小王老师经常迟到、早退,对学生进行挖苦、讽刺,未能依法履行教师职责,其行为违背了自觉爱国守法准则。

②潜心教书育人准则要求教师落实立德树人根本任务,遵循教育规律和学生成长规律,因材施教,教学相长;不得违反教学纪律,敷衍教学,或擅自从事影响教育教学本职工作的兼职兼薪行为。材料中的小王老师经常迟到、早退,对学生漠不关心,其行为违反教学纪律,属于敷衍教学,违背了潜心教书育人准则。

③关心爱护学生准则要求教师严慈相济,诲人不倦,真心关爱学生,严格要求学生,做学生良师益友;不得歧视、侮辱学生,严禁虐待、伤害学生。材料中的小王老师挖苦、讽刺学生的行为违背了关心爱护学生准则。

④坚持言行雅正准则要求教师为人师表,以身作则,举止文明,作风正派,自重自爱。材料中的小王老师经常迟到、早退,挖苦、讽刺学生,没有做到为人师表,以身作则,举止文明,其行为违背了坚持言行雅正准则。

(共 6 分。答出小王老师违背"自觉爱国守法""潜心教书育人""关心爱护学生""坚持言行雅正"准则得 2 分,正确阐述每项准则并结合材料合理分析每点 1 分)

(2)小王老师的行为违反了《中华人民共和国教师法》《中华人民共和国义务教育法》和《中华人民共和国未成年人保护法》的相关规定。

①根据《中华人民共和国教师法》第八条规定可知,教师有义务贯彻国家的教育方针,遵守规章制度,执行学校的教学计划,履行教师聘约,完成教育教学工作任务。教师应当履行关心、爱护全体学生,尊重学生人格,促进学生在品德、智力、体质等方面全面发展的义务。材料中的小王老师迟到、早退、违反教学纪律且挖苦、讽刺学生的行为违反了该条规定。

②《中华人民共和国义务教育法》第二十九条规定,教师应当尊重学生的人格,不得歧视学生,不得对学生实施体罚、变相体罚或者其他侮辱人格尊严的行为,不得侵犯学生合法权益。材料中的小王老师挖苦、讽刺学生的行为违反了该条规定。

③《中华人民共和国未成年人保护法》第二十七条规定,学校、幼儿园的教职员工应当尊重未成年人人格尊严,不得对未成年人实施体罚、变相体罚或者其他侮辱人格尊严的行为。义务教育阶段的学生属于未成年人,材料中的小王老师挖苦、讽刺学生的行为违反了该条规定。

(共4分。答出该老师的行为违反了《中华人民共和国教师法》《中华人民共和国义务教育法》和《中华人民共和国未成年人保护法》的相关规定得1分,正确阐述法律条文且结合材料合理分析每点1分)

2.(1)李老师运用了意义识记。意义识记是在理解的基础上,依据材料的内在联系,并运用已有的知识经验而进行的识记。材料中老师通过展示"家"字的演变过程、讲解"家"字的含义促进学生对"家"字的理解,帮助学生记忆,体现了对意义识记的运用。

(共2分。答出意义识记及其内涵得1分,结合材料合理阐述得1分)

(2)①帮助学生明确记忆目的,增强学习的主动性。学生在运用意义识记之前,需要明确记忆目的。记忆目的越明确,其记忆的主动性就越强。因此,在教学中,教师应当帮助学生明确学习目标与任务,点明记忆目的,从而帮助学生提高学习效果。

②引导学生理解学习材料的意义,对材料进行精加工,促进其对知识的理解。在教学中教师应当引导学生以意义识记为主,机械识记为辅,指导学生在学习中对材料进行分析、理解、意义标示,并用自己的话将材料概括描述出来,即对材料进行精加工,从而提高记忆效果及学习效果。

③教授学生人为联系策略。当学习材料本身意义性不强时,教师可以引导学生人为地、"牵强附会"地赋予意义,以帮助记忆。如运用形象联想法和谐音联想法,通过人为联想使无意义的学习材料和头脑中鲜明、生动、奇特的形象结合起来,从而提高学生记忆和学习效果。

④教授学生内在联系策略。对于意义性比较强的学习材料,教师应该指导学生抓住字面意义背后的深层意义,对材料进行深水平加工。如通过摘录与勾画、提要与标题、提问等形式帮助记忆。

⑤指导学生运用纲要法掌握学习材料。指导学生在分析、理解学习材料的基础上,提炼出材料的重点字词或意思,用符号、连线、箭头等表示它们之间的层次或内在关系,然后记忆简化了的图表,以提高学生记忆效果。

⑥重视复习方法,防止知识遗忘。意义识记效果虽好,但也需要进行复习,复习是短时记忆进入长时记忆的必经途径,良好的复习方法是防止知识遗忘的有效手段。因此教师在教学中应当指明复习的重要性,并教授学生良好的复习方法。

(共8分。答出"明确记忆目的、理解学习材料意义、精加工、人为联系策略、内在联系策略、纲要法、复习"等关键点并合理阐述酌情给6~8分)

五、论述题(参考答案)

结合实践论述劳动教育如何与德育、智育、体育、美育相融合。

《关于全面加强新时代大中小学劳动教育的意见》中指出,必须把劳动教育纳入人才培养全过程,把劳动教育与德育、智育、体育、美育相融合。鉴于劳动教育的重要性,我们可以从以下几个方面着手:

(1)充分发挥劳动教育必修课主阵地的作用。①劳动教育的课程目标与教学目标中要渗透德育、智育、体育与美育的相关理念;②教师要设置综合性的学习材料,将德育、智育、体育与美育的相关理念与知识融合到劳动教育课程之中;③教师要贯彻正确的教育理念、掌握正确的教学方法,在日常的劳动技术教学过程当中可以向学生普及相应的德育、智育、体育与美育的知识,在潜移默化中影响学生。

(2)师师合作,开展融合性课程促进劳动教育与其他四育相融合。学校要为师师合作提供相应的条件与氛围,各科教师开展跨学科交流,可以以劳动技术教育为核心,融合德育、智育、体育与美育等相关课程知识,开发新的融合性课程。

(3)在德智体美学科教学的过程中渗透劳动教育的观念。可以在道德与法治、语文、数学、英语等课程中渗透劳动观念、技巧;在体育教学中渗透劳动方法、劳动意志与时间效率知识。在其余学科教学中将劳动教育与德育、智育、体育、美育有机融合。

(4)通过课外、校外教育与社会实践活动促进劳动教育与其他四育融合。在课外、校外教育中,使劳动教育与学生校内的学习生活有机结合起来,丰富学生的劳动体验,增强学生对劳动教育的理解。组织学生参与各类实践活动,如社区服务、环境保护等,让学生亲身体验劳动的过程和价值,在劳动实践的过程当中,以劳育德、以劳健体、以劳促智、以劳促美。

(5)改革评价方法。采用多元化的评价方式,不仅注重学生的实际操作技能,还要考察他们的道德品质、团队协作和创新能力。通过不同形式的评价,激励学生全面发展,使他们认识到劳动教育与其他方面教育结合的重要性。

(6)建立学校、家庭与社会教育的资源网络。学校、家庭与社会要形成教育三合力,学校通过向家长、社会传递五育结合的理念,结合家庭教育、社会教育共同促进五育融合,家庭、社会可以为学校提供相应的课外指导,为五育融合提供良好的教育环境。

(共15分。从"劳动教育必修课""融合性课程""学科渗透""社会实践活动""改革评价方法""教育合力"等方面论述劳动教育如何与德育、智育、体育、美育相融合,至少答出五个方面并结合实践进行阐述,每个方面3分;未结合实践阐述每个方面酌情扣1~2分。考生若有其他合理的回答,可酌情给分)

六、教学设计题(参考设计)

《综合性学习——天下国家》

【设计理念】

"天下国家"是一个古老的话题,早在两千多年前的战国时期,就有关于"天下国家"的讨论。在中华文明悠久的历史中,爱国主义精神一直是中华民族得以凝聚、生存和发展的强大精

山香教育 SHANXIANG EDUCATION

神动力。如今,在中国特色社会主义建设的关键时期,弘扬与培育学生的爱国主义精神无疑具有更加重要的意义。通过本次的综合性学习,提升学生信息收集与合作学习的能力,增加学生语言素材的积累,通过活动丰富学生的主体性体验,批判性地认识爱国主义者的情怀,更加深刻地理解个人与国家命运的关系,感受中华文化的魅力,培育爱国情怀。

【教学目标】

(1)说出“天下国家”的含义,积累丰富的爱国故事、诗词与名言,能在特定的情境下进行交流与分享。

(2)正确评价爱国人物的生活理想和政治抱负,并且能够结合现实条件进行批判思考、有逻辑地表达自己的认识。

(3)概括爱国诗词的特点与美,感受爱国人物独特的思想魅力,结合自己的理解想象或构造出自己心中的美好家国。

(4)感受爱国故事、诗词、名言警句的文化魅力,提高民族认同感,坚持将个人命运与国家命运紧密结合的理念,树立“胸怀民族,肩负天下”的远大理想,增强为实现中华民族伟大复兴而努力奋斗的使命感和社会责任感。

【教学过程】

(一)导入新课

1. 播放视频

欣赏歌曲《国家》及配套视频,初步感受爱国情感,营造氛围。

2. 揭示主题

一曲《国家》,唱出了中华儿女的心声,人人都有家,人人都有国。“天下国家”,简简单单四个字,道尽了多少中华儿女的家国情怀。今天,让我们一起走进“天下国家”!

(二)激情分享

分享资料收集整理过程中你印象深刻的内容,并说说你的感受和体会。

1. 爱国人物故事会

每当读到某个爱国英雄的故事时我们总会热血沸腾,也常被某些爱国人物的事迹感动得热泪盈眶。

(1)学生结合课内的学习以及课外阅读的积累,选择熟悉的一两个历史人物,利用报刊书籍或网络,搜集他们的爱国事迹。小组内可以适当分工。从搜集来的事迹中选取一两个有代表性的故事进行适当的加工。

(2)随机选择学生进行“心目中的爱国英雄”的分享交流。

2. 爱国诗词朗诵会

爱国,是诗歌常见的主题。古往今来,诗人们以诗词的形式,歌咏祖国大好河山,赞颂爱国历史人物,表达对国家命运的牵挂,抒发个人报国之志——爱国情怀成为这些诗作最感动人、最振奋人心的旋律。

(1)要求小组成员分类搜集爱国诗词。

(2)组长负责汇总,并指定几位同学整理这些诗词。

(3)每人从中选择一首自己最喜欢的诗词进行朗诵。

(4)选出几位评委。评委从读音、语调、节奏、表情、感染力与背景音乐等方面对大家的朗诵进行评判,评出优胜者。

3. 爱国名言展示会

有这样一些名言警句,或表达对祖国的感恩,或抒发对故土的思念,或阐述爱国精神的实质,或思索个人与国家休戚相关的命运,虽然都是"只言片语",却因其语言精练,颇具思辨色彩,而更显情思隽永,精警动人。

(1)小组合作,分类搜集爱国名言。

(2)组长负责汇总、整理大家的搜集成果,并召集大家一起阅读、讨论。

(3)采用各种形式,如办黑板报、制作幻灯片、创作书法作品等,将整理出来的名言在班内展示。

(三)探究讨论

围绕中学生如何爱国话题,让学生展开讨论。

1. 小组合作讨论:在日常生活中,我们中学生该如何爱国?每个小组分享出自己的措施,班长进行汇总。

2. 教师进行总结与补充:中学生要自觉弘扬爱国精神,做到守法、爱国、知礼、诚信,尊重国家法律、关注国家大事、珍爱祖国文化、积极参与社会公益活动等。

(四)课堂小结

通过本次活动,同学们了解了爱国的一些故事、诗词、名言等,增强了民族自豪感及民族自信心。"少年智则国智,少年富则国富;少年强则国强,少年独立则国独立。"愿同学们都能胸怀家国理想,牢记初心使命,担当时代重任,为中华之崛起而发奋读书,为民族之振兴而努力学习,用你我的共同行动去证明我们爱祖国!

(五)布置作业

学生根据这次活动及感受,写一篇作文,力求突出所受到的启迪和感悟。

评分标准:

(1)设计理念(共 2 分。需突出"爱国的重要性及本次活动要达成的目标",只答其一或者泛泛而谈可酌情给 1 分)

(2)教学目标(共 6 分。从多个维度展开给 2 分,目标具体明确给 2 分,契合本次活动的主题给 2 分)

(3)教学过程(共 12 分。①导入环节生动有趣的给 2 分,若只是教师的口头语言导入,给 1 分;②活动环节多样化且体现学生主体的给 4 分,若只有一个活动或者全程教师讲授,可酌情给 1 ~2 分;③讨论环节问题明确、有讨论形式与延伸的给 3 分,只提问题给 1 分;④小结环节升华主题的给 2 分,若只是教师口头总结给 1 分;⑤作业布置环节 1 分,若作业不适合七年级学生不给分)

七、教育写作

【写作指导】

根据题干要求，考生需要自选角度，自拟题目。考生可从农村特岗教师敢于吃苦、勇于奉献、脚踏实地、为农村教育振兴贡献力量等角度入手进行写作。写作时要紧紧围绕所给材料的主题，结合自身的看法展开论证。结构思路：前后对照，结尾升华等。在写作中照顾到以上几点，加以提炼，语言尽量简洁，逻辑通畅，言之有理，即可拿高分。

【评分标准】

等级	标准
一等文章 （占总分的 80% ~100%）	内容：切合题意，结合材料确定主题。例如，从习近平总书记希望同学们能够将课堂学习与乡村实践结合起来，为乡村振兴做出贡献出发，点明农村特岗教师肩负振兴农村教育的使命的论点，并进行论证，论据合理且充分。 语言：语言流畅，表达准确，用词贴切、用句规范，能够恰当地进行修饰和限制，言简意赅，观点鲜明，论述有说服力和感染力，可以有 0 ~1 处词汇或句法错误。 结构：结构严谨、完整，层次清晰，全文结构紧凑。 书写：字体工整，书写规范，卷面整洁。
二等文章 （占总分的 51% ~79%）	内容：围绕“肩负振兴农村教育的使命”阐述自己的观点，从 1 ~2 个方面论证自己的看法，论据合理。 语言：语言通顺，表达比较准确，用词基本贴切、用句基本规范，语言简洁，能阐明观点，论述比较有说服力，可以有 2 ~3 处词汇或句法错误。 结构：结构完整，层次比较清晰，全文结构紧凑。 书写：字体较工整，书写较规范，卷面较整洁。
三等文章 （占总分的 28% ~50%）	内容：仅体现了“肩负振兴农村教育的使命”，未能全面且清晰地表达自己的看法，论据不够合理。 语言：语言基本通顺，但不够简洁，有 3 ~4 处词汇或句法错误，影响了对写作主题的表达。 结构：结构不够完整，层次模糊，内容缺少连贯性，信息未能清楚地传达给读者。 书写：字迹清晰，错别字较少。
四等文章 （占总分的 0% ~27%）	内容：偏离主题，有观点无内容，或无观点堆砌材料。 语言：语言不通顺，用词不当，有超过 5 处词汇或句法错误。 结构：结构混乱，逻辑不通，内容不连贯，信息未能清楚地传达给读者。 书写：字迹不易辨认，错别字多，卷面不整洁。

注：其他试卷的作文评分标准参考以上评分标准。

【参考范文】

肩负振兴农村教育的使命

近年来，乡村振兴战略的实施，让农村教育走在了一个全新的发展阶段。作为农村特岗教师，我们肩负着振兴农村教育的使命，要发扬“自找苦吃”的精神，勇于探索，努力实践，为农村教育事业的发展贡献自己的力量。

肩负振兴农村教育的使命，我们要树立正确的人生观和价值观，明确自己的使命和责任。曼德拉曾说：“教育是我们可以用来改变世界的最强有力的武器。”他的这句名言强调了教育的力量，教育可以改变个人的人生观和价值观，进而影响整个社会的发展。因此，即将成为农村特岗教师的我们要树立正确的人生观和价值观，通过教育的力量帮助农村地区的孩子们获得平等的受教育机会，从而改变他们的命运，推动农村教育发展。

肩负振兴农村教育的使命，我们要勇于担当，积极投身乡村振兴的大舞台。张桂梅曾说："只要还有一口气，我就要站在讲台上，倾尽全力、奉献所有，九死亦无悔！"她这种无私奉献的精神和坚定的决心，鼓舞着更多的人投身乡村教育事业；她坚定的信念和无悔奉献的态度，激励我们为农村地区的发展贡献自己的力量。我们要以她为榜样，要勇于担当，为农村学生提供优质的教育服务，为农村地区的孩子们提供平等的发展机会，培养他们的才华和品德。

肩负振兴农村教育的使命，我们要将课堂学习与乡村实践相结合，脚踏实地地走进乡村，了解当地的实际情况和需求。实践是检验真理的唯一标准，通过实践，我们可以更加深入地了解农村地区的实际情况，掌握实用的技能和知识，提高自己的综合素质。同时，实践也可以帮助我们验证和应用课堂学习的知识，促进知识的深入理解和掌握。只有将课堂学习与乡村实践相结合，才能真正实现农村教育的振兴和发展。

在新时代的历史背景下，农村特岗教师们要始终坚持为农村教育事业服务的宗旨，肩负起振兴农村教育的使命，勇于探索，不断创新，为农村学生提供更好的教育服务，为加快推进农业农村现代化、全面建设社会主义现代化国家贡献自己的青春力量。

（这篇作文开门见山，首段直接点出"农村特岗教师肩负着振兴农村教育的使命"这一中心论点。然后从"树立正确的人生观和价值观""勇于担当，积极投身乡村振兴的大舞台""将课堂学习与乡村实践相结合"角度出发，论述作为农村特岗教师应该如何深入农村、为农村教育发展贡献力量。最后总结全文，升华主题。整篇作文结构完整，逻辑清晰，是一篇佳作。拟定得分38分）

2022年河南省特岗教师招聘考试教育理论基础真题试卷（二）

1～5	ADBCC	6～10	AACDB	11～15	DDCBA	16～20	BDACB
21～25	√√×√×			26～30	×√√××		
31～35	√√√××						

一、单项选择题

1. A **【解析】**本题考查《义务教育质量评价指南》。《义务教育质量评价指南》提出了四项基本原则，即坚持正确方向、坚持育人为本、坚持问题导向、坚持以评促建。其中，坚持正确方向原则指践行为党育人、为国育才使命，坚持正确政绩观和科学教育质量观，促进义务教育公平发展和质量提升。

2. D **【解析】**本题考查《关于进一步减轻义务教育阶段学生作业负担和校外培训负担的意见》。《关于进一步减轻义务教育阶段学生作业负担和校外培训负担的意见》指出，要全面压减作业总量和时长，减轻学生过重作业负担。学校要确保小学一、二年级不布置家庭书面作业，可在校内适当安排巩固练习；小学三至六年级书面作业平均完成时间不超过60分钟，初中书面作业平均完成时间不超过90分钟。

3. B 【解析】本题考查不作为侵权行为。不作为侵权行为,是指行为人以一定的不作为致人损害的行为。根据我国《教师法》《未成年人保护法》的规定,学校和教师负有保护学生的法定义务。如果教师没有积极履行保护职责或阻止有害学生的行为即构成不作为侵权。学校和教师不作为侵权行为的表现形式有:(1)对学生身体状况关照不力;(2)教师对生病或受伤学生救护不力;(3)在履行职责中违反工作要求、操作规程;(4)学校活动组织失职;(5)饮食安全事故;(6)未及时向学生监护人履行告知义务。题干中,李老师在学生做实验时到室外接听电话,属于在履行职责中违反工作要求、操作规程,是不作为侵权行为。故 B 项符合题意。

4. C 【解析】本题考查《中小学教育惩戒规则(试行)》。根据《中小学教育惩戒规则(试行)》第七条规定可知,学生有扰乱课堂秩序、学校教育教学秩序的情形时,学校及其教师应当予以制止并进行批评教育,确有必要的,可以实施教育惩戒。根据第八条规定可知,教师在课堂教学、日常管理中,对违规违纪情节较为轻微的学生,可以当场实施一节课堂教学时间内的教室内站立的教育惩戒。题干中的小明扰乱课堂秩序,故王老师令其本节课站到教室最后面反省的行为属于教育惩戒。

5. C 【解析】本题考查《学生伤害事故处理办法》。根据《学生伤害事故处理办法》第七条规定,学校对未成年学生不承担监护职责,但法律有规定的或者学校依法接受委托承担相应监护职责的情形除外。根据《学生伤害事故处理办法》第五条规定,学校应当对在校学生进行必要的安全教育和自护自救教育;应当按照规定,建立健全安全制度,采取相应的管理措施,预防和消除教育教学环境中存在的安全隐患;当发生伤害事故时,应当及时采取措施救助受伤害学生。学校对学生进行安全教育、管理和保护,应当针对学生年龄、认知能力和法律行为能力的不同,采用相应的内容和预防措施。因此,A、B、D 三项不符合题意,C 项符合题意。

6. A 【解析】本题考查教师的专业素养。教师的专业素养包括学科专业素养、教育专业素养、人格特征、良好的职业道德素质。习近平总书记提出的有理想信念、有道德情操、有扎实学识、有仁爱之心的“四有好老师”,主要体现了对教师的专业素养要求。

7. A 【解析】本题考查黄炎培的教育思想。A 项,黄炎培是我国职业教育的先驱,他提倡“大职业教育主义”,将职业教育的目的概括为“使无业者有业,使有业者乐业”。故选 A 项。

B 项,陈鹤琴是中国近代学前儿童教育理论和实践的开创者,明确提出了“活教育”主张。

C 项,蔡元培提出了“五育并举”的教育方针,倡导教育独立思想。

D 项,陶行知提出了生活教育理论。

8. C 【解析】本题考查德育方法。A 项,所谓说服法,就是通过摆事实、讲道理,使受教育者提高认识、形成正确观点的方法。

B 项,所谓榜样法,是指教育者通过他人的高尚思想、模范行为以及卓越成绩等来对受教育者施加影响,引导和促进受教育者品德发展的方法。

C 项,所谓锻炼法,是指教育者有目的、有计划地组织受教育者参加各种活动,并在活动中形成和发展良好品德的方法。题干中,学校通过组织“我为父母洗脚”的活动,培养学生的感恩之心,属于对锻炼法的运用。故选 C 项。

D 项，所谓陶冶法，是指教育者通过创设良好的教育情境和氛围，对受教育者的思想品德进行潜移默化影响的方法。

9. D 【解析】本题考查教育目的的价值取向。社会本位论强调教育的目的是为社会培养合格的成员和公民，使受教育者社会化。“古之王者，建国君民，教学为先”意为：古代的君王，建设国家，统治人民，首先要设学施教。这强调了教育为社会培养合格的成员和公民的重要性，体现了教育目的价值取向上的社会本位论。

10. B 【解析】本题考查教学管理类型。民主型管理类型的教师在课堂管理活动中积极、认真、宽严适度，善于通过恰当的启发与指导，保证课堂教学的有效进行，课堂管理的各种具体措施，都考虑到班级的具体情况，学生对这样的教师既亲又敬。题干中，王老师在课堂上鼓励学生质疑，发表不同意见，以讨论、协商的方式解决问题。这说明王老师发扬了教育民主，其教学管理类型是民主型。

11. D 【解析】本题考查形成性评价的功能。形成性评价是在教学过程中为改进和完善教学活动而进行的对学生学习过程及结果的评价。形成性评价的主要功能包括：(1)改进学生的学习；(2)确定学生的学习进度；(3)强化学生的学习；(4)给教师提供反馈。D 项属于诊断性评价的功能。

12. D 【解析】本题考查国内具有代表性的教学方法。A 项，愉快教学法由倪谷音首先倡导，它借助于建立民主和谐的师生关系，着力于儿童的全面发展。

B 项，情境教学法由李吉林首创，是指教师根据教材特点和教学内容的要求，创设一个有关的情境，以激发学生的学习兴趣和积极性，使学生生动活泼地掌握知识，发展创造力。

C 项，尝试教学法由邱学华首创，是给学生创造一定的条件，让学生主动探索、独立思考、发现问题、分析问题和解决问题，以培养学生的探索精神和自学能力为主要目标的教学方法。

D 项，成功教学法由以刘京海为首的一批教改研究者首先提出，指教师在教育教学中，通过激发学生的成功动机，指导学生的成功行为，使学生感到成功的愉悦，进而升华成功目标，达到人人都主动争取成功，不断取得学习上的成功。成功教学法的基本要素包括：积极的期望、成功的机会和鼓励性评价。题干中的“鼓励性反馈”“积极的期待”“学习的内部动力”，表明教师运用了成功教学法。故选 D 项。

13. C 【解析】本题考查学习策略的分类。元认知策略可分为以下三种：(1)计划策略；(2)监控策略；(3)调节策略。其中，调节策略是指在学习过程中根据对认知活动监视的结果，找出认知偏差，及时调整策略或修正目标。在学习活动结束时，评价认知结果，采取相应的补救措施，修正错误，总结经验教训等。调节策略能帮助学生矫正自己的学习行为，补救理解上的不足。例如：当学习者意识到他不理解课文的某一部分时，他就会退回去读困难的段落；在阅读困难或不熟的材料时放慢速度；复习不懂的课程材料；测验时跳过某个难题先做简单的题目等。故题干所述属于元认知策略中的调节策略的应用。

14. B 【解析】本题考查感知规律。感知规律包括强度律、差异律、活动律和组合律。其中，差异律指对象和背景的差异越大，对象从背景中区分开来就越容易。例如：凡是题目、标题、重要定律、结论等,应用粗体字,使它特别醒目,容易被学生感知;教师应该用红笔批改学生的作业,使学生能够迅速、清楚地感知到自己的作业正确与否。题干中教师把不同的偏旁部分标成红色,帮助学生区分“燥”“躁”二字,正是运用了知识感知的差异律。

15. A 【解析】本题考查学生的认知风格差异。冲动型的学生在解决认知任务时,总是急于给出问题的答案,而不习惯对解决问题的各种可能性进行全面思考,有时问题还未弄清楚就开始解答。题干中小轩没有弄清题意,就抢先回答,表明他的认知风格属于冲动型。故选A项。

16. B 【解析】本题考查意志的品质。意志的自觉性是一个人清晰地意识到自己行动的目的和意义,并且能够主动地支配自己的行动,使之符合既定目的的意志品质。题干强调学生需要在家长的督促下才能完成作业,是因为学生本身的学习目的不明确,故应着重培养其意志品质的自觉性。

17. D 【解析】本题考查情绪调节的方法。A 项,系统脱敏是指当某些人对某事物、某环境产生敏感反应(害怕、焦虑、不安)时,我们可以在当事人身上发展起一种不相容的反应,使其对本来可引起敏感反应的事物,不再发生敏感反应。B 项,强化法可以用来培养新的适应行为。根据学习原理,一个行为发生后,如果紧跟着一个强化刺激,这个行为就会再一次发生。C 项,幽默法,指个体遇到挫折、处境困难或尴尬时,用一种机智、双关、讽喻、诙谐、自嘲等语言、动作的良性刺激,来化解困难,以摆脱内心的失衡状态。故 A、B、C 三项不合题意。D 项,升华是指一个人将受挫后的心理压抑向符合社会规范的、具有建设性意义的方向抒发的心理反应。如将心中的痛苦通过写诗、作画、写小说等文学艺术的创作手法表现出来,将心中的积怨、愤怒、压抑变为创作的激情。故题干中这种情绪调节的方法是升华法。

18. A 【解析】本题考查情感的分类。从情感的社会内容角度来看,人类的情感有道德感、美感和理智感三种形式。其中,道德感是根据一定的道德标准评价人的思想、意图和言行时所产生的主观体验。它表现在对待国家、集体、工作、事业、学习以及人与人之间的关系等各个方面,如爱国主义情感、集体主义情感、责任感、事业心、荣誉感、自尊心等。一个爱国主义者,总是“先天下之忧而忧,后天下之乐而乐”,具有强烈的责任感。这是一种崇高的情感,是道德感的体现。

19. C 【解析】本题考查桑代克的联结—试误学习理论。桑代克认为,学习的原则有:(1)准备律。准备律是指联结的加强或削弱取决于学习者的心理准备和心理调节状态。(2)练习律。练习律是指刺激与反应之间的联结会由于重复或练习而加强,不重复或练习,联结的力量就会减弱。(3)效果律。效果律是指刺激和反应之间的联结可因导致满意的结果而加强,也可因导致烦恼的结果而减弱。即如果一个动作跟随情境中一个满意的变化,在类似的情境中这个动作重复的可能性将增加;但是,如果跟随的是一个不满意的变化,这个行为重复的可能性将减少。题干中,阳阳的数学成绩好于语文成绩,因而学习数学的积极性更高,这体现了数学成绩好这一令阳阳满意的结果对其数学学习积极性的提高作用。

20. B 【解析】本题考查班杜拉的社会学习理论。替代学习也称为观察学习,是指个体通过对他人的行为及其强化结果的观察，从而获得某些新的行为反应或使已有的行为反应得到修正的过程。所谓“见贤思齐”只需有“贤者”为楷模足矣；又谓“见不贤而内自省”也是同样的情形。像这种不必亲身经历，只凭观察所见即产生学习的现象，属于替代学习。

二、判断题

21. √ **【解析】**本题考查《义务教育课程方案和课程标准（2022 年版）》。新修订的《义务教育课程方案和课程标准（2022 年版）》，全面落实习近平总书记关于培养担当民族复兴大任时代新人的要求，结合义务教育性质及课程定位，从有理想、有本领、有担当三个方面，明确义务教育阶段时代新人培养的具体要求。

22. √ **【解析】**本题考查《中小学教育惩戒规则（试行）》。根据《中小学教育惩戒规则（试行）》第十条规定，小学高年级、初中和高中阶段的学生违规违纪情节严重或者影响恶劣的，学校可以实施以下教育惩戒，并应当事先告知家长：（1）给予不超过一周的停课或者停学，要求家长在家进行教育、管教；（2）由法治副校长或者法治辅导员予以训诫；（3）安排专门的课程或者教育场所，由社会工作者或者其他专业人员进行心理辅导、行为干预。故题干说法正确。

23. × **【解析】**本题考查《中华人民共和国教师法》。根据《中华人民共和国教师法》第二十四条规定，教师考核结果是受聘任教、晋升工资、实施奖惩的依据。故题干说法错误。

24. √ **【解析】**本题考查外铄论。外铄论认为人的发展主要依靠外在的力量，诸如环境的刺激和要求、他人的影响和学校的教育等。荀子是外铄论的代表人物之一，在教育思想上，他提出了“性恶论”的人性假设，强调教育在人的发展中起着“化性起伪”的作用（教育的“化性起伪”体现外铄功能）。故题干说法正确。

25. × **【解析】**本题考查美育的途径。课堂教学是学校美育的主要途径，学校美育只有渗入各科教学之中，才能有效地实施。在自然学科的教学中，教师要善于诱导学生发现科学的美，如数学中数与形的结合，化学中的分子结构及模拟图形，物理学中的电磁场，生物学中的细胞分裂、各种动物与植物的千姿百态，无不包含它独特的美。因此，教师通过数学、物理、化学、生物等学科教学，可以向学生揭示自然的壮观和美丽，引导他们观察宏观宇宙和微观世界中美的奥秘。故题干说法错误。

26. × **【解析】**本题考查教学评价。目标参照性评价（绝对性评价）可以衡量学生的实际水平，了解学生对知识、技能的掌握情况，宜用于升级考试、毕业考试和合格考试。它的缺点是不适用于甄选人才。常模参照性评价（相对性评价）具有甄选性强的特点，因而可以作为选拔人才、分类排队的依据。因此，招聘、升学等选拔性考试通常采用常模参照性评价。故题干说法错误。

27. √ **【解析】**本题考查确定教育目的的客观依据。确定教育目的的客观依据包括：（1）教育目的要反映生产力和科技发展对人才的需求；（2）教育目的要符合社会政治经济发展的需要；（3）教育目的要符合受教育者的身心发展规律。故题干说法正确。

28. √ **【解析】**本题考查习近平总书记关于教育的重要论述。2014 年 5 月 4 日，习近平总书记在北京大学师生座谈会上的讲话中强调，青年的价值取向决定了未来整个社会的价值取

SHANXIANG EDUCATION

向，而青年又处在价值观形成和确立的时期，抓好这一时期的价值观养成十分重要。这就像穿衣服扣扣子一样，如果第一粒扣子扣错了，剩余的扣子都会扣错。人生的扣子从一开始就要扣好。这段话强调了对青年进行价值观教育的重要性。故题干说法正确。

29. × 【解析】本题考查个案研究法。个案研究法是对某一个体、某一群体或某一组织在较长时间里连续进行调查，从而研究其行为发展变化全过程的研究方法。

30. × 【解析】本题考查创造力。创造力，也称为创造性，是一种较特殊的智力品质，是智力发展的结果。创造性与智力并非简单的线性关系，二者既有独立性，又在某种条件下具有相关性，其基本关系表现为：(1)低智力不可能具有高创造性。(2)高智力可能有高创造性，也可能有低创造性。(3)低创造性者的智力水平可能高，也可能低。(4)高创造性者必须有高于一般水平的智力。故题干表述错误。

31. √ 【解析】本题考查人的心理的主观性。不同的人(或同一人在不同的时间)对同一外界影响的反映不尽相同，可谓“仁者见仁，智者见智”。比如同一班学生，听同一教师讲同一节课或看同一部电影，各人对教材的掌握和对电影的理解都是不完全相同的。现实是不依赖于人而客观存在的，人们对同一客观现实的反映却因个人的知识经验、个性特点、世界观的不同而不同，这就是人的心理的主观性。故题干说法正确。

32. √ 【解析】本题考查斯金纳的操作性条件作用理论。斯金纳认为通过逐步强化可以塑造儿童的良好行为，通过消退则可以消除儿童的不良行为，即通过不给予强化来减少某类行为出现的可能性。故题干说法正确。

33. √ 【解析】本题考查人本主义的学习动机理论。人本主义的学习动机理论，以促进整体人性的发展为出发点和目标。认为教育的功能是帮助学生心理成长，而这一功用能否发挥，则取决于学生能否把他对自己的认知和对学习内容的认知联系起来，发现所学知识与自我成长之间的密切关系。这就要求教师在教学过程中，设身处地从学生的立场出发，提出并回答这样的问题：“我们为什么要给学生教这些知识？它对学生的成长是有意义的吗？学生会认为这些知识对他的成长是有意义的吗？”只要学生们认为学习是有意义和有价值的，符合他们成长的需要；同时他也觉得有能力学习这些知识，有能力学到教师对他期望的程度，他就自然会努力学习，即使没有外部的强化和控制，他也会主动维持强烈的学习动机。因此，维持良好的师生关系与培养和谐的教室气氛，是维持学生学习动机的基本条件。

34. × 【解析】本题考查影响个体身心发展的主要因素。美国生理和心理学家格塞尔通过双生子爬梯实验证明了他的“成熟势力说”，强调的是遗传素质的成熟机制制约着人的身心发展的水平及阶段。

35. × 【解析】本题考查再造想象。根据创造程度的不同，有意想象可以分为再造想象和创造想象。其中，再造想象是依据词语或符号的描述、示意在头脑中形成与之相应的新形象的过程。如学生听教师对课文生动形象的描述时，头脑中出现的有关事物的形象，就属于再造想象。故题干所述属于再造想象。

三、案例分析题(参考答案)

36. 案例中，元建周老师的行为体现了爱岗敬业、关爱学生、教书育人、为人师表、终身学习的教师职业道德规范。

(1)元建周老师的行为体现了爱岗敬业的师德规范。爱岗敬业的师德规范要求教师忠诚于人民教育事业,志存高远,勤恳敬业,甘为人梯,乐于奉献。元建周扎根乡村,潜心教育十余年,诠释了一名教师对人民教育事业的忠诚。

(2)元建周老师的行为体现了关爱学生的师德规范。关爱学生的师德规范要求教师关心爱护全体学生,尊重学生人格,平等公正对待学生;对学生严慈相济,做学生良师益友。元建周老师用自己的工资接济贫困学生,不让一个学生辍学,被学生亲切地称为元大哥。这些都体现了他对学生深切的关爱。

(3)元建周老师的行为体现了教书育人的师德规范。教书育人的师德规范要求教师遵循教育规律,实施素质教育;培养学生良好品行,激发学生创新精神,促进学生全面发展。元建周老师不仅教给学生知识,还教育学生懂得感恩、美言善行,有利于促进学生的全面发展。

(4)元建周老师的行为体现了为人师表的师德规范。为人师表的师德规范要求教师坚守高尚情操,知荣明耻,严于律己,以身作则。元建周老师接济贫困学生的行为为学生们树立了良好的榜样,他的学生在成才后开始捐助社会困难群体,表明元建周老师做到了为人师表。

(5)元建周老师的行为体现了终身学习的师德规范。终身学习的师德规范要求教师崇尚科学精神,树立终身学习理念,拓宽知识视野,更新知识结构;潜心钻研业务,勇于探索创新,不断提高专业素养和教育教学水平。元建周老师在业余时间不断充电,取得教育硕士专业学位,体现了他坚持终身学习。

(共10分。从“爱岗敬业”“关爱学生”“教书育人”“为人师表”“终身学习”五个方面分析元建周老师的行为,每点2分,理论依据准确、充分1分,结合案例阐述合理1分)

37.案例中的教师没有正确认识到学生掌握知识和发展能力的关系。

(1)教学过程既是向学生传授知识的过程,又是发展学生能力的过程,二者相互依存,相互促进。在教学中,只有把二者有机地结合起来,才能提高教学质量。因此,教师不仅要培养学生的能力,还需要让学生掌握基本知识。

(2)掌握知识是发展能力的基础。在教学过程中,学生能力的发展依赖于他们对知识的掌握,可以说学生能力的发展是在掌握知识的过程中实现的,离开了知识,能力的发展就成了无源之水。因此,学生不仅需要通过互联网获取知识,还需要掌握一定的基本知识,这样才能促进能力的发展。

(3)能力发展是掌握知识的重要条件。学生获得知识的过程必须借助注意、观察、思考、想象和记忆等能力,否则就不可能掌握相应的知识。因此,发展学生的能力可以促进学生知识的掌握。

(4)掌握知识和发展能力是在同一认识活动中实现的,二者有一定的关系,但它们并不一定是同步发展的,也不会自然转化。学习者知识的多少并不标志他的能力发展的高低。从知识的掌握到能力发展是一个极其复杂的过程,不仅与学习者掌握知识的量、性质、内容有关,也与他们获取知识的方法和运用知识的创造态度有关。因此,学生在掌握基本知识时,还需要教师

山香教育 SHANXIANG EDUCATION

传授给学生规律性的知识，留给学生思考的时间，启发学生的思维，这样才能真正促进学生能力的发展。

（共10分。答出“案例中的教师没有正确认识到学生掌握知识和发展能力的关系”2分；阐述掌握知识和发展能力相互促进2分；阐述掌握知识是发展能力的基础2分；阐述能力发展是掌握知识的重要条件2分；阐述掌握知识和发展能力不会自然转化2分；阐述时还需结合案例进行分析）

38.（1）案例所述就是著名的罗森塔尔效应，也叫教师期望效应或皮格马利翁效应，是指教师的期望或明或暗地传递给学生，会使学生按照教师所期望的方向来塑造自己的行为。案例中，那些被告知有发展潜力的学生在各方面都获得了更大的进步，成绩提高也更明显的现象正是教师期望效应的体现。

（2）教师期望效应对学生的影响：①如果教师喜欢某些学生，对他们抱有较高期待，一段时间后，教师会将自己暗含期待的感情微妙地传递给学生，使这些学生更加自尊、自信、自爱、自强，诱发出一种积极向上的激情，这些学生常常像老师所期待的那样有所进步。②如果教师厌恶某些学生，对学生的期待较低，一段时间后，学生也会感受到教师的“偏心”，也常常像老师所期待的那样一天天变差。教师的这种期待产生了相互交流的反馈，出现了教师期待的效果。因此，在教育过程中，教师要对学生充满信心，抱着对学生极大的期望去教育学生，学生将感受到这种期望，并将这种期望转化成一定的动力，在这种动力的驱使下，学生将在智力、情感、个性等方面获得更好的发展。

（共10分。答出罗森塔尔效应（教师期望效应）及其定义得4分；答出教师期望效应对学生的影响得3分；结合案例阐述合理得3分）

四、论述题（参考答案）

39. 请结合某一学科，论述如何在教学中对学生进行思想政治教育。

以地理学科为例，教师在地理教学中进行思想政治教育的方法包括：

（1）“寓德育于智育之中”。因为地理教材的科学性、思想性、实践性以及严密的逻辑性，都含有很强的说服力和感染力，它本身就具有强烈的教育作用。对学生进行思想政治教育，必须使科学性和思想性紧密地结合起来，这是地理课，也是所有学科对学生进行思想政治教育的一个根本原则。例如，通过讲述我国优越的自然地理条件，来对学生进行爱国主义教育。

（2）进行思想政治教育时，要紧密结合教材，深入分析和发掘教材的思想性，只有这样才能充分发挥教材的教育价值和教育作用。地理教材中的思想性，有的可以明显看出来，容易分析。但是，有的则是潜在的，深藏在教材之中，需要教师在备课和教学中下功夫，深入地加以分析。

（3）进行思想政治教育时，要用科学的地理观点来阐明各种地理现象。所谓科学的地理观点，从地理教育的角度来看，主要是正确地阐明人地观、种族观等。

（4）在地理教学中进行思想政治教育，还必须注意联系实际。把教材和当前的国内和国际形势联系起来，这是在地理教学中进行思想政治教育的重要方法。要联系祖国社会主义建设的实际;要联系国内外重大的政治事件等。例如,在讲授中国的行政区划时,将香港作为特别行政区已经回归祖国的内容加上,这样既可以避免学生发生混淆,又可以利用香港的回归对学生进行爱国主义教育。

(5)在地理教学中还要注意结合自己所在地区的实例,因为乡土地理也是进行思想政治教育的重要内容。可以利用自己所在地区的美好的自然环境、优越的自然条件、重大建设成果和取得的重要成就来激发学生对自己家乡的热爱,将学生对家乡的热爱扩大并引向对祖国的热爱上,激发学生为建设有中国特色的社会主义而献身的热情。

(6)在对学生进行思想政治教育时,要注意运用比较法。因为通过事物比较所得到的科学结论具有更大的说服力,能产生很大的鼓舞和教育作用。例如,通过新旧中国工农业的对比,可以显示出社会主义的优越性,使学生更加热爱自己的祖国。

(7)在地理教学中进行思想政治教育的途径,除了课堂教学之外,有条件的还可以在地理课外活动中或地理旅行参观中进行,也可以举行具有强烈政治性和现实意义的时事地理讲座。

(共10分。从"寓德育于智育之中""发掘教材的思想性""联系实际""运用比较法""开展课外活动"等方面论述如何在教学中对学生进行思想政治教育,至少答出5种方法,每种方法2分;若没有结合学科进行作答,最多给5分)

五、教学设计题(参考设计)

40.【教学目标】

(1)了解我国主要的自然灾害,认识自然灾害给人类生活、生产带来的影响,明确人类的哪些行为会诱发或加重自然灾害。

(2)运用读图分析、讨论交流等方法,培养收集、整理、分析资料以及思辨探究的能力。

(3)认识防御自然灾害的重要意义,感悟坚强不屈的抗灾精神,形成防灾避险的意识和能力。

(4)掌握一定的自救自护知识,加强对自然灾害的重视与思考,自觉践行保护地球的使命与责任。

【教学过程】

(一)导入新课

1.播放视频

教师播放汶川地震的相关视频。

2.谈话引入

2008年5月12日,中国四川省汶川县发生了中华人民共和国成立以来破坏性最强、波及范围最广、灾害损失最重、救灾难度最大的一次地震。观看视频后,请同学们谈一谈地震的危害有哪些?

3.揭示课题

今天我们一起来学习——应对自然灾害。

山香教育 SHANXIANG EDUCATION

（二）讲授新课

1. 读图分析

这是中国自然灾害分布图和统计图，从图中，你有什么发现？（教师带领学生们一起读图分析，并对学生的回答进行总结）

2. 看图思考

请大家思考自然灾害造成了哪些损失？（教师请学生进行回答）

3. 案例探究

教师出示有关人类破坏自然环境的案例，引导学生思考自然灾害发生的原因。

4. 交流探讨

为了防御自然灾害，人们发明了哪些抗灾技术，请大家进行交流。（学生分组讨论，并以小组为单位进行汇报）

5. 感悟精神

重大自然灾害发生后，全国人民发扬“一方有难，八方支援”的精神共同应对灾难。请大家分享自己知道的人们在灾害中团结互助的故事，讨论什么是不屈不挠、团结互助的抗灾精神。

（三）结课

教师与学生一起总结本节课的收获，并要求学生在课下画一幅校园逃生图。

评分标准：

(1)教学目标(共5分。从多个维度展开给2分，目标具体明确给2分，契合本次活动的主题给1分)

(2)教学过程(共10分。①选择能够吸引学生兴趣的导入方式2分，若导入方式不能充分吸引学生兴趣，在不偏离主题的情况下可酌情给1分；②在讲授环节至少设计3个活动，每个活动2分，教学活动设计合理1分，表述清晰1分；③在结课环节根据题干中的学生情况，布置合适的作业2分，若作业不适合农村小学六年级学生不得分)

六、教育写作(参考范文)

41.

论　师

蔡元培先生曾经说过：“教育者，养成人性之事业也。”一位好老师，胜过万卷书。每一位优秀的老师都是用自己的生命之光，照亮学生的人生旅途。在学生的成长过程中，老师的影响是至关重要的，有时甚至会超越父母的影响。因此，当好学生成长的引路人，要求老师做到以下几点。

第一，当好学生成长的引路人，要求老师尊重学生。鲁迅先生一次于家中宴客，儿子海婴同席。在吃鱼圆时，客人无不赞叹新鲜可口。唯海婴说：“鱼圆是酸的！”母亲听了，立马责备孩子胡说乱闹、不守规矩。看到一旁被责备后闷闷不乐的儿子，鲁迅便尝了尝儿子咬过的鱼圆，果然不怎么新鲜，于是颇有感慨地说：“孩子说不新鲜，我们不加以查看就抹杀，这是不对的。孩子说的话我们也得尊重啊！”教育的秘诀是尊重。要教育好学生，首先要尊重和理解学生，如果不先行理解，一味指挥，则有碍于学生发展。

山香教育 SHANXIANG EDUCATION

第二，当好学生成长的引路人，要求老师关爱学生。陶行知先生说过："不要你的金，不要你的银，只要你的心。"作为一名老师，要拿出自己的真心对待每一位学生。关爱学生是教师职业道德的灵魂，老师只有拿出一颗真心去关爱、善待学生，才能把学生培养成真、善、美的人。老师赤诚的爱，可以驱散学生的迷茫，哺育学生的自信，点燃学生的青春，扬起学生前进的风帆。

第三，当好学生成长的引路人，要求老师信任学生。苏联教育家苏霍姆林斯基说："课堂上一切困惑和失败的根子，在绝大多数场合下都在于教师忘却了，上课是儿童和老师共同的劳动，这种劳动的成功，首先是由师生关系决定的。"良好师生关系的建立需要老师和学生相互信任。老师只有信任学生，才能被学生接纳和信任，继而与之建立起相互尊重、彼此理解的关系。

老师的一言一行都应体现出对学生的尊重、关爱和信任，只有做到尊重、关爱和信任学生，才能引导学生亲其师，信其道，从而当好学生成长的引路人。

（这篇作文紧密结合材料，论点清晰明了，并运用名人名言和名人故事来论证自己的观点，深入浅出地论述了教师当好学生成长的引路人的重要性及其要求。整篇作文结构严谨，中心突出，有可圈可点的佳句，是一篇佳作。拟定得分 37 分）

2021 年河南省特岗教师招聘考试教育理论基础真题试卷（三）

1～5	ABBCC	6～10	DABDA	11～15	DCDAA	16～20	BCBCA
1～5	√×√√×			6～10	×√√××		
11～15	√√××√						

一、单项选择题

1. A 【解析】本题考查时事政治。2021 年 7 月 1 日，习近平总书记在庆祝中国共产党成立 100 周年大会上指出，中国共产党一经诞生，就把为中国人民谋幸福、为中华民族谋复兴确立为自己的初心使命。一百年来，中国共产党团结带领中国人民进行的一切奋斗、一切牺牲、一切创造，归结起来就是一个主题：实现中华民族伟大复兴。故本题选 A 项。

2. B 【解析】本题考查《关于新时代加强和改进思想政治工作的意见》。2021 年 7 月，中共中央、国务院印发了《关于新时代加强和改进思想政治工作的意见》（以下简称《意见》）。《意见》指出，要把思想政治工作作为治党治国的重要方式。

3. B 【解析】本题考查《中华人民共和国义务教育法》。根据《中华人民共和国义务教育法》第三十一条规定，特殊教育教师享有特殊岗位补助津贴。在民族地区和边远贫困地区工作的教师享有艰苦贫困地区补助津贴。故本题选 B 项。

4. C 【解析】本题考查教师违法（侵权）行为的主要类型及其表现形式。受教育权是学生最基本的权利。常见的侵犯学生受教育权的表现形式主要有：（1）侵犯学生受教育机会的平等权；（2）侵犯学生的入学权；（3）侵犯学生参加考试的权利；（4）随意开除学生。此外，还有侵犯学生上课学习的权利、侵犯学生受教育的选择权、侵犯学生升学复学方面的同等权利、以侵犯姓

山香教育 SHANXIANG EDUCATION

名权的手段侵犯学生的受教育权、延误学生录取通知书的发放等。题干中,李老师让学习不好的学生只能报考职业高中,侵犯了学生的受教育权。

5. C 【解析】本题考查教师的权利。教师依法享有教育教学权,即教师有权进行教育教学活动,开展教育教学改革和实验。题干中,体育老师指导动作不规范的学生反复练习 5 次,这属于正常的教学行为,是教师依法行使自己的权利的表现。

6. D 【解析】本题考查《新时代中小学教师职业行为十项准则》的内容。《新时代中小学教师职业行为十项准则》中的"传播优秀文化"要求教师要带头践行社会主义核心价值观,弘扬真善美,传递正能量;不得通过课堂、论坛、讲座、信息网络及其他渠道发表、转发错误观点,或编造散布虚假信息、不良信息。故本题选 D 项。

7. A 【解析】本题考查教育的政治功能。教育的政治功能之一是:教育培养出政治经济制度所需要的人才。通过培养人才实现对政治经济制度的影响,是教育作用于政治经济制度的主要途径。题干中的"培养勇于担当、乐于奉献、善于合作的现代小公民"体现的是教育的政治功能。

8. B 【解析】本题考查对教育名著的认识。夸美纽斯一生写了大量的教育论著,最著名的就是《大教学论》(1632 年)。在该书中,他不仅提出了泛智教育思想,探讨"把一切事物教给一切人类的全部艺术",提出了系统的教育目的论、方法论、教育原则体系、课程与教学论、德育论以及一些学科教育思想,而且首次系统论述了班级授课制。故 A 项正确。

卢梭于 1762 年出版的教育小说《爱弥儿》系统阐述了他的自然主义教育思想。洛克在其著作《教育漫话》一书中,详细论述了绅士教育的内容(即体育、德育和智育)及方法。故 B 项错误。

杜威的代表作《民主主义与教育》及反映在其作品中的实用主义教育思想,对 20 世纪的教育和教学有深远影响。其主要教育观点之一是:教育即生活,教育即生长,教育即经验的改组或改造。故 C 项正确。

赫尔巴特在 1806 年出版的《普通教育学》标志着教育学的发展进入了科学化时期。故 D 项正确。

9. D 【解析】本题考查个体身心发展的影响因素。影响个体身心发展的主要因素包括遗传、环境、教育(学校教育)、个体主观能动性。"种瓜得瓜,种豆得豆"强调的是遗传因素对个体发展的影响;"近朱者赤,近墨者黑"说明了社会环境对人的发展的影响;"出淤泥而不染"反映了人的主观能动性在个体发展中的作用。"揠苗助长"违背了个体身心发展的顺序性规律,是外部环境对个体发展的不良影响,并没有做到因材施教。故 D 项对应错误。

10. A 【解析】本题考查美育的内容。对学校美育来说,其内容主要包括自然美、社会美、艺术美和科学美。具体为:(1)自然美是以大自然作为审美对象所感受和体验到的美。(2)社会美是以社会生活中美好的人和事为对象而感受和体验到的美。(3)艺术美是以艺术家创造的典型化、集中化的艺术作品为对象所感受和体验到的美。艺术的形式是多种多样的,有文学、戏剧、电影、音乐、绘画、舞蹈等。(4)科学美是以人类的科研活动为对象所感受到的美。题干中,小学选用的京剧脸谱、豫剧服饰与民间泥塑等内容属于艺术美。

11. D 【解析】本题考查课程目标取向的分类。生成性目标不是由外部事先规定的目标,而是在教育情境之中随着教育过程的展开而自然生成的目标。它强调学生、教师与教育情境的交互作用,有益于培养学生解决实际问题的能力。当过程与结果、手段与目的被内在地联系起来后,课程与教学目标就是学生在教学过程中,在与教学情境的交互作用中产生的学生自己的目标,而不是课程开发者和教师所强加的目标。故本题选 D 项。

12. C 【解析】本题考查德育原则。知行统一原则是指教育者在进行德育时,既要重视对学生进行系统的思想道德的理论教育,又要重视组织学生参加实践锻炼,把提高认识和行为养成结合起来,使学生做到言行一致。贯彻该原则的要求之一是:组织和引导学生参加社会实践,通过实践活动加深认识,增强情感体验,养成良好的行为习惯。题干中,某小学为加强学生对非遗文化的认识与理解,组织学生到当地非物质文化传承基地,开展优秀传统文化教育活动。这体现的德育原则是知行统一原则。

13. D 【解析】本题考查西方主要的心理学流派。各心理学流派的理论主张及代表人物见下表:

理论流派	代表人物	理论主张
行为主义心理学	华生	反对意识,主张以可观察与测量的行为为研究对象
机能主义心理学	詹姆士、杜威、安吉尔	主张研究意识,但是他们不把意识看成是个别心理元素的集合,而是看成一种持续不断、川流不息的过程,提出了“意识流”
精神分析心理学	弗洛伊德	主张研究人的异常行为和无意识
人本主义心理学	罗杰斯、马斯洛	心理学研究应关心人的价值和尊严,应以研究个性的积极面代替研究个性的消极面,使心理学成为健康个性的心理学;强调人所具有的现实潜在能力,帮助人认识自身价值,发现真正的自我,对自己的成长负责,使他们向着自我实现的目标前进

综上所述,本题选 D 项。

14. A 【解析】本题考查问题解决的过程。问题解决的过程一般可分为发现问题、理解问题、提出假设和检验假设四个阶段。

理解问题就是把握问题的性质和关键信息,摒弃无关因素,并在头脑中形成有关问题的初步印象,即形成问题的表征。认知心理学将理解问题看作是在头脑中形成问题空间的过程。问题空间是个体对一个问题所达到的全部认识状态,包括问题的起始状态、目标状态以及由前者过渡到后者的各中间状态和有关的操作。不同的人所构造的问题空间也可能不同,同一个人,在问题解决之前也可能改变或重构问题空间。故本题选 A 项。

B 项,从完整的问题解决过程来看,发现问题是其首要环节。能否发现问题,与个体的活动积极性、已有知识经验等有关。

C 项,提出假设就是提出解决问题的可能途径与方案,选择恰当的解决问题的操作步骤。

D 项,检验假设就是通过一定的方法来确定假设是否合乎实际、是否符合科学原理。

山香教育 SHANXIANG EDUCATION

15. A 【解析】本题考查情绪的特点。题干中诗句的意思是:一轮弯月照人间,多少人家欢乐,又有多少人家忧愁。这说明在同一情景下,不同的人有不同的情绪,故题干所述说明人的情绪具有主观性。

16. B 【解析】本题考查创造性思维能力的培养。训练发散思维的方法有多种,如用途扩散、结构扩散、方法扩散、形态扩散等。其中,用途扩散即让学生以某件物品的用途为扩散点,尽可能多地设想它的用途。比如,尽可能多地说出曲别针的用途。故本题选 B 项。

A 项,头脑风暴法通常以集体讨论的方式进行,鼓励参与者尽可能快地提出各种各样异想天开的设想或观点,相互启迪,激发灵感,从而引发创造性思维的连锁反应,形成解决问题的新思路。

C 项,推测与假设训练的主要目的是发展学生的想象力和对事物的敏感性,并促使学生深入思考,灵活应对。比如,让学生听一段无结局的故事,鼓励他们去猜测可能的结局。

D 项,自我设计训练课是一种灵活性较强的训练课程。教师为学生提供必要的材料与工具,让学生利用这些材料,实际动手去制作某种物品,如贺年卡、图画、各种小模型等。学生通过实际的操作活动,完成自己的设计。

17. C 【解析】本题考查成败归因理论。根据韦纳的成败归因理论可知,运气属于外在、不稳定、不可控的归因。题干中的小刘将考试取得好成绩归因于运气,故小刘的归因模式属于外在不稳定型。

方法技巧:关于成败归因理论中的六种归因方式,考生可用以下口诀帮助记忆:浑(环境)身(身心)力(努力)气(运气)不稳,内在两力(能力、努力)与身心,只有努力是可控。

18. B 【解析】本题考查操作性条件作用的基本规律。正强化也称积极强化,是通过呈现想要的愉快刺激来增强反应频率;负强化也称消极强化,是通过消除或中止厌恶、不愉快刺激来增强反应频率。惩罚是指当有机体做出某种反应以后,得到一个厌恶刺激或失去一个愉快刺激,以期消除或抑制此反应的过程。题干中的老师通过取消小王的“班级之星”称号,来降低其违反课堂纪律的频率,因此,老师的这种做法属于惩罚。

易错提示:考生易混淆负强化和惩罚的内涵。在做题时,考生应注意:负强化的本质是通过厌恶刺激的排除来增加反应概率,而惩罚则是通过厌恶刺激的呈现或愉快刺激的取消来降低反应概率。

19. C 【解析】本题考查自我防御机制。合理化又称文饰作用,指无意识地用一种似乎有理的解释或实际上站不住脚的理由来为其难以接受的情感、行为或动机辩护以使其可以接受。合理化有两种表现:(1)酸葡萄心理,即把得不到的东西说成是不好的;(2)甜柠檬心理,即当得不到葡萄而只有柠檬时,就说柠檬是甜的。题干中,个体失败时以“失败乃成功之母”来安慰自己,即当无法获得成功时,就安慰自己失败也是有益的,把自己拥有的东西说成是好的,这种心理效应就属于甜柠檬心理。

B 项,首因效应也称最初效应,是指在总体印象形成上,最初获得的信息比后来获得的信息影响更大的现象。

D项，近因效应也称最近效应，是指在总体印象形成上，新近获得的信息比原来获得的信息影响更大的现象。

20. A 【解析】本题考查科尔伯格的道德发展阶段论。科尔伯格将道德判断分为三个水平，每一水平包含两个阶段，六个阶段依照由低到高的层次发展。三水平六阶段的内容和特点可通过下表体现：

道德发展水平	道德发展阶段	主要特点
前习俗水平	服从与惩罚的道德定向阶段	屈从外力，逃避惩罚，缺乏是非善恶的观念
	相对功利的道德定向阶段（相对功利取向阶段）	具有较强的自我中心性，认为符合自己需要的行为就是正确的
习俗水平	好孩子的道德定向阶段（寻求认可取向阶段）	顺从传统的要求，符合大众的意见，谋求大家的称赞，做一个"好孩子"
	维护权威或秩序的道德定向阶段（遵守法规取向阶段）	服从社会规范，遵守公共秩序，尊重法律的权威，以法制观念判断是非、知法守法
后习俗水平	社会契约的道德定向阶段（社会契约取向阶段）	不再把社会规则和法律看成是死板的、一成不变的条文，认识到法律或习俗的道德规范仅仅是一种社会契约，它由大家商定，可以改变，而不是固定僵死的
	普遍原则的道德定向阶段（普遍伦理取向阶段）	有自己的人生哲学，对是非善恶的判断有独立的价值标准

题干中的学生认为社会法则不符合公众权益时是可以修改的，这说明该学生不再把社会法则看成是死板的、一成不变的条文，而是认识到它仅仅是一种社会契约，可以通过大家的商定而改变，这表明该生的道德发展属于社会契约取向阶段。

二、判断题

1. √ 【解析】本题考查《关于进一步加强中小学生睡眠管理工作的通知》。教育部办公厅发布的《关于进一步加强中小学生睡眠管理工作的通知》中提出，根据不同年龄段学生身心发展特点，小学生每天睡眠时间应达到10小时，初中生应达到9小时，高中生应达到8小时。故题干说法正确。

2. × 【解析】本题考查《中华人民共和国教育法》。根据《中华人民共和国教育法》第三十六条规定，学校及其他教育机构中的教学辅助人员和其他专业技术人员，实行专业技术职务聘任制度。

3. √ 【解析】本题考查《中华人民共和国义务教育法》。根据《中华人民共和国义务教育法》第三十三条规定，国家鼓励高等学校毕业生以志愿者的方式到农村地区、民族地区缺乏教师的学校任教。县级人民政府教育行政部门依法认定其教师资格，其任教时间计入工龄。

4. √ 【解析】本题考查现代教育的特征。现代教育最显著的发展特征表现为教育的民主化。教育民主化要求的是平等、高质量的教育和适合个体个性特征的教育。教育民主化的追求趋向于对个人学习权益的保障和终身学习的实现。故题干说法正确。

5. × 【解析】本题考查备课的要求。备课的主要任务是根据课程标准,将特定教学内容有效传递给特定的学生。备课的要求包括:(1)做好三方面的工作,即钻研教材、了解学生、设计教法,也即备教材、备学生、备教法;(2)写好三种计划,即学年(或学期)教学计划、课题(或单元)计划、课时计划(教案)。故题干说法过于片面。

6. × 【解析】本题考查教学评价的类型。诊断性评价是在学期开始或一个单元教学开始时,为了了解学生的学习准备状况及影响学习的因素而进行的评价。形成性评价是在教学过程中为改进和完善教学活动而进行的对学生学习过程及结果的评价。因此,语文老师在教学过程中为了了解学生情况而进行的评价属于形成性评价。

7. √ 【解析】本题考查教学的方向性原则。方向性原则是指教学要以马克思主义为指导,以马克思主义的立场、观点和方法来选择教学内容,分析和理解教学内容,结合科学知识教学对学生进行社会主义核心价值观、正确的人生观和科学的世界观的教育。贯彻这一原则的要求包括:(1)坚持教学的马克思主义方向;(2)深入挖掘教材的思想性。故题干说法正确。

8. √ 【解析】本题考查作业管理。中共中央办公厅、国务院办公厅印发的《关于进一步减轻义务教育阶段学生作业负担和校外培训负担的意见》中提出,要全面压减作业总量和时长,减轻学生过重作业负担。提高作业设计质量。发挥作业诊断、巩固、学情分析等功能,将作业设计纳入教研体系,系统设计符合年龄特点和学习规律、体现素质教育导向的基础性作业。鼓励布置分层、弹性和个性化作业,坚决克服机械、无效作业,杜绝重复性、惩罚性作业。故题干说法正确。

9. × 【解析】本题考查教育研究方法。行动研究是指实际工作者(如教师)基于解决实际问题的需要,与专家、学者及本单位的成员共同合作,将实际问题作为研究的主题,进行系统的研究,以解决实际问题的一种研究方法。教育叙事研究是通过教育主体的故事叙说来描绘教育行为、进行意义建构并使教育活动获得解释性意义理解的一种质的研究或者研究方法。故题干所述属于教育叙事研究。

10. × 【解析】本题考查感知规律。强度律,指作为知识的物质载体的直观对象(实物、模像或言语)必须达到一定强度,才能被学习者清晰地感知。活动律,指活动的对象较之静止的对象容易感知。根据题干描述可知,教师所依据的感知规律是活动律。

11. √ 【解析】本题考查班杜拉的观察学习理论。班杜拉认为,学习是个体通过对他人的行为及其强化结果的观察,从而获得某些新的行为反应或已有的行为反应得到修正的过程。班杜拉的实验证明,榜样在观察学习过程中起到非常重要的作用。故用观察学习理论可以解释"榜样学习"的教育效应。

12. √ 【解析】本题考查注意的品质。短时间内注意周期性地不随意跳跃现象称为注意的起伏(或注意的动摇),它是由于人的感受性不能长时间地保持固定的状态,而是间歇性地加强和减弱造成的。注意的起伏周期一般为 2、3 秒至 12 秒。因此,题干中百米竞赛的预备信号和起跑信号相隔太长时间会影响运动员的成绩,是由于注意起伏的影响。

13. × 【解析】本题考查迁移的相关知识。具有广泛迁移价值的材料,是指学科的基本概念、基本原理、基本法则、基本方法、基本态度等。故题干说法错误。

14. × 【解析】本题考查奥尔波特的性格特征分类。共同特质是在同一文化形态下的群体所共同具有的特质,它是在共同的生活方式下形成的。题干所述为群体所共同具有的特质,属于共同特质。

15. √ 【解析】本题考查前摄抑制和倒摄抑制。前摄抑制是先学习的材料对识记和回忆后学习材料的干扰作用。后学习的材料对保持和回忆先学习材料的干扰作用称为倒摄抑制。因此,课间休息有助于减少前后两节课记忆材料引起的前摄抑制和倒摄抑制。故题干说法正确。

三、案例分析题(参考答案)

1. 案例中,张桂梅校长的事迹体现了爱国守法、爱岗敬业、关爱学生、教书育人、为人师表的师德规范。

(1)“爱国守法”的师德规范要求教师全面贯彻国家教育方针;自觉遵守教育法律法规,依法履行教师职责权利;不得有违背党和国家方针政策的言行。倡导“爱国守法”就是要求教师热爱祖国、遵纪守法。张桂梅校长在教育中坚持为党育人、为国育才,以党建统领教学、以革命传统立校、以红色文化育人,引导学生们感党恩、听党话、跟党走,做党的好女儿。这说明张桂梅校长热爱祖国,在教育过程中全面贯彻国家的教育方针,做到了爱国守法。

(2)“爱岗敬业”的师德规范要求教师对工作高度负责,认真备课上课等。张桂梅校长扎根贫困地区 40 余年,始终坚持为党育人、为国育才,这说明张桂梅校长做到了爱岗敬业。

(3)“关爱学生”的师德规范要求教师关心爱护全体学生;保护学生安全,关心学生健康,维护学生权益等。张桂梅校长为了山区贫困女孩可以接受高中阶段教育,创办免费女子高中,并且拿出自己的大部分工资接济贫困学生,把母亲般的慈爱全部献给学生,这说明张桂梅校长做到了关爱学生。

(4)“教书育人”的师德规范要求教师遵循教育规律,实施素质教育;培养学生良好品行,激发学生创新精神,促进学生全面发展等。张桂梅校长创办免费女子高中,坚持为党育人、为国育才,帮助近 2000 名贫困山区女孩圆大学梦,并荣获“全国教书育人楷模”荣誉称号。这说明张桂梅校长做到了教书育人。

(5)“为人师表”的师德规范要求教师坚守高尚情操,知荣明耻;严于律己,以身作则;作风正派,廉洁奉公等。张桂梅校长个人生活节俭,却拿出自己的大部分工资接济困难学生,并且先后获得“全国十佳师德标兵”“全国教书育人楷模”等荣誉称号。这些都充分体现了张桂梅校长做到了为人师表。

(共 10 分,每点 2 分。答出张桂梅老师所体现的教师职业道德规范中的“爱国守法”“爱岗敬业”“关爱学生”“教书育人”“为人师表”一条得 1 分;能结合案例具体阐释,理由充分合理的得 1 分)

2. 班主任张老师在工作中采用了民主型的班级管理模式，注重对学生进行思想品德教育，同时也体现了新课程改革倡导的教师观和学生观。

(1)张老师采用了民主型的班级管理模式。班级民主管理的实质是在班级管理的全过程中，调动学生自我教育的力量，使人人都积极主动地参与班级事务。张老师在班级劳动教育活动中，设立"我是小小发言人"岗位，由学生轮流负责自主创编讲解稿并向客人讲解，使人人都参与到班级活动中来，充分调动了学生的积极主动性，这属于民主型的班级管理模式。

(2)张老师在教育过程中注重学生的思想品德教育。对学生进行思想品德教育是班主任的工作重点和经常性的工作。张老师在开展的劳动教育活动中，鼓励学生观察劳动活动的过程、创编劳动故事，并在教室布置劳动故事文化墙，组织学生轮流负责创编文化墙内容的讲解稿并为客人讲解，在这个过程中通过环境陶冶、实际锻炼等方式对学生进行了思想品德教育。

(3)张老师的行为符合新课程倡导的教师观。新课程倡导教师是学生学习的引导者、促进者、指导者。张老师在劳动教育活动中，转变了传统的知识传授者、教学支配者角色，树立了"以活动促发展"的教学观念，成为了学生自主学习活动的引导者和促进者。

(4)张老师的行为符合新课程倡导的学生观。新课程倡导学生是独特的人和具有独立意义的人。学生是有着丰富个性的完整的人，是学习的主体。张老师组织学生自编劳动故事、自主创编讲解稿并向客人讲解，学生的讲解风格迥异等都体现了张老师认识到了学生是独特的人和具有独立意义的人。

(共 10 分，每点 2.5 分。能结合教育学知识，答出张老师"采用了民主型的班级管理方式""注重学生的思想品德教育""符合新课程倡导的教师观""符合新课程倡导的学生观"一条得 1 分；能结合案例具体阐释，理由充分合理的得 1.5 分)

3. (1)精加工策略是指把新信息与头脑中的旧信息联系起来从而增加新信息意义的深层加工策略。它常被描述成一种理解记忆的策略，其要旨在于建立信息间的联系。联系越多，能回忆出信息原貌的途径就越多，即提取的线索就越多。精加工越深入越细致，回忆就越容易。案例中的李老师在教授学生记忆与区别"买""卖""燥""躁"时，把字词与生活实际联系起来，赋予学习材料内在意义，让学生在理解的基础上掌握了知识，这一过程运用了学习策略中的精加工策略。

(共 5 分。答出李老师采取的学习策略为精加工策略得 1 分，答出精加工策略的定义得 2 分，结合案例阐述合理得 2 分)

(2)与复述策略相比，精加工策略是一种比复述策略更高水平的、更精细的信息加工策略，是在意义理解基础上的信息加工策略。精加工策略是高效率地获得知识的基本条件之一，不仅能促进新旧知识的联系，增进对新知识的理解，而且能促使精加工后的新命题进入到命题网络，在以后需要唤起的时候容易检索，即使在直接检索它出现困难时，也能通过命题网络间接地把它推导出来。

(共 5 分。答出精加工策略是一种"比复述策略更高水平、更精细"的策略这一关键点得 2 分，答出"促进新旧知识的联系、增进对新知识的理解""容易检索"等关键点得 3 分。其他观点阐释合理，可酌情给分)

四、论述题(参考答案)

请结合实际,论述新任教师促进自身专业发展的主要途径。

新任教师促进自身专业发展的途径大致有入职培训、在职教育、自我教育以及终身学习等。具体途径包括:

(1)观摩和分析优秀教师的教学活动。一般来说,为培养新教师和教学经验欠缺的年轻教师宜进行组织化观摩,可以是现场观摩,如组织听课,也可以观看优秀教师的教学录像。

(2)开展微格教学。微格教学以少数的学生为对象,在较短的时间内(5~20 分钟),尝试做小型的课堂教学,并把这种教学过程摄制成录像,课后再进行分析。这是训练新教师、提高其教学水平的一条重要途径。

(3)进行专门训练。教师的成长与发展也可以通过专门的教学能力训练来实现,如训练新教师掌握教学过程中有效的教学策略等。研究表明,专家型教师所具有的教学技能和教学策略是可以教给新教师的,新教师在掌握这些知识后,会在一定程度上促进其教学。但同时也要明白,仅仅通过学习专家型教师的经验是远远不够的,新教师还应注重对自身教学经验的反思,使两者有效结合,才能真正提高自己的教学水平。

(4)进行教学反思。教学反思是指教师以自己的教学活动为意识对象,对自己的教育理念、教学行为、决策以及由此所产生的结果进行认真的自我审视、评价、反馈、控制、调节、分析的过程。反思帮助教师把经验和理论联结起来,从而更加有效地运用自己的专业技能。

(共 10 分。共 4 条,每条 2.5 分,答案完整得满分;答出“观摩和分析”“微格教学”“专门训练”“教学反思”等关键点每点 1.5 分,具体阐述每点 1 分)

五、教学设计题(参考设计)

1. 活动主题:走进信息世界

2. 活动理念:

我们生活在一个信息世界里,现代社会信息量越来越大,传递速度越来越快,人们获取信息的途径越来越广。互联网的出现改变着我们的学习方式和生活方式,学生及早认识和掌握这个作为现代文明标志的先进技术无疑是一件有意义的事。在信息时代,学会获得知识的方法往往比知识学习本身更为重要。通过这次综合性学习活动,学生感受信息传递方式的快速发展,体会信息给我们的学习、工作和生活带来的影响,并学会利用各种资源搜集和处理信息,还可以利用获得的信息,写简单的研究报告。

3. 活动目标:

(1)了解从古至今信息传递方式的演变与发展,认识现代信息传播的主要方式。

(2)学会阅读和分析研究报告,了解研究报告的撰写方法,学会利用工具选择和搜集信息。

(3)感受信息传递方式的变化以及信息发展对人们生活、工作和学习的影响。

(4)能够撰写简单的研究报告,能正确地使用信息媒体辅助学习。

4. 活动过程:

(1)活动一:信息传递改变着我们的生活

①直接导入

同学们,我们生活在信息时代,每天我们会从电视、网络上接收大量信息,就让我们走进信

山香教育 SHANXIANG EDUCATION

息世界，了解信息传递方式的发展历史，感受它的变化以及它对我们生活、学习的影响。

②阅读指导

指导学生阅读五篇材料，了解从古至今信息传递方式的变化，感受互联网和电脑给我们带来的便利。

③探索实践

班级内分小组根据阅读材料填写表格，直观展示从古代到现代信息传递方式的变化。（小组代表分享展示本小组表格）

（2）活动二：利用信息，写简单的研究报告

①直接导入

我们身边充满了各种信息，信息对我们有什么用呢？当我们遇到一些问题时，可以通过搜集、处理信息，撰写研究报告来解决。那么研究报告是什么呢？让我们一起来学习一下吧。

②阅读报告

指导学生研读两篇不同类型的研究报告——《奇怪的东南风》和《关于李姓的历史和现状的研究报告》，掌握研究报告的撰写方法。

③交流汇报

班级内分小组自选主题，做一份组内研究报告，并派小组代表分享、汇报。

5. 活动评价：

教师评价这次综合性学习活动的效果，小组内成员互评在本次活动中的表现。

评分标准：

（1）活动主题（共1分，活动主题贴合题干要求得1分）

（2）活动理念（共1分，表述清晰合理得1分）

（3）活动目标（共3分。从多个维度展开给1分，目标具体明确给1分，契合本次活动的主题给1分）

（4）活动过程（共8分。①选择能够吸引学生兴趣的导入方式2分，若导入方式不能充分吸引学生兴趣，在不偏离主题的情况下可酌情给1分；②在具体活动环节至少设计2个活动，每个活动2分，教学活动设计合理1分，表述清晰1分；③在交流环节根据题干中的学生情况，布置合适的任务2分，若任务不适合农村小学五年级学生不得分）

（5）活动评价（共2分，活动评价结合活动效果，教师做出评价得2分）

六、教育写作（参考范文）

如何做一名新时期的人民教师

做一名合格的人民教师难，做一名优秀的人民教师更难，做一名适应时代发展的优秀的人民教师尤其难。特别是在当前市场经济飞速发展、社会环境复杂多变、知识更新日新月异、学生个性日益彰显的形势下，不仅教育教学发生了微妙的变化，而且对教师的素养也提出了更为严格的要求。新形势下，每一位教师都必须思考：如何才能使自己成为一名顺应时代潮流的人民教师？

山香教育 SHANXIANG EDUCATION

我认为，教师应在以下几方面倾注心力：

首先，要做一名有使命感的教师。《中华人民共和国教师法》明确规定："教师是履行教育教学职责的专业人员，承担教书育人，培养社会主义事业建设者和接班人、提高民族素质的使命。"这不是一个简单的概念，而是一份神圣的责任。教师应时刻把这一使命挂在心上，以传授知识、培养人才、弘扬先进文化、推动社会进步为己任，以"一切为了学生，为了一切学生，为了学生一切"为指导思想，扎扎实实地担负起教书育人的责任。

其次，要做一名有师德的教师。关爱学生是师德的灵魂。鲁迅曾经说过："教育是植根于爱的。"可见爱在教育教学中的重要作用。作为一名新时期的教师，必须时刻关心爱护自己的学生，视学生如自己的孩子，一视同仁，不歧视、不虐待，以严慈相济的教育态度促使学生健康成长，培养学生全面成才。教师只有关爱学生、呵护学生，学生才会爱戴教师、尊重教师、信任教师，由此才能形成融洽的课堂教学氛围，促使教育教学正向发展。

再次，要做一名有素养的教师。所谓素养，包含两个方面：一是知识素养，二是人格素养。"学高为师，身正为范。"每一位教师都应勤奋好学、钻研业务，使自己具备扎实的学科知识、丰富的教学知识以及渊博的文化知识，还应时时引入新知识，更新自己的知识结构，做到与时俱进。教师只有用知识武装自己，才能在教学中做到游刃有余、张弛有度。除此之外，教师也应时时事事处处加强个人修养，为学生树立榜样，起到模范带头作用，真正做到为人师表。

最后，要做一名敢创新的教师。教师劳动的特点之一就是极富创造性，教育既是科学，也是艺术。要想做一名新时期合格的人民教师，就要在平凡的教学点滴中，探索教育的真谛，发现新知识、摸索新方法、实践新策略，不断改进固有的、呆板的教学模式，真正把课堂变活，真正形成自己独有的教学风格。而对于学生，则要着重培养其想象能力、创新能力和实践能力，不断激发学生的兴趣，让学生想学、好学、善学，促使他们成为国家未来的创新型人才。

教师是教育发展的第一资源，是学校教育的曙光，是实现国家富强、民族振兴、人民幸福的重要基石。在新的时代背景下，每一位教师都应努力使自己跟上时代发展的步伐，提升自己，为国家培养尽可能多的创新人才，推动创新发展战略的实施，为早日实现中华民族伟大复兴的中国梦贡献出自己的一份微薄之力！

（这篇作文紧密结合材料，论点突出；运用名人名言来论证自己的观点，深入浅出地论述了如何做一名新时期的人民教师。整篇作文结构严谨，感情真挚，有可圈可点的佳句，是一篇佳作。拟定得分 38 分）

2020 年河南省特岗教师招聘考试教育理论基础真题试卷（四）

1～5	CABBB	6～10	DBDAB	11～15	CCDAA	16～20	BDBCA
1～5	√××√×			6～10	×√×√×		
11～15	√√×××						

山香教育 SHANXIANG EDUCATION

一、单项选择题

1.C 【解析】本题考查时事政治。2020 年 5 月 18 日，国家主席习近平在第 73 届世界卫生大会视频会议开幕式上发表题为《团结合作战胜疫情，共同构建人类卫生健康共同体》的致辞。

2.A 【解析】本题考查《新时代爱国主义教育实施纲要》。2019 年 11 月，中共中央、国务院印发了《新时代爱国主义教育实施纲要》，并发出通知，要求各地区各部门结合实际认真贯彻落实。其总体要求之一是：坚持把实现中华民族伟大复兴的中国梦作为鲜明主题。

3.B 【解析】本题考查《中华人民共和国教育法》。《中华人民共和国教育法》以法律形式规定了我国教育基本制度。《中华人民共和国教育法》第二章对我国的教育基本制度做出明文规定，确定了学校教育制度、学前教育制度、义务教育制度等教育基本制度。

4.B 【解析】本题考查发散思维。发散思维，也叫求异思维、分散思维、辐射思维，是指人们解决问题时，思路朝各种可能的方向扩散，从而求得多种答案。发散思维的过程是从给予的信息中产生多种信息的过程。题干中 A、C、D 三项均属于发散思维。

5.B 【解析】本题考查 2008 年修订的《中小学教师职业道德规范》的内容。2008 年修订的《中小学教师职业道德规范》中关于"为人师表"方面所规定的具体职业行为要求之一是"自觉抵制有偿家教，不利用职务之便谋取私利"。故中小学在职教师有偿补课的行为违背了"为人师表"的教师职业道德规范。

6.D 【解析】本题考查发现法的内涵。发现法是指学生学习概念和原理时，教师只是给他们一些事例和问题，让学生自己通过阅读、观察、实验、思考、讨论、听讲等途径去独立探究，自行发现并掌握相应的原理和结论的一种方法。它的指导思想是在教师指导下，以学生为主体，让学生自觉地、主动地探索，掌握认识和解决问题的方法与步骤，研究客观事物的属性，发现事物发展起因和事物内部的联系，从中找出规律，形成自己的概念。故选 D 项。

7.B 【解析】本题考查《论语》的相关内容。"君子博学而日参省乎己，则知明而行无过矣"出自《荀子·劝学》。A、C、D 三项均出自《论语》。

8.D 【解析】本题考查教育家及其教育名著。《给教师的一百条建议》是苏霍姆林斯基的代表作。苏联教育家赞科夫的代表作是《教学与发展》。

9.A 【解析】本题考查教师劳动的特点。题干的表述出自乌申斯基，体现了培养教师的教育机智的重要性。教师劳动的创造性主要表现在三个方面：(1)因材施教。(2)教学方法上的不断更新。(3)教师需要"教育机智"。故题干的表述体现的是教师劳动的创造性。

10.B 【解析】本题考查学科课程与活动课程的相关内容。活动课程亦称经验课程，是指围绕着学生的需要和兴趣、以活动为组织方式的课程形态，即以学生的主体性活动经验为中心组织的课程。其主导价值在于使学生获得关于现实世界的直接经验和真切体验，故 B 项说法错误。学科课程是指以文化知识（科学、道德、艺术）为基础，按照一定的价值标准，从不同的知识领域或学术领域选择一定的内容，根据知识的逻辑体系，将所选出的知识组织为学科的课程类型，故 A 项说法正确。儿童从活动课程中获得的知识缺乏系统性和连贯性，有较大的偶然性和随机性，因此活动课程所获结论有时可能有误，故 C 项说法正确。活动课程和学科课程相辅相成,相得益彰,使我们的教育目标深刻全面地得到落实。但是在具体的目的、编排方式、教学方式和评价上,活动课程与学科课程有着明显的区别,故D项说法正确。

11. C 【解析】本题考查个体身心发展的规律。个体身心发展的阶段性是指不同年龄阶段学生的身心发展具有不同的总体特征及主要矛盾,面临着不同的发展任务。因此,教育工作必须根据不同年龄阶段的特点分阶段进行,对不同年龄阶段的学生,在教育的内容和方法上应有所不同,而不能搞"一刀切""一锅煮"。题干所述,在教育中把儿童当作儿童,而不当作"小大人"就体现了个体身心发展具有阶段性规律。

12. C 【解析】本题考查班级组织的社会化功能。班级组织的社会化功能有:(1)传递社会价值观,指导生活目标;(2)传授科学文化知识,形成社会生活的基本技能;(3)教导社会生活规范,训练社会行为方式;(4)提供角色学习条件,培养社会角色。故A、B、D三项属于班级组织的社会化功能。助力个性养成,体现了班级组织的个体发展功能。故选择C项。

13. D 【解析】本题考查埃里克森的人格发展阶段理论。根据埃里克森的人格发展阶段理论,自我同一性对角色混乱阶段(12~18岁)的发展任务是培养自我同一性。自我同一性是指个体组织自己的动机、能力、信仰及活动经验而形成的有关自我的一致性形象。自我同一性的形成要求谨慎的选择和决策,尤其体现在职业定向、性别角色分化等方面。如果青少年不能整合这些方面和各种选择,或者根本无法在其中进行选择,就会导致角色混乱。这一时期的学生常会被"我到底是谁""我将成为什么样的人?"之类的问题困扰。初中生正处于这一阶段,他们主要的发展任务是获得同一性,避免角色混乱,因此本题选D。

14. A 【解析】本题考查归因理论。罗特的控制点理论,将个体的行为分为内控型和外控型,内控型强调结果由个体的自身行为造成或者由个体稳定的个性特征(如能力)决定,反之,将事情归为自身以外的因素称之为外控。根据韦纳的成败归因理论,能力属于稳定、内在、不可控因素。因此,题目中将失败归为自己的能力不足,属于内控—稳定性归因,故选A。

15. A 【解析】本题考查心智技能。心智技能也称为智力技能、认知技能,是通过学习而形成的合乎法则的心智活动方式。阅读技能、写作技能、运算技能、解题技能等都是常见的心智技能。故B、C、D属于心智技能,A选项属于心理过程,不属于技能,故选A。

16. B 【解析】本题考查影响学生行为改变的方法。强化法指的是根据学习原理,一个行为发生后,如果紧跟着一个强化刺激,这个行为就可能再一次发生。题干中王老师鼓励胆小的同学,并对其发言行为加以表扬,运用的是强化法,因此该题选B。自我控制法是指让学生自己运用学习原理,进行自我分析、自我监督、自我强化、自我惩罚,以改善自身的行为。系统脱敏是指当某些人对某事物、某环境产生敏感反应(害怕、焦虑、不安)时,我们可以在当事人身上发展起一种不相容的反应,使其对本来可引起敏感反应的事物不再发生敏感反应。代币奖励法是指当学生做出教师所期待的良好行为后,教师就发给他们数量相当的代币作为强化物,学生用代币可以兑换有实际价值的奖励物或活动。

17. D 【解析】本题考查学习策略的种类。精加工策略是指把新信息与头脑中的旧信息联系起来从而增加新信息意义的深层加工策略。精加工策略包含记忆术、做笔记、提问、生成性学

山香教育 SHANXIANG EDUCATION

习、运用背景知识,联系客观实际等,题干中的编歌谣、口诀属于记忆术的一种,故该题选D。

18. B 【解析】本题考查知识学习的类型。下位学习又称类属学习,是一种把新的观念归属于认知结构中原有观念的某一部分,并使之相互联系的过程。原有观念在包容和概括水平上高于新学习的知识。正方形是一种特殊的长方形,所以学完长方形的面积计算公式,再学习正方形的面积计算公式,属于下位学习。

19. C 【解析】本题考查斯金纳的操作性条件作用理论。所谓塑造,就是通过小步强化帮助学生达到目标。斯金纳认为"教育就是塑造行为",他采用连续接近的方法,对趋向于所要塑造的反应的方向不断地给予强化,直到引出所需要的新行为。塑造学生行为体现了斯金纳的操作性条件作用理论中强化在教育上的应用。

20. A 【解析】本题考查卡特尔的智力形态论。卡特尔将智力分为流体智力和晶体智力,流体智力是个体通过遗传获得的在信息加工和问题解决过程中所表现出来的能力。故D项说法错误。流体智力的发展与年龄有密切的关系。一般人在20岁以后,流体智力的发展达到顶峰,30岁以后随着年龄的增长而降低。故C项说法错误。晶体智力是以学得的经验为基础的认知能力,受后天经验影响较大,与教育、文化有关。故B项错误。

二、判断题

1. √ 【解析】本题考查《中华人民共和国民法典》。《中华人民共和国民法典》被称为"社会生活的百科全书",是新中国第一部以法典命名的法律,在法律体系中居于基础性地位,也是市场经济的基本法。

2. × 【解析】本题考查《中华人民共和国义务教育法》。根据《中华人民共和国义务教育法》第十一条规定,适龄儿童、少年因身体状况需要延缓入学或者休学的,其父母或者其他法定监护人应当提出申请,由当地乡镇人民政府或者县级人民政府教育行政部门批准。

3. × 【解析】本题考查《中华人民共和国未成年人保护法》(2012年修正)。根据《中华人民共和国未成年人保护法》第三十八条规定,任何组织或者个人不得招用未满十六周岁的未成年人,国家另有规定的除外。

4. √ 【解析】本题考查教育的社会功能。教育的社会功能就是教育对社会的存在和发展所具有的功用和效能,主要包括政治功能、经济功能、文化功能、科技功能等。教育主要是通过培养人来实现其社会功能的。

5. × 【解析】本题考查启发式教学的相关知识。依据指导思想不同,各种教学方法可归并为两大类:注入式和启发式,这是两种根本对立的教学方法指导思想。启发式是指教师从学生实际出发,采取各种有效的形式去调动学生学习的积极性,指导他们自己去学习的方法。它是运用各种教学方法的指导思想,不是一种具体的教学方法。因为一种具体的教学方法是由一套固定的教学格式和教学环节来构成的。启发式教学并没有固定的教学格式和环节,它的真正含义是要调动学生主动学习的积极性,引导学生独立思考、融会贯通,学会正确分析问题、解决问题的思路和方法。

6. × 【解析】本题考查行动研究法的相关知识。目前一些学者将行动研究划归质化研究,这有一定的道理,因为行动研究大都是用质化研究来做的,但这并不等于说所有的行动研究都不可以用量化的方法来做。此外,行动研究对于即将走向教育实践工作岗位的准教师而言比其他研究方法更具有重要意义,因此我们将教学行动研究独立于量化和质化研究之外。故题干说法不正确。(具体参见李森主编的《现代教学论》)

7. √ 【解析】本题考查非制度化教育的理念。非制度化教育是相对于制度化教育而言的。它指出了制度化教育的弊端,但又不是对制度化教育的全盘否定。非制度化教育所推崇的理想是:"教育不应再限于学校的围墙之内。"

8. × 【解析】本题考查德育方法。实践锻炼法是有目的地组织学生参加各种实际活动,使其在活动中锻炼思想,增长才干,培养优良的思想和行为习惯的德育方法。说服教育法又叫说理教育法,是通过语言说理,使学生明晓道理,分清是非,提高品德认识的德育方法。说服教育法的方式:第一类是运用语言文字进行说服的方式,如讲解、报告、谈话、讨论、辩论、读书指导等;第二类是运用事实进行说理教育的方式,主要包括参观、访问和调查。题干中的学校组织学生赴大别山革命老区接受红色教育属于运用事实进行的说理教育,采用的是说服教育法。

9. √ 【解析】本题考查耶克斯—多德森定律。"耶克斯—多德森定律"表明,动机不足或过分强烈都会影响学习效率。动机的最佳水平随任务性质的不同而不同。在比较容易的任务中,行为效果随动机的提高而上升;随着任务难度的增加,动机的最佳水平有逐渐下降的趋势。因此,教师在教学时,要根据学习任务的不同难度,恰当控制学生学习动机的激起程度。

10. × 【解析】本题考查意志的品质。意志的自制性是一个人善于控制和支配自己的情绪,约束自己言行的品质。与自制性相反的意志品质是任性和怯懦。意志的坚持性是一个人在行动中坚持决定,百折不挠地克服重重困难去达到行动目的的品质。虎头蛇尾的学生主要是指学生在行为中不能坚持下去,因此对于虎头蛇尾的学生应主要培养学生的坚持性,题干说法错误。

11. √ 【解析】本题考查记忆过程及其规律的相关知识。实验证明,过度学习达到50%,即学习的熟练程度达到150%时,学习的效果最好;超过150%时,效果并不递增,很可能引起厌倦、疲劳而成为无效劳动。因此"错一罚十"违背记忆规律,题干说法正确。

12. √ 【解析】本题考查情绪和情感的功能。人类的情绪和情感可以互相传递,具有感染性。人们之间的感情沟通正是通过情绪和情感的易感性功能才得以实现的。这种易感性,具体体现为"共鸣"和"移情"作用。移情是个人将自己的内心感受赋予他人或物,杜甫《春望》中的"感时花溅泪,恨别鸟惊心"就是这种表现。

13. × 【解析】本题考查认知风格的概念。认知风格,也称认知方式,是指人们在认知活动中所偏爱的信息加工方式。它是一种比较稳定的心理特征,存在着很大的个体差异。认知方式没有优劣、好坏之分,只是表现为学生对信息加工方式的某种偏爱,主要影响学生的学习方式。

14. × 【解析】本题考查创造性思维能力的培养。推测与假设训练的主要目的是发展学生的想象力和对事物的敏感性,并促使学生深入思考,以便灵活地应对问题。例如,让学生听一

山香教育 SHANXIANG EDUCATION

段无结局的故事,鼓励他们去猜测可能的结局;让学生读文章的标题,再去猜测文中的具体内容。还可以让学生进行各种假设、想象,如假设你当校长,你会如何管理这个学校等。因此,题干中的说法属于推测与假设训练。自我设计训练是指教师为学生提供必要的材料与工具,让学生利用这些材料,实际动手去制作某种物品。

15. × **【解析】**本题考查态度与品德的形成过程。依从,即表面上接受规范,按照规范的要求来行动,但对规范的必要性或根据缺乏认识,甚至有抵触情绪。认同是在思想、情感、态度和行为上主动接受他人的影响,把别人或某个群体的态度作为自己的态度,使自己的态度和行为与他人相接近。认同实质上就是对榜样的模仿,其出发点就是试图与榜样保持一致。根据定义可判断小张的态度处于认同阶段。

易错提示:考生易混淆态度与品德学习的一般过程。在做题时,考生可以抓住关键词来进行区分和理解:依从阶段强调表面遵守,即阳奉阴违;认同阶段强调与他人保持一致;内化阶段强调已完善自己的价值体系。

三、案例分析题(参考答案)

1. (1)有权利申诉。根据《中华人民共和国教师法》第三十九条规定,教师对学校或者其他教育机构侵犯其合法权益的,或者对学校或者其他教育机构作出的处理不服的,可以向教育行政部门提出申诉,教育行政部门应当在接到申诉的三十日内,作出处理。教师享有学术自由权,李老师认为学校的认定意见侵犯了自己的学术自由权,所以从此角度出发,该教师可以对学校的认定意见提出自己的申诉。

(共5分。答出教师有权利申诉得2分,完整答出《中华人民共和国教师法》中关于教师申诉的规定得2分,结合案例阐述合理得1分)

(2)不会同意。虽然教师具有学术交流的权利,但是任何权利的行使,不是没有条件的,李老师事先未向学校请假而造成教学损失,根据《中华人民共和国教师法》第三十七条规定可知,教师故意不完成教育教学任务给教育教学工作造成损失的,由所在学校、其他教育机构或者教育行政部门给予行政处分或者解聘。此案例中李老师没有完成学校所规定的教育教学任务,所以学校有权按照学校管理规定,给予处分或者解聘。

(共5分。答出学校的主管部门不会同意李老师的申诉得1分,答出李老师行为的不当之处及学校不会同意其申诉的理由得3分,结合案例阐述合理得1分)

2. (1)教师职业角色的“不变”:①“传道者”“授业、解惑者”角色。教师的根本任务依然是教书育人。②“示范者”角色。在教育活动中,教师的言行举止依然是学生学习和模仿的榜样。③“家长代理人、父母”和“朋友、知己”的角色。在人工智能时代,教师要教好学生,依然需要做到热爱、关心学生,理解学生。此外,教师在教育教学过程中依然扮演着“教育教学活动的设计者、组织者和管理者”角色以及“研究者”“学习者”和“学者”的角色。

(共6分。从教师职业角色的“传道者”“授业、解惑者”;“示范者”;“家长代理人、父母”“朋友、知己”三个方面阐述,每条得1分,理论依据准确、充分每条得1分)

(2)教师职业角色的“变化”:教师需要转变单纯的知识传授者角色,成为学生学习的促进者。教师不仅要培养学生的各种能力,还要成为学生人生的引路人。

(共4分。答出职业角色的两种变化,每处得1分,结合案例阐述合理每处得1分)

3.(1)案例反映了定势效应。定势(即心向)是指重复先前的操作所引起的一种心理准备状态。案例中,阿西莫夫的回答受到汽车修理工所给情境的影响,产生了思维定势,认为盲人买剪刀也需要做手势,但实际上盲人可以开口说话,这是在定势的影响下,以同样的思维习惯对刺激情境做出反应,所以该案例反映了定势的心理效应。

(共5分。答出案例反映的是“定势效应”得2分,答出定势的概念得1分,结合案例阐述合理得2分)

(2)定势对学生的学习既有积极作用,也有消极作用。积极作用:在同样的思维范式下,学生举一反三,可以快速地解决问题,提高学习效率;消极作用:总是采用惯用的方式学习,可能会导致错误地理解问题情境,从而出现错误。

(共5分。答出“定势效应”有积极作用与消极作用得2分,答出“快速解决问题”“提高学习效率”“错误理解问题情境”等关键点得2分,具体阐述得1分)

四、论述题(参考答案)

请结合实际,论述运用榜样示范法的基本要求。

榜样示范法是用榜样人物的优秀品德来影响学生的思想、情感和行为的德育方法。运用榜样示范法的基本要求有:

(1)选好学习的榜样。选好榜样是学习榜样的前提。我们应从时代需要和学生实际出发,指导他们选择好学习的榜样,获得明确的方向与巨大动力。

(2)激起学生对榜样的敬慕之情。要使榜样能对学生产生力量,推动他们前进,就需要引导学生了解榜样,了解所学习榜样的身世,艰苦奋斗的经历,伟大卓越的成就,崇高光辉的品德,特别是了解那些感人至深、令人敬佩之处,使他们在心灵上对所学榜样产生爱慕、敬仰之情。这样,外在的学习榜样才能转化为学生心目中的榜样。为了培养学生对历史典范人物的情感,指导学生读一些历史著作、人物传记十分重要。为了引导学生向生活中的模范老师和优秀学生学习,应鼓励他们多接触这些人。

(3)狠抓落实,引导学生用榜样来调节行为,提高修养。要及时地把学生的情感、冲动引导到行动上来,把仰慕之情转化为道德行为和习惯,并逐步巩固和加深。

(共10分。答出“榜样示范法”的概念得1分;榜样示范法的基本要求共9分,答出“选好学习的榜样”“激起学生对榜样的敬慕之情”“狠抓落实”三个方面每点3分,答案完整得满分)

五、教学设计题(参考设计)

1.活动主题:爱公益爱劳动

2.活动目标:

(1)学生认识到劳动的重要性,树立劳动光荣的观念。

SHANXIANG EDUCATION

(2)学生增强独立生活的能力,并掌握一些基本的知识和技能。

(3)学生体会到劳动的辛苦,做到尊重劳动者及其成果,激发参加公益劳动的积极情感。

(4)学生自觉参加公益劳动,养成热爱劳动、积极劳动的良好生活习惯。

3. 活动准备:

班主任准备好活动方案及班会所需的课件、教具等物品。学生准备好自己的发言稿,协助班主任做好布置教室等事宜。

4. 活动过程:

(1)《劳动最光荣》引入主题。

(2)"这些我来做"深化意识。通过小组合作的方式,让学生共同探讨出生活中可以自己动手完成的事情,并形成"这些我来做"小公约,培养学生爱劳动、勤动手的意识。(学生自由回答在生活中动手完成的事情)

(3)通过参加劳动技能竞赛体会劳动的乐趣。通过劳动技能竞赛,让学生在劳动中接受锻炼,体会劳动的乐趣,使他们成为生活中的小能手。(鼓励学生积极分享自己参加劳动活动的体验)

(4)"这些事情我要做"升华主题。每位同学以"这些事情我要做"为主题写一写可以做哪些公益劳动,如义务植树、义务大扫除等。

5. 活动评价:班主任自评此次班会的效果,再由学生评价自己在班会中的表现,最后学生互评在班会中的表现。

评分标准:

(1)活动主题(共1分,活动主题贴合题干要求得1分)

(2)活动目标(共3分。从多个维度展开给1分,目标具体明确给1分,契合本次活动的主题给1分)

(3)活动准备(共1分,结合活动主题,准备合理充分得1分)

(4)活动过程(共8分。①选择能够吸引学生兴趣的导入方式2分,若导入方式不能充分吸引学生兴趣,在不偏离主题的情况下可酌情给1分;②设计小组合作的方式来深化学生意识,表述清晰2分;③设计劳动技能竞赛活动2分,让学生体验劳动的乐趣,若活动不适合小学五年级学生不得分;④升华主题2分,让学生发现生活中的公益劳动)

(5)活动评价(共2分,活动评价结合活动效果,教师做出评价得2分)

六、教育写作(参考范文)

教育扶贫

教育扶贫是阻断贫困代际相传的重要手段,更是精准扶贫的有效途径之一。公平的教育资源,是实现教育公平的基础,也是落实好教育扶贫的重要因素。目前,贫困地区教育发展相对滞后。教育经费投入不足,发展绝对数量不足,优质资源相对短缺和分配不均,致使地区之间、城乡之间优质教育资源分布差距不断扩大。

治贫先治愚、扶贫先扶教。教育扶贫,是我国扶贫助困的治本之策。我们常说:学习改变命运,知识成就未来。这也鼓励更多贫困山区的孩子通过努力学习走出大山,融入城市,改变贫困的命运。

教育好一个孩子,可以彻底挖掉一个家庭的穷根。教育扶贫不是让每个孩子都去上大学,更重要的意义在于让适龄的孩子读书,接受完整的、系统的、良好的教育。在我国贫困人口中,绝大多数人没有受过教育或受过很少的教育,生产能力和自身素质的低下导致他们没有获得社会平均收入职业的机会。因此,要解决这部分人口的贫困问题,关键在于发展教育。

教育扶贫通过给每个人提供取得收入所需要的受教育机会,向他们传授知识和技术,提高其劳动技能、技术水平和自身素质,改变他们的劳动形态,增加收入。通过教育扶贫,不仅为广大贫困地区孩子提供了物质上的帮助,还带给这些山里孩子崭新的精神世界和文化熏陶。有了更多的见识和渴望,或许更能让他们憧憬未来人生的幸福,激发其学习动机。

尽管这样的过程会很漫长,而且艰辛,但是因为有了希望,我们才会有和贫困对抗的动力和支撑。这,就是教育扶贫的治本功能。

(这篇作文紧密结合材料,论点明确;联系我国扶贫政策来论证自己的观点,深入浅出地论述了教育扶贫的重要性。整篇作文结构严谨,见解深刻,是一篇佳作。拟定得分36分)

2019年河南省特岗教师招聘考试教育理论基础真题试卷(五)

1~5	DCACB	6~10	BAAAB	11~15	CDDDC	16~20	CBBAA
1~5	ABABB	6~10	ABAAB	11~15	AABAB		

一、单项选择题

1. D 【解析】本题考查时事政治。习近平总书记在全国教育大会上对教育的地位和作用作出全新判断,首次提出“教育是国之大计、党之大计”,把教育摆在前所未有的高度。

2. C 【解析】本题考查《中国教育现代化2035》。《中国教育现代化2035》提出了推进教育现代化的八大基本理念:更加注重以德为先,更加注重全面发展,更加注重面向人人,更加注重终身学习,更加注重因材施教,更加注重知行合一,更加注重融合发展,更加注重共建共享。

3. A 【解析】本题考查教育政策文件。《中共中央 国务院关于深化教育教学改革全面提高义务教育质量的意见》提出坚持“五育”并举,全面发展素质教育。其具体措施包括:突出德育实效;提升智育水平;强化体育锻炼;增强美育熏陶;加强劳动教育。

4. C 【解析】本题考查教师职业道德评价的原则。社会主义方向性是我们开展教师职业道德评价的最根本的指导思想和工作原则。

5. B 【解析】本题考查学校可对违纪学生使用的教育手段。与惩罚相比,惩戒的教育性目的更强,更易于被人理解并付诸实践,因而也就更符合学校教育情境下教育制裁的实质目的。惩戒是学校为杜绝学生不良行为而采取的惩罚性的教育措施,其本质是一种寓戒于惩的教育手段。故对个别学生的违纪可以采取惩戒的手段。

山香教育 SHANXIANG EDUCATION

6. B 【解析】本题考查《中华人民共和国未成年人保护法》(2012 年修正)。根据《中华人民共和国未成年人保护法》(2012 年修正)第二十五条规定,对于在学校接受教育的有严重不良行为的未成年学生,学校和父母或者其他监护人应当互相配合加以管教;无力管教或者管教无效的,可以按照有关规定将其送专门学校继续接受教育。

7. A 【解析】本题考查教师劳动的特点。广延性是指空间的广延性。教师没有严格界定的劳动场所,课堂内外、学校内外都可能成为教师劳动的空间,这个特点是由影响学生发展因素的多样性决定的。学生的成长不仅受学校的影响,还受社会和家庭的影响。教师不能只在课内、校内发挥影响,还要走出校门,协调学校、社会、家庭的教育影响,以便形成教育合力。

8. A 【解析】本题考查翻转课堂的内涵。"翻转课堂"也称"颠倒课堂"或"颠倒教室",是相对于传统的课堂上讲授知识、课后完成作业的教学模式而言的。翻转课堂,是在信息化环境中,课程教师提供以教学视频为主要形式的学习资源,学生在上课前完成对教学视频等学习资源的观看和学习,师生在课堂上一起完成作业答疑、协作探究和互动交流等活动的一种新型的教学模式。

9. A 【解析】本题考查研学旅行课程的相关内容。教育部等 11 部门印发《关于推进中小学生研学旅行的意见》指出,中小学生研学旅行是由教育部门和学校有计划地组织安排,通过集体旅行、集中食宿方式开展的研究性学习和旅行体验相结合的校外教育活动,是学校教育和校外教育衔接的创新形式,是教育教学的重要内容,是综合实践育人的有效途径。各中小学要结合当地实际,把研学旅行纳入学校教育教学计划,与综合实践活动课程统筹考虑,促进研学旅行和学校课程有机融合,要精心设计研学旅行活动课程,做到立意高远、目的明确、活动生动、学习有效,避免"只旅不学"或"只学不旅"现象。学校根据教育教学计划灵活安排研学旅行时间,一般安排在小学四到六年级、初中一到二年级、高中一到二年级,尽量错开旅游高峰期。学校根据学段特点和地域特色,逐步建立小学阶段以乡土乡情为主、初中阶段以县情市情为主、高中阶段以省情国情为主的研学旅行活动课程体系。

10. B 【解析】本题考查教育的政治属性。教育作为国家的一个基本制度,直接受制于政治的制约,因此形成了教育的"政治"属性。"教育要培养的是中国特色社会主义事业的建设者和接班人"就体现了政治经济制度对教育目的的影响,即体现了教育的政治属性。

11. C 【解析】本题考查发现法的相关内容。布鲁纳倡导发现法,培养学生的科学探索精神、科学兴趣和创造能力。发现法又称探索法、研究法,是指学生在教师指导下,对所提出的课题和所提供的材料进行分析、综合、抽象和概括,自行发现并掌握相应的原理和结论的一种教学方法。

12. D 【解析】本题考查操作技能的培训要求。练习是形成各种操作技能所不可缺少的关键环节,通过应用不同形式的练习,可以使个体掌握某种技能。

13. D 【解析】本题考查奖励和惩罚的相关知识。许多研究表明,如果滥用外部奖励,不仅不能促进学习,而且可能破坏学生的内在动机。故 A 项错误。教师对学生的肯定性评价具有积极的强化作用,能鼓励学生产生再接再厉、积极向上的心态,赞扬、奖励一般比批评、惩罚更具有激励作用。故 B 项错误,D 项正确。奖励必须充分考虑学生的个别差异,从而有的放矢,对症下药。故 C 项错误。

14. D 【解析】本题考查自我调控系统。自我体验是自我意识在情感上的表现,是伴随自我认知而产生的内心体验。自尊心、自信心是自我体验的具体内容。题干中学生因受到表扬感到开心是该学生自我意识在情感上的表现。故这句话反映的是学生自我意识中的自我体验。

15. C 【解析】本题考查功能固着。人们把某种功能赋予某物体的倾向称为功能固着。在功能固着的影响下,人们不易摆脱事物用途的固有观念,从而直接影响问题解决的灵活性。题干所述现象属于功能固着。

16. C 【解析】本题考查教师期望效应。教师期望效应也叫罗森塔尔效应或皮格马利翁效应,即教师的期望或明或暗地传送给学生,会使学生按照教师所期望的方向来塑造自己的行为。教师相信学生、热爱学生,会自觉或不自觉地通过语言、行动、态度等表现出来。而在学生方面一旦通过种种途径感受到这种热爱和期待,则会自觉或不自觉地通过自身的努力来响应它们,从而向教师所期望和暗示的方向去努力。

17. B 【解析】本题考查系统脱敏法。系统脱敏是指当某些人对某事物、某环境产生敏感反应(害怕、焦虑、不安)时,我们可以在当事人身上发展起一种不相容的反应,使其对本来可引起敏感反应的事物不再发生敏感反应。体育课中老师先让学生看别的同学练习,再从简单练习开始,逐步加大练习难度,消除学生对难度大的练习的害怕心理,运用的就是系统脱敏法。

18. B 【解析】本题考查知觉的基本特性。知觉的选择性是指当面对众多的客体时,知觉系统会自动地将刺激分为对象和背景,并把知觉对象优先地从背景中区分出来。题干中教师用彩笔区分容易写错的生字笔画是利用了知觉的选择性。

19. A 【解析】本题考查情感的分类。理智感是人认识事物和探求真理的需要是否得到满足而产生的主观体验。问题解决的喜悦感就属于理智感。

20. A 【解析】本题考查学习策略的种类。组织策略是指将经过精加工提炼出来的知识点加以构造,形成知识结构的更高水平的信息加工策略。归类策略是组织策略的一种,用于概念、语词、规则等知识的归类整理。题干所述的学习策略是组织策略中的归类策略。

二、判断题

1. A 【解析】本题考查河南省时事政治。2019 年 4 月 29 日,河南省教育大会召开,会议确定了“加快推进教育现代化,建设教育强省”这一全新奋斗目标。

2. B 【解析】本题考查教育政策文件。《关于深化教育教学改革全面提高义务教育质量的意见》指出,义务教育学校不得引进境外课程、使用境外教材。

3. A 【解析】本题考查《中华人民共和国预防未成年人犯罪法》(2012 年修正)。根据《中华人民共和国预防未成年人犯罪法》(2012 年修正)第十六条规定,中小学生旷课的,学校应当及时与其父母或者其他监护人取得联系。未成年人擅自外出夜不归宿的,其父母或者其他监护人、其所在的寄宿制学校应当及时查找,或者向公安机关请求帮助。收留夜不归宿的未成年人的,应当征得其父母或者其他监护人的同意,或者在二十四小时内及时通知其父母或者其他监护人、所在学校或者及时向公安机关报告。故题干表述正确。

4. B 【解析】本题考查对素质教育的理解。素质教育就是要学生什么都学、什么都学好，这是对素质教育使学生全面发展的误解。

5. B 【解析】本题考查班主任工作的内容。组织和培养班集体是班主任工作的中心环节。

6. A 【解析】本题考查对反思的认识。反思被广泛地看作是教师专业发展的决定性因素。外在促进因素是否对教师专业发展产生影响以及影响的程度如何，取决于教师是否有反思习惯和反思的深度，取决于教师的自我专业发展意识。反思帮助教师把经验和理论联结起来，从而更加有效地运用自己的专业技能。没有反思，教学将只建立在冲动、直觉或常规之上。

7. B 【解析】本题考查对劳动教育的认识。学校劳动教育的基本目标包括：(1)形成正确的劳动观，养成良好的劳动习惯。要进行劳动教育，必须从培养学生的劳动观念着手。进行劳动知识、技能和习惯的教育，帮助学生了解劳动知识及技能，掌握劳动的本领。(2)增强劳动中的智力参与，培养学生的创造性。(3)培养劳动特长，形成良好品德。

8. A 【解析】本题考查新课程倡导的教师角色。新课程倡导民主、开放、科学的课程理念，同时确立了国家、地方、学校三级课程管理政策，这就要求课程与教学相互整合，教师必须在课程改革中发挥主体作用。教师不仅是课程实施的执行者，更应成为课程的开发者和建设者。

9. A 【解析】本题考查耶克斯—多德森定律。根据耶克斯—多德森定律，动机的最佳水平随任务性质的不同而不同。在比较容易的任务中，行为效果随动机的提高而上升；随着任务难度的增加，动机的最佳水平有逐渐下降的趋势。故在较容易的任务中，教师可以使学生紧张一些，提高学生的学习动机。

方法技巧：关于耶克斯—多德森定律，考生需牢记以下几点：曲线为倒U，最佳为中等；任务易上升，任务难下降。

10. B 【解析】本题考查学生的认知风格差异。场独立者通常以内在动机为主，对学习材料本身感兴趣，而场依存者较依赖外部反馈，当受到批评或打击时，学习成绩容易下降。

11. A 【解析】本题考查学习迁移的类型。自上而下的迁移也叫原则迁移，即上位的较高层次的经验影响下位的较低层次的经验的学习。也就是经由原则的演绎、推广和应用，而确认某特殊事例隶属于该原则之内。平行四边形的概念层次高于菱形，故属于自上而下的迁移。

12. A 【解析】本题考查非智力因素的功能。优良的非智力因素对智力的某些弱点具有补偿功能，即所谓“勤能补拙”。

13. B 【解析】本题考查思维的品质。“落叶知秋”的意思是指见到落地的黄叶，知道已经是秋天快到了。指通过迹象便可预测形势的发展变化。这说明思维具有深刻性。

14. A 【解析】本题考查教师成长的阶段。处于关注学生阶段的教师将考虑学生的个别差异，认识到不同发展水平的学生有不同的需要，根据学生的差异采取适当的教学，促进学生的发展。能否自觉关注学生是衡量一个教师是否成熟的重要标志之一。

15. B 【解析】本题考查皮亚杰的道德发展阶段论。处在权威阶段的儿童的道德判断受外部的价值标准所支配和制约，表现出对外在权威的绝对尊重和顺从的愿望。在这个阶段的儿童认为,应该尊重权威和尊重年长者的命令。他们认为规则是必须遵守的,是不可更改的,只要服从权威就是对的,比如听父母或大人的话就是好孩子。

三、案例分析题(参考答案)

1. 案例中张玉滚校长的做法体现了爱岗敬业、关爱学生、为人师表、教书育人、终身学习的师德规范。

(1)“爱岗敬业”的师德规范所规定的具体职业行为要求有:对工作高度负责,认真备课上课等。张玉滚校长“不忘初心,扎根深山 18 年,奋斗在乡村教育第一线。他勤恳敬业,乐于奉献,对工作高度负责”,这体现了他具有“爱岗敬业”的师德规范。

(2)“关爱学生”的师德规范所规定的具体职业行为要求有:对学生严慈相济,做学生的良师益友;保护学生安全,关心学生健康,维护学生权益等。“山区学校寄宿学生多,张玉滚校长学缝衣做饭;学生家庭困难,他慷慨解囊;山区不通车,他用扁担把学生教材和学习用品挑进大山。用无怨无悔的坚守和付出照亮山区孩子的求学之路。”张玉滚不仅在学习中帮助学生,在生活点滴中也悉心照顾学生,体现了他具有“关爱学生”的师德规范。

(3)“终身学习”的师德规范所规定的具体职业行为要求有:潜心钻研业务,勇于探索创新,不断提高专业素养和教育教学水平。张玉滚校长“潜心钻研业务,苦练教学本领”,体现了他具有“终身学习”的师德规范。

(4)“为人师表”的师德规范所规定的具体职业行为要求有:严于律己,以身作则。张玉滚校长用他的良好品行影响学生,他先后被誉为“全国优秀教师”“全国师德标兵”“时代楷模”“感动中国 2018 年度人物”,这些都体现了他具有“为人师表”的师德规范。

(5)“教书育人”的师德规范。教书育人是教师必须完成的任务,也是教师必须坚守的职责。倡导“教书育人”就是要求教师以育人为根本任务。案例中的张玉滚校长“18 年来,他教过 500 多名学生,培养出 16 名大学生,有的还读了研究生”,这些都体现了他对教师职责的坚守。

(共 10 分。从“爱岗敬业”“关爱学生”“终身学习”“为人师表”“教书育人”五个方面分析张玉滚老师的行为,每点 2 分,理论依据准确、充分 1 分,结合案例阐述合理 1 分)

2. 新课程倡导“立足过程,促进发展”的课程评价,这不仅仅是评价体系的变革,更重要的是评价理念、评价方法与手段以及评价实施过程的转变。现代教育评价的理念是发展性评价与激励性评价。

(1)案例中的老师对小刚的评价一直是以教师自己为单一主体的评价,在评价过程中没有让学生参与其中,忽视了学生的自我评价。新课程评价强调参与与互动、自评与他评相结合,实现评价主体的多元化。即被评价者从被动接受评价逐步转向主动参与评价,实现评价主体的多元化,从单向转为多向,增强评价主体间的互动,强调被评价者成为评价主体中的一员,建立学生、教师、家长、管理者、社区和专家等共同参与、交互作用的评价制度,以多渠道的反馈信息促进被评价者的发展。

(2)案例中的老师只关注小刚 80 分的考试成绩与其他学生的差距,没有结合小刚自身的个体差异,忽视了小刚在考试前所付出的努力和学习态度的积极转变,以及他较之前所取得的巨大进步。新课程评价重视综合评价,关注个体差异,实现评价指标的多元化。这要求教师在关注学业成绩的同时,还要关注个体发展的其他方面,如积极的学习态度、创新成就等方面。评价标准分层化,关注被评价者之间的差异性和发展的不同需求,促进其在原有水平上的提高和发展的独特性。

(3)案例中的老师过分关注结果(成绩),忽视了对小刚学习过程的评价,该老师的评价突出甄别、选拔、评优的功能,评价的激励、调控、发展功能没能充分发挥出来。新课程评价强调重视发展,淡化甄别与选拔。评价不再是"选拔适合教育的儿童"而是帮助我们"创造适合儿童的教育",评价更重要的是为了促进被评价者的发展。评价的根本目的在于促进发展。淡化原有的甄别与选拔的功能,关注学生、教师、学校和课程发展中的需要,突出评价的激励与调控的功能,激发学生、教师、学校和课程的内在发展动力,促进其不断进步,实现自身价值。

(共10分。答出新课程改革倡导"立足过程,促进发展"的课程评价得2分,答出现代教育评价的理念得2分;从"评价主体""学生个体差异""评价的关注点"三个方面分析老师对小刚的评价,每点2分,理论依据准确、充分1分,结合案例阐述合理1分)

3.(1)美国心理学家韦纳把人经历过的事情的成败归结为六种原因,即能力、努力程度、工作难度、运气、身心状况、外界环境。能力属于内部、稳定、不可控因素,一个总是失败并把失败归因于内部的、稳定的和不可控的因素(即能力低)的学生会形成一种习得性无助的自我感觉。努力属于内部、可控、不稳定因素。学生将成败归因于努力比归因于能力会产生更强烈的情绪体验。努力而成功,体验到愉快;不努力而失败,体验到羞愧;努力而失败,也应受到鼓励。材料中感叹无力回天的学生是把自己的失败归因于能力,被蜘蛛屡败屡战的精神所感动的学生则是认识到努力的重要性。

(2)该案例给我们的启示是:

①教师要引导学生形成正确归因。通过归因训练改变学生消极的自我认识,提高学习动机。教师在给予奖励时,不仅要考虑学生的学习结果,而且要联系学生学习进步与努力程度的状况来看。在学生付出同样努力时,对能力低的学生应给予更多的奖励;对能力低而努力的人给予最高评价;对能力高而不努力的人则给予最低评价,以此引导学生进行正确归因。

②挫折犹如一把双刃剑,它可以为我们所用,也可以使我们受伤,这要看我们究竟是抓住剑刃还是握住剑柄。学校心理辅导要引导学生在遭受挫折时采取积极的反应,避免消极的反应,并帮助学生找出产生挫折的真正原因,予以克服,达到真正战胜挫折、取得成功的目的。即使不能如此,也要想办法避免挫折对学生身心健康造成损害。要做到这一点,学校心理辅导在进行挫折教育时重点可放在两方面:第一,提高学生的挫折承受力;第二,教会学生积极适应挫折的方法和技术。

(共10分。答出习得性无助与成败归因理论的关系得3分,结合案例阐述合理得3分,至少提出2条根据案例得出的启示,每条2分)

SHANJIANG EDUCATION

四、论述题(参考答案)

请结合新时代立德树人的要求,论述学校德育的主要途径。

"立德树人"要求我们必须坚持德育为先;"立德树人"要求我们必须着眼促进学生全面发

展;“立德树人”要求我们必须坚持培育学生健全人格;“立德树人”要求我们必须致力于“让每个孩子都能成为有用之才”的教育理想。学校可以通过以下途径来实现德育目标:

(1)思想品德课(思想政治课)与其他学科教学。思想品德课(思想政治课)与其他学科教学是学校有目的、有计划、系统地对学生进行德育的基本途径。

(2)社会实践活动。学生的思想品德是在活动和交往中形成,并通过活动和交往表现出来的。社会实践活动有助于培养学生各种良好的品德和风尚,因此,社会实践活动也是学校德育不可缺少的重要途径。

(3)课外、校外活动。课外、校外活动是整个教育体系中必不可少的组成部分,它不受教学计划的限制,是向学生进行德育的重要途径。

(4)共青团、少先队组织的活动。共青团、少先队是青少年学生自己的集体组织。通过自己的组织进行德育,有利于调动学生的积极性和创造性,培养主人翁意识以及自我教育和管理的能力,自觉提高思想认识,培养优良品德。

(5)校会、班会、周会、晨会、时事政策的学习。校会和班会是全校师生或全班同学参加的活动,能持久地潜移默化地影响学生,及时地、有针对性地解决学生的思想问题。周会主要对学生进行社会主义道德教育和时事政策教育。每天的晨会可以对随时出现的问题予以及时解决。时事政策学习是国情教育的重要途径,一般采用做政策报告,学生自己阅读报纸或收听广播,收看电视等形式。

(6)班主任工作。班主任工作是学校对学生进行德育的一个重要而又特殊的途径。通过班主任,学校可以强有力地管理基层学生集体,更好地发挥上述各个德育途径的作用。

(共10分。答案完整得满分;答出“思想品德课与其他学科教学”“社会实践活动”“课外、校外活动”“共青团、少先队组织的活动”“校会、班会、周会、晨会、时事政策的学习”“班主任工作”等关键点可得6分,具体阐述4分)

五、教学设计题(参考设计)

活动内容:与陌生人交往时的做法

活动形式:小组讨论、表演体验

具体做法:

活动一:要不要搭话

教师展示图片:小学生遇到陌生人主动搭话。

引导学生围绕情境进行思考:你会怎样回答?平时的生活中你有没有遇到过陌生人主动打招呼之类的事情?你是如何处理的?

教师在多媒体课件上呈现几种做法,让学生选择自己比较认可的做法。

(1)直接告诉他,因为待人要诚实。

(2)看着像好人的就告诉他,看着不像好人的就不告诉他。

(3)就说我不认识你,我不能告诉你。

(4)告诉他自己住在哪个小区,但不要告诉他具体的门牌号。

山香教育 SHANXIANG EDUCATION

请学生展开讨论,并自由举手发言,阐明自己选择某一答案的理由。在学生充分讨论的基础上,老师引导学生进行总结,找出恰当的做法。

教师点评:遇到陌生人,我们要保持警惕,不要轻易相信、盲从,掌握正确的交往方法,学会保护自己。

活动二:要不要开门

教师播放视频:小学生独自在家,忽然有人敲门。

引导学生围绕情境进行讨论。

(1)家里没有防盗门,不知道对方是谁,可不可以开个门缝看看?

(2)防盗门锁好了,可不可以打开房门?

(3)对方说明与家人的关系,可不可以让他进来?

(4)对方要求留个纸条或借用电话与家人联系,可不可以让他进来?

请学生分组讨论,想象在这样的情境下,自己会采取怎样的处理方式。

各小组派代表,以表演的形式将这个情境下的活动演出来。观众评议哪个组的做法好,并说明理由。

教师点评:当我们独自在家的时候,不要轻易相信陌生人的话,学会保护自身和家庭财产的安全。

活动小结:只要我们在今后的生活中做个有心人,与陌生人交往的时候,就可以尽可能地避免危险的发生。即使有意想不到的事情发生,我们也要保持冷静,机智地运用学过的知识自护自救。

评分标准:

(1)活动内容(共1分,活动内容贴合题干要求得1分)

(2)活动形式(共1分。符合学生年龄特点,具有可操作1分)

(3)活动过程(共10分。至少设计两个活动,每个活动5分,写出详细的活动步骤得3分,教师根据活动环节及时点评得2分;若活动不适合小学四年级学生不得分)

(4)活动小结(共3分,结合活动过程,总结在今后的生活中应该如何安全地生活得3分)

六、教育写作(参考范文)

立志于责任与奉献

作为立志做一名人民教师的青年,我始终怀有使命感和责任感。

因为有志向,所以我愿意为此奋斗终生,不断地学习新知识,掌握新技能,让自己与时俱进,开拓创新,适应社会对我们提出的越来越高的要求。只有这样,我才能做一名合格的教师。正如一位名人所说:"教学对教师本人来说也是一种最高意义的自我教育。三尺讲台使教师照亮了别人,也升华了自己。"

但是仅立志于提升自己并为此奋斗是不够的,教师还需要立志于奉献与责任。懂得奉献才能无私,懂得责任才能无畏。"吃也清淡,穿也素雅,心怀淡泊,起始于辛劳,收结于平淡",这是每一位教师的真实写照,然而我无所畏惧。我知道,选择了教师这一职业,也就选择了乐于奉献、勇担责任。

乐于奉献，即作为一名教师我们要献身教育，甘为人梯。这是教师忠于党和人民教育事业高尚道德境界的具体体现。教师要在自己的岗位上辛勤耕耘、兢兢业业，不计地位、不计名誉、不计报酬，为培养教育人才倾注自己的全部心血。

勇担责任，即要想做好教育教学工作，是需要全心全意投入到教育教学中的。它要求我们肩负起教育祖国未来人才的重任，为每一位学生的成长负责。它容不得三心二意，你要全心全意地去做才能做好，另外对我来说，教师，它不仅是一个职业，它更是一个事业，更是一种信仰。

居里夫人有句名言："人类也需要梦想者，这种人醉心于一种事业的大公无私的发展，因而不能注意自身的物质利益。"我觉得教师就要立志于教育事业，用自己无私的奉献精神和责任感，奏出最美的乐章！

（这篇作文围绕"合格教师要立志于责任与奉献"展开，中心突出；运用名人名言来论证自己的观点，思路清晰。整篇作文结构严谨，语言流畅，见解深刻，是一篇佳作。拟定得分 35 分）

2018 年河南省特岗教师招聘考试教育理论基础真题试卷(六)

1～5	ACBDD	6～10	ABDBB	11～15	ABCDC	16～20	AACDA
21～25	DBCDA						

一、单项选择题

1. A 【解析】本题考查时政知识。习近平总书记在党的十九大报告中指出，中国特色社会主义进入新时代，我国社会主要矛盾已经转化为人民日益增长的美好生活需要和不平衡不充分的发展之间的矛盾。

2. C 【解析】本题考查河南省相关的时政知识。中国共产党河南省第十届委员会第六次全体会议强调：古老厚重的中原大地形成了以焦裕禄精神、红旗渠精神、愚公移山精神为代表的宝贵精神财富，塑造了河南人包容宽厚、大气淳朴的内在品格，艰苦奋斗、负重前行的实干精神，敢闯新路、奋勇争先的进取意识。

3. B 【解析】本题考查教育政策文件。《中共中央 国务院关于全面深化新时代教师队伍建设改革的意见》是新中国成立以来党中央出台的第一个专门面向教师队伍建设的里程碑式政策文件。

4. D 【解析】本题考查《新时代中小学教师职业行为十项准则》。根据《新时代中小学教师职业行为十项准则》的规定可知，教师应规范从教行为。勤勉敬业，乐于奉献，自觉抵制不良风气；不得组织、参与有偿补课，或为校外培训机构和他人介绍生源、提供相关信息。

5. D 【解析】本题考查《中华人民共和国义务教育法》。《中华人民共和国义务教育法》第二十七条规定，对违反学校管理制度的学生，学校应当予以批评教育，不得开除。故 D 项中的做法可以采用，A、B、C 项中的做法都违反了相关的法律规定，不可以采用。

6. A 【解析】本题考查《学记》的内容。《学记》反对死记硬背，主张启发式教学。《学记》云："故君子之教，喻也。道而弗牵，强而弗抑，开而弗达。"主张开导学生，但不要牵着学生走；对学生提出较高的要求，但不能使学生感到压抑；要在问题开头启发学生思考，决不把最终结果呈现给学生。

7. B 【解析】本题考查个体身心发展的影响因素。题干的意思是：跟善良正直的人在一起生活，就好像进了有着清纯花香的地方，时间长了自己也会因受到感染而散发着芳香。这体现了环境对人的发展的影响。

8. D 【解析】本题考查行动研究法的内涵。行动研究是指实际工作者（如教师）基于解决实际问题的需要，与专家、学者及本单位的成员共同合作，将实际问题作为研究的主题，进行系统的研究，以解决实际问题的一种研究方法。

9. B 【解析】本题考查泰勒原理的相关内容。泰勒认为，要对课程目标作出选择，需要以三个方面的信息为依据。第一，对学生的研究。泰勒主张课程目标的确定首先要考虑学生的兴趣和需要，把学习者作为课程目标的第一个来源，是基于教育是改变人们行为方式的过程的认识。第二，对当代生活的研究。第三，学科专家的建议。

10. B 【解析】本题考查师生关系的特点。师生关系在人际关系上是民主平等；在工作关系上是教学相长；在心理关系上是尊师爱生；在群体关系上是心理相容。

11. A 【解析】本题考查《中国学生发展核心素养》的相关知识。中国学生发展核心素养，分为文化基础、自主发展、社会参与三个方面，综合表现为人文底蕴、科学精神、学会学习、健康生活、责任担当、实践创新六大素养。其中，责任担当主要是学生在处理与社会、国家、国际等关系方面所形成的情感态度、价值取向和行为方式。"为中华之崛起而读书"正是责任担当的体现，故选 A 项。

12. B 【解析】本题考查班级文化建设。按照文化的基本结构来划分，班级文化可分为班级物质文化、班级制度文化和班级精神文化三个基本层次。其中，班级精神文化是以集体舆论和班级风气的形成、发展为主要内容的文化形态。班级的墙报、黑板报、班级标语、班会、少先队活动或团队活动等是班级舆论形成的重要阵地。其中，黑板报或墙报是教室布置的主要内容，是班级文化建设的一个重要窗口，是班级的"眼睛"。它既是班级物质文化建设，又是班级精神文化建设。故本题选 B 项。

13. C 【解析】本题考查教师劳动的长期性特点。教师劳动具有长期性。教师的劳动成果是人才，而人才培养的周期比较长。把一个人培养成为能够独立生活，能够服务社会，能够为人类做出贡献的合格人才，不是一朝一夕之功。"十年树木，百年树人"就是对这个道理的最佳阐释。

14. D 【解析】本题考查导入新课的方法。直观导入指教师借助于实物、标本、挂图等直观教具，以及投影、录像等媒体或示范性实验，对与教学内容相关的信息进行演示，并引导学生通过观察产生疑问，进行思考，从而自然进入新课学习的一种导入方法。

15. C 【解析】本题考查发展性教学理论的代表人物。苏联教育家赞科夫把学生的一般发展作为教学的出发点，提出了发展性教学理论的五条教学原则，即高难度、高速度、理论知识起主导作用、理解学习过程、使所有学生包括"差生"都得到一般发展的原则。

16. A 【解析】本题考查习得性无助。习得性无助指由于连续的失败体验而导致个体产生的对行为结果感到无力控制、无能为力的心理状态。题干所述为习得性无助的典型表现。

17. A 【解析】本题考查科尔伯格的道德发展阶段论。前习俗水平包括两个阶段：(1)服从与惩罚的道德定向阶段。这一阶段儿童的道德价值来自对外力的屈从或对惩罚的逃避。他们衡量是非的标准是由成年人来决定的，对成人或准则采取服从的态度，缺乏是非善恶的观念。根据题干描述可知，小明正处于此阶段。(2)相对功利的道德定向阶段。故答案选 A 项。

18. C 【解析】本题考查过度学习。过度学习是指学习达到恰能背诵之后再继续学习。实验证明：过度学习达到 50%，即学习的熟练程度达到 150% 时，学习的效果最好。也即适当过度学习，有利于知识的保持。

19. D 【解析】本题考查性格与气质的关系。气质的稳定性强，性格的可塑性强。由于气质较多地受生物因素的制约，因此，气质变化较难、较慢。性格是后天形成的，由生活实践决定，它虽然也具有一定的稳定性，但在社会生活条件的影响下，比气质的变化要快得多，可塑性也更强。

20. A 【解析】本题考查加德纳的多元智力理论。视觉—空间智力，包括认识环境、辨别方向的能力。画家、雕塑家、建筑师的视觉—空间智力发达。

21. D 【解析】本题考查注意的品质。注意的转移是根据新的任务，主动地把注意从一个对象转移到另一个对象或由一种活动转移到另一种活动的现象。题干所述体现了学生注意转移的良好品质。

易错提示：考生易混淆注意的起伏、分散和转移。在做题时，考生可以根据关键词来区分：

(1)注意的起伏：没有离开当前注意对象，由生理性周期变化引起；

(2)注意的分散：注意离开了指向对象，被无关事物所吸引；

(3)注意的转移：根据任务要求，注意离开当前任务，转移到另一个任务。注意的转移不同于注意的分散，注意的转移是主动、积极的。

22. B 【解析】本题考查维果斯基的最近发展区理论。维果斯基认为，儿童有两种发展水平：一是儿童的现有水平，即由一定的已经完成的发展系统所形成的儿童心理机能的发展水平；二是可能达到(即将达到)的发展水平，也就是通过教学所获得的潜力。这两种水平之间的差异，就是最近发展区。题干所述体现了最近发展区的内涵。

23. C 【解析】本题考查变式的内涵。变式，就是变换使用不同形式的直观材料或事例说明事物的属性，使本质属性保持不变而非本质属性或有或无，以便突出本质属性。因此，题干中的教师运用变式的主要目的是突出事物的本质特征。

24. D 【解析】本题考查积极适应挫折的方法和技术。对挫折情境的重新认识与评价，称为认知改组(认知重组)。例如，高考落榜是考生产生挫折的情境，如果改变对高考落榜严重性的认识，看到上大学并非唯一成才之路，或者通过自修下一年再考也不迟，这样就可以减轻挫折

山香教育 SHANXIANG EDUCATION

感。故题干中对待挫折的方式是认知重组。

25. A 【解析】本题考查学习策略的分类。组织策略是指将经过精加工提炼出来的知识点加以构造,形成知识结构的更高水平的信息加工策略。列提纲、画网络图属于典型的组织策略。

二、案例分析题(参考答案)

1. 案例中李老师的做法体现了爱国守法、爱岗敬业、关爱学生、教书育人、为人师表、终身学习的师德规范。具体如下:

(1)爱国守法要求教师要"全面贯彻国家教育方针",李老师从教以来,二十九年如一日,全面贯彻党的教育方针,辛勤耕耘,无私奉献。

(2)爱岗敬业要求教师要"对工作高度负责",李老师从教以来,二十九年如一日,全面贯彻党的教育方针,辛勤耕耘,无私奉献,在平凡的工作岗位上创造出不平凡的业绩。

(3)关爱学生要求老师"关心爱护全体学生,尊重学生人格,平等公正对待学生""保护学生安全,关心学生健康,维护学生权益"。李老师始终把每一个学生都看作自己的孩子,对所教学生的性格、爱好、家庭情况都了如指掌,尽心帮助每一名困难学生,体现了她关心爱护全体学生,平等公正地对待每一位学生。在学生面临危难的生死一瞬间,李老师挡在学生身前,保护学生安全。

(4)教书育人要求教师要"遵循教育规律,实施素质教育"。李老师积极推进素质教育,注重对学生的思想教育和健全的人格培养,用自己的言行感染学生。

(5)终身学习要求教师要"崇尚科学精神,树立终身学习理念,拓宽知识视野,更新知识结构""潜心钻研业务,勇于探索创新,不断提高专业素养和教育教学水平"。李老师不断学习,始终坚持用最先进的教育思想和方法教育学生,总是以新的课程理念打造每一堂课,她的课生动活泼、充满激情,深受学生喜爱。

(共10分。答案完整得满分;从"爱国守法""爱岗敬业""关爱学生""教书育人""终身学习"五个方面分析李芳老师的行为,每点2分,理论依据准确、充分1分,结合案例阐述合理1分)

2. 案例中教师的做法体现了新课程改革的教学理念。

(1)全面发展的教学观认为,教师在教学过程中,既要重结论更要重过程。既要关注学科,但是更应该关注人的发展。案例中张老师在听取学生的建议之后调整了原本的教学计划,转而关注学生的学习状态,符合全面发展的教学观。

(2)交往与互动的教学观认为,教学过程不只是教师教学生学的过程,更是师生交往、积极互动、共同发展的过程。案例中的张老师通过与学生之间的交流,引导学生说出了自己内心的想法,体现了交往与互动的教学观。

(3)开放与生成的教学观认为,教学不只是课程传递和执行的过程,更是课程创生与开发的过程。因此,老师在教学中要能够根据课堂情况进行灵活的安排,实现新课的创生与开发。案例中的张老师在听完学生的理由之后能够调整原本的安排,把编导的任务交给学生,引导学生完成了表演,体现了开放与生成的教学观。

（共10分。答案完整得满分；从"全面发展的教学观""交往与互动的教学观""开放与生成的教学观"三个方面分析李芳老师的行为，每点3分，理论依据准确、充分2分，结合案例阐述合理1分）

3. 案例中黄老师的做法体现了德育原则中的因材施教原则，依靠积极因素、克服消极因素的原则（长善救失原则），集体教育和个别教育相结合原则。

（1）因材施教原则是教育者在德育过程中，应根据学生的年龄特征、个性差异以及品德发展现状，采取不同的方法和措施，加强德育的针对性和实效性。案例中黄老师发现小东在班会活动上镇定自若，还很幽默，就及时表扬、鼓励了他。这体现了因材施教的德育原则。

（2）依靠积极因素，克服消极因素的原则（长善救失原则）是指在德育工作中，教育者要善于依靠、发扬学生自身的积极因素，调动学生自我教育的积极性，克服消极因素，以达到长善救失的目的。案例中的小东开始时非常顽皮，不讲卫生，上课爱打瞌睡，学习成绩也不好，当黄老师发现小东在台上镇定自若，还很幽默，就及时表扬、鼓励了他。后来小东被评为"小品演得最好的人"，还被选为班会策划的组长，得到老师和同学们的肯定后，小东积极为班级做事，变得干净整洁了，也爱学习了。这些都体现了长善救失的德育原则。

（3）集体教育和个别教育相结合原则是指在德育过程中，教育者要善于组织和教育学生热爱集体，并依靠集体教育每个学生，同时通过对个别学生的教育，来促进集体的形成和发展，从而把集体教育和个别教育有机地结合起来。案例中的小东在被选为班会策划的组长，得到老师和同学们的肯定后，就积极为班级做事。自己也变得干净整洁了，也爱学习了。这些都体现了集体教育和个别教育相结合的德育原则。

（共10分。答案完整得满分；从"因材施教原则""长善救失原则""集体教育和个别教育相结合原则"三个方面分析黄老师的行为，每点3分，理论依据准确、充分2分，结合案例阐述合理1分）

三、论述题（参考答案）

请结合实际论述如何培养学生良好的意志品质。

（1）加强生活目的性教育，树立科学的世界观、远大的理想和信念，培养学生行为的目的性，减少其行动的盲目性；（2）加强养成教育，培养学生的自制能力；（3）组织实践活动，在困难环境中锻炼学生的意志，让学生取得意志锻炼的直接经验；（4）教育学生正确地对待挫折；（5）根据学生意志品质上的差异，采取不同的锻炼措施；（6）发挥教师、班集体和榜样的模范作用，给予必要的纪律约束；（7）加强自我锻炼，从点滴小事做起。

（考生可结合实际情况加以阐述，言之有理即可）

（共15分。每点3分，任意答出五点即可得满分；答出"加强目的性教育""培养学生的自制能力""取得意志锻炼的直接经验""正确地对待挫折""发挥模范作用"等关键词可得10分，具体阐述5分）

四、教学设计题（参考设计）

1. 活动目标

（1）学生通过预习课文，熟悉生活中有哪些类型的快乐，了解在不同情境中感受快乐的

SHANXIANG EDUCATION

方式。

(2)学生通过实际锻炼、角色扮演等方式,能够快速合理地分析身边的环境中存在的快乐,提高分析问题和自我调节的能力。

(3)学生参与课堂活动,体会到团队学习的和谐氛围,感受到学习给生活带来的影响,激发对知识学习的兴趣。

(4)学生学会主动感知生活中的快乐,形成热爱生活的健康心理和积极乐观的人生态度。

2. 故事导入

(1)首先给学生讲一个关于生活的故事。

(2)其次结合故事内容,突出生活中的趣事。

(3)最后吸引学生的注意力,开始上课。

3. 活动组织/讲授新课

(1)与学生一起在课文中找出生活中有哪些快乐的事,通过实际案例和小组讨论的方式,帮助学生了解怎么样才能感受到生活中的快乐。

(2)给学生创设一个情境,在情境中要求学生扮演不同的角色,排练舞台剧,让学生在参与活动之后互相分享是否感受到了剧中人物的喜怒哀乐。

(3)在活动尾声,大家一起讨论交流说一说本节课的收获,从课本延伸到生活,感受学习给人带来的变化。

4. 拓展训练

给学生模拟多个不同的情境,让学生感知不同情境中蕴含的生活中的乐趣,学会调整自己的情绪。

5. 小结作业

教师与学生一起总结本节课的收获,并要求学生课下收集日常生活中的快乐事件。

评分标准:

(1)活动目标(共3分。从多个维度展开给1分,目标具体明确给1分,契合本次活动的主题给1分)

(2)故事导入(共2分。选择能够吸引学生兴趣的导入方式2分,若导入方式不能充分吸引学生兴趣,在不偏离主题的情况下可酌情给1分)

(3)活动组织(共6分。在讲授环节至少设计3个活动,每个活动2分,教学活动设计合理1分,表述清晰1分)

(4)拓展训练(共2分。根据活动主题,帮助学生模拟不同的情境,使学生感受生活中的乐趣得2分)

(5)小结作业(共2分。根据题干中的学生情况,布置合适的作业得2分,若作业不适合农村小学五年级学生不得分)

XIANG EDUC

五、教育写作(参考范文)

逆境出人才

荷花,生来清丽脱俗,品行高洁,是因为其出于淤泥,假若它生长于清水之中,未必会如此美丽且受人尊崇;梅花,寒冬腊月,凌霜而开,孤傲且遗世独立,为世人喜爱,是因为其长于严寒,假若它绽放于炎炎夏日,未必会如此受人瞩目。

古人云:"故天将降大任于是人也,必先苦其心志,劳其筋骨,饿其体肤,空乏其身,行拂乱其所为,所以动心忍性,曾益其所不能。"可见,任何伟大与辉煌都要经历一番磨炼,正所谓不经历风雨,怎能见彩虹。

西汉时期,司马迁为李陵投降匈奴一事辩解而遭受宫刑。经历如此巨大的人生变故的他并没有因此消沉,自暴自弃,他忍辱负重,几十年如一日地撰写史书,终于写成一部宏大磅礴的"史家之绝唱"——《史记》,为自己不完美的人生画上了一个完美的句号,并被后世尊崇和学习。

美国发明家爱迪生在举世闻名之前,也经历过不少波折。早年间,他生活困苦,于是一边卖报纸,一边进行着自己钟爱的科学研究。有一次,他正在火车上专注于一项实验,不慎引起了火灾,车长大怒,打聋了他的一只耳朵,但他并没有因此放弃自己的科学研究。终于,在经历了众多失败与挫折后,他发明了一大批造福全人类的东西,成就了自己,幸福了他人。

类似的例子不胜枚举,像官场跌宕起伏的苏轼,像忍受胯下之辱的韩信,像二万五千里长征时的红军,像看不见也听不见的海伦·凯勒……他们的外在世界曾被击溃,但内在精神却屹立不倒。

"宝剑锋从磨砺出,梅花香自苦寒来。"顺境会使人太过享受安逸,而逆境则会磨炼人的意志,进而改变人的行动,促进人的成功。正所谓"生于忧患,死于安乐",人生之路,成才之路,注定满是荆棘,我们应胸怀自信,无所畏惧,也许淋过这场暴风雨,走出这片漆黑夜,胜利就会出现在我们面前。

(这篇作文围绕"逆境出人才"展开,中心明确;运用名人名言和名人故事来论证自己的观点,思路清晰。整篇作文结构严谨,语言流畅,有文采,是一篇佳作。拟定得分37分)

2017年河南省特岗教师招聘考试教育理论基础真题试卷(七)

1~5	CACCD	6~10	BABCD	11~15	DBABD	16~20	BDBAC
21~25	CBCCA						

一、单项选择题

1. C 【解析】本题考查社会主义核心价值观。党的十八大指出,倡导富强、民主、文明、和谐,倡导自由、平等、公正、法治,倡导爱国、敬业、诚信、友善,积极培育和践行社会主义核心价值观。富强、民主、文明、和谐是国家层面的价值目标,自由、平等、公正、法治是社会层面的价值取

山香教育 SHANXIANG EDUCATION

向，爱国、敬业、诚信、友善是公民个人层面的价值准则。

2. A 【解析】本题考查国家主席习近平的讲话。国家主席习近平出席“一带一路”国际合作高峰论坛开幕式，并发表题为《携手推进“一带一路”建设》的主旨演讲，强调坚持以和平合作、开放包容、互学互鉴、互利共赢为核心的丝路精神，携手推动“一带一路”建设行稳致远，将“一带一路”建成和平、繁荣、开放、创新、文明之路，迈向更加美好的明天。

3. C 【解析】本题考查教育政策文件。《河南省中长期教育改革和发展规划纲要（2010～2020年）》指出，提高基础教育普及水平。义务教育是教育工作的重中之重。到2020年，高水平、高质量普及九年义务教育，基本实现区域内均衡发展，确保适龄儿童少年接受良好义务教育。

4. C 【解析】本题考查教师的权利。科学研究权（学术自由权）即教师享有从事科学研究、学术交流，参加专业的学术团体，在学术活动中充分发表意见的权利。这是教师作为专业技术人员的一项基本权利。

5. D 【解析】本题考查教师职业道德基本原则的内涵。教师职业道德基本原则是教师在教育职业活动中正确处理各种利益关系所应遵循的最根本的指导准则，是一定社会或阶级对教师在职业活动中提出的最根本的道德要求。它指明了教师职业实践中道德行为的总方向，体现了教师职业道德的本质属性，统帅着整个教师职业道德体系，是衡量和判断教师行为善恶的最高道德标准。简言之，教师职业道德基本原则具有指导、统帅和裁决作用。

6. B 【解析】本题考查终身教育的内涵。终身教育是适应科学知识的加速增长和人的持续发展要求而逐渐形成的一种教育思想和教育制度，包括各个年龄阶段的各种方式的教育。“人过四十不学艺”违背了终身教育的思想。

7. A 【解析】本题考查教育目的的激励作用。教育目的能够激励人们为实现共同的目标而努力。教育目的本身包含对学生成长的期望和要求，因此对学生的发展具有很大的激励作用。

8. B 【解析】本题考查个体身心发展的不均衡性的教育要求。根据个体身心发展的不平衡性，教育教学要抓住关键期，以求在最短的时间内取得最佳的效果。

9. C 【解析】本题考查教师劳动的示范性特点。教师劳动具有示范性。示范性指教师的言行举止，如人品、才能、治学态度等都会成为学生学习的对象。教师劳动的示范性特点是由学生的可塑性、向师性和模仿心理特征决定的。

10. D 【解析】本题考查教学的教育性规律。在西方教育史上，赫尔巴特第一次提出了“教育性教学”的概念。“教育性教学”指没有任何无教学的教育，也没有任何无教育的教学。题干的描述体现了教学具有教育性，强调教学过程中要坚持教育性规律。

11. D 【解析】本题考查终止学生问题行为的有效方法。由于一般问题行为大都是一些暂时性的干扰，教师在处理这些行为时，通常只需要运用简单的非言语线索进行暗示，就可以得到既制止问题行为又不影响课堂教学进程的双重效果。当某学生上课分心向窗外看时，边讲课边走到该生旁边对其暗示可以既不打断课堂讲授，又可以制止学生分心的行为。D 项做法最为恰当。

12. B 【解析】本题考查因材施教原则。因材施教原则是指教师在教学中,要从课程计划、学科课程标准的统一要求出发,面向全体学生,同时又要根据学生的个别差异,有的放矢地进行有差别的教学,使每个学生都能扬长避短,获得最佳的发展。题干中“到什么山上唱什么歌”的意思是要唱适合这座山的歌,体现了因材施教的教学原则。

13. A 【解析】本题考查癸卯学制的内容。“癸卯学制”主要承袭了日本的学制,是中国近代教育史上第一部由国家颁布的并在全国实行的学制系统,成为中国近代教育走向制度化、法制化阶段的标志。

易错提示: 我国“最早颁布”“最早实施”的现代学制是一个容易混淆的知识点,壬寅学制是中国近代教育史上最早由国家正式颁布的学制系统,虽然正式公布,但并未实行;癸卯学制是中国近代教育史上第一部由国家颁布的并在全国实行的学制系统。二者的区别在于是否实施,考生应注意辨别。考生可以顺口溜的形式进行识记:人(壬)来颁布、鬼(癸)来实施。

14. B 【解析】本题考查班主任工作的任务。班主任工作的首要任务是组织建立良好的班集体,这也是班主任工作的中心环节。

15. D 【解析】本题考查学科课程的内涵。学科课程是指以文化知识(科学、道德、艺术)为基础,按照一定的价值标准,从不同的知识领域或学术领域选择一定的内容,根据知识的逻辑体系,将所选出的知识组织为学科的课程类型。我国古代的“六艺”就是学科课程。

16. B 【解析】本题考查埃里克森的人格发展阶段理论。根据埃里克森的人格发展阶段理论,6~11 岁的儿童处于勤奋感对自卑感阶段,本阶段的发展任务是培养勤奋感。在这个时期,多数儿童已进入学校,第一次接受社会赋予他并期望他完成的任务。他们追求任务完成时获得的成就感及由此带来的长辈的认可和赞许。

17. D 【解析】本题考查意志的品质。意志的果断性是一种善于辨明是非、抓住时机、迅速而合理地采取决定并执行决定的意志品质。与果断性相反的意志品质是优柔寡断和草率武断。

18. B 【解析】本题考查元认知策略。学习的元认知策略是指个体为实现最佳的认知效果而对自己的认知活动所进行的调节和控制。

19. A 【解析】本题考查再造想象。再造想象是依据词语或符号的描述、示意在头脑中形成与之相应的新形象的过程。

易错提示: 考生易混淆创造想象和再造想象的内涵。在做题时考生可以通过题干中的关键词来区分二者。创造想象是独立地创造出新形象的过程,如吴承恩笔下孙悟空的形象;再造想象是根据词语或符号的描述在头脑中形成新形象的过程,如读者脑中孙悟空的形象。

20. C 【解析】本题考查学习迁移的类型。一般迁移也称非特殊迁移、普遍迁移,是指一种学习中所习得的一般原理、原则和态度对另一种具体内容学习的影响,即原理、原则和态度的具体应用。例如,获得基本的运算技能、阅读技能后运用到各种具体的学科学习中。

21. C 【解析】本题考查心智技能的形成阶段。原型定向就是了解原型的活动结构,从而使主体明确活动的方向,知道该做哪些动作和怎样去完成这些动作。

上香教育 SHANGXIANG EDUCATION

22. B 【解析】本题考查自我效能感的影响因素。自我效能感的影响因素有:(1)个人自身行为的成败经验;(2)替代经验;(3)言语暗示;(4)情绪唤醒。其中,个人自身行为的成败经验对自我效能感的影响最大。

23. C 【解析】本题考查学生的认知方式差异。场独立型的学生对客观事物的判断常以自己的内部线索(经验、价值观)为依据,不易受到周围环境因素的影响和干扰,倾向于对事物的独立判断。

24. C 【解析】本题考查教学评价的基本类型。形成性评价是在教学过程中为改进和完善教学活动而进行的对学生学习过程及结果的评价。

25. A 【解析】本题考查心理健康教育的对象。心理健康教育的总目标是:提高全体学生的心理素质,充分开发他们的潜能,培养学生乐观、向上的心理品质,促进学生人格的健全发展。故学校心理健康教育的对象是全体学生。

二、案例分析题(参考答案)

1. 案例中该教师的做法违背了教师职业道德规范中的"为人师表"的要求,没有发挥教师职业道德对教育对象的教育功能及其独特的示范性。

(1)为人师表是教师在处理其与自己的关系时应遵循的原则要求。倡导"为人师表"就是要求教师言传身教,以身立教。"为人师表"对教师工作具有特殊的意义。教师要坚守高尚情操,知荣明耻,严于律己,以身作则,在各个方面率先垂范,做学生的榜样,以自己的人格魅力和学识魅力影响学生。案例中的"我",在早自习铃声响过,才走进教室;批评迟到的赵小明,让赵小明把手从口袋里拿出来等,都没有体现为人师表、以身作则的师德要求。

(2)教师职业道德对教育对象具有教育功能。青少年具有很大的可塑性。他们往往从教师的道德意识和道德行为中汲取是非、善恶观念。当教师按照教师职业道德作为时,会使道德要求具体化、人格化,从而使学生在富于形象性的榜样中受到启迪和教育,在潜移默化中形成教师所期望学生拥有的良好思想品德,增强教师教育的可信度、吸引力和有效性。案例中的"同学们板演后随手把粉笔往讲台上一扔,学生干部管理班级时用教鞭敲击讲台",这都是"我"的行为在学生身上的再现。因此教师要发挥积极的教育作用,促进学生的良好发展。

(3)教师职业道德具有独特的示范性。教师的劳动对象是身心处于成长过程中、具有各自个性特征和年龄特点的青少年,他们具有强烈的模仿性、发展性和创造性,教师劳动的手段是用自己的知识、才能和品德,在与劳动对象的共同活动中去影响他们。教师工作中的一言一行、一举一动,对学生、对社会都有示范性。教师的行为、品德、人格会自觉不自觉地影响学生的成长。教师作为教育教学活动的实施者和指导者,不仅要以言立教,而且要以身立教、榜样示范,要以高尚的人格和行为影响感召学生,引导学生的行为合乎道德的要求。教师职业道德具有教育人、感化人的作用。案例中的"我"意识到,自己平时一些看起来很微不足道的细节,都会给学生带来潜移默化的影响。这就体现了教师的职业道德对学生具有独特的示范性。

(共10分。答案完整得满分;从"为人师表""教师职业道德对教育对象具有教育功能""教师职业道德具有独特的示范性"三个方面分析材料中老师的行为,每点3分,理论依据准确、充分2分,结合案例阐述合理1分)

2. 案例中赵老师具备精深的学科专业知识、广博的科学文化知识、必备的教育科学知识和实践性知识等知识素养。

（1）精深的学科专业知识（本体性知识）。这是教师知识结构的核心，也是教师向学生传授知识的必备基础。案例中的赵老师为了成为一名称职的语文教师，除了认真学习本专业各门课程、还广泛涉猎了其他专业知识，这就体现了他具有精深的学科专业知识。

（2）教师的知识不仅要“专”，而且要“博”，教师的专业知识应建立在广博的科学文化知识的基础之上。案例中的赵老师从事语文教学之后，他经常阅读中外名家名著，就体现了他具有广博的科学文化知识。

（3）教师要加强教育工作的科学性和有效性，就必须掌握必备的教育科学知识（条件性知识）。其中，教育学、心理学及各科教材教法是教师首先要掌握的最为基本的教育科学知识。案例中的赵老师不断地学习教育学、心理学和现代教育技术的知识。这体现了他具有必备的教育科学知识。

（4）教师的实践性知识是基于教师个人的经验积累，在对待和处理教育问题时体现出的个人特质和教育智慧。案例中的赵老师通过反思自己的教学实践，创新教育教学方式，形成了独特的教学风格和实践智慧。这体现了他具有丰富的实践性知识。

（共 10 分。从“学科专业知识”“科学文化知识”“教育科学知识”“实践性知识”四个方面分析赵老师的行为，每点 2.5 分，理论依据准确、充分 1.5 分，结合案例阐述合理 1 分）

3. 李老师做法的合理之处：

（1）在合作学习的过程中，教师要培养学生的合作意识，使学生乐于合作；培养学生的合作技能，使学生学会合作。教师应该使学生认识到，在同一个小组内，他们之间是一种“荣辱与共”的关系，必须合作才能成功。案例中的李老师告知学生：“你们小组内部每个人不仅要为自己的学习负责，还要为你们小组同伴的学习负责。”这体现了李老师注重培养学生的合作意识和集体责任感。

（2）教师要充分发挥主导作用，加强对合作学习的监控。在学生进行小组活动时，教师要通过观察了解学生在干什么，有什么不理解，他们在合作过程中遇到了什么问题，发现问题后适时地介入小组活动并加以指导。案例中“当学生讨论时，李老师适时地介入、引导，促使学生畅所欲言”体现了李老师发挥主导作用，加强对合作学习的监控。

李老师做法的不合理之处：

（1）合作学习适用于较难的任务。简单的知识、技能的学习不需要采用合作学习，在简单任务上，个体已经足够胜任，所需的仅仅是反复练习以达到完全自动化，合作反而会因社会互动而增加认知负担。竞争或个体化学习比合作更能刺激学生更高效地完成简单任务。案例中的李老师提出的问题“三角形在日常生活中的应用”，相对简单，不必采取合作教学法。

（2）合作教学法的分组基本原则：组间同质，组内异质。在组建合作学习小组时，应依据学生的学习成绩、能力、性别及社会背景等，优化小组组合，形成互补性合作团体，便于发挥小组各成员的个性特长。案例中的李老师让前后桌的每 4 位学生组成一个小组讨论问题（班级学生的

山香教育 SHANXIANG EDUCATION

座位是按照他们的身材高矮编排而成的），这种做法不符合合作教学法的编组要求。

（3）教师在合作学习后的总结是十分必要的，一方面对合作内容做出必要的归纳和总结，以便学生了解自己小组的学习成果，自觉弥补缺陷与不足；另一方面对学生在合作学习中的表现做出评价性的总结，评价的对象以小组为单位，评价的内容主要是合作小组的学习态度、学习方法、学习能力、学习效果等，要注意发挥评价的正面导向作用，对协作良好的小组予以表扬，教师对学生的见解进行分析、反馈，促进学生改善学习。案例中的李老师在学生讨论过程中，没有对学生的观点进行总结和评价，没有体现出教师在合作学习过程中的重要作用。

（共10分。答出李老师做法的合理之处得4分，从“培养学生的合作意识和集体责任感”“发挥教师主导作用”两个方面分析李老师的行为，每点2分，理论依据准确、充分1分，结合案例阐述合理1分；答出李老师做法的不合理之处得6分，从“合作学习适用于较难的任务”“合作学习的分组原则”“合作学习后的总结”三个方面分析李老师的行为，每点2分，理论依据准确、充分1分，结合案例阐述合理1分）

三、论述题（参考答案）

请结合实际论述教育心理学对教师在教育实践中的作用。

教育心理学对教育实践具有描述、解释、预测和控制的作用。在实际应用中，这些作用往往相互交织在一起。下面所列举的只反映了这些作用在实际应用中的几个方面：（1）帮助教师准确地了解问题；（2）为实际教学提供科学的理论指导；（3）帮助教师预测并干预学生；（4）帮助教师结合实际教学进行研究。

（考生可结合实际情况加以阐述，言之有理即可）

（共15分。答出“描述、解释、预测和控制”“准确地了解问题”“科学的理论指导”“预测并干预学生”“结合实际教学进行研究”等关键点可得10分，结合实际进行合理阐述可得5分）

四、教学设计题（参考设计）

【教学目标】

（1）学生认识并会写生字，能用普通话正确、流利地朗读课文。

（2）学生能够在阅读中积累关于秋天的词汇，提高自身的想象能力与语言表达能力。

（3）学生能够从课文中发现秋天的美丽，感受到丰收的喜悦，增强对大自然的热爱之情。

（4）学生通过阅读与交流，感悟到作者对劳动人民的赞美之情，能够联系自身实际，尊重劳动人民、珍惜劳动果实。

【教学设计】

一、兴趣引入，巩固生字

①导入：同学们，一年有几个季节呢？（春、夏、秋、冬）

春天的时候，鲜花盛开，姹紫嫣红，美丽极了；夏天的时候，烈日炎炎，但是海边却是一片清凉；冬天，白雪皑皑，大地都披上了白白的厚棉袄，同学们也可以快快乐乐地堆雪人、打雪仗。（课件展示春、夏、冬的美景）

那秋天呢？秋天有怎样的景色呢？（课件展示课题《秋天的图画》）

接下来，就让我们一起走进大自然，去看看秋天的图画吧！

②（屏幕上出示生字词）学生自学后，教师将同学们不会的字词重点讲解，再让学生跟着老师书写。

设计意图：利用多媒体在课堂上创设富于童趣的学习情境，能极大地调动学生的学习积极性，同时生字词的学习有利于学生之后对课文的学习。

二、创设情境，丰富积累

①播放有关秋天风光的图片。

②小朋友们，秋姑娘美吗？你们能用学过的描写秋天的词语，向大家介绍这美好的风光吗？

③大家想到了这么多描写秋天的词语呀，秋天实在是太美了，就像一幅五彩的画。那么接下来，让我们一起打开课本——《秋天的图画》，来美美地读一读吧！

设计意图：把秋天的美景搬进课堂，并让学生用学过的词语来介绍秋天。能够充分调动学生积极性，丰富学生的语言积累，为感悟秋天的美奠定基础。

三、披文入情，体验情感

（一）朗读感悟，整体把握

①学生自由读课文。

②教师范读，重点梳理学生读的不通顺的地方。

③学生边听教师读，边想象秋天的美景，教师读后提问。

（二）研读品味，体会情感

1. 直观感受，调动情感

①在这一幅图画中，你看到了哪些美丽的景物？请同学们再读一读课文，找出有关的句子，用横线把它画出来。

②汇总学生们找到的句子，并相应的提问：这句话写了哪几种景物？哪些词语最能表现这四种景物的美？引导学生自由阅读句子，并读出感情。

③老师小结：金黄的梨像灯笼一样挂着，红红的苹果像小朋友露出的脸颊，金色的稻海像波浪一样翻滚，火红的高粱像火把一样高高地举着……

同学们喜欢这些句子吗？你们能美美地读一读这句话吗？

请同学们自由练习，看谁还能配上动作读？（学生自由练读）

④教师指名朗读并评议，学生分组朗读、全班朗读。

⑤同学们，刚才我们在秋天的图画里看到了金黄的梨、红红的苹果、金色的稻海和火红的高粱。现在，请你们睁大眼睛再仔细看看，你们一定会有更惊奇的发现！

（屏幕出示秋天的其他景物）请同学们仔细观察图上景物的样子和颜色。

⑥你们看到了什么？能像课文那样说一说吗（出示文字），引导学生仿写句子。

2. 直抒胸臆，渲染情感

秋天五谷丰登、瓜果飘香，真令人陶醉啊！

山香教育 SHANXIANG EDUCATION

听，有一群像你们一样喜欢秋天的小朋友正对着秋姑娘兴奋地喊道（出示第一句话和录音）。你们也自由地喊一喊吧，看谁喊得最热情！

3. 深入体会，情感升华

①谁使秋天这样美丽？一群大雁迫不及待地赶来了，想想大雁是怎么回答的？（提问学生）

②为什么说是勤劳的人们画出了秋天的图画？（学生讨论，教师适当引导）

③老师总结：农民伯伯撒下种子，给它们锄草、施肥，到了秋天，才能有这么一幅秋天的图画。同学们，农民伯伯辛苦吗？但是，“勤劳的人们”指的只是农民伯伯吗？你们最想对勤劳的人们说什么？

④满怀深情地读读最后两句话，衷心感谢勤劳的人们！

⑤男女合作读，师生合作读。

（三）诵读体会，抒发情感

①这么美的图画，你们想把它永远地留在脑海里吗？那我们就一起把这篇课文背下来吧。（学生自由背诵课文或者师生合作背诵）

②学生背诵时，教师要引导学生体会作者所要表达的思想感情。

设计意图：初读课文，整体感悟秋天的美；再读，赏词、品句，用心体会秋天的美；诵读，尽情抒发对勤劳的人们的赞美之情。通过多层次、多种形式的朗读，让学生在读中理解、读中体会、读中表达，从而使三维目标和谐统一。

四、拓展延伸，自由表达

①勤劳的人们画出的秋天实在是太美了，请同学们在小组里用自己喜欢的方式来赞美秋天。

②全班交流。

③老师小结：同学们用各种各样的形式给大家展示了一幅秋天的美丽图画。秋天是个美丽的季节，秋天更是个收获的季节，希望你们在这个美好的季节里都能有所收获，用自己的努力画出最美的图画。

④同学们，要享受秋天的美丽，我们不仅要读好课文，还要写好描写秋天的词语。所以，现在让我们再来看看文中的生字词，看看你记住了多少。

设计意图：学生用自己喜欢的方式来赞美秋天，能在提高学生语言能力的同时，开拓学生的创新思维。听、说、读、写有机结合，能有效地提高学生的语文素养。

评分标准：

（1）教学目标（共5分。从多个维度展开给2分，目标具体明确给2分，契合本次活动的主题给1分）

（2）教学设计（共10分。①选择能够吸引学生兴趣的导入方式2分，若导入方式不能充分吸引学生兴趣，在不偏离主题的情况下可酌情给1分；②在创设情境环节能结合主题引导学生感悟秋天的情境得2分，设计意图表述清晰得1分；③在阅读课文环节，能由浅入深的引导学生感悟文章的情感，升华学生的情感得2分，设计意图表述清晰得1分；④在拓展环节根据题干中的学生情况，教师小结、布置合适的作业2分，若作业不适合小学二年级学生不得分）

五、教育写作(参考范文)

做学生喜欢的好老师

好奇心是孩子们探索世界的动力,也是激发创造力的源泉。作为一个好老师,如果能保护学生的好奇心,就能赢得学生的喜爱。

做学生喜欢的好老师要求教师设计寓教于乐的教学活动,激发学生主动学习的兴趣。游戏和体验式教学,能满足孩子对新事物的好奇心和探索欲。教师可以通过组织趣味问答、小组讨论等方式来教授新知识,让学习变成一种乐趣。教师也要思考如何将知识点融入有趣的活动中,吸引学生参与其中。轻松愉快的学习氛围也能大大激发孩子的好奇心。

做学生喜欢的好老师要求教师鼓励学生提问,对他们的问题给予耐心解答。孩子的问题也许看似幼稚,但提问本身就反映了他们想要探究事物的好奇心。著名的法国科学家居里夫人曾说过:“好奇心是学者的第一美德”。老师不应该打压学生的好奇心,而要以鼓励的态度培养学生探究问题的能力。教师可以设置一些开放性的问题引发学生思考,给予充分的时间让学生提出自己的看法。一个善于发问的班级,学习氛围也会更活跃、开放。

做学生喜欢的好老师要求教师给予学生探索的空间。发散性思维蕴含无限可能,老师应该允许孩子自由思考,重视他们的创造力。同时,评价体系不应画地为牢,而要包容学生的独特思路。老师要鼓励学生创造性地解决问题,允许他们有更多样的思考方法,不强求统一的标准答案。

做学生喜欢的好老师要求教师自己保有一颗求知的心。老师要经常探索新事物,遇到问题也要保持热情,用自己的行动感染学生。一个永远充满好奇心的老师,更能激发学生的学习热情。老师可以和学生一起对一些新的事物展开探究,带头提出问题,表现出自己求知的热情。

做一个学生喜欢的好老师,关键是要保护学生的好奇心,并以此来指导教学。让我们一起努力,给每一个孩子创造无拘无束的学习环境,使他们的好奇心成为取得成功的阶梯!

(这篇作文围绕“做学生喜欢的好老师要保护学生的好奇心”展开,论点明确,层次清晰;深入浅出地论述了如何做一名学生喜欢的好老师。整篇作文内容充实,语言流畅,是一篇佳作。拟定得分36分)

2016年河南省特岗教师招聘考试教育理论基础真题试卷(八)

1~5	BACDB	6~10	CBCAB	11~15	ADADB	16~20	ACDBB
21~25	DBCAB						

一、单项选择题

1. B 【解析】本题考查时事政治。党的十八届五中全会强调,发展是党执政兴国的第一要务,各级党委必须深化对发展规律的认识,完善党领导经济社会发展工作体制机制,加强党的各级组织建设,强化基层党组织整体功能。动员人民群众团结奋斗,贯彻党的群众路线,提高宣传

山香教育 SHANXIANG EDUCATION

和组织群众能力，加强经济社会发展重大问题和涉及群众切身利益问题的协商，依法保障人民各项权益，激发各族人民建设祖国的主人翁意识。

2. A 【解析】本题考查习近平总书记的讲话。习近平在建党 95 周年讲话中强调，现阶段，建设中国特色社会主义的主要任务，就是到 2020 年中国共产党成立 100 年时实现第一个百年奋斗目标、全面建成小康社会，为进而到本世纪中叶中华人民共和国成立 100 年时实现第二个百年奋斗目标、建成富强民主文明和谐的社会主义现代化国家打下坚实基础。

3. C 【解析】本题考查教育政策文件。《国家中长期教育改革和发展规划纲要(2010～2020 年)》指出把促进公平作为国家基本教育政策。教育公平是社会公平的重要基础。教育公平的主要责任在政府，全社会要共同促进教育公平。

4. D 【解析】本题考查《中华人民共和国教师法》。《中华人民共和国教师法》第三条对教师概念进行了全面的、科学的界定：教师是履行教育教学职责的专业人员，承担教书育人，培养社会主义事业建设者和接班人、提高民族素质的使命。

5. B 【解析】本题考查教师职业道德的核心。热爱学生是教师职业道德的核心，是教师高尚道德品质的表现。

6. C 【解析】本题考查隐性课程。隐性课程亦称潜在课程、自发课程，是学校情境中以间接的、内隐的方式呈现的课程。其表现形式有：(1)观念性隐性课程。包括隐藏于显性课程之中的意识形态，学校的校风、学风，有关领导与教师的教育理念、价值观、知识观、教学风格、教学指导思想等。(2)物质性隐性课程。包括学校建筑、教室的设置、校园环境等。(3)制度性隐性课程。包括学校管理体制、学校组织机构、班级管理方式、班级运行方式。(4)心理性隐性课程。主要包括学校人际关系状况，师生特有的心态、行为方式等。

7. B 【解析】本题考查社会政治经济制度对教育的影响和制约。政治经济制度直接制约教育的性质和发展方向，教育又对一定的政治经济制度有积极的反作用，这种影响随着现代化进程的加快，而变得越来越重要。

8. C 【解析】本题考查谈话法的内涵。谈话法也叫问答法，它是教师按一定的教学要求向学生提出问题，要求学生回答，并通过问答的形式来引导学生获取或巩固知识的方法。

9. A 【解析】本题考查师生关系的内容。师生关系的内容表现如下：(1)师生在教育内容的教学上结成授受关系；(2)师生在人格上是平等的关系；(3)师生在社会道德上是互相促进的关系。

10. B 【解析】本题考查循序渐进原则。循序渐进原则在西方常被称为系统性原则，是指教师要严格按照科学知识的内在逻辑和学生的认知发展规律进行教学，使学生掌握系统的科学文化知识，能力得到充分的发展。题干所述是循序渐进原则的典型示例。

11. A 【解析】本题考查实际锻炼法。实际锻炼法是有目的地组织学生参加各种实际活动，使其在活动中锻炼思想，增长才干，培养优良的思想和行为习惯的德育方法。题干的描述体现了实际锻炼法的内涵。

12. D 【解析】本题考查个体身心发展的影响因素。个体的主观能动性是人的身心发展的内在动力,也是促进个体发展从潜在的可能状态转向现实状态的决定性因素。

13. A 【解析】本题考查班级管理的模式。班级常规管理是指通过制定和执行规章制度来管理班级的经常性活动。

14. D 【解析】本题考查加德纳的多元智力理论对教育教学的启示。加德纳的多元智力理论表明每个学生的智力都有自己独特的表现形式,有自己的智力强项和学习风格。这就启示教育教学应该注重个别化,因材施教。

15. B 【解析】本题考查教师成长的阶段。关注学生阶段的教师将考虑学生的个别差异,认识到不同发展水平的学生有不同的需要,根据学生的差异采取适当的教学方法,促进学生的发展。能否自觉关注学生是衡量一个教师是否成熟的重要标志之一。

16. A 【解析】本题考查心境。心境是一种微弱的、持续时间较长的,带有弥漫性的情绪状态。心境一经产生就不只表现在某一特定对象上,而是在相当长的一段时间内,使人的整个心理活动都染上某种情绪色彩,影响人的整个行为表现,成为情绪生活的背景。心境属于情绪的一种。

17. C 【解析】本题考查注意的品质。注意的分配是指人在进行两种或多种活动时能把注意指向不同对象的现象。

18. D 【解析】本题考查气质类型的特征及构成。胆汁质的人感受性低而耐受性高,不随意反应性强,反应的不随意性占优势,外向性明显,情绪兴奋性高,抑制能力差,反应速度快而不灵活。

19. B 【解析】本题考查定势的概念。定势是指由先前影响所形成的往往不被意识到的心理准备状态,它将支配人以同样的方式去对待同类后继活动。

20. B 【解析】本题考查心理防御机制。合理化又称文饰作用,指通过无意识地用一种似乎有理的解释或实际上站不住脚的理由来为其难以接受的情感、行为或动机辩护以使其可以接受,"酸葡萄心理"属于典型的文饰作用。

21. D 【解析】本题考查马斯洛的需要层次理论。自我实现的需要是追求自我理想的实现,充分发挥个人潜能、才能的心理需要,也是一种创造和自我价值得到体现的需要。

22. B 【解析】本题考查心理学相关的综合知识。A 项心理辅导的对象是所有社会成员,既包括正常人也包括有精神问题的人,并不是接受心理辅导的人都有精神问题;C 项考试焦虑属于心理问题,严重的考试焦虑可能会成为心理疾病;D 项气质无好坏之分。

23. C 【解析】本题考查教师期望效应。教师期望效应也叫罗森塔尔效应或皮格马利翁效应,即教师的期望或明或暗地传送给学生,会使学生按照教师所期望的方向来塑造自己的行为。

24. A 【解析】本题考查倒摄抑制的相关知识。后学习的材料对保持和回忆先学习的材料的干扰作用,称为倒摄抑制。

25. B 【解析】本题考查个别差异性的教育要求。个体身心发展的差异性要求贯彻因材施教的原则,因材施教的原则要求全面深入地了解每个学生,系统掌握其成长发展的资料,注意对个别学生进行特殊培养,采取弹性教学制度等教学组织形式。

二、案例分析题(参考答案)

1.(1)案例中的李老师认真备课,努力提高自己的教学技能,不断提升自己的教学水平的行为履行了《中华人民共和国教师法》规定的"贯彻国家的教育方针,遵守规章制度,执行学校的教学计划,履行教师聘约,完成教育教学工作任务"的义务。但是她对不认真听课的学生采取罚站,甚至用不许进教室听课的方式惩罚学生则违反了《中华人民共和国教师法》规定的"关心、爱护全体学生,尊重学生人格,促进学生在品德、智力、体质等方面全面发展"的义务。根据《中华人民共和国义务教育法》第二十九条的规定,教师应当尊重学生的人格,不得歧视学生,不得对学生实施体罚、变相体罚或者其他侮辱人格尊严的行为,不得侵犯学生合法权益。李老师用不许学生进教室听课的方式惩罚他们,严重地侵犯了学生的受教育权。因此,她惩罚学生的行为是不正确的而且是违法的。

(2)①李老师的做法符合教师职业道德规范中的爱岗敬业要求。爱岗敬业的职业道德规范要求教师对工作高度负责,认真备课上课,认真批改作业,认真辅导学生,不得敷衍塞责。案例中的李老师能够认真备课,认真讲课,李老师的课很受学生欢迎,体现了爱岗敬业的职业道德要求。

②李老师的做法符合教师职业道德规范中的终身学习要求。终身学习的职业道德规范要求教师崇尚科学精神,树立终身学习理念,拓宽知识视野,更新知识结构;潜心钻研业务,勇于探索创新,不断提高专业素养和教育教学水平。李老师到岗后一直努力提高自己的教学水平,不断创新和发展自己的教学技能,符合终身学习的职业道德要求。

③李老师的做法不符合教师职业道德规范中的爱国守法要求。爱国守法的职业道德规范要求教师自觉遵守教育法律法规,依法履行教师的职责权利。而李老师对不认真听课的学生罚站,这是体罚,侵犯了学生的人身权。另外,她不许不认真听课的学生进教室听课,这侵犯了学生的受教育权。以上行为违反了《中华人民共和国教育法》和《中华人民共和国未成年人保护法》的相关规定。

④李老师的做法不符合教师职业道德规范中的关爱学生要求。关爱学生的职业道德规范要求教师关心爱护全体学生,尊重学生人格,平等公正对待学生;对学生严慈相济,做学生的良师益友;保护学生安全,关心学生健康,维护学生权益;不讽刺、挖苦、歧视学生,不体罚或变相体罚学生。李老师体罚学生,并且不让学生听课的做法违背了这一职业道德规范的要求。

(共10分。答出李老师的行为违反了我国《教师法》《义务教育法》等法律规定得3分,结合案例合理阐述得1分;答出李老师的行为符合教师职业道德规范中的"爱岗敬业""终身学习"得2分,结合案例合理阐述得1分,答出李老师的做法不符合教师职业道德规范中的"爱国守法""关爱学生"得2分,结合案例合理阐述得1分)

2.案例中王老师在教学过程中运用了启发性原则和直观性原则,但是在运用过程中没有发挥好,导致教学效果不佳。

(1)启发性原则是指在教学活动中,教师要调动学生的主动性和积极性,引导他们通过独立思考、积极探索,生动活泼地学习,自觉地掌握科学知识,提高分析问题和解决问题的能力。

王老师在教学过程中运用了启发性原则，但是由于学生的年龄较小，学生的思维未向王老师预设的方向发展，启发不当，不符合学生的思维特点。

（2）直观性原则是指在教学活动中，教师应尽量利用学生的多种感官和已有的经验，通过各种形式的感知，使学生获得生动的表象，从而比较全面、深刻地掌握知识。直观性原则的提出是由学生的年龄特征所决定的。一般分为三大类：实物直观、模像直观和言语直观。案例中的王老师教学生学习认字主要使用了言语直观，言语直观往往要结合学生经验，效果会较好。王老师虽然运用了直观性原则，但是其在运用的过程中，没有考虑到学生的年龄发展特点，盲目运用言语直观。案例中的学生正处于认字的阶段，年龄较小、经验较少，对于低年级学生，教师在教学中应以模像直观和实物直观为主，使学生获得生动的表象，从而比较全面、深刻地掌握知识。此外，王老师在引导学生回答问题时，所用语言过于宽泛，引导性不强，教师在提出问题时，应注意对问题的补充，引导学生一步一步去思考。

（共 10 分。从“启发性原则”“直观性原则”两个方面分析王老师的行为，每点 5 分，每条原则的具体内涵 1 分，理论依据准确、充分 3 分，结合案例阐述合理 1 分）

3. 案例中的胡老师在教学中体现出授业、解惑者角色，教育教学活动的设计者、组织者和管理者角色，学生学习的促进者角色。

（1）“授业、解惑者”角色。教师是社会各行各业建设人才的培养者，他们在掌握了人类经过长期的社会实践活动所获得的知识经验、技能的基础上，对其精心加工整理，然后以特定的方式传授给年青一代，并帮助他们解除学习中的困惑。案例中的胡老师总结了画公鸡的七个要素并将画公鸡的技能传授给学生，体现了这一角色。

（2）“教育教学活动的设计者、组织者和管理者”角色。首先，好的教学设计可以使教学有序进行，给教学提供良好的环境，使学生养成循序渐进的习惯，全面地完成教学任务。胡老师在教学中精心进行教学设计，全面把握了教学的任务和学生的特点等要素。其次，胡老师在教学时间分配、内容安排和教学活动展开等方面都做了合理组织与安排，调动了全班同学共同参与的积极性，在预设的时间内完成了教学任务。最后，胡老师在教学过程中还肩负了教育教学管理的职责，确定了教学目标，维持了班级纪律，使班级活动有序进行，并不断引导学生，在和谐的班级环境中完成学习任务。

（3）教师是学生学习的“促进者”角色。新课程倡导教师要成为学生学习的促进者，学生学习能力的培养者。教师不仅传授知识，而且重在检查学生对知识的掌握程度。教师应成为学生学习的激发者。胡老师在教学中没有批评任何一个学生画得不像，而是不时对学生进行指导，最终使学生顺利完成任务。

（共 10 分。答案完整得满分；从“授业、解惑者”“教育教学活动的设计者、组织者和管理者”“学生学习的促进者”三个方面分析胡老师的行为，每点 3 分，理论依据准确、充分 2 分，结合案例阐述合理1 分）

三、论述题（参考答案）

举例说明如何在教学中激发学生的学习动机。

（1）创设问题情境，激发兴趣，维持好奇心。创设问题情境的原则有：①问题要小而精；

SHANXIANG EDUCATION

②与学生实际生活经验相关;③要有适当的难度;④要富有启发性。(2)设置合适的目标。当目标是由个体自己设定,而不是由他人设定时,个体通常会付出更多的努力。(3)根据作业难度,恰当控制动机水平。根据"耶克斯—多德森定律",教师在教学时,要根据学习任务的不同难度,恰当控制学生学习动机的激起程度。(4)表达明确的期望。(5)提供明确的、及时的、经常性的反馈。需要注意的是,反馈必须明确、具体,并紧随学生的学习结果。(6)合理运用外部奖赏。(7)有效地运用表扬。(8)对学生进行竞争教育,适当开展学习竞争。

(考生可结合实际举例加以阐述,言之有理即可)

(共15分。答出"创设问题情境,激发兴趣,维持好奇心""设置合适的目标""控制动机水平""明确的期望""明确的、及时的、经常性的反馈""合理运用外部奖赏"等关键点可得10分,举例阐述可得5分)

四、教学设计题(参考设计)

(1)教学目标

①了解各种邻里关系,明白邻里之间要互相帮助,学会宽容、学会理解。

②掌握一些正确处理邻居关系的方法与技巧,不给邻里添麻烦。

③体验邻里和睦相处的重要性以及为他人着想的快乐。

④在实际生活中懂得与邻居和睦相处,主动维持良好的邻里关系,感受邻里互帮互助的快乐。

(2)教学过程

环节一　导入

教师:(展示学生生活的三个小区的图片,引导学生进入邻里的生活空间。)今天,老师带你们去三个地方,大家看看你们认识吗?(生答)

教师:这是我们班部分学生生活的社区,相信大家对生活中的邻居一定不陌生。谁能说说你的左邻右舍的名字来。(生答)

教师:他们都是我的邻里乡亲啊!(出示课题)

小结:生活在同一个小区里的人,大家可能不是亲人,但是,由于相邻而居,经常碰到,有时又相互照应,邻里关系成了我们每天生活的组成部分。

环节二　活动一:介绍交流、展示调查所得

教师活动:在生活中,你们一定接触了不少邻居,有的还相当熟悉,今天,请大家来介绍一下你的邻居,可以说说他的名字、年龄,在哪儿读书(工作)。

学生活动:①小组交流:你有怎样的邻居?并进行简单介绍。

②"这是我的邻居":通过照片、调查表格等形式展示调查所得。

小结:听了大家的介绍,老师和同学们一样,感受到和睦友爱的邻里关系,会让我们的生活更加温馨、快乐。由于我们生活方式的转变,出现许多新的小区,由于大家彼此不太熟悉,可能还感受不到这种快乐、幸福。但是我们要记住,温馨快乐的邻里关系,是需要我们和邻里共同创

山香教育 SHANXIANG EDUCATION

建的。

环节三　活动二:设置情境、指导行为

教师:俗话说:“舌头和牙齿有时还要打架呢。”邻里生活在一起,有时难免会出现一些意外情况,产生一些小矛盾,如果你遇到这样的情况,你会怎么办呢?

播放幻灯片:①小兰给花儿浇水,却不小心淋湿了楼下李阿姨晾晒的衣被……

②楼上大姐姐们唱歌声音太大,把小林吵得写不了作业……

③小东与小强玩耍,小强不小心把小东给弄哭了……

学生活动:如果我是录像中的主人公,我会这样做……

小结:好言一句暖三冬。当出现冲突时,礼貌地指出或道歉,就会换来邻里的理解与宽容。这样给自己加分的事,我们当然不愿错失。

环节四　活动三:分享快乐、帮助邻居

教师活动:我们的生活中离不开邻居,你能说说当邻居有困难时,你是怎样帮助他们的吗?当时,你的心情是怎样的?当你有困难时,你的邻居又是怎样帮助你的?你的感受又是怎样的?

学生活动:回忆生活中的点点滴滴,勾起对邻里之间互帮互助的美好回忆。

小结:点点滴滴的小事,就能汇聚成邻里互助的美谈,当互助、乐助在我们身边生根、发芽,我们的生活将会变得更加美好。孩子们,让我们共同伸出助人之手,共创我们美好的邻里关系吧!

环节五　课外拓展

教师活动:①总结,出示谚语。②选择一两项自己能为邻居做的力所能及的事,开展“邻里文明使者”活动,并将这项活动长期坚持下去。③向居委会和社区提几条合理化的建议以方便周围的邻居。④开个家庭会,专门汇总一下近些年来邻居帮助自家的情况,想一想怎样回报邻居。

学生活动:读谚语。组织开展“幸福邻里好少年”活动。

【设计理由】导入环节,以学生生活的小区的人和事为例,激发学生学习的兴趣。在教学活动设计中,充分体现了学生的主体地位。课外拓展环节,注意培养学生从自身做起,自觉维护良好的邻里关系。

评分标准:

(1)教学目标(共5分。从多个维度展开给2分,目标具体明确给2分,契合本次活动的主题给1分)

(2)教学过程(共8分。①选择能够吸引学生兴趣的导入方式2分,若导入方式不能充分吸引学生兴趣,在不偏离主题的情况下可酌情给1分;②在具体活动环节至少设计3个活动,每个活动1.5分,教学活动设计合理1分,表述清晰0.5分,若活动设计不适合乡村小学四年级学生不得分;③在拓展环节根据题干中的学生情况,教师小结,并将活动拓展到校外得1.5分)

(3)设计理由(共2分。结合教学过程,设计理由充分合理得2分)

五、教育写作(参考范文)

舍利取义,践行道德规范

道德虽然看不见,摸不着,但它却很重要,犹如氧气和水,没有氧气和水,我们就无法生存在地球上。因此,我们都应该努力践行道德规范,让社会弥漫美好的道德之风。

践行道德规范,贵在舍利取义。

孟子曾说:“鱼,我所欲也;熊掌,亦我所欲也,二者不可得兼,舍鱼而取熊掌者也。生,亦我所欲也;义,亦我所欲也。二者不可得兼,舍生而取义者也。”同样,在现代社会,要恪守道德,就必须舍弃不当利益。有舍才有得,只有舍弃不义之财,我们才能对得起良心,才能达到道德的要求。中国肝脏手术专家吴孟超,在选择弟子时的第一个标准就是“德”,他给自己和弟子定下规定:在保证疗效的前提下,尽量用最便宜的药,尽量少做各种医疗设备的检查。吴孟超这样做大大减少了给医院带来的利润,但给患者省的钱却大大增加了。

践行道德规范,错在时刻从自身利益出发。

有人会说,只要我遵守道德要求,不违法乱纪就行了,该捐款时也捐款,该献爱心时也献爱心,但时时刻刻要维护自己的利益不受损害。其实不然,道德的践行和提升,关键体现在如何权衡自身和他人的利益上,尤其是当自身利益和社会利益发生矛盾时。如在买东西找零钱时,自己不细心被商贩给了假钞,你是否想着赶快想法把它花出去?明知道这是假钞,人人厌恶,但是为了自己的利益,还是想把它花出去。这种做法实在是害人害己,在无形中降低了自身的道德素质,也损害了社会道德。

践行道德规范,做到一时舍利取义也许不难,难的是要坚持在平时的一言一行、点点滴滴中都做到,这就需要我们心中时刻想着他人,时刻为他人着想、为社会着想。

(这篇作文紧密结合材料,论点突出;运用名人名言和名人故事来论证自己的观点,采用对比的方式论述了践行道德规范的珍贵之处及有些教师关于践行道德规范的不当观念。整篇作文结构严谨,内容充实,语言流畅,是一篇佳作。拟定得分37分)

2015年河南省特岗教师招聘考试教育理论基础真题试卷(九)

1~5	BDABC	6~10	ACABD	11~15	BCDAB	16~20	CBCBA
21~25	CDADD						

一、单项选择题

1. B 【解析】本题考查时事政治。“四个全面”是指党的十八大以来,党中央从坚持和发展中国特色社会主义全局出发,提出并形成了全面建成小康社会、全面深化改革、全面依法治国、全面从严治党的战略布局。

2. D 【解析】本题考查习近平总书记的讲话。习近平总书记在北京师范大学考察时强调,全国广大教师要做有理想信念、有道德情操、有扎实知识、有仁爱之心的好老师,为发展具有中国特色、世界水平的现代教育,培养社会主义事业建设者和接班人作出更大贡献。

3. A 【解析】本题考查教育政策文件。《乡村教师支持计划(2015—2020年)》的工作目标中指出,到2017年,力争使乡村学校优质教师来源得到多渠道扩充,乡村教师资源配置得到改善,教育教学能力水平稳步提升,各方面合理待遇依法得到较好保障,职业吸引力明显增强,逐步形成“下得去、留得住、教得好”的局面。

4. B 【解析】本题考查教师的权利。教育教学权是指教师享有进行教育教学活动、开展教育教学改革和实验的权利。

5. C 【解析】本题考查教师职业道德的特点。教师职业道德具有教育人、感化人的作用。无论是教师个人的道德品质,还是教师的集体风貌,都具有独特的示范性。题干描述的是教师职业道德独特的示范性的特点。

6. A 【解析】本题考查教师职业角色。教师的角色之一是“家长代理人、父母”和“朋友、知己”的角色。留守儿童的亲人不在身边,老师就是他们的亲人,体现了留守儿童所期望的教师角色是父母与朋友的角色。

7. C 【解析】本题考查班主任应具备的能力。沟通能力是班主任的必备基本功。沟通能交换思想,联络感情,使沟通双方通达意思。由题干可知,该教师与家长的沟通交流能力有待进一步提高。

8. A 【解析】本题考查陶行知的教育思想。陶行知提出了生活教育理论,认为“生活即教育”,主张以人类的生活作为教育内容,在生活实践中接受教育;“社会即学校”,要“把学校里的一切延伸到大自然界中去”;“教学做合一”,强调学做结合。题干描述的是陶行知的生活教育理论的观点。

9. B 【解析】本题考查孔子的教育思想。由“思”可知,这句话反映的是孔子有关教育反思的观点。

10. D 【解析】本题考查课程实施的取向。课程实施的创生取向认为,设计好的课程并不是固定不变的,课程实施的过程也是课程的设计过程。课程实施的过程是在具体教育情境中由师生共同创生新的教育经验的过程,原来设计好的课程只是这个“经验”创生过程中可供选择的材料之一。“教师是课程的开发者”体现的就是课程实施的创生取向。

易错提示:考生容易混淆课程实施的三种取向,在做此类试题时,需要注意题干的关键词。出现“固定不变”“不能改变”一般是忠实取向;出现“互相调整”“相互适应”一般是相互适应(调适)取向;出现“创新”“开发”一般是创生取向。

11. B 【解析】本题考查启发性原则。启发性原则是指在教学活动中,教师要调动学生的主动性和积极性,引导他们通过独立思考、积极探索,生动活泼地学习,自觉地掌握科学知识,提高分析问题和解决问题的能力。题干内容体现的是启发性原则。

12. C 【解析】本题考查儒家的教育思想。在孔子的整个教育思想中,道德教育居于首要地位。

13. D 【解析】本题考查教师的职业生涯规划。“一年”“三年”“五年”“十年”体现的是新

山香教育 SHANXIANG EDUCATION

入职教师的职业生涯规划。

14. A 【解析】本题考查慕课的内涵。“慕课”即大规模开放在线课程,英文首字母“MOOC”的中文音译。斯蒂芬·唐斯和乔治·西蒙于2008年首次提出“大规模开放在线课程(MOOC)”这一术语,2012年该术语被广为传播。

15. B 【解析】本题考查翻转课堂的内涵。所谓翻转课堂,就是在信息化环境中,课程教师提供以教学视频为主要形式的学习资源,学生在上课前完成对教学视频等学习资源的观看和学习,师生在课堂上一起完成作业答疑、协作探究和互动交流等活动的一种新型的教学模式。题干描述的是翻转课堂的内涵。

16. C 【解析】本题考查情绪调节的方法。当人受到不良刺激而产生消极情绪时,应让不良情绪得以充分宣泄,通过合理的宣泄来减轻心理负担,恢复心理平静。宣泄可以采用适当的方式,如找亲朋好友倾吐不愉快的事;大哭一场或自言自语,以发泄心中的委屈和不满等。宣泄必须合理、适当,否则,可能导致消极后果。

17. B 【解析】本题考查学生心理发展的阶段特征。少年期又称学龄中期,大致相当于初中阶段,是个体从童年期向青年期过渡的时期,具有半成熟、半幼稚的特点。在这一时期,学生处于生理发育的第二个高峰期。整个少年期充满独立性和依赖性、自觉性和幼稚性错综的矛盾。

18. C 【解析】本题考查变式。变式,就是变换使用不同形式的直观材料或事例说明事物的属性,使本质属性保持不变而非本质属性或有或无,以便突出本质属性。

19. B 【解析】本题考查动机冲突的类型。趋避冲突是指对同一目的兼具好恶的矛盾心理。题干中学生既想得到老师的帮助又不想老师管太多的这种心理属于趋避冲突。

方法技巧:动机冲突常结合实例进行考查,通常可以根据题意,运用以下关键词组进行区分。

双趋冲突:表述中含有“既想……又想……,但不可兼得”的含义;

双避冲突:表述中含有“既怕……又怕……”的含义;

趋避冲突:表述中含有“既想……又怕……”的含义;

多重趋避冲突:表述中的冲突因素为两个以上。

20. A 【解析】本题考查学习迁移的类型。具体迁移也称特殊迁移,是指学习迁移发生时,学习者原有的经验组成要素及其结构没有变化,只是将一种学习中习得的经验要素重新组合并移用到另一种学习之中。

21. C 【解析】本题考查马斯洛的需要层次理论。自我实现的需要是最高层次的需要。所谓“自我实现”,即追求自我理想的实现,是充分发挥个人潜能、才能的心理需要,也是一种创造和自我价值得到体现的需要。

22. D 【解析】本题考查学习策略的分类。调节策略是指在学习过程中根据对认知活动监视的结果,找出认知偏差,及时调整策略或修正目标。例如:当学习者意识到他不理解课文的某一部分时,就会退回去读困难的段落;在阅读困难或不熟的材料时放慢速度;复习他不懂的课程材料;测验时跳过某个难题先做简单的题目等。题干描述的是调节策略,调节策略是元认知策略中的一种。

23. A 【解析】本题考查发散思维训练的内涵。发散思维，也叫求异思维，是指人们解决问题时，思路朝各种可能的方向扩散，从而求得多种答案。在教学中可以进行一些发散思维训练，如进行一题多解、一题多问的练习。

24. D 【解析】本题考查成就动机理论的教育启示。在教育实践中对力求成功者，应通过给予新颖且有一定难度的任务，安排竞争的情境，严格评定分数等方式来激起其学习动机。

25. D 【解析】本题考查教师成长的阶段。福勒和布朗根据教师的需要和不同时期所关注的焦点问题，把教师的成长划分为关注生存、关注情境和关注学生三个阶段。

二、案例分析题（参考答案）

1. 2008 年修订的《中小学教师职业道德规范》中关于“关爱学生”方面所规定的具体职业行为要求有以下几点：

（1）关心爱护全体学生，尊重学生人格，平等公正对待学生。付老师在教学当中对全班每一个同学都非常照顾，对晓彤的生活给予了很大的帮助，这体现了对学生的关心和爱护。针对小杰的“问题行为”及小龙的早恋，付老师并没有一味地批评，而是积极的教育引导和谈心，这些都体现出其对学生人格的尊重。

（2）对学生严慈相济，做学生的良师益友。关爱学生不是不要严格，然而严格不意味着没有宽容，学生成长总是会出现这样那样的问题，当小杰和小龙出现问题时，老师没有置之不理，也没有“一棒子打死”，而是站在学生的角度帮助其解决问题，体现了亦师亦友的师生关系。

（3）保护学生安全，关心学生健康，维护学生权益。关爱学生还要求老师对学生的安全、健康和权益负责。晓彤天生听力障碍又遭遇家庭不幸，付老师积极帮助，避免了其产生不良的心理问题，自己花钱给其配上助听器，让学生更好地接受课堂教育，维护了学生的心理健康和受教育的权利。

（4）不讽刺、挖苦、歧视学生，不体罚或变相体罚学生。在语言上讽刺、挖苦学生，在态度上歧视学生，这是职业行为上不容许的。当小杰和小龙出现问题时，付老师没有对其进行严厉地批评，认为他们是“坏孩子”，更没有对他们进行简单粗暴的体罚，而是耐心地帮助，有针对性地指导，推心置腹地谈心。

（共 9 分。答出“关爱学生”的教师职业道德规范得 1 分；从“关心爱护全体学生、尊重学生人格、平等公正对待学生”“对学生严慈相济、做学生的良师益友”“保护学生安全，关系学生健康，维护学生权益”“不讽刺、挖苦、歧视学生，不体罚或变相体罚学生”四个方面分析付老师的行为，每点 2 分，理论依据准确、充分 1 分，结合案例阐述合理1 分）

2. 案例中第一位教师预设的教学目标较为理想，理由如下：

（1）教学目标是指在教学活动中所期待得到的学生的学习结果。它针对教学活动提出具体要求，不仅规范着教师教的活动，而且也规范着学生学的活动。案例中第一位教师的预设教学目标既考虑到教师的教，又考虑到学生的学；第二位教师的预设教学目标侧重于老师的教而忽略了学生的学。

山香教育 SHANXIANG EDUCATION

(2)布卢姆把教学目标分为认知、情感、动作技能三个领域。两位老师都提出了本节课的教学目标,能够记住新单词是认知目标;运用基本句型流畅对话、综合运用知识介绍他人是动作技能目标;案例中第一位教师有增强亲情感这种情感目标而且有具体的操作过程:“通过……实现教学目标”;第二位教师则不具备。

(3)预设的教学目标具有可操作性、完整性、有效性、灵活性、针对性等特点。第一位教师的教学目标可操作性更好而且有情感目标,这样的教学目标更完整、更有针对性,有具体的执行过程。因此,案例中第一位教师的教学目标更可行。

(共8分。答出第一位老师预设的教学目标较为理想得3分,理由5分,第一位老师预设的教学目标理想的理由得3分,第二位老师预设的教学目标不理想的理由得2分)

3.(1)案例中的执教老师具有先进的教育理念,体现了较高的教育教学素养。案例中的老师具有正确的学生观,热爱学生,尊重学生人格。学生在公开课上不愿读课文的时候,教师给予学生保持沉默的权利,没有因为学生在公开课上大胆地表达自己的思想而去批评学生。教师把学生作为学习的主体,而不是自己公开课的配合者,充分尊重学生,促进学生的发展。

(2)案例中的教师巧妙地运用了教育机智。在课堂上遇到一些突发事件的时候,教师要沉着冷静,用自己的智慧迅速而正确地化解问题。在公开课上,学生大胆地表示自己不想读,这时候教师没有因为学生当着其他老师的面表达自己所想而生气或者逃避,而是因势利导,开玩笑一样地鼓励他,给了学生希望的“台阶”,后半节课该学生积极表现,圆满地解决了问题。

(3)案例中的教师具有高超的教育艺术。这节课呈现了一个充满师爱的教育过程,教师允许学生犯错误,坚持正面教育,提高了学生自我教育的能力。

(共8分。从“先进的教育理念”“运用教育机智”“高超教育艺术”三个方面分析老师的行为,每点2.5分,理论依据准确、充分1.5分,结合案例阐述合理1分;答案完整可得满分)

三、论述题(参考答案)

请结合教育教学实际,试述如何通过创设适宜的环境培养学生的创造性。

创造性又叫创造力,是指根据一定目的,运用已知信息,产生出某种新颖、独特、有社会价值的产品的能力和特性。培养学生的创造性是培养学生全面发展的重要环节,因此适宜的教育教学环境成为影响学生创造性的重要因素。创设有利的社会环境,培养学生的创造性应从以下几方面着手:

(1)创设宽松的心理环境。教师应给学生创造一个能支持或容忍标新立异者或偏离常规思维者的环境,让学生感受到“心理安全”和“心理自由”,即给学生创造较为宽松的学习的心理环境。只有这样,才能够真正激发学生学习的积极性和主动性,促进学生的认知功能和情感功能的充分发挥,以提高学生的创造性。

(2)给学生留有充分选择的余地。在可能的条件下,应给学生一定的权利和机会,让有创造性的学生有时间、有机会干自己想干的事,为创造性行为的产生提供机会。例如,可以提供条件使学生有机会选择不同的课程来学习,给学生呈现应用创造性思维才能解决的问题等。

(3)改革考试制度与考试内容。应使考试真正成为选拔有能力、有创造性人才的有效工具，在考试的形式、内容等方面都应考虑如何测评创造性的问题。例如，在学业测试中，可以增添少部分无固定答案的问题，让学生有机会发挥其创造性。评估学生的考试成绩时，也应考虑其创造性的高低。

（考生可结合教育实践阐述，言之有理即可）

（共15分。每点5分，答案完整得满分；答出“宽松的心理环境”“留有充分选择的余地”“改革考试制度与考试内容”等关键点可得9分，具体阐述6分）

四、教学设计题（参考设计）

1.【情境导入】

首先，教师用实物投影仪出示超市购物的发票，发票上项目很多，结算时人工计算比较繁琐，由此激发学生思考：怎样才能既准确又快速地算出结果来呢？你想到了什么计算工具？在学生充分地讨论交流后揭示课题：认识计算器。然后，请学生说说在哪些场合或情况下看到过别人使用计算器。

【设计理由】

创设贴近学生生活实际的情景，从中提出数学问题，当学生遇到数目较大或较繁琐的计算时启发学生想到使用计算器，从而揭示学习的内容，并在激发学生学习兴趣的过程中将本节课的学习变成学生的一种内在需求。

评分标准：

（1）情境导入（共5分。选择能够吸引学生兴趣的导入方式5分，若导入方式不能充分吸引学生兴趣，在不偏离主题的情况下可酌情给1～2分）

（2）设计理由（共5分。结合教学材料，设计理由充分合理得5分，若活动设计不适合乡村小学四年级学生不得分）

2.【活动内容】

围绕“寻找错别字、收集或自编字谜、寻找汉字的奇妙”的内容收集相关资料，然后分享并展示。

【活动方式】

分组收集——交流分享——发表感想——总结归纳。

【具体做法】

把全班分成三组，每组20人。

第一小组的任务是“寻找错别字”，第一小组在课前的一个周末去街上寻找店铺广告、标牌的错别字和不规范的汉字，如服装店里把“一见钟情”写成“衣见钟情”，并拍下来做好记录。

第二小组的任务是“收集或自编字谜”，课前的几天通过上网或者查阅书籍，或者小组成员自编的形式，尽可能多地整理字谜，如军人的泪打一字，是“浑”。

第三小组的任务是“寻找汉字的奇妙”，第三小组在课前收集一下汉字妙用的例子，如“睡”字，左边是一个“目”字，代表眼睛，右边是一个“垂”字，眼皮垂下去了，是要休息、睡觉了。

上课时，三组学生轮流分享自己收集到的资料，并请全班学生自由发表自己的感想。分享

山香教育 SHANXIANG EDUCATION

完之后，老师总结点评并给大家呈现自己收集的这三个方面的内容。接着全班学生一起选出最好的、最认真、最全面的一组，大家掌声鼓励。

评分标准：

(1)活动内容(共3分。结合材料能合理设置活动内容得3分，在不偏离主题的情况下可酌情给1分)

(2)活动方式(共2分。活动步骤清晰合理，具有操作性得2分)

(3)具体做法(共5分。合理分成三个小组并分配任务，各小组任务合理各1分；上课时的小组合作交流和教师及时总结得2分；若活动不适合乡村七年级学生不得分)

五、教育写作(参考范文)

扎根基层，传承愚公精神

我们这些怀揣教育理想的考生，即将加入教师队伍，在新时代的历史坐标上承担起实现中华民族伟大复兴的重任。当我矢志不渝地选择这一神圣职业时，我深知自己肩负的不仅是传道授业解惑的责任，更要牢记党的嘱托，无论环境多么艰苦，都要扎根基层，以愚公移山的精神苦干实干。

作为教师，扎根基层是我们应有的品格。我经常思考，未来我是否也能像许多模范教师一样，不畏艰险，走进偏远山村，只为点亮孩子们的知识灯塔。譬如小学教师赵国振，自2000年以来，赵国振一直用爱心、信心、耐心坚守乡村教育，他扎根乡村教师岗位，曾担任小学语文、数学、科学、英语等不同学科的教师，并长期担任班主任，被同事们称为“补丁老师”。那些选择扎根艰苦地区的“特岗教师”，他们用自己的青春和汗水，改变了万千孩子的命运。这些感人至深的故事让我明白，作为教师必须具备吃苦耐劳的精神，必须敢于扎根基层奉献自己。

扎根基础，定会遇到种种困难。学校条件可能简陋，学生可能家境贫寒，也许还会面临生活中的种种不便。这时如果动摇和退缩，就辜负了教育的崇高使命。我们要汲取愚公移山的精神，发挥主观能动性，一砖一瓦改造环境，一步一步努力前行，照亮基层学生的求知路！我们要牢记教育的崇高使命，无论何时何地，哪里的孩子需要知识灯塔，哪里就是我们奋斗的前线。一次次跨越障碍，一次次砥砺前行，就是我们对教育事业的终身坚守。

当然，要成为一名合格的教师，还需要持之以恒的学习，不断提高自身专业素养。为了成为一名合格的教师，我们要虚心请教资深教师的经验，并且主动学习教育心理学、教学理论等专业知识。我们要坚持研读教育家的著作，汲取他们投身教育的意义和方法。在教学实践中，我们及时总结、不断反思，以提高自身的教学能力与教学艺术。我相信，只要以不怕吃苦、坚持不懈的精神不断学习，必定能够提高自己的教学能力，成为一名优秀的教师！

愿教育工作者都能发扬愚公移山的精神，无论环境多么艰苦，都能不畏艰辛、艰苦奋斗，为孩子们的成长绘就一片启明星空！

(这篇作文紧密结合材料，围绕“扎根基层，以愚公移山的精神苦干实干”展开论述，深入浅出地论述了如何扎根基层，克服艰难困苦，传承愚公移山精神。整篇作文结构严谨，内容充实，语言流畅，是一篇佳作。拟定得分35分)

2014 年河南省特岗教师招聘考试教育理论基础真题试卷(十)

1 ~ 5	AABCC	6 ~ 10	BCACD	11 ~ 15	AAABD	16 ~ 20	CBCDD
1 ~ 5	√√×√√			6 ~ 10	×√×××		
11 ~ 15	√√××√			16 ~ 20	√×√√√		

一、单项选择题

1. A 【解析】本题考查习近平总书记的讲话。在十二届全国人大一次会议闭幕会上,习近平总书记提出,中国梦是实现国家富强、民族振兴、人民幸福的伟大梦想。实现中国梦,必须走中国道路,必须弘扬中国精神,必须凝聚中国力量。

2. A 【解析】本题考查时事政治。深化教育领域综合改革是党的十八届三中全会《决定》提出的关于教育改革的总体部署。

3. B 【解析】本题考查社会主义核心价值观。党的十八大提出,倡导富强、民主、文明、和谐,倡导自由、平等、公正、法治,倡导爱国、敬业、诚信、友善,积极培育和践行社会主义核心价值观。富强、民主、文明、和谐是国家层面的价值目标,自由、平等、公正、法治是社会层面的价值取向,爱国、敬业、诚信、友善是公民个人层面的价值准则,这 24 个字是社会主义核心价值观的基本内容。

4. C 【解析】本题考查教育的基本着眼点。教育在解决人的发展与社会发展的矛盾的过程中,基本着眼点是人,是人的发展。从这个意义上说,人是教育的出发点。

5. C 【解析】本题考查社会政治经济制度对教育的影响和制约。政治经济制度直接制约教育的性质和发展方向。

6. B 【解析】本题考查班级授课制的产生。1632 年,捷克教育家夸美纽斯出版的《大教学论》最早从理论上对班级授课制做了阐述,为班级授课制奠定了理论基础。

7. C 【解析】本题考查《中小学教师专业标准(试行)》。《中小学教师专业标准(试行)》对教师的基本专业要求涵盖专业理念与师德、专业知识、专业能力三个维度。

8. A 【解析】本题考查个体身心发展的规律。个体身心发展的顺序性是指人的身心发展是一个由低级到高级、由简单到复杂、由量变到质变的连续不断的发展过程。这种顺序性是客观的、不以人的意志为转移的,教育工作要遵循这种顺序性,循序渐进地促进人的发展。题干中的描述违背了儿童身心发展的顺序性规律。

9. C 【解析】本题考查课程标准的概念。课程标准是课程计划中每门学科以纲要的形式编写的、有关学科教学内容的指导性文件,是课程计划的分学科展开。题干描述的是课程标准的概念。

10. D 【解析】本题考查建构主义学习观。建构主义在学习观上强调学习的主动建构性、社会互动性和情境性三个方面。学习的主动建构性是指学生能够主动地对已有知识经验进行综合、重组和改造，从而用以解释新信息，并最终建构属于个人意义的知识内容。

11. A 【解析】本题考查调查法概念。调查研究法是在教育理论指导下，通过运用观察、列表、问卷、访谈、个案研究及测验等方式，搜集教育问题的资料，从而对教育的现状做出科学分析，并提出具体工作建议的一整套实践活动。题干描述的是调查法的内涵。

12. A 【解析】本题考查疏导原则。疏导原则是指进行德育时要循循善诱、以理服人，从提高学生认识入手，调动学生的主动性，使他们积极向上。

13. A 【解析】本题考查班集体的基本特征。班集体必须具备以下四个基本特征：(1)明确的共同目标。这是班集体形成的基础。(2)一定的组织结构，有力的领导集体。(3)共同生活的准则，健全的规章制度。(4)集体成员之间相互平等、心理相容的氛围。

14. B 【解析】本题考查学习策略的分类。时间管理策略指在时间管理上，应做到：(1)统筹安排学习时间。(2)高效利用最佳时间。例如，要根据自己的生物钟安排学习活动。(3)灵活利用零碎时间。题干所述为资源管理策略中的时间管理策略。

15. D 【解析】本题考查加德纳的多元智力理论。加德纳的多元智力理论为我国新课程改革“建立促进学生全面发展的评价体系”提供了有力的理论依据与支持，表现在：(1)积极乐观的学生观；(2)科学的智力观；(3)因材施教的教学观；(4)多样化人才观和成才观。

16. C 【解析】本题考查惩罚。惩罚是指当有机体做出某种反应以后，得到一个厌恶刺激或失去一个愉快刺激，以期消除或抑制此反应的过程。题干中家长限制小学生看动画片(失去愉快刺激)以消除小学生的错误行为，属于惩罚。

17. B 【解析】本题考查创造性思维能力的培养。头脑风暴法通常以集体讨论的方式进行，鼓励参加者尽可能快地提出各种各样异想天开的设想或观点，相互启迪，激发灵感，从而引发创造性思维的连锁反应，形成解决问题的新思路。

18. C 【解析】本题考查皮亚杰的认知发展阶段理论。皮亚杰将个体的认知发展分为以下四个阶段：(1)感知运动阶段(0～2岁)；(2)前运算阶段(2～7岁)；(3)具体运算阶段(7～11岁)；(4)形式运算阶段(11岁～成人)。

19. D 【解析】本题考查考试焦虑的治疗方法。指导学生在考试中使用正向的自我对话，如“我能应付这个考试”属于考试焦虑治疗方法的认知矫正程序。

20. D 【解析】本题考查高原现象。通常把学生在学习过程中出现一段时间的学习成绩和学习效率停滞不前，甚至学过的知识感觉模糊的现象，称为“高原现象”。

二、判断题

1. √ 【解析】本题考查时事政治。十八届三中全会公报指出，全面深化改革的总目标是完善和发展中国特色社会主义制度，推进国家治理体系和治理能力现代化。

2. √ 【解析】本题考查河南省时事政治。2014年省长谢伏瞻在河南省第十二届人民代表大会第三次会议上作《政府工作报告》，指出今年政府工作的总体要求是：全面贯彻落实党的十八大和十八届二中、三中全会精神与省委决策部署，紧紧围绕中原崛起河南振兴富民强省总目标，把改革创新、扩大开放贯穿于经济社会发展各个领域各个环节，按照打造富强河南、文明河南、平安河南、美丽河南和推进社会主义民主政治制度建设、提高党的执政能力制度建设总布局，聚焦实施粮食生产核心区、中原经济区、郑州航空港经济综合实验区三大国家战略规划，深入推进“一个载体、三个体系”建设，着力扩大需求稳增长，着力优化结构促转型，着力改革创新增后劲，着力创造优势强支撑，着力改善民生促和谐，调中求进、变中取胜、转中促好、改中激活，切实提高发展质量和效益，促进经济持续健康发展、社会和谐稳定。

3. × 【解析】本题考查对备课的认识。备课是教师根据学科课程标准的要求和本门课程的特点，结合学生的具体情况，选择最合适的表达方法和顺序，以保证学生有效地学习。教师备课包括：钻研教材、了解学生、设计教法，即备教材、备学生、备教法；写好三种计划，即学年（或学期）教学计划、课题（或单元）计划、课时计划（教案）。可见，写教案只是备课的一部分。新手教师把大量的时间用在课时计划的一些细节上，但这并不意味着新手教师备课就等于是把教学内容写成详细的文字教案。

4. √ 【解析】本题考查教育政策文件。《国家中长期教育改革和发展规划纲要（2010～2020年）》指出，教育公平是社会公平的重要基础。教育公平的关键是机会公平，基本要求是保障公民依法享有受教育的权利，重点是促进义务教育均衡发展和扶持困难群体，根本措施是合理配置教育资源，向农村地区、边远贫困地区和民族地区倾斜，加快缩小教育差距。

5. √ 【解析】本题考查新课程倡导的学习方式。新课程改革所倡导的学习模式包括自主学习、合作学习和探究学习。题干描述的是新课程改革倡导的三种学习方式。

6. × 【解析】本题考查班主任工作的任务。班主任工作的首要任务是组织建立良好的班集体。对学生进行思想品德教育，是班主任的工作重点和经常性的工作。

7. √ 【解析】本题考查基础教育课程改革的目标。《基础教育课程改革纲要（试行）》指出，新课程的培养目标应体现时代要求，其中之一是培养学生“具有适应终身学习的基础知识、基本技能和方法”。因此，基础教育课程改革要为学生的终身学习奠定基础。

8. × 【解析】本题考查对教学设计的认识。“以教为主”的教学设计模式目前在教学设计实践中占主导地位，“以学为主”的教学设计模式还没被人们普遍熟悉和接受。这两种教学设计模式都有其优势与不足，我们应该采用“学教并重”的教学设计模式。

9. × 【解析】本题考查信息技术与学科教学整合的最终目标。信息技术与学科教学整合的最终目标是培养大批创新人才。

10. × 【解析】本题考查教师职业道德的主要范畴。教师职业道德主要范畴包括教师义务、教师良心、教师公正、教师荣誉、教师幸福和教师人格。

11. √ 【解析】本题考查维果斯基的最近发展区理论。维果斯基认为的“教学应走在发展的前面”包含两层含义：（1）教学在发展中起主导作用；（2）教学创造着最近发展区。

12. √ 【解析】本题考查课外活动的组织形式。小组活动是课外、校外教育活动的基本主要形式。小组活动以自愿组合为主，根据学生的兴趣、爱好和学校的具体条件，进行有目的、有计划的经常性活动。小组活动的特点是自愿组合、小型分散、灵活机动。可见，题干的说法是正确的。

13. × 【解析】本题考查课堂对话的概念。课堂导入是教师在新的教学内容和教学活动开始时，通过简短的言语或行为，引导学生迅速进入学习状态的教学行为方式。课堂对话是指在课堂教学中，通过教师、学生、文本材料之间的相互交流和沟通，有效地实现教学目标的行为方式。

14. × 【解析】本题考查变式。变式是指变换使用不同形式的直观材料或事例说明事物的属性，使本质属性保持不变而非本质属性或有或无，以便突出本质属性。题干所述为变式的内涵。

15. √ 【解析】本题考查班杜拉的社会学习理论。班杜拉的社会学习理论证明，社会学习是通过观察、模仿而完成的。态度和品德作为社会学习的重要内容，也是可以通过观察、模仿榜样的行为而习得。

16. √ 【解析】本题考查教师成长的阶段。处于关注学生阶段的教师将考虑学生的个别差异，认识到不同发展水平的学生有不同的需要，根据学生的差异采取适当的教学，促进学生的发展。能否自觉关注学生是衡量一个教师是否成熟的重要标志。

17. × 【解析】本题考查学习动机的分类。外部学习动机是指诱因来自学习者外部的某种因素，即在学习活动以外由外部的诱因激发出来的学习动机。比如，学习是为了得到教师的表扬、父母的嘉奖，或学习是为了避免因学习失败而受到惩罚等。为了得到老师或父母的奖励而努力学习的动机是外部动机。

18. √ 【解析】本题考查学习迁移的概念。学习迁移也称训练迁移，是指一种学习对另一种学习的影响，或习得的经验对完成其他活动的影响。平时所说的“举一反三”“触类旁通”等即是典型的迁移形式。

19. √ 【解析】本题考查影响人格形成与发展的因素。同辈群体为儿童的社会化和人格发展提供了社会模式或榜样，随着年龄的增长，同伴的影响越来越强，在某种程度上甚至超过父母的影响。

20. √ 【解析】本题考查心理健康的内涵。世界卫生组织认为，心理健康是一种良好的、持续的心理状态与过程，表现为个体具有生命的活力，积极的内心体验，良好的社会适应能力，能够有效地发挥个人的身心潜力以及作为社会一员的积极的社会功能。归纳起来，心理健康就是个体内部协调与外部适应相统一的良好心理状态。

三、案例分析题(参考答案)

1. 案例中杜老师的做法体现了教师职业道德规范中爱岗敬业、关爱学生、教书育人的要求。

(1)爱岗敬业是教师职业的本质要求。要做到这一点，教师必须对工作高度负责，认真备课上课，不得敷衍塞责。案例中的杜老师“认真备课、反复试讲”，才“心情忐忑地走上讲台”，说明他对待工作的态度十分认真，对自己严格要求；从他回答学生的话中，可以看出他真心热爱自己的工作，做到了爱岗敬业。

(2)关爱学生是师德的灵魂。这要求教师关心爱护全体学生，尊重学生人格，对学生严慈相济，做学生的良师益友。案例中杜老师面对学生的问题，他郑重的态度和真诚的回答都表现出了他对学生的尊重和爱护；“我既然成了同学们的老师，大家就成为一家人……只要我们共

SHANDONG EDUCATION

同努力,都会成为优秀学生的。老师喜欢你们,看好你们!"这些话语无不透露着杜老师对学生们的关爱,同时又蕴含着对学生们的要求和期望,这些正是严慈相济的生动表现。

(3)教书育人是教师的天职。"育人"是教师职业劳动的本质,通过"教书"的途径,培养全面发展的人,才是教师工作的根本目的。因此教师须对学生循循善诱,诲人不倦,因材施教。案例中杜老师针对自认为"条件不好,学习基础又差"的学生,先用对家人的感情来让学生体会自己的一片赤诚,接着又通过夸奖他们"朴实、能吃苦"来打消学生们的自卑心理,最后还鼓励学生们努力学习,这"很快抓住了孩子们的心"。显然杜老师的一番话大大提高了学生们的自信心,有了信心,学生就迈出了通向成功的第一步,杜老师也就达到了教书育人的目的。

(共 10 分。答案完整得满分;从"爱岗敬业""关爱学生""教书育人"三个方面分析杜老师的行为,每点 3 分,理论依据准确、充分 2 分,结合案例阐述合理 1 分)

2. (1)案例中的教师通过教学反思,呈现了两种不同效果的教学情境,这体现了启发诱导、循序渐进和理论联系实际的教学原则。

①启发性原则是指在教学活动中,教师要调动学生的主动性和积极性,引导他们通过独立思考、积极探索,生动活泼地学习,自觉地掌握科学知识,提高分析问题和解决问题的能力。贯彻此原则的要求有:加强学习的目的性教育,调动学生学习的主动性;设置问题情境,启发学生独立思考,培养学生良好的思维方法和思维能力。案例中这位教师在第一堂课中提出的问题:"'强项'在现代汉语中是什么意思?"出现了课堂"冷场"的局面,这是由于没有引起学生的兴趣;而在教学反思后的第二堂课上,学生们能够紧跟问题思考,最后"纷纷举手并给出正确的答案",这说明学生们的积极性被成功地调动了起来,证明教师的启发有了效果。

②循序渐进原则是指教师要严格按照科学知识的内在逻辑和学生的认知发展规律进行教学,使学生掌握系统的科学文化知识,能力得到充分的发展。贯彻此原则的要求有:教师的教学要有系统性;按照学生的认识顺序,由浅入深,由易到难,由简到繁地进行教学。案例中,第一堂课中教师的问题之所以没有得到学生的回应,正是因为他直接把难题摆了出来,没有遵循由易到难的顺序;在改进后的第二堂课中,教师先问了容易的问题,学生们做出回答之后再一步步地引导到目标问题。这样通过循序渐进地引导,学生们自然而然就理解了老师的问题。

③理论联系实际原则是指教师在教学中,应使学生从理论与实际的结合中来理解和掌握知识,并引导他们运用新获得的知识去解决各种实际问题,培养他们分析问题和解决问题的能力。贯彻此原则的要求有:重视书本知识的教学,在传授知识的过程中注重联系实际;重视引导和培养学生运用知识的能力。案例中的教师在第一堂课中的问题没能引起学生的兴趣,正是因为"强项"这个词被单独拿出来直接让学生解释,学生无法联系已有的经验。而到了第二堂课,教师先问了"你们都有什么强项?"当学生说出了自己的强项之后,教师再让学生思考刚才说的"强项"是什么意思。这成功地让学生将理论与生活实际联系起来,因此他们很快就明白了这个词的现代意义,接下来也就可以与课文中"强项"原义对比了,本节课最终也取得了很好的效果。

(2)新课程强调教师要经常进行教学反思,教学反思也是教师专业发展和自我成长的核心因素。案例中的老师通过教学反思之后,对第一次上课中效果不好的环节进行了修正,第二次上课时在相同的环节进行处理就得到了很好的效果。这说明该教师的教学反思是积极有效的，教师都应该经常通过教学反思来改进自身的教学。

（共10分。答出材料中老师所体现的教学原则得9分，从“启发性原则”“循序渐进原则”“理论联系实际原则”三个方面分析材料中老师的行为，每点3分，理论依据准确、充分2分，结合案例阐述合理1分；从教学反思角度结合材料合理做出分析得1分）

四、论述题（参考答案）

请结合学科教学谈谈如何培养学生解决问题的能力。

（1）培养学生主动质疑和解决问题的内在动机；（2）问题的难度要适当；（3）帮助学生正确表征问题；（4）帮助学生养成分析问题和对问题归类的习惯；（5）提高学生知识储备的数量和质量，指导学生善于从记忆中提取信息；（6）训练学生陈述自己的假设及其步骤，鼓励自我评价和反思；（7）教授与训练解决问题的方法和策略；（8）提供多种练习机会；（9）训练逻辑思维能力，提高思维水平。

（考生可结合学科教学实际阐述，言之有理即可）

（共15分。答出“主动质疑和解决问题的内在动机”“问题难度适当”“养成分析问题和对问题归类的习惯”“训练学生陈述自己的假设及其步骤”“教授与训练解决问题的方法和策略”等关键点可得9分，结合学科教学阐述6分）

五、教学设计题（参考设计）

【课型】新授课

【课时】1课时

【教学目标】

（1）学生能够了解诚信的内涵，明确诚信对个人发展、社会进步的重要意义。

（2）学生学会讨论分析现实案例，提高对诚信的正确认识，培养对“诚实”与“谎言”的辨别区分能力。

（3）学生能够掌握诚信的内核是“善”，增强对他人及社会的道德责任感，养成诚实守信的品质。

（4）学生能够树立“诚信从我做起”的观念，在日常生活中自觉践行诚实守信的准则，尝试解决生活中常见的诚信问题。

【教学重点】学生对诚信的正确认识。

【教学难点】理解诚信的必要性，并努力做一个诚实守信的人。

【教学过程】

（1）谈话导入

教师提出问题：“同学们，你们知道3月15日是什么日子吗？它的真正意义是什么呢？”学生作答，教师总结，经商需要诚信，那么做人更需要诚信，从而引入课题——《诚信的智慧》。

（2）探究新知

共同欣赏《徙木立信》的视频片段，让学生直观地感受古人的诚信。

学生欣赏完视频后,教师引导学生畅谈观赏感悟。

学生分组展示课前所搜集诚信的相关素材,并结合自己的资料进行解释。

教师提出问题,学生进行作答。

学生展示小组成果后,教师进行总结,并向学生展示与诚信相关的名人名言图片,虽然经历过不好的事情,但仍坚持自己的行为准则——诚信为本,之后共同得出结论:在我们的生活中,每个人都会遭遇不同的关于诚信的问题,这些都是我们成长经历中不可或缺的,希望这些能够帮助同学们认识诚信的真正含义。

(3)拓展延伸

教师创设生活中学生可能遇到的困难情境,请学生利用今天所学习的知识来解决各类事件。

(4)课堂小结

师生共同总结本节课的收获,请学生畅谈本节课的收获。最后,播放歌曲《友谊地久天长》,并简单迁移,结束本课!

【板书设计】

诚信的智慧

智慧

诚+信

评分标准:

(1)教学目标(共3分。从多个维度展开给1分,目标具体明确给1分,契合本次活动的主题给1分)

(2)教学重点(共1分。重点突出,表述合理得1分)

(3)教学难点(共1分。符合学生年龄实际,表述清晰得1分)

(4)教学过程(共8分。①选择能够吸引学生兴趣的导入方式2分,若导入方式不能充分吸引学生兴趣,在不偏离主题的情况下可酌情给1分;②选择合适的活动和提问方式,引导学生探究新知得2分;③结合学生实际,创设困难情境得2分,若情境不适合八年级学生不得分;④在结课环节根据题干中的学生情况,总结归纳本节课的收获得2分)

(5)板书设计(共2分。板书规范、字迹清晰、内容正确得2分)

六、教育写作(参考范文)

做学生心目中的"好老师"

在学生心中,什么样的老师才是好老师?答案无疑是那些爱岗敬业、乐于奉献的老师。面对当前教育发展的新机遇新挑战,每一位教师都应提高职业道德修养,立志成为学生心目中的"好老师"。

好老师应具备爱岗敬业的精神。人民教育家陶行知无论在任何岗位上都全心全意地投入到教育事业中,不计较个人得失,只为了更好地为学生和社会做出贡献。他常常以身作则,亲自关心学生的学习和生活。他曾说:"捧着一颗心来,不带半根草去",这体现了他对教育事业的

山香教育 SHANXIANG EDUCATION

无私奉献和执着追求。他的敬业精神激励着无数教育工作者,让教师更加坚定地投身于教育事业中,为学生的成长和社会的进步贡献自己的力量。

好老师应具备乐于奉献的品格。贵州省某个偏远山区的小学老师,他们所在的学校条件简陋,教学资源匮乏,但是他们仍然坚守在这里,用自己的热情和努力为孩子们提供更好的教育。他们每天早早起床,走上山路,到学校为孩子们上课,有时候还要兼顾学生的生活起居。他们的工作时间往往超过正常工时,但他们从未抱怨过,因为他们深知自己的责任和使命。他们不仅仅是教书育人的工作者,更是学生们的良师益友;他们不仅仅是教育工作者,更是社会的守护者。他们用自己的行动和付出,为社会培养出更多的优秀人才,为社会的进步和发展做出贡献。

每一位教师都应向他们学习,发扬无私奉献的精神,立志做学生心目中的"好老师"。在教学过程中,老师应以身作则,教书育人,言传身教,努力践行社会主义核心价值观,成为学生的知心人、楷模和引路人。在日常工作中,老师还应该主动服务学校和学生,改善教学环境,积极帮助学生解决实际困难。当然,老师也要加强自身修养,提高业务能力,以丰富的知识和温暖的人格感染每一位学生。

作为新时代的教育工作者,我们每个人都应发扬爱岗敬业、无私奉献的伟大精神,以自己的实际行动诠释什么是好老师,以充沛的热情点燃学生成长的火种,以强大的人格魅力感染每一位学生,努力成为学生心目中的"好老师"。

(这篇作文紧密结合材料,围绕"爱岗敬业、乐于奉献的老师才是好老师"展开论述,中心明确;运用事例来论证自己的观点,思路清晰。整篇作文结构严谨,内容充实,语言流畅,是一篇佳作。拟定得分37分)

2013年河南省特岗教师招聘考试教育理论基础真题试卷(十一)

1~5	ABDCD	6~10	BDCDC	11~15	BCBBC	16~20	ABACC
1~5	√√√×√			6~10	√√×√×		
11~15	√××√×			16~20	√×××√		

一、单项选择题

1. A 【解析】本题考查时事政治。习近平同志深刻指出:坚持和发展中国特色社会主义是贯穿党的十八大报告的一条主线。当前,深入学习贯彻党的十八大精神,必须紧紧抓住这条主线。抓住这条主线,就抓住了学习贯彻的聚焦点、着力点、落脚点,也就抓住了学习贯彻的核心要义。

2. B 【解析】本题考查政策文件。《深化农村改革综合性实施方案》指出,城乡发展一体化是解决我国"三农"问题的根本途径,必须坚持工业反哺农业、城市支持农村的基本方针,协调推进城镇化和新农村建设,加快形成以工促农、以城带乡、工农互惠、城乡一体的新型工农城乡关系,努力缩小城乡发展差距。

3. D 【解析】本题考查《河南省中长期教育改革和发展规划纲要(2010～2020年)》。《河南省中长期教育改革和发展规划纲要(2010～2020年)》指出,推动义务教育均衡发展。均衡发展是义务教育的战略性任务。实施义务教育学校标准化建设,均衡配置教师、设备、图书、校舍等资源。切实缩小校际差距,着力解决择校问题。加快推进薄弱学校改造,增加优质教育资源总量。

4. C 【解析】本题考查教师职业道德规范。热爱学生是教育学生的感情基础,是教师职业道德高低的试金石。

5. D 【解析】本题考查苏霍姆林斯基的教育著作。《给教师的一百条建议》《把整个心灵献给孩子》是苏霍姆林斯基的教育著作。

6. B 【解析】本题考查个体主观能动性的作用。个体的主观能动性是人的一种内在需要,是一种寻求发展的积极动机和渴望。所以,个体的主观能动性是人的身心发展的内在动力,也是促进个体发展从潜在的可能状态转向现实状态的决定性因素。

7. D 【解析】本题考查教育目的的含义。教育目的指教育要达到的预期结果,是根据一定社会发展和受教育者自身发展的需要及规律,对受教育者提出的总的要求,规定了把受教育者培养成什么样的人,是培养人的质量规格标准,同时也反映了教育在人的努力方向和社会倾向性等方面的要求。

8. C 【解析】本题考查循序渐进原则的运用。"学不躐等"的意思是学习不能超越次第,"不陵节而施"是指不超越学生的接受能力而进行(教育)。"学不躐等""不陵节而施"均体现了教学的循序渐进原则。

9. D 【解析】本题考查学校体育的根本任务。体育是授予学生健康的知识、技能,发展他们的体力,增强他们的自我保健意识和体质,培养他们参加体育活动的需要和习惯,增强其意志力的教育。增强学生体质是学校体育的根本任务,这是学校体育与学校其他活动最根本的区别。

10. C 【解析】本题考查学校德育的基本途径。德育途径是指学校教育者对学生实施德育时可供选择和利用的渠道,又称为德育组织形式。我国学校德育途径是广泛多样的,其中基本途径是思想品德课(思想政治课)与其他学科教学。

易错提示:德育的途径有多种,其中,德育的基本途径和重要而又特殊的途径是易混点,考生可结合起来进行区分:

基本途径——思想品德课(思想政治课)与其他学科教学;

重要而又特殊的途径——班主任工作。

11. B 【解析】本题考查教学的本质。教学是在一定教育目的规范下,教师的教和学生的学共同组成的传递和掌握社会经验的双边活动。教学是教与学两方面的辩证统一。

12. C 【解析】本题考查班主任工作的前提和基础。了解和研究学生是班主任工作的前提和基础,包括对班级群体和班级个体的了解和研究,是做好各项班级教育工作的前提,也是班级教育过程中有效开展各项工作必不可少的基本环节。

13. B 【解析】本题考查知识学习的最终目的。学生学习知识的目的在于应用。知识的应用是指学生运用已获得的知识去解决新的练习性课题或实际问题的过程,这也就是新知识具体化的过程。

14. B 【解析】本题考查感知规律的应用。差异律指对象和背景的差异越大,对象从背景中区分开来越容易。在物质载体层次,应通过合理的板书设计、教材编排等方面恰当地加大对象和背景的差异。

方法技巧:在做感知规律的相关题目时,考生应注意以下例子:强度律强调达到一定强度,如教师讲课要声音洪亮;差异律强调存在对比差异,如应用粗体字,使它特别醒目;活动律强调知识传递的动态性,如利用现代科学技术使知识以活动的形象呈现在学生面前;组合律强调组织合理,如教师讲课应有间隔和停顿。

15. C 【解析】本题考查中学生品德的发展。初中阶段是学生人生观开始形成且品德出现两极分化的阶段。根据研究,初中二年级是品德发展的关键期。

16. A 【解析】本题考查关键期的含义。所谓关键期,就是指人的某种身心潜能在人的某一年龄段有一个最好的发展时期。研究认为,关键期既包括有机体需要刺激的时期,也包括有机体对某种刺激最敏感的时期。因此,关键期也叫敏感期、最佳期。

17. B 【解析】本题考查耶克斯—多德森定律。针对具体的学习任务,学习动机(紧张焦虑程度)与学习效果遵循“耶克斯—多德森定律”,对于比较重要、难度较大的任务,要取得良好的效果,动机的最佳水平应保持在较低水平。故答案选 B 项。

18. A 【解析】本题考查学校心理辅导的目标。学校心理辅导的一般目标可归纳为两个方面:学会调适和寻求发展。学会调适是基本目标,以此为主要目标的心理辅导可称为调适性辅导;寻求发展是高级目标,以此为主要目标的心理辅导可称为发展性辅导。

19. C 【解析】本题考查现代教学媒体的类型。随着现代科学技术的发展,近年被开发引进教育领域的一批现代传播媒体,如幻灯、投影、广播、录音、电视、录像、光盘、电子计算机等软硬件及其相应的组合系统(如语音实验室、多媒体电教室、电子阅览室、微格教室、多媒体电脑机房等),都被统称为现代教学媒体。

20. C 【解析】本题考查影响问题解决的因素。问题情境(问题表征)就是指问题呈现的知觉方式。问题呈现的知觉方式与人们已有的知识经验越接近,问题就越容易解决;反之,如果与人们已有的知识经验相差甚远,问题解决起来就很困难。题干描述的是问题的表征。

二、判断题

1. √ 【解析】本题考查时政知识。建设中国特色社会主义,总依据是社会主义初级阶段,总布局是五位一体,总任务是实现社会主义现代化和中华民族伟大复兴。

2. √ 【解析】本题考查河南省时政热点。郑州航空港经济综合实验区是我国批准的首个上升为国家战略的航空港经济发展先行区,近年来发展势头强劲。随着“一带一路”倡议的深入实施,航空运输正成为全球范围内配置高端生成要素、提升国家和区域竞争力的重要途径,航空港经济日益成为推动经济发展的新引擎。

3.√ 【解析】本题考查教师职业道德修养。教师职业道德修养是将教师职业道德要求转化为自己的信念并付诸行动的活动。简单来说，是一种自我锻炼、自我改造、自我陶冶、自我教育的过程。题干描述的是教师职业道德修养的概念。

4.× 【解析】本题考查教师高雅的生活情趣的决定条件。教师高雅的生活情趣由精神条件所决定，而不是物质条件。

5.√ 【解析】本题考查《中华人民共和国教师法》。根据《中华人民共和国教师法》第七条规定，教师享有下列权利：(1)进行教育教学活动，开展教育教学改革和实验；(2)从事科学研究、学术交流，参加专业的学术团体，在学术活动中充分发表意见；(3)指导学生的学习和发展，评定学生的品行和学业成绩；(4)按时获取工资报酬，享受国家规定的福利待遇以及寒暑假期的带薪休假；(5)对学校教育教学、管理工作和教育行政部门的工作提出意见和建议，通过教职工代表大会或者其他形式，参与学校的民主管理；(6)参加进修或者其他方式的培训。

6.√ 【解析】本题考查教育政策文件。为贯彻党的十七届六中全会精神，落实教育规划纲要，构建教师专业标准体系，建设高素质专业化教师队伍，教育部研究制定了《幼儿园教师专业标准(试行)》《小学教师专业标准(试行)》和《中学教师专业标准(试行)》(以下简称《专业标准》)。《专业标准》是国家对幼儿园、小学和中学合格教师专业素质的基本要求，是教师实施教育教学行为的基本规范，是引领教师专业发展的基本准则，是教师培养、准入、培训、考核等工作的重要依据。

7.√ 【解析】本题考查教育政策文件。《教师教育课程标准(试行)》的基本理念规定，教师是反思性实践者，在研究自身经验和改进教育教学行为的过程中实现专业发展。

8.× 【解析】本题考查班级文化的相关知识。校园物质文化，是看得见、摸得着的东西，如校园设施等。校园精神文化是校园文化的核心内容，也是校园文化的最高层次，主要包括校风、学风、教风、班风和学校人际关系等。而班级舆论及班风则属于班级精神文化的范畴。

9.√ 【解析】本题考查教学过程的间接性规律。学生学习间接经验要以直接经验为基础。书本知识，一般表现为概念、定理、原理等，这对学生来说是间接经验。学生要把这些知识转化为自己的知识，必须以个人以往积累的或现时获得的感性经验为基础，教师要根据教学需要充分利用和丰富学生的直接经验。

10.× 【解析】本题考查综合实践活动课程。新课程改革提出从小学至高中设置综合实践活动课程并作为必修课程，因此，综合实践活动课程是在课程计划与课程标准以内的课程；而课外、校外教育是指在课程计划和学科课程标准以外，利用课余时间，对学生施行的各种有目的、有计划、有组织的教育活动。因此，综合实践活动课程并不是课外活动。

11.√ 【解析】本题考查教学艺术的功能。教学艺术有激励与愉悦功能、调整与控制功能、审美与德育功能。教学艺术可以激起学生强烈而持久的学习动机，可以使课堂教学气氛生动活泼，唤醒和鼓舞学生，使学生乐学不倦。

12.× 【解析】本题考查实际锻炼法的运用要求。运用实际锻炼法的要求：(1)目的明确，计划周密，加强指导，坚持严格要求；(2)生动活泼，灵活多样，调动学生的主动性；(3)注意检查

山香教育 SHANXIANG EDUCATION

和持之以恒，随时总结。

13. × 【解析】本题考查《中小学教师职业道德规范》（1997 年修订）的相关知识。1997 年修订的《中小学教师职业道德规范》中的严谨治学指树立优良学风，刻苦钻研业务，不断学习新知识，探索教育教学规律，改进教育教学方法，提高教育、教学和科研水平。团结协作指谦虚谨慎、尊重同志，相互学习、相互帮助，维护其他教师在学生中的威信。关心集体，维护学校荣誉，共创文明校风。“千教万教教人求真，千学万学学做真人”体现了严谨治学精神。

14. √ 【解析】本题考查教育政策文件。《基础教育课程改革纲要（试行）》明确指出“大力推进信息技术在教学过程中的普遍应用，促进信息技术与学科课程的整合，逐步实现教学内容的呈现方式、学生的学习方式、教师的教学方式和师生互动方式的变革”。

15. × 【解析】本题考查心理健康教育的相关知识。心理健康教育是预防精神疾病，保障学生心理健康的需要，而学校是学生心理健康教育的主要场所。

16. √ 【解析】本题考查概括化理论。概括化理论认为先前的学习之所以能迁移到后来的学习中，是因为在先前学习中获得了一般原理，这种一般原理可以部分或全部地运用于后面的学习中。对原理了解、概括得越好，迁移效果也越好。

17. × 【解析】本题考查正例和反例在教学中的运用。在实际的教学过程中，教师最好能利用机会把正反两种例证同时加以说明。需要注意的是，学生年龄越小，越应该多用正例。

18. × 【解析】本题考查中小学生心理发展的阶段特征。青年初期又称学龄晚期，这一时期的青年，智力接近成熟，抽象逻辑思维由“经验型”向“理论型”转化。

19. × 【解析】本题考查过度学习的相关知识。为了促进操作技能的形成，过度学习是非常必要的。但值得注意的是，并非过度学习的量越大越好，过分的过度学习若使个体疲劳、没有兴趣，不仅不会进步甚至可能导致相反的结果。

20. √ 【解析】本题考查学习策略的分类。学习策略可分为认知策略、元认知策略和资源管理策略三种。资源管理策略包括：时间管理策略、环境管理策略、努力管理策略和学业求助策略。有效利用社会资源是学业求助策略的一种，因此属于学习策略。

三、案例分析题（参考答案）

1.（1）案例的描述体现了刘老师关爱学生的教师职业道德规范。关爱学生要求教师做到：关心爱护全体学生，保护学生安全，关心学生健康，维护学生权益。即关爱学生要求教师关爱每一个学生，对学生的安全、健康负责，对学生的权益负责。学生的安全，是他们的人身安全；学生的健康，是他们的身心健康；学生的权益，是法律赋予他们的权益。案例中的刘老师“为学生买棉鞋”“资助了 26 名学生”以及阻止女孩退学的事情，都很好地体现了刘老师关爱学生的师德规范。

（2）刘老师的做法符合爱岗敬业的教师职业道德要求。爱岗敬业的职业道德要求教师忠诚于人民的教育事业，志存高远，乐于奉献；对工作高度认真负责。案例中的刘老师能够热爱自己的教育事业，无私资助学生，不让学生辍学，甚至还去学生家里做思想工作，使学生能够完成自己的学业，这体现了刘老师的奉献精神和认真负责的精神，是爱岗敬业的表现。

（3）刘老师的做法符合爱国守法的教师职业道德要求。爱国守法要求教师全面贯彻国家教育方针，自觉遵守教育法律法规，依法履行教师职责权利。案例中的刘老师多次做学生家长的工作，不让应该接受义务教育的学生辍学，是自觉遵守《中华人民共和国义务教育法》，依法履行自己的教师职责的表现，她的行为符合爱国守法的教师职业道德要求。

（共10分。从"关爱学生""爱岗敬业""爱国守法"三个方面分析刘老师的行为，每个方面3分，每条规范及具体内涵2分，结合案例阐述合理每条1分；理论依据准确、语言通顺1分）

2. 案例中物理老师的做法体现了直观性、启发性的教学原则，启发式教学的教学方法以及引趣式导入、提问式导入的课堂导入方法和启发性、趣味性的课堂导入基本要求。

(1)直观性原则是指在教学活动中，教师应尽量利用学生的多种感官和已有的经验，通过各种形式的感知，使学生获得生动的表象，从而比较全面、深刻地掌握知识。例如，案例中的物理老师在讲课前，通过让学生做一个生动、直观的游戏，使他们对将要学习的知识有了深刻理解。

(2)启发性原则是指在教学活动中，教师要调动学生的主动性和积极性，引导他们通过独立思考、积极探索，生动活泼地学习，自觉地掌握科学知识，提高分析问题和解决问题的能力。启发式教学是指教师从学生实际出发，采取各种有效的形式去调动学生学习的积极性，指导他们自己去学习的方法。例如，案例中的物理老师并不是直接对学生进行所学知识的讲授，而是先通过一个游戏，引起学生学习的兴趣和动机，让学生对所学的知识进行思考，从而很好地提高学生学习的效率。

(3)案例中的物理老师在课堂上充分利用了引趣式导入、提问式导入。引趣式导入是采取做游戏的活动来激发学生的兴趣，拓展联想的空间，在愉悦中解疑，获取知识；提问式导入通过富有启发性的提问，能激起学生的学习热情，打开学生的思路，促进学生积极动脑思考，引导学生畅所欲言、各抒已见，另外，学生带着问题去学习，主动性会更强。课堂导入的基本要求有：①导入要有针对性；②导入要有启发性、趣味性；③要恰当把握导入的"度"。案例中的物理教师在上课前，先设计了一个游戏，让学生们参与，并顺势激发了他们的好奇心和学习的兴趣，然后适时抛出问题，展开了新课的教学。该教师的做法充分体现了导入的启发性、趣味性。

（共10分。答出物理老师所体现的教学原则得6分，从"直观性原则""启发性原则"两个方面分析物理老师的行为，每点3分，每条概念的具体内涵1分，理论依据准确、充分1分，结合案例阐述合理1分；答出物理老师采用的导入方法得4分，从"引趣式导入""提问式导入"两个方面回答，每点2分，每条概念的具体内涵1分，结合案例阐述合理1分）

四、论述题(参考答案)

请联系实际谈谈教师应如何调控课堂气氛。

(1)发挥教师的主导作用。教师在营造良好的课堂氛围的过程中起着主导作用。如果教师能精心组织课堂教学，巧妙把握语言艺术，善于用良好的情绪情感感染学生，并善于处理课堂问题，就更容易创造出良好的课堂氛围。①教师具备一定的课堂学习管理能力；②教师必须具备较高的业务素养；③教师要讲求教学艺术；④重视情感在教学中的应用，以积极的情感感染学生；⑤鼓励

山香教育 SHANXIANG EDUCATION

表扬为主，兼顾其他，有的放矢；⑥注重师生心态调整；⑦教师的自我控制与对偶然事件的控制；⑧采用科学的班级管理方法；⑨教师要有体察学生情感反应的能力；⑩教师应该对每个学生形成恰如其分的高期望；⑪保持中等水平的焦虑，树立良好的自我意识。

(2)尊重学生的主体地位。创造良好的课堂氛围，关键在于教师能否切实调动学生学习的主观能动性，使学生真正成为教学的主体，学习的主人。因此，教师必须调动学生参与的积极性和主动性，让学生保持最佳的学习心态。

(3)构建和谐的师生关系。课堂中的师生关系，直接影响课堂气氛，可以采取以下措施来使师生关系更加和谐：①师生民主平等；②树立一定的教师威信；③教师要关心爱护学生。

（共15分。每点5分，答案完整得满分；答出“发挥教师的主导作用”“尊重学生的主体地位”“构建和谐的师生关系”等关键点可得6分，具体阐述9分）

五、教学设计题(参考设计)

挫折和失败是成长所需要的

【课型】新授课

【课时】1课时

【教学目标】

(1)学生树立了面对挫折与失败的正确态度。

(2)学生能够正确对待生活中的挫折和失败。

(3)学生了解挫折与失败对自身成长的意义。

(4)学生学习应对挫折与失败的自我调节方法，提高适应能力。

【教学重点】培养学生面对挫折与失败的正确态度。

【教学难点】理解挫折与失败对成长的必要性。

【教学方法】谈话法、情境教学法、引导启发法。

【教学过程】

(1)谈话导入

导入环节教师提出问题：“同学们，在我们的生活中有很多快乐与烦恼，那大家能不能各自说说，你们从中学到了什么?”

学生作答，教师引入课题——挫折和失败是成长所需要的。

(2)探究新知

共同欣赏《贝多芬》视频，从感性上加深学生对失败和挫折的感悟。

学生欣赏完视频后，教师引导学生畅谈观赏感悟。

学生分组展示课前所搜集挫折与失败的相关素材，并结合自己的资料进行解释。

教师提出问题，学生进行作答。

学生展示小组成果后，老师进行总结，并给学生展示美国著名演员多次遭遇拒绝后，仍坚持自己梦想的案例，共同得到结论：在我们的生活中，每个人都会遭遇不同的挫折与失败，这些都是我们成长经历中不可或缺的，能够不断激励我们的成长。

山香教育 SHANXIANG EDUCATION

(3)拓展延伸

教师创设生活中学生可能遇到的困难情境，请学生利用今天所学到的知识来应对各种情境。

(4)课堂小结

师生共同畅谈本节课的收获。

【板书设计】

挫折和失败是成长所需要的

失败 + 挫折 = 成长

评分标准：

(1)教学目标(共3分。从多个维度展开1分，目标具体明确1分，契合本次活动的主题1分。)

(2)教学方法(共2分，方法适当、符合学生年龄特征可得2分)

(3)教学过程(共10分。①选择能够吸引学生兴趣的导入方式2分，若导入方式不能充分吸引学生兴趣，在不偏离主题的情况下可酌情给1分；②选择合适的活动和提问方式，引导学生探究新知得4分，若情境不适合五年级学生不得分；③在结课环节根据题干中的学生情况，总结归纳本节课的收获得2分；④板书设计共2分，板书规范、字迹清晰、内容正确得2分)

六、教育写作(参考范文)

感恩有你

有人说，老师是我们成长道路上的引路人，在我们迷失方向、遇到成长路上的分岔口时指引我们正确的道路。也有人说，老师是一支红烛，燃烧自己的生命，照亮着他人的心灵。有诗句"春蚕到死方尽，蜡炬成灰泪始干。"也有对联："育人才献身忘我如蜡烛，传知识沥胆披肝似春蚕。"是啊！老师——太阳下最光辉的职业。我记得你曾因为我们不思进取而留下那痛心的泪珠。可见你是多么爱我们。那时我就暗下决心长大以后也要当老师。

儿时的我，总以为老师无所不能。老师像引领小鸟的母亲，领着我们翱翔学习的天空；老师的话语魔力非凡，能改变整个世界。小小的我，深深地被老师的魅力吸引，向往着成为那样美丽的你。

然而，成长的道路上，我慢慢发现，老师并不神秘，而是付出默默。"三尺讲台立，两袖伴清风。"你扛起启蒙的使命，黑板上每一个字都是希望的种子；你抹去错误，只为引导我们向真理靠拢。记忆中，语文老师总是握着一支红笔，低垂着头批改作业，眼镜后面慈祥的眼角染上了疲惫；数学老师总是站在写满公式的黑板前，拿着卷子细心讲解，他的嘴角总是微微扬起，额头却浮着一层细汗。小时候，我眼中的教师高大神圣，仿佛天使一般。现在长大成人，才恍然理解教师用心付出的真谛。

我终于成为你，站上讲台，面对一双双懵懂的眼睛。这时我才恍然大悟，原来举起的，是他人的未来；奉献的，是自己的一生。白天上课，晚上备课，熬夜批改作业也是常态。在黑板上写字写得手都粗糙了，讲课讲到嗓子都沙哑了。无论夏日炎炎，还是倾盆大雨，或是寒风徐徐，每

山香教育 SHANXIANG EDUCATION

当我走进校园,看到那一个个朝气蓬勃的身影,我只剩下无怨无悔,我想我终于成为你。感谢有你点亮迷途,感恩有你成就我。我将以你的爱为榜样,让知识的灯火代代相传。

衷心感谢老师们无私的奉献,你们用毕生热忱点燃我们的人生。我也将诚恳学你,将心比心,把精诚回馈给每一个需要光和温暖的孩子。

(该篇读后感首先赞扬教师职业的伟大,其次从小时候认为教师"无所不能",到成长的路上发现教师"并不神秘",再到成为教师后继续传承这份精神三个角度展开对教师职业的认识历程,最后总结升华。该篇读后感语言优美、情感饱满,是一篇佳作,拟定得分37分)

2012年河南省特岗教师招聘考试教育理论基础真题试卷(十二)

1~5	BABDA	6~10	ACBAD	11~15	BCBCD	16~20	CADCD
1~5	√√√×√			6~10	√×√√√		
11~15	×√×××			16~20	√√××√		

一、单项选择题

1. B 【解析】本题考查考生对时事政治的了解。《国民经济和社会发展十二五规划纲要》提出,以科学发展为主题,以加快转变经济发展方式为主线。

2. A 【解析】本题考查考生对《国家中长期教育改革和发展规划纲要(2010~2020年)》的掌握。《国家中长期教育改革和发展规划纲要(2010~2020年)》提出,坚持以人为本、全面实施素质教育是教育改革发展的战略主题。核心是解决好培养什么人、怎样培养人的问题,目标是培养德智体美全面发展的社会主义建设者和接班人,重点是提高学生的社会责任感、创新精神和实践能力,推进思路是坚持德育为先、能力为重、全面发展。

3. B 【解析】本题考查考生对民族精神教育核心的认识。《国家中长期教育改革和发展规划纲要(2010~2020年)》提出,要加强以爱国主义为核心的民族精神和以改革创新为核心的时代精神教育。由此可以看出,我国民族精神教育的核心是爱国主义。

4. D 【解析】本题考查教师职业道德基本原则。教师职业道德基本原则是教师在教育职业活动中正确处理各种利益关系所应遵循的最根本的指导准则,是一定社会或阶级对教师在职业活动中提出的最根本的道德要求。忠于人民教育事业是我国教师职业道德基本原则。

5. A 【解析】本题考查考生对"以学生为本"的理解。《教师专业标准》中明确提出要遵循中小学生的身心发展特点和教育教学规律,提供适合的教育,促进中小学生生动活泼学习、健康快乐成长,这是"以学生为本"的具体要求之一。

6. A 【解析】本题考查严谨治学的基本要求。严谨治学是教师必备的素质,是教师自我完善的重要途径,是教师适应时代发展的需要。严谨治学的基本要求是:(1)要有精深的专业知识;(2)要有刻苦钻研、精益求精的精神;(3)要有谦虚谨慎的态度;(4)要有锐意创新的品质。题干描述的是严谨治学的基本要求。

7. C 【解析】本题考查杜威的教育思想。杜威认为,教育即生活,教育即生长,教育即经验的改组或改造。在经验论的基础上,杜威提出"从做中学",要求以活动性、经验性的主动作业取代传统的书本式教材的统治地位。题干描述的是杜威的教育观点。

8. B 【解析】本题考查教师劳动的特点。教师劳动的示范性指教师的言行举止,如人品、才能、治学态度等都会成为学生学习的对象。教师劳动手段的特殊性,决定了教师的示范作用。题干的描述体现了教师劳动的示范性。

9. A 【解析】本题考查教学的根本目的。教学是在一定教育目的的规范下,教师的教和学生的学共同组成的传递和掌握社会经验的双边活动,它以培养全面发展的人为根本目的。

10. D 【解析】本题考查考生对不同直观类型的掌握。言语直观指在生动形象的言语作用下唤起学生头脑中的表象,以提供感性材料的直观方式。题干的描述符合言语直观的含义。

方法技巧:考生在做此类试题时,可根据三种知识直观方式的关键词进行判断,实物直观:标本、实验、现场参观;模像直观:模型、图片、录像;言语直观:言语描述。

11. B 【解析】本题考查教育目的的意义。教育目的是整个教育工作的核心,是教育活动的依据和评判标准、出发点和归宿。

12. C 【解析】本题考查考生对班级授课制的理解。班级授课制是把学生按年龄和文化程度分成固定人数的班级,教师根据课程计划和规定的时间表进行教学的一种组织形式。它是当代学校教学的基本组织形式。

易错提示:在考试中,现代教学的基本组织形式、辅助形式和特殊组织形式属于常考知识点。考生可结合以下内容进行整体识记:

现代教学的基本组织形式——班级授课制;

现代教学的辅助形式——个别教学与现场教学;

现代教学的特殊组织形式——复式教学。

13. B 【解析】本题考查结课的方法。归纳结课是指教师用总结性的语言提纲挈领地再现一节课或一个章节的知识结构体系,从而结束课堂教学的方法。题干描述的是归纳结课的内涵。

14. C 【解析】本题考查德育方法的具体运用。说服教育法又叫说理教育法,是通过语言说理,使学生明晓道理,分清是非,提高品德认识的德育方法。题干描述的是说理教育法的内涵。

15. D 【解析】本题考查个体生长的两个高峰期。少年期又称学龄中期,大致相当于初中阶段,在这一时期,学生处于生理发育的第二个高峰期。

16. C 【解析】本题考查中小学教师专业标准的基本理念。我国中小学教师专业标准的基本理念是:(1)师德为先;(2)学生为本;(3)能力为重;(4)终身学习。

17. A 【解析】本题考查学习策略的含义。学习策略是指学习者为了提高学习的效果和效率,有目的、有意识地制订有关学习过程的复杂的方案。题干描述的是学习策略的含义。

18. D 【解析】本题考查个性心理特征的内容。情感、意志、感觉都属于心理过程,气质属

山香教育 SHANXIANG EDUCATION

于个性心理特征。

19. C 【解析】本题考查症状观察法的概念。症状观察法是通过观察学生在自然情境中的行为表现，捕捉基本信息，了解学生是否存在某些心理异常的症状为依据对学生的心理健康状况进行判定的方法。

20. D 【解析】本题考查群体约定的含义。群体约定是教师利用集体讨论后做出的集体约定，来改变学生的态度。

二、判断题

1. √ 【解析】本题考查《国家中长期教育改革和发展规划纲要(2010～2020年)》的内容。《国家中长期教育改革和发展规划纲要(2010～2020年)》中将均衡发展作为义务教育的战略性任务，明确提出：切实缩小校际差距，着力解决择校问题；加快缩小城乡差距；努力缩小区域差距。

2. √ 【解析】本题考查《国务院关于支持河南省加快建设中原经济区的指导意见》的内容。《国务院关于支持河南省加快建设中原经济区的指导意见》中提到，河南省是人口大省、粮食和农业生产大省、新兴工业大省，解决好工业化、城镇化和农业现代化(以下简称"三化")协调发展问题具有典型性和代表性。积极探索不以牺牲农业和粮食、生态和环境为代价的"三化"协调发展的路子，是中原经济区建设的核心任务。

3. √ 【解析】本题考查《国务院关于支持河南省加快建设中原经济区的指导意见》的内容。《国务院关于支持河南省加快建设中原经济区的指导意见》中明确提出把华夏历史文明传承创新区作为中原经济区的五大战略定位之一，其内容包括：传承弘扬中原文化，充分保护和科学利用全球华人根亲文化资源；培育具有中原风貌、中国特色、时代特征和国际影响力的文化品牌，提升文化软实力，增强中华民族凝聚力，打造文化创新发展区。

4. × 【解析】本题考查《中华人民共和国义务教育法》的内容。根据《中华人民共和国义务教育法》第二条规定，义务教育是国家统一实施的所有适龄儿童、少年必须接受的教育，是国家必须予以保障的公益性事业。

5. √ 【解析】本题考查《中华人民共和国教育法》的内容。根据《中华人民共和国教育法》第八条规定，教育活动必须符合国家和社会公共利益。国家实行教育与宗教相分离。任何组织和个人不得利用宗教进行妨碍国家教育制度的活动。

6. √ 【解析】本题考查基础教育课程改革的根本任务。基础教育课程改革的根本任务是全面贯彻党的教育方针，调整和改革基础教育的课程体系、结构、内容，构建符合素质教育要求的新的基础教育课程体系。新课程改革突出强调了社会主义核心价值体系的引领作用。

7. × 【解析】本题考查教师职业道德评价的概念。教师职业道德评价是指教师自己、他人或社会，根据社会主义教师职业道德准则、规范和科学的标准，在系统广泛地搜集各方面信息，充分占有各种资料的基础上，运用现代技术手段，对教师的职业道德意识、道德情感、道德意志和道德行为进行考察和价值判断。题干描述的是教师职业道德修养的概念。

8. √ 【解析】本题考查农村留守儿童教育管理的措施。要让农村留守儿童得到关爱需要做到:政府发挥关爱留守儿童的主导作用;全社会共同关爱有利于留守儿童健康成长;将寄宿制学校办成留守儿童的家;父母应肩负起对留守儿童教育不可推卸的责任。

9. √ 【解析】本题考查现代学生观。学生是学习的主体,教学手段的选择与使用都要充分考虑学生。

10. √ 【解析】本题考查教育对个体身心发展的影响。在影响人的发展的因素中,教育对人的发展特别是对年青一代的发展起着主导作用。

11. × 【解析】本题考查教师备课的要求。教师备课需要做好三方面的工作,即钻研教材、了解学生、设计教法;还需写好三种计划,即学年(或学期)教学计划、课题(或单元)计划、课时计划(教案)。

12. √ 【解析】本题考查三维课程目标。新课程背景下的课堂教学,是根据各学科教学的任务和学生的需求,从知识与技能、过程与方法、情感态度与价值观三个维度出发设计课程目标的。

13. × 【解析】本题考查研究性学习的内涵。研究性学习更加注重学习的过程而非学习的结果。

14. × 【解析】本题考查教师威信的分类。教师的威信有两种:一种是权力威信,即教师根据教育法律法规、学校规章制度、教育传统以及社会心理优势而建立起来的威信;另一种是信服威信,即由于教师良好的思想品德、教学能力、教学态度与民主作风而使学生自愿接受、内心佩服而树立起来的威信。教师应树立信服威信,而不应追求权力威信。

15. × 【解析】本题考查学习风格的含义。学习风格是学习者在探究、解决其学习任务时所表现出来的典型的、一贯的、独具个人特色的学习策略和学习倾向。学习风格一经形成就具有持久性和稳定性,并且无高低、好坏之分。

16. √ 【解析】本题考查考生对心理健康标准的理解。心理健康概念具有相对性。在许多情况下,异常心理与正常心理、变态心理与常态心理之间没有绝对的界限,只是程度的差异。

17. √ 【解析】本题考查心理辅导的原则。要做好心理辅导工作,必须遵循面向全体学生、预防与发展相结合、尊重与理解学生、发挥学生主体性、个别对待学生、促进学生整体性发展的原则。

18. × 【解析】本题考查课堂气氛的影响因素。课堂气氛是师生在课堂活动中相互作用而产生的,主要受教师、学生、课堂内物环境等三方面因素的影响。其中,教师是课堂教学中的主导者,教师的领导方式、教师的移情、教师对学生的期望、教师的情绪状态、教师的教学能力是影响课堂气氛的决定因素。

19. × 【解析】本题考查少年期学生学习的主要动机。在儿童早期,附属内驱力最为突出。到了儿童后期和少年期,附属内驱力的强度有所减弱,来自同伴、集体的赞许和认可逐渐替代了对长者的依附。在这期间,赢得同伴的赞许就成为一个强有力的动机因素。而到了青年期,认知内驱力和自我提高内驱力成为学生学习的主要动机。

20. √ 【解析】本题考查原有认知结构对迁移的影响。原有认知结构的概括水平越高,对

山香教育 SHANXIANG EDUCATION

知识的理解也就越深，迁移的可能性越大，效果也就越好。

三、案例分析题（参考答案）

1.（1）案例中王生英老师面对丈夫的计划，认为“缺的不仅仅是钱，更缺的是知识和文化”，体现了她高尚的职业道德。所谓教师职业道德就是教师从事教育劳动时所应遵循的行为规范和必备的品德的总和。“慎独”是教师职业道德修养的最高层次，显然，王生英老师已达到这一层次。

（2）案例中最后提到王老师挨家挨户给学生上课、辅导、批改作业，这不仅体现了教师的天职，也体现了其爱岗敬业的精神。2008 年修订的《中小学教师职业道德规范》指出，教书育人是教师的天职，爱岗敬业是教师职业的本质要求，关爱学生是师德的灵魂。王老师的举动就是《中小学教师职业道德规范》的生动写照。

（3）王老师是我们的一面镜子，从她身上我们可以找出自己在施教过程中的不足，学习其高尚的精神，进而促进自身的发展。作为一名教师，教书育人、坚守岗位、关爱学生，这些都是我们应该而且必须做到的。

（共 10 分。从“高尚的职业道德”“爱岗敬业、教书育人、关爱学生的教师职业道德规范”两个方面分析王老师的行为，每点 4 分，理论依据准确、充分 2 分，结合案例阐述合理 2 分；正确评价王老师值得我们学习的品质得 2 分，答案完整可得满分）

2.（1）案例中，教师针对学生提出的问题给出的回答体现了新型师生关系中的民主平等的特点。师生平等关系的形成体现了课堂民主的氛围，教师从过去的知识传授者、权威转变为学生学习的帮助者和伙伴。

（2）该案例中的教师充分尊重了学生的意见，鼓励学生发挥个体主观能动性，这体现了教师正确的学生观。现代学生观认为，学生是学习的主体，教学过程在于构建学生主体。同时，自主学习也是新课程提倡的学习方式。

（3）教师在实际教学中，要向案例中的教师学习，鼓励学生发挥主观能动性，提倡学生自主学习，这样不仅有利于建立良好的师生关系，更有利于促进学生的发展。

（共 10 分。从“民主平等的师生关系”“发挥学生的主观能动性”两个方面分析案例中老师的行为，每点 4 分，理论依据准确、充分 2 分，结合案例阐述合理 2 分；正确评价该老师值得我们学习的品质得 2 分，答案完整可得满分）

四、论述题（参考答案）

1. 试述班主任如何培养班集体。

（1）确定班集体的发展目标。目标是集体发展的方向和动力，一个班集体只有具有共同的目标，才能使班级成员在认识上和行动上保持统一，才能推动班集体的发展。在实现班集体目标的过程中，教师要充分调动班级成员的积极性，使实现目标的过程成为教育与自我教育的过程。

（2）建立得力的班集体核心。一个得力的班集体核心非常重要，它是维护和推动班级工作的有力助手，是带动全班同学实现集体发展目标的核心。因此，建立一支核心队伍是培养班集

SHANXIANG EDUCATION

体的一项重要工作。

(3)建立班集体的正常秩序。班集体的正常秩序是维持和控制学生在校生活的基本条件,是教师开展工作的重要保证。班集体的正常秩序包括必要的规章制度、共同的生活准则以及一定的生活规律。教师在班集体的组建阶段,就应着手正常秩序的建立工作,特别是当接到一个教育基础较差的班级时,首先就要做好这项工作。

(4)组织形式多样的教育活动。班集体是在全班同学参加各种教育活动的过程中逐步成长起来的,而各种教育活动又可以使每个人都有机会为集体出力并展示自己的才能。教师在组织各种教育活动时,要有明确的目的和要求,精心设计活动内容,注意形式的适龄化,力争把活动的开展过程变成教育过程。

(5)培养正确的舆论和良好的班风。班集体舆论是班集体生活与成员意愿的反映。正确的班集体舆论是一种巨大的教育力量,对班集体每个成员都有约束、激励的作用,是教育集体成员的重要手段。良好的班风是班集体大多数成员精神状态的共同倾向与表现。正确的舆论和良好的班风是班集体形成的重要标志。

(共15分。每点3分,答案完整得满分;答出"确定班集体的发展目标""建立得力的班集体核心""建立班集体的正常秩序""组织形式多样的教育活动""培养正确的舆论和良好的班风"等关键点可得10分,具体阐述5分)

2. 结合实际阐述如何培养学生的创造性。

(1)培养创造性认知能力。①培养创造性的知识基础;②创造性思维的培养。

(2)注重创造性个性的塑造。①保护好奇心;②解除个体对答错问题的恐惧心理;③鼓励独立性和创新精神;④重视非逻辑思维能力;⑤给学生提供具有创造性的榜样。

(3)创设有利的社会环境。①创设宽松的心理环境;②给学生留有充分选择的余地;③改革考试制度与考试内容。

(4)培养创造型的教师队伍。①要转变教师的教育教学观念,使教师形成理解并鼓励学生的创造,把培养创造性作为一种教学目标的现代教育理念;②要教给教师必要的创造技法和思维策略,提高他们自身的创造意识和创造能力;③要为教师提供比较明晰的具有实际应用价值的关于创造性的操作定义、相应的评价标准和程序、有效的教学策略和技能。

(考生可结合实际加以阐述,言之有理即可)

(共15分。从"创造性认知能力""创造性个性的塑造""有利的社会环境""创造型的教师队伍"四个方面展开得3分,具体阐述每个方面每点3分)

五、教育写作(参考范文)

读书,教师的智慧之源

书籍是人类智慧的结晶,是思想的源泉,是文明的载体。它不仅承载着人类的知识和智慧,更是引领人类进步的阶梯。正如高尔基所言:"书籍是人类进步的阶梯。"无论是在哪个时代,书籍都扮演着重要的角色,对于教师来说更是如此。教师作为知识的传播者和引路人,需要不断提升自己的教育素养和教育能力,而书籍正是他们获取知识和思想的重要途径。

山香教育 SHANXIANG EDUCATION

教师作为知识的传播者,需要不断扩大自己的知识面。在现代社会中,知识更新的速度非常快,教师要保持教学的新颖性和前瞻性,才能够在教学中游刃有余。书籍是教师获取知识的主要途径之一。书籍是知识的宝库,是智慧的源泉。通过阅读各类书籍,教师可以不断学习新知识,了解最新的教育理论和教学方法。正如李苦禅所言:“鸟欲高飞先振翅,人求上进先读书。”教师需要通过阅读来拓宽自己的学科知识,提升自己的专业素养,才能够更好地指导学生,引领他们走向成功。

教师作为学生的引路人,需要具备良好的思想道德素养。书籍不仅可以丰富教师的知识,还可以培养他们的情操和道德修养。通过阅读文学作品、历史书籍等,教师可以感受到伟大思想家、作家的智慧和情感,从而提升自己的人文素养。例如,教师可以通过阅读杜甫的诗歌,感受他对社会命运的关怀和对人类命运的思考,从而培养自己的爱国情怀和社会责任感。同时,教师还可以通过阅读名人传记,了解他们的人生经历和奋斗精神,激励自己在教育事业中更加努力和坚持。

教师作为学生的榜样和引导者,需要不断提升自己的教育思想和教育能力。正如孔子所言:“三人行,必有我师焉。”书籍中蕴含着前人的智慧和经验,通过阅读,教师可以借鉴他们的成功经验,避免再犯他们的错误。书籍中的人物形象和故事情节,可以给教师一些启示和反思,指导他们的教育实践。教师需要通过阅读来提升自己的教育智慧,不断改进自己的教学方法,以更好地满足学生的需求。

书籍是教师职业的灵魂,是教师专业发展的基石。教师需要通过读书来拓展自己的知识面,提升自己的教育智慧,培养自己的情感和审美能力,反思和提升自己的教育理念。只有不断读书,教师才能够成为真正的教育家,为学生的成长和发展贡献自己的力量。正如苏格拉底所言:“教育不是灌输,而是点燃火焰。”读书不仅能够点燃教师的教育热情,还能够为教师的专业发展提供源源不断的动力。

(这篇作文开门见山,直接点出“教师需要多读书”这一中心论点;然后从知识面、思想道德素养、教育能力等多角度出发来论证读书对教师职业成长的重要性;最后总结上文,升华主题。整篇作文结构完整,逻辑清晰,是一篇佳作。拟定得分37 分)

准考证号________

姓名________

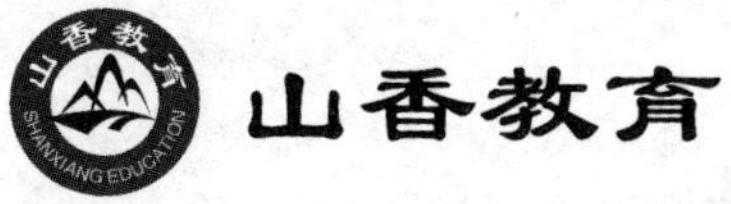

河南省特岗教师招聘考试

历年真题详解及预测试卷

教育理论基础(预测答案本)

目　录

河南省特岗教师招聘考试教育理论基础预测试卷(十三)

一、单项选择题

1. B 【解析】2022 年 4 月,教育部印发义务教育课程方案和语文等 16 个课程标准(2022 年版)。新修订的义务教育课程以习近平新时代中国特色社会主义思想为指导,落实立德树人根本任务,强调育人为本,依据"有理想、有本领、有担当"时代新人培养要求,明确了义务教育阶段培养目标。

2. A 【解析】《义务教育质量评价指南》指出,义务教育质量评价实施工作要注重优化评价方式方法,不断提高评价工作的科学性、针对性、有效性。(1)注重结果评价与增值评价相结合。关注学生发展、学校办学、县域义务教育发展合格程度的同时,关注其发展水平和工作水平的进步程度,科学评判地方党委政府、学校和教师的努力程度。(2)注重综合评价与特色评价相结合。关注县域、学校全面育人整体成效和学生德智体美劳全面发展情况的同时,注重差异性和多样性,关注每一所学校和每一名学生,促进学校特色发展和学生个性发展。(3)注重自我评价与外部评价相结合。在引导学生、学校和县级党委政府积极开展常态化自我评价和即时改进的同时,构建主体多元、统整优化、责任明晰、组织高效的外部评价工作体系。(4)注重线上评价与线下评价相结合。建立县域、学校、学生常态化评价网络信息平台及数据库,完善学生综合素质评价档案,并通过实地调查、观察、访谈等方式,了解掌握实际情况,确保评价真实全面、科学有效。④排除,答案选 A 项。

3. B 【解析】根据《中华人民共和国教师法》第三十七条规定,教师有下列情形之一的,由所在学校、其他教育机构或者教育行政部门给予行政处分或者解聘:(1)故意不完成教育教学任务给教育教学工作造成损失的;(2)体罚学生,经教育不改的;(3)品行不良、侮辱学生,影响恶劣的。田老师说话刻薄,在很多场合下,挫伤了学生的自尊心,所以,学校可以对其给予行政处分。

4. C 【解析】在我国,"教育"一词最早见于《孟子·尽心上》中的"得天下英才而教育之,三乐也"。故我国最早提出"教育"一词的是孟子。

易错提示:在我国,"教育"一词的最早出处与最早对"教育"一词进行解释的出处是易混淆的知识点。考生在做题时,需注意题干的关键词或题干的意思是"最早使用""最早出现"还是"最早解释"。

5. A 【解析】"君子如欲化民成俗,其必由学乎"意为:君子想要教化百姓,并形成好的风俗,就一定要重视设学施教。这揭示了教育对培养合格的社会成员和公民的重要性,也即揭示了教育与政治的关系。

6. A 【解析】有利于教育的原则是班级组织建立的一条首要的原则。当其他的原则与其发生冲突的时候,其他原则都必须无条件地服从这一原则。

7. B 【解析】2008 年修订的《中小学教师职业道德规范》中关于"为人师表"方面要求教师

山香教育 SHANXIANG EDUCATION

要“衣着得体、语言规范、举止文明”。题干中,对教师服装要表达的信息的阐述即体现了教师职业道德规范中为人师表的要求。

8. B 【解析】亚里士多德是古希腊百科全书式的哲学家,他秉承了柏拉图的理性说,认为追求理性就是追求美德,就是教育的最高目的。亚里士多德的教育思想主要体现在他的著作《政治学》中。

9. A 【解析】教师是学校教育工作的主要实施者,其根本任务是教书育人。

10. C 【解析】互补性是指机体某一方面的机能受损甚至缺失后,可通过其他方面的超常发展得到部分补偿。题干所述体现了个体身心发展的互补性规律。

11. B 【解析】巴班斯基提出了教学过程最优化理论。故本题选 B 项。A 项,赞科夫把学生的一般发展作为教学的出发点,提出了发展性教学理论的五条教学原则。C 项,苏霍姆林斯基主张和谐教育思想,认为学校教育的理想是培养全面和谐发展的人。D 项,凯洛夫认为,教学过程是一种认识过程。

12. B 【解析】教师主导作用与学生主体作用相统一的规律要求充分发挥学生主体参与教学的能动性,要引发学生的兴趣和需要,鼓励学生积极学习、主动参与。启发性原则是在吸取中外教育遗产的基础上提出的,是教师主导作用与学生主体作用相统一的规律在教学中的反映。故选 B 项。

13. B 【解析】学校心理辅导有两个目标:学会调适和寻求发展。学会调适是基本目标,寻求发展是高级目标。

14. C 【解析】“一方水土养一方人”比喻一定的环境造就一定的人才。不同地域上的人,由于环境的不同、生存方式不同、地理气候不同,导致思想观念不同、人文历史不同、为人处世不同,文化性格特征也不同。这体现的是环境对人的发展的影响。A、D 两项强调的是个体主观能动性对人的发展的影响;B 项体现的是遗传对人的发展的影响。

15. A 【解析】组织策略是指将经过精加工提炼出来的知识点加以构造,形成更高水平的知识结构的信息加工策略。组织策略主要有两种:一种是归类策略;另一种是纲要策略。纲要策略包括主题纲要法和符号纲要法。符号纲要法主要包括系统结构图、流程图、模式或模型图和网络关系图。题干中的学生将数学知识归纳成知识网络,正是采用了组织策略中的纲要策略。

16. B 【解析】优生学的创始人高尔顿是遗传决定论的“鼻祖”,他认为个体的发展及其个性品质早在基因中就决定了,发展只是这些内在因素的自然展开,环境只起引发作用。

17. C 【解析】合理化指通过无意识地用一种似乎有理的解释或实际上站不住脚的理由来为其难以接受的情感、行为或动机辩护以使其可以接受。题干中,小静因为起晚了没能参加上准备已久的竞赛,用“塞翁失马,焉知非福”和“可以好好休息几天了”来为这一难以接受的结果做辩护,掩盖自身错误,保持内心安宁,这属于合理化。故选 C 项。

18. B 【解析】教师的知识素养包括政治理论修养、精深的学科专业知识(本体性知识)、广博的科学文化知识、必备的教育科学知识(条件性知识)、丰富的实践性知识。其中,教师的教育科学知识(条件性知识)主要包括三个方面:(1)学生身心发展的知识;(2)教与学的知识;(3)学生成绩评价的知识。教育学、心理学及各科教材教法是教师首先要掌握的最为基本的教育科学知识。故本题选 B 项。

19. B 【解析】题干中的李老师在传授给学生知识的同时,也对学生进行了思想品德教育,体现了教学过程中传授知识与思想品德教育相统一的规律。

20. B 【解析】练习律是指刺激与反应之间的联结会由于重复或练习而加强,不重复或练习,联结的力量就会减弱。故题干中汤老师在讲解知识后让学生当堂练习的做法依据的是练习律。准备律是指联结的加强或削弱取决于学习者的心理准备和心理调节状态。效果律是指刺激和反应之间的联结可因导致满意的结果而加强,也可因导致烦恼的结果而减弱。故 A、C 两项不符合题意。D 项为干扰项,排除。

21. C 【解析】亚里士多德在教育史上首次提出了"教育遵循自然"的观点,主张按照儿童心理发展的规律对儿童进行分阶段教育,提倡对儿童进行和谐的教育,成为后来全面发展教育的思想源泉。

22. A 【解析】个人本位论认为确立教育目的的根据是人的本性,倡导个性解放,尊重人的价值。卢梭认为决定教育目的的依据是"儿童的自然",也即儿童的本性,这符合个人本位论的观点。

23. A 【解析】1996 年,国际 21 世纪教育委员会向联合国教科文组织提交了《教育——财富蕴藏其中》的报告,其中最核心的思想是教育应使受教育者学会学习,即教育要使学习者"学会认知""学会做事""学会共同生活(学会合作)"和"学会生存"。这一思想很快被全球各国所认可,并被称为教育的四大支柱。

24. D 【解析】正强化也称积极强化,是通过呈现想要的愉快刺激来增强反应频率。当小花想要加入集体活动时,老师通过欢迎并肯定的形式给予愉快刺激,属于正强化。

25. D 【解析】奥苏贝尔认为,有意义学习的本质就是以符号所代表的新观念与学习者认知结构中原有的适当观念建立起非人为的和实质性的联系的过程,是原有观念对新观念加以同化的过程。该生将乘法口诀"三三得九"所代表的新知识与认知结构中"3 个 3 相加之和得 9"的观念建立起了非人为的和实质性的联系,属于有意义学习。

二、多项选择题

1. ACD 【解析】传统教育的特点是"课堂中心""教材中心""教师中心",代表人物是赫尔巴特。现代教育的特点是"儿童中心(学生中心)""活动中心""经验中心",代表人物是杜威。

2. ACDE 【解析】教师专业发展的途径包括:师范教育、入职培训、在职培训和自我教育。

3. ABDE 【解析】《中小学教师职业道德规范》(2008 年修订)关于"爱国守法"方面所规定的具体职业行为要求有:(1)全面贯彻国家教育方针;(2)自觉遵守教育法律法规,依法履行教师职责权利;(3)不得有违背党和国家方针政策的言行。C 项属于"爱岗敬业"的师德规范的要求。

4. BCD 【解析】运用讲授法的基本要求有:(1)讲授内容要有科学性、系统性和思想性,要

SHANXIANG EDUCATION

认真组织;(2)讲授要讲究策略和方式,要系统完整,层次分明,重点突出,符合知识的系统性和启发性教学原则的要求;(3)教师要努力提高语言表达水平,讲究语言艺术;(4)要组织学生听讲;(5)要与其他教学方法配合使用。故选 BCD 三项。

5. ADE 【解析】我国新课程结构的内容包括:(1)整体设置九年一贯的义务教育课程。小学阶段以综合课程为主;初中阶段设置分科与综合课程相结合的课程。(2)高中阶段以分科课程为主。(3)从小学至高中设置综合实践活动课程并作为必修课程。(4)农村中学课程要为当地社会经济发展服务。

6. BDE 【解析】根据加德纳的多元智力理论,视觉—空间智力是指认识环境、辨别方向的能力。空间感知能力强的人适合从事的职业有画家、雕塑家、建筑师等。

7. BCDE 【解析】学生学习的主要特点表现为:(1)接受学习是学习的主要形式,具有目的性、计划性和组织性;(2)学习过程是主动构建过程,具有自主性、策略性和风格性,是师生互动的过程;(3)学习内容以系统学习人类的间接知识经验为主,具有间接性;(4)学习目标具有全面性、多重目的性;(5)学生的学习具有一定程度的被动性。

8. ABC 【解析】心智技能的特点有:(1)动作对象的观念性;(2)动作执行的内潜性;(3)动作结构的简缩性。故本题选 A、B、C 三项。

9. ACD 【解析】A 项,有意注意也称随意注意,是有预定目的、必要时需要意志努力、主动地对一定事物所发生的注意。它受人的意识的调节和控制,是人类所特有的一种注意。学生自习时专心致志,表明其注意是有预定目的、需要意志努力的。故 A 项说法正确。B 项,注意的广度也称注意的范围,是指在同一时间内,人们能够清楚地知觉出的对象的数目。"一目十行"指的就是注意的范围。阅读时"一目十行"表明注意的广度品质较好。故 B 项说法错误。C 项,注意的分配是指人在进行两种或多种活动时能把注意指向不同对象的现象。生活中大量的"一心二用"现象,如学生在课堂上边听课边记笔记,就属于注意的分配。开车时眼观六路、耳听八方既体现了注意的分配能力强,又体现了注意的广度品质好。故 C 项说法正确。D 项,运用无意注意的规律组织教学主要包括以下几个方面:(1)创造良好的教学环境。(2)注重讲演、板书技巧和教具的使用。在讲课过程中,教师应该音量适中,语音、语调做到抑扬顿挫,遇到重点、难点还要加强语气,伴以适当的手势和表情。声音太大、语调平淡,容易使学生疲劳;声音过小,学生听不到或听不清,就很容易分心。另外可以配合使用板书和教具。(3)注重教学内容的组织和教学形式的多样化。故 D 项说法正确。E 项,装饰黑板边缘会使学生的注意力放在装饰上而非学习内容上,会分散学生的注意力。故 E 项说法错误。

10. ABCD 【解析】根据《中小学教育惩戒规则(试行)》第九条规定,学生违反校规校纪,情节较重或者经当场教育惩戒拒不改正的,学校可以实施以下教育惩戒,并应当及时告知家长:(1)由学校德育工作负责人予以训导;(2)承担校内公益服务任务;(3)安排接受专门的校规校纪、行为规则教育;(4)暂停或者限制学生参加游览、校外集体活动以及其他外出集体活动;(5)学校校规校纪规定的其他适当措施。E 项属于对违规违纪情节较为轻微的学生,教师可以当场实施的教育惩戒。

三、判断题

1. √ 【解析】根据《中华人民共和国教师法》第七条规定可知,教师享有"对学校教育教学、管理工作和教育行政部门的工作提出意见和建议,通过教职工代表大会或者其他形式,参与学校的民主管理"的权利。

2. √ 【解析】根据《中华人民共和国教育法》第六十一条规定,国家财政性教育经费、社会组织和个人对教育的捐赠,必须用于教育,不得挪用、克扣。

3. × 【解析】所谓定势就是指由先前影响所形成的往往不被意识到的心理准备状态,它将支配人以同样的方式去对待同类后继活动。定势的作用有两重性:一是积极的促进作用;二是消极的阻碍作用。

4. √ 【解析】教师成长的途径有:(1)观摩和分析优秀教师的教学活动;(2)开展微格教学;(3)进行专门训练;(4)进行教学反思。因此,教学反思是教师成长的有效途径之一。

5. √ 【解析】运动后效指在注视向一个方向运动的物体之后,如果将注视点转向静止的物体,那么会看到静止的物体似乎向相反的方向运动。在注视向下运动的瀑布一段时间后,再看静止的田野,会觉得田野上的一切向上飞升,属于运动后效。故本题正确。

方法技巧:似动知觉的种类是易混点也是常考点,考生需要把握各自的关键词。动景运动:两(多)静相继呈现,看起来是连续运动。诱导运动:一动一静同时呈现,看起来像是静的在运动。自主运动:一个静止的物体看久了像是在运动。运动后效:一动一静相继呈现,静的向相反的方向运动。

6. √ 【解析】分散复习,即把复习的材料分配到几段相隔的时间内进行复习。相对于大多数学习而言,分散复习的效果优于集中复习,因为分散复习可以降低疲劳感,可以减少前摄抑制和倒摄抑制的影响。

7. √ 【解析】智力的性别差异表现在:(1)男女智力的总体水平大致相等,但男性智力分布的离散程度比女性大;(2)男女的智力结构存在差异,各自具有自己的优势领域。男女在一般智力因素上没有显著差异,其性别差异主要反映在特殊智力因素中,主要包括数学能力、言语能力和空间能力。

8. × 【解析】现代学制主要有三种类型:一是双轨学制,二是单轨学制,三是分支型学制。西欧为双轨制,美国为单轨制,苏联为分支型学制。

9. × 【解析】在教育的基本要素中,教育者是主导性的因素,他是教育活动的组织者和领导者;受教育者是教育的对象及学习的主体。故题干说法错误。

10. √ 【解析】马克思阐述了关于人的全面发展学说,这一学说是我国确立教育目的的理论依据和基础。它的内容之一是,教育与生产劳动相结合是"造就全面发展的人的唯一方法"。教育与生产劳动相结合是培养全面发展的人的根本途径,也是唯一途径。

四、案例分析题(参考答案)

1. (1)苏老师的教育行为符合关爱学生的教师职业道德规范。2008 年修订的《中小学教师职业道德规范》中关于"关爱学生"方面所规定的具体职业行为要求有:①关心爱护全体学生,

山香教育 SHANXIANG EDUCATION

尊重学生人格，平等公正对待学生。②对学生严慈相济，做学生的良师益友。③保护学生安全，关心学生健康，维护学生权益。④不讽刺、挖苦、歧视学生，不体罚或变相体罚学生。案例中的苏老师面对在教室门口不断挑衅的张明，和蔼地请他帮忙发作业，没有简单粗暴地因为张鹏的错误而讽刺、体罚学生。“我相信他下课后会正确处理这件事的”是苏老师尊重学生的表现。苏老师的这些做法体现了关爱学生的师德规范要求。

(2)苏老师的教育行为符合教书育人的教师职业道德规范。2008 年修订的《中小学教师职业道德规范》中关于“教书育人”方面所规定的具体职业行为要求之一是循循善诱，诲人不倦，因材施教。案例中的苏老师在课后询问王鹏事情经过，并耐心开导、告诉其道理，是循循善诱地对王鹏进行教育的表现。苏老师的这一做法体现了教书育人的师德规范要求。

2.(1)案例一中甲、乙、丙三位学生的观点是不全面的。

根据《中小学教育惩戒规则(试行)》(以下简称《规则》)第八条规定，教师在课堂教学、日常管理中，对违规违纪情节较为轻微的学生，可以当场实施以下教育惩戒：①点名批评；②责令赔礼道歉、做口头或者书面检讨；③适当增加额外的教学或者班级公益服务任务；④一节课堂教学时间内的教室内站立；⑤课后教导；⑥学校校规校纪或者班规、班级公约规定的其他适当措施。因此，案例一中的张老师对李鹏进行一节课堂教学时间内的教室内站立的教育惩戒是合理、合法的，并没有侵犯李鹏的受教育权。根据《规则》第十一条规定，学生扰乱课堂或者教育教学秩序，影响他人或者可能对自己及他人造成伤害的，教师可以采取必要措施，将学生带离教室或者教学现场，并予以教育管理。案例一中，李鹏严重影响课堂，张老师对其进行教育惩戒，但其仍不改正。于是，张老师将李鹏叫到办公室继续进行教育管理。因此，张老师的做法是合理的，并没有剥夺李鹏的受教育权。

(2)①把握好教育惩戒的教育属性。《规则》第二条明确规定，教育惩戒是指“学校、教师基于教育目的，对违规违纪学生进行管理、训导或者以规定方式予以矫治，促使学生引以为戒、认识和改正错误的教育行为”。因此，实施教育惩戒要基于关爱学生的宗旨，注重人文关怀，使学生认识和改正错误，达到教育学生遵守规则、增强自律、改过向上的目的，决不能为了惩戒而惩戒。在本案例中，该小学生(刘某女儿)属于《规则》的调整范畴，如其确有违规违纪行为，可以按照《规则》予以教育惩戒。但是根据《规则》，对低年级(小学一二年级)学生只能实施第八条、第九条及与之相当的教育惩戒措施。

②实施教育惩戒措施要适当。《规则》强调，实施教育惩戒应当选择适当措施，与学生过错程度相适应。在本案例中，班主任是根据班规，对刘某女儿等 5 名违反管理纪律的学生进行了罚跑 10 圈的处理。根据《规则》第八条规定可知，《规则》允许通过适当增加运动要求的方式实施教育惩戒，但对刚满 6 岁的一年级学生罚跑 10 圈，已经超出了这个年龄段学生正常的体育活动量，可以认定为超出了正常教育惩戒的范围。为此，该班主任也在事后受到了学校的处分。这就提醒广大教师，实施教育惩戒一定要结合学生年龄、性格等特点，综合考虑学生的一贯表现、主观认识、悔过态度以及家庭环境等因素，以求达到最佳育人效果。

③学校应当为教师依法实施教育惩戒提供保障。学校应完善相关制度，加强对教师的培

训，规范教师的教育教学管理行为，对于因教师管理行为发生的纠纷，学校应当及时予以处理，切实保障教师权益。

④要建立家校合作机制。《规则》第五条明确规定，“学校制定校规校纪，应当广泛征求教职工、学生和学生父母或者其他监护人（以下称家长）的意见；有条件的，可以组织有学生、家长及有关方面代表参加的听证。校规校纪应当提交家长委员会、教职工代表大会讨论，经校长办公会议审议通过后施行，并报主管教育部门备案。教师可以组织学生、家长以民主讨论形式共同制定班规或者班级公约，报学校备案后施行”。在本案例中，学生家长刘某在“罚跑”事件发生后，坚持认为其女儿在学校受到体罚，但班主任又声称是根据班规才对学生进行了罚跑。由此可见，制定班规一定要充分征求家长意见，得到家长认可，或者至少让家长能了解班规。以避免家校之间因班规问题而引起不必要的冲突。

⑤要积极维护教师的合法权益。《规则》第十六条明确规定，“家长威胁、侮辱、伤害教师的，学校、教育行政部门应当依法保护教师人身安全、维护教师合法权益；情形严重的，应当及时向公安机关报告并配合公安机关、司法机关追究责任”。因此，学校在遇到类似事件时，应当积极主动维护教师权益，尤其是像侮辱、诽谤罪等不告不立的，还应当积极协助教师向有关机关提起刑事自诉。

五、论述题（参考答案）

谈谈作为教师，如何减轻学生在学习中产生的习得性无助感。

习得性无助感简称无助感，是指由于连续的失败体验而导致个体产生的对行为结果感到无力控制、无能为力的心理状态。面对那些因在学习上多次失败而变得自暴自弃，产生无助感的学生，我们可以采取以下措施来减轻或消除他们的无助感症状，提高他们的学习积极性。

（1）使学生获得成功经验，打破失败不可避免的神话。无助感的产生通常是在屡遭失败之后，感到无法控制结果，并对以后的成功不抱期望。如果使他们获得成功的体验，便打破了连续的失败。这样可以使学生认识到失败并非不可避免，成功也是有可能的，无助感便会减轻或消除。

（2）改变学生的消极归因。改变有无助感学生的消极归因，对他们进行归因训练，可以减轻或消除无助感。

（3）转移学生对失败的注意力。有无助感的学生失败后会产生焦虑情绪和消极的自我关注，寻找失败的借口，从而分散了对学习任务的注意力，使学习受到破坏。因此，当学生在学习上失败后，教师通过口头指导，减轻学生对失败的紧张和焦虑，把学生的思维从对失败的消极关注上转移到有关的学习任务上，这对减轻或消除无助感是很有必要的。

六、教学设计题（参考设计）

【学段】初中

【班会主题】“请党放心，强国有我”

【设计思路】首先通过视频引入班会主题；然后组织学生分享中国共产党的历史故事，探讨历史故事中所体现的精神，并根据历史精神让学生阐述，为实现中华民族的伟大复兴，自己能做

山香教育 SHANXIANG EDUCATION

什么;最后,组织全班学生合唱《没有共产党就没有新中国》,在合唱中体悟中国共产党的奋斗精神。

【活动目标】

(1)让学生进一步了解中国共产党的历史。

(2)加强对学生的理想信念教育,培育和践行社会主义核心价值观。

(3)提高学生的思想感悟,使爱党爱国观念深入内心。

(4)促使学生在生活实践中践行爱党精神。

【活动过程】

(1)视频引入——看视频

请大家观看庆祝中国共产党成立100周年大会的视频片段。通过共青团员和少先队员代表集体致献词,向党致以青春的礼赞,抒发"请党放心、强国有我"的铮铮誓言。由此引出本次班会的主题,即"请党放心,强国有我"。

(2)分享历史——说历史

中国共产党一经诞生,就把为中国人民谋幸福、为中华民族谋复兴确立为自己的初心使命。请大家分享自己知道的有关中国共产党的历史故事。例如,红军长征、改革开放等。

(3)激发精神——讲理想

在大家分享历史故事后,组织学生对历史故事中所体现的精神进行讨论,并根据历史精神,谈一谈作为一名学生,为实现中华民族的伟大复兴,自己要怎么做。

(4)班会总结——悟精神

最后,全班合唱《没有共产党就没有新中国》,在合唱中体悟中国共产党的奋斗精神。

【教师寄语】经过这次班会,希望同学们能够进一步了解中国共产党的历史,加强自身的理想信念教育,培育和践行社会主义核心价值观,自觉弘扬爱国、爱党精神,并用实际行动为实现中华民族的伟大复兴贡献力量。

【预计效果】学生能够在活动中感悟中国共产党的奋斗精神,提高自身思想觉悟。

【检验方法】

(1)观察学生在以后的生活、学习中的表现。

(2)通过同家长、其他学生的交流,了解班级学生是否做到了爱党爱国等。

七、教育写作(参考范文)

传承教育使命,争做时代强师

自古以来,教师职业在社会各类角色中都占据了很重要的地位,但每个时代对于高质量教师的评判标准有所不同。韩愈说"师者,所以传道受业解惑也";陶行知则说教师应"捧着一颗心来,不带半根草去"。而我认为新时代的高质量教师,不仅要有师德、师爱,还应做到有理想、敢拼搏、懂协作。

理想是成为高质量教师的指路明灯。张莎莎出生于一个普通的农村家庭,在高考后她决定报考国家公费师范生。这不仅可以帮助她更好地完成学业,同时也能实现她成为一名人民教师的人生理想。任教后,她坚守教育初心,爱岗敬业,在2021年获评了“全国最美教师”的称号。世界上最快乐的事,莫过于为理想而奋斗。作为教师,我们也应该树立明确的理想,指引我们前进的方向,在教育这片希望的田野上,努力耕耘,播种收获。

拼搏是成为高质量教师的必备品质。开设公开课近2000节、培养三代特级教师、著述数百万字的“人民教育家”于漪,从教以来,从未离开讲台。如今高龄的她,依然以奋斗的姿态站在教育改革和教师培养的最前沿,践行着“让生命与使命同行”的铮铮誓言。作为新时代人民教师,我们要以于漪前辈为榜样,在教育教学过程中迎难而上,不断丰富自身技能,努力为教育事业贡献自己的力量。

协作是成为高质量教师的重要保障。维勒和李比希都是19世纪德国杰出的化学家。他们两人的性格迥异,李比希像一团烈火,维勒则像一盆冷水。但二人密切配合,共同对无机化学、有机化学作出了贡献。由于彼此的真诚合作,他们才创造出科学研究上的辉煌。一滴水不能飘起纸片,但大海却能让轮船和军舰航行。我们作为教师,也要积极和其他教育者密切配合,协力合作,共同培育出优秀的新时代接班人。

新时代一日千里,新征程时不我待。在新时代的背景下,每一位老师都应该以理想作明灯,以拼搏作品质,以协作为保障,跟上时代发展的步伐,为新时代教育事业的发展贡献自己的微薄之力!

河南省特岗教师招聘考试教育理论基础预测试卷(十四)

一、单项选择题

1. C 【解析】《关于进一步减轻义务教育阶段学生作业负担和校外培训负担的意见》在工作目标中指出,学校教育教学质量和服务水平进一步提升,作业布置更加科学合理,学校课后服务基本满足学生需要,学生学习更好回归校园,校外培训机构培训行为全面规范。学生过重作业负担和校外培训负担、家庭教育支出和家长相应精力负担1年内有效减轻、3年内成效显著,人民群众教育满意度明显提升。

2. A 【解析】根据《中华人民共和国教师法》第八条规定,教师应当履行下列义务:(1)遵守宪法、法律和职业道德,为人师表;(2)贯彻国家的教育方针,遵守规章制度,执行学校的教学计划,履行教师聘约,完成教育教学工作任务;(3)对学生进行宪法所确定的基本原则的教育和爱国主义、民族团结的教育,法制教育以及思想品德、文化、科学技术教育,组织、带领学生开展有益的社会活动;(4)关心、爱护全体学生,尊重学生人格,促进学生在品德、智力、体质等方面全面发展;(5)制止有害于学生的行为或者其他侵犯学生合法权益的行为,批评和抵制有害于学生健康成长的现象;(6)不断提高思想政治觉悟和教育教学业务水平。

3. D 【解析】根据《中华人民共和国未成年人保护法》第七十条规定,学校应当合理使用网络开展教学活动。未经学校允许,未成年学生不得将手机等智能终端产品带入课堂,带入学校的应当统一管理。这属于第五章网络保护的内容。

4.C 【解析】讲授法是教师运用口头语言系统连贯地向学生传授知识、技能,发展学生智力的教学方法。

5.D 【解析】"视其所以,观其所由,察其所安"是孔子提出的了解学生的方法,要求根据学生的不同特点进行有区别的教育。这体现了因材施教原则。

6.C 【解析】隐性课程的主要表现形式包括:(1)观念性隐性课程,包括隐藏于显性课程之中的意识形态,学校的校风、学风,有关领导与教师的教育理念、价值观、知识观、教学风格、教学指导思想等;(2)物质性隐性课程,包括学校建筑、教室的布置、校园环境等;(3)制度性隐性课程,包括学校管理体制、学校组织机构、班级管理方式、班级运行方式;(4)心理性隐性课程,主要包括学校人际关系状况、师生特有的心态、行为方式等。故选 C 项。

7.C 【解析】德育目标是德育工作的出发点,它不仅决定了德育的内容、形式和方法,而且制约着德育工作的基本过程。

8.A 【解析】建构主义在一定程度上对知识的客观性和确定性提出质疑,强调知识的动态性。

9.A 【解析】归属与爱的需要,也称社交需要,是指每个人都有被他人或群体接纳、爱护、关注、鼓励及支持的需要。根据题干描述可知,学生怕老师,说明其被关心和爱护的需要没有得到满足,即缺少归属与爱的需要的满足。

10.D 【解析】在许多情况下,异常心理与正常心理、变态心理与常态心理之间没有绝对的界限,只是程度的差异。故 A 项正确。心理健康的状态不是固定不变的,而是动态变化的过程。随着人的成长、经验的积累、环境的改变,心理健康状况也会有所改变。不同社会由于其主流文化、价值观念、社会规范不同,对于同一行为正常与否,往往会做出不同的判断。故 B、C 两项正确。心理健康至少包括两层含义:一是无心理疾病;二是有一种积极发展的心理状态。故 D 项错误。

11.B 【解析】演示法是指教师通过展示实物、教具和示范性的实验来说明、印证某一事物和现象,使学生掌握新知识的一种教学方法。演示所使用的工具可分为四大类:实物、标本、模型、图片的演示;图表、示意图、地图的演示;实验演示;幻灯片、电影、录像的演示。题干中的张老师通过播放黄果树瀑布的视频,让学生对黄果山瀑布进行整体感知,进而引导学生学习课文的做法是对演示法的运用。

12.D 【解析】能力是直接影响人的活动效率,促使活动顺利完成的个性心理特征。它是人顺利完成某项活动的必要的心理条件和直接有效的可能性心理特征,但不是全部心理条件。

13.A 【解析】教学过程的基本阶段包括:激发学习动机、领会知识、巩固知识、运用知识、检查知识。其中,领会知识是教学过程的中心环节。

14.C 【解析】负迁移也叫"抑制性迁移",是指一种学习对另一种学习的阻碍作用。题干中有的学生将分数乘法的计算方法错误地运用到分数加减法中,强调学习了分数乘法后对分数加减法计算的干扰作用。故答案选 C 项。

易错提示：考生容易混淆顺向迁移与正迁移、逆向迁移与负迁移的应用。考生在做题时应注意：顺向迁移是前对后的影响，逆向迁移是后对前的影响；正迁移强调促进作用，负迁移强调阻碍作用。它们是不同的迁移种类。

15. A 【**解析**】外铄论又称环境决定论，认为人的发展主要依靠外在的力量，诸如环境的刺激和要求、他人的影响和学校的教育等。题干指出要通过选择或创造良好环境来培育品德，这体现了外铄论的观点。

16. B 【**解析**】记忆术是通过把那些枯燥无味但又必须记住的信息“牵强附会”地赋予意义，使记忆过程变得生动有趣，从而提高记忆效果的方法。A 项视觉想象法（视觉联想法）是指通过心理想象来帮助人们对有联系的事物进行记忆。B 项首字连词法是指利用每个词语的第一个字形成缩写，或者用一系列词描述某个过程的每个步骤，然后将这一系列词提取首字作为记忆的支撑点。C 项谐音联想法是指通过谐音线索，运用视觉表象，假借意义进行人为联想。D 项关键词法是指将新词或概念与相似的声音线索词，通过视觉表象联系起来。题干中的“飞雪连天射白鹿，笑书神侠倚碧鸳”分别取自金庸先生的 14 部小说名称的第一个字，故属于首字连词法。

17. B 【**解析**】赞科夫提出了发展性教学理论的五条教学原则，即高难度、高速度、理论知识起主导作用、理解学习过程、使所有学生包括“差生”都得到一般发展的原则。

18. A 【**解析**】处于关注生存阶段的一般是新教师，他们非常关注自己的生存适应性，最担心的问题是“学生喜欢我吗”“同事们如何看我”“领导是否觉得我干得不错”等。因而，他们可能会把大量的时间都花在如何与学生搞好个人关系上，想方设法控制学生，而不是更多地考虑如何让学生获得学习上的进步。从题干中的关键词“讨学生喜欢”可知，教师的成长处于关注生存阶段。

方法技巧：对于教师成长的不同阶段，考生应重点掌握三个词：生存、情境和学生。在关注生存阶段，教师主要关注人际关系的相关问题；在关注情境阶段，教师主要关注教学情境的相关问题；在关注学生阶段，教师注重因材施教，关注学生的个体差异。

19. D 【**解析**】外铄论（环境决定论）的主要代表人物包括荀子、洛克、华生等。

方法技巧：关于内发论与外铄论的代表人物，考生可结合口诀识记：

（1）内孟四尔弗。内发论：①孟，孟子；②四尔，威尔逊、高尔顿、格塞尔、霍尔；③弗，弗洛伊德。

（2）外出寻找落花生。外铄论：①寻，荀子；②落，洛克；③花生，华生。

20. D 【**解析**】从课程功能的角度来划分，课程可分为工具性课程、知识性课程、技能性课程、实践性课程。

21. A 【**解析**】相对性评价又称为常模参照性评价，是运用常模参照性测验对学生的学习成绩进行的评价，它主要依据学生个人的学习成绩在该班学生成绩序列或常模中所处的位置来评价和决定他的成绩的优劣，而不考虑是否达到教学目标的要求。“矮个子里找高个”是说，在

山香教育 SHANXIANG EDUCATION

整体水平或条件不高的情况下,选拔出水平或条件相对较高的一位,这运用的是相对性评价。

22. A 【解析】《学记》(收入《礼记》)是中国也是世界教育史上的第一部教育专著,成文大约在战国末期。

23. A 【解析】人们把某种功能赋予某物体的倾向称为功能固着。在功能固着的影响下,人们不易摆脱事物用途的固有观念,从而直接影响问题解决的灵活性。题干中人们对筷子用途的固有观念使得他们在看到用筷子演奏的大提琴表演后深感震惊,因此答案选 A 项。

24. A 【解析】精加工策略是指把新信息与头脑中的旧信息联系起来从而增加新信息意义的深层加工策略。做笔记是使用较为普遍的精加工策略。故 A 项符合题意。B 项属于复述策略;C 项属于资源管理策略中的环境管理策略;D 项属于组织策略。

25. C 【解析】道德意志是个体自觉地调节道德行为,克服困难,以实现预定道德目标的心理过程。根据题干描述可知,学生张亮在改正坏习惯时难以自觉调节自身行为,因此老师应该加强其道德意志的培养。

二、多项选择题

1. ABCD 【解析】以语言传递为主的教学方法主要包括:(1)讲授法;(2)谈话法;(3)讨论法;(4)读书指导法。

2. ABC 【解析】“七艺”包括“三科”(文法、修辞、辩证法)和“四学”(算术、几何、天文、音乐)。

3. ABD 【解析】在西方教育思想史上,柏拉图的《理想国》和卢梭的《爱弥儿》、杜威的《民主主义与教育》被称为三个里程碑。

4. BD 【解析】个体身心发展的顺序性是指人的身心发展是一个由低级到高级、由简单到复杂、由量变到质变的连续不断的发展过程。教育工作要遵循这种顺序性,循序渐进地促进人的发展。小强刚上幼儿园,才刚刚学会认字,小强妈妈就给他报了一个作文班,这违背了儿童身心发展的顺序性规律。个体身心发展的个别差异性是指个体之间的身心发展以及个体身心发展的不同方面之间,存在着发展程度和速度的不同。个体身心发展的个别差异性要求教育必须因材施教。小强妈妈明知道儿子不喜欢弹钢琴,还给他报了钢琴兴趣班,这违背了儿童发展的个别差异性规律。

5. ABC 【解析】学生的主观能动性(主体性)主要表现在三个方面:自觉性,也称主动性;独立性,也称自主性;创造性。

6. AD 【解析】与自觉性相反的意志品质是受暗示性(盲从)和独断性。故选 A、D 两项。优柔寡断是与果断性相反的意志品质,任性是与自制性相反的意志品质,动摇性是与坚韧性相反的意志品质,故排除。

7. AB 【解析】斯金纳把人和动物的行为分为两类:应答性行为和操作性行为。应答性行为是由特定刺激引起的,是不随意的反射性反应;而操作性行为则不与任何特定刺激相联系,是有机体自发做出的随意反应。因此,本题选 A、B 两项。

8. ACE 【解析】意志行动的特征为:(1)意志行动是人特有的自觉确定目的的行动。

山香教育 SHANXIANG EDUCATION

(2)意志对活动有调节支配作用,使人的行动能按设定好的目的去改造世界。(3)克服内部和外部的困难是意志行动最重要的特征。(4)意志行动以随意动作为基础。故只有背课文、计算数学题符合意志行动的特征。答案选 A、C、E 三项。

9. BD 【解析】学习是个体在特定情境下由于练习或反复经验而产生的行为或行为潜能的相对持久的变化。学习的含义可以从以下几个方面去理解:(1)学习实质上是一种适应活动;(2)学习是人和动物共有的普遍现象;(3)学习是由反复经验引起的;(4)学习是有机体后天习得经验的过程;(5)学习的过程可以是有意的,也可以是无意的;(6)学习引起的是相对持久的行为或行为潜能的变化。A、C、E 三项属于本能,不属于学习。B、D 两项属于学习。

方法技巧:在做此类试题时,考生在判断一项活动是不是学习时可以从两方面出发:一是根据学习的定义直接选出正确选项;二是利用学习的"五非原则",即非本能、非成熟、非疲劳、非药物、非病,排除错误选项。

10. ABC 【解析】《新时代中小学教师职业行为十项准则》中提出的"传播优秀文化"的具体内容是:带头践行社会主义核心价值观,弘扬真善美,传递正能量;不得通过课堂、论坛、讲座、信息网络及其他渠道发表、转发错误观点,或编造散布虚假信息、不良信息。故选 A、B、C 三项。D、E 两项属于"自觉爱国守法"的内容。

三、判断题

1. √ 【解析】常见的侵犯学生受教育权的表现形式主要有:(1)侵犯学生受教育机会的平等权;(2)侵犯学生的入学权;(3)侵犯学生参加考试的权利;(4)随意开除学生。此外,还有侵犯学生上课学习的权利、侵犯学生受教育的选择权、侵犯学生升学复学方面的同等权利、以侵犯姓名权的手段侵犯学生的受教育权、延误学生录取通知书的发放等。题干中,班主任让小剑在上课期间去办公室写检讨,这侵犯了小剑上课学习的权利。故题干表述正确。

2. × 【解析】根据《中华人民共和国教育法》第三十条规定,学校及其他教育机构应当履行下列义务:(1)遵守法律、法规;(2)贯彻国家的教育方针,执行国家教育教学标准,保证教育教学质量;(3)维护受教育者、教师及其他职工的合法权益;(4)以适当方式为受教育者及其监护人了解受教育者的学业成绩及其他有关情况提供便利;(5)遵照国家有关规定收取费用并公开收费项目;(6)依法接受监督。根据题干中的关键词"以各种方式"可知,题干说法错误。

3. × 【解析】学科课程之外的课外活动、社会实践活动等对智力的培育十分重要。课外活动、社会实践活动等作为智育工作的一部分,突出的贡献在于学以致用,巩固文化课中知识、技能的学习,并强化接受智育的动机。实践证明,许多操作性的智能如动手能力的培养等主要应通过课外活动的方式去实现。

4. × 【解析】形成性评价是在教学过程中为改进和完善教学活动而进行的对学生学习过程及结果的评价。它包括在一节课或一个课题的教学中对学生的口头提问和书面测验。诊断性评价是在学期开始或一个单元教学开始时,为了了解学生的学习准备状况及影响学习的因素而进行的评价。教师利用入学测验掌握新生的学习情况属于诊断性评价。

5. × 【解析】直观性原则是指在教学活动中,教师应尽量利用学生的多种感官和已有的经验，通过各种形式的感知，使学生获得生动的表象，从而比较全面、深刻地掌握知识。题干中，夸美纽斯的话强调要利用学生的多种感官来进行学习，体现了直观性教学原则。

6. × 【解析】终身教育是适应科学知识的加速增长和人的持续发展要求而逐渐形成的一种教育思想和教育制度，包括各个年龄阶段的各种方式的教育。把终身教育等同于成人教育或职业教育的观念是片面的。

7. √ 【解析】题干引文的意思是：玉不打磨雕刻，不会成为精美的器物；人若是不学习，就不懂得做人做事的道理，不能成才。这句话强调的是教育对个体发展的作用。

8. √ 【解析】依据情绪发生的强度、持续性和紧张度的不同，可以把情绪状态划分为激情、心境、应激三种。应激是出乎意料的紧迫情况所引起的急速而高度紧张的情绪状态。因此题干说法正确。

9. × 【解析】逃避条件作用是指当厌恶刺激出现时，有机体做出某种反应，从而逃避了厌恶刺激，则该反应在以后的类似情境中发生的概率便增加的一类条件作用。看见路上的垃圾后就绕道走开属于逃避条件作用的典例。逃避条件作用是负强化的条件作用类型，故题干说法错误。

10. × 【解析】个人特质是个人所独有的、代表个人行为倾向的特质，它包括首要特质、中心特质和次要特质。首要特质是一个人最典型、最具有概括性的特质，它影响一个人的各方面的行为，如多愁善感是林黛玉的首要特质。中心特质是构成个体独特性的几个重要特质，在每个人身上大约有 5 ~ 10 个，如清高、率直、聪慧、孤僻都属于林黛玉的中心特质。故题干所述属于人物的首要特质。

方法技巧：考生在区分个人特质的类型时，可从以下方面入手：

（1）“最典型、最具有概括性”对应首要特质；

（2）“几个、重要”对应中心特质；

（3）“不太重要、特殊情况”对应次要特质。

四、案例分析题（参考答案）

1. 小张的做法违背了 2008 年修订的《中小学教师职业道德规范》中“关爱学生”的要求。

（1）“关爱学生”要求教师关心爱护全体学生，尊重学生人格，平等公正对待学生。小张老师更多采纳“好孩子”们的意见，而不太注意其他学生的感受，没有做到关心爱护全体学生，不符合教师职业道德规范。

（2）“关爱学生”要求教师对学生严慈相济，做学生的良师益友。关爱学生不是不要严格。严格要求学生，也是对学生的成长负责；然而严格不意味着没有宽容，学生成长总会出现这样那样的问题。所以，要严慈相济。小张因为害怕镇不住那些调皮的学生而严厉地对待他们，没有做到严慈相济。

（3）“关爱学生”要求教师不讽刺、挖苦、歧视学生，不体罚或变相体罚学生。这是对教师在与学生关系上的禁止性规定。在教育学生的方法上，采用体罚和变相体罚，是教师职业道德不

山香教育 SHANXIANG EDUCATION

容许的。小张采用变相体罚的方式惩罚犯错误的学生，是错误的、不被容许的。

(4)“关爱学生”要求教师保护学生安全，关心学生健康，维护学生权益。小张采取罚款，不许学生进教室，甚至罚站、罚跑步等变相体罚的方式来惩罚犯错误的学生，严重影响了学生的身心健康。

2.(1)网络技术应用于教育，改变了传统的教育教学手段。通过网络教育可以最大限度地发挥学习者的主动性、积极性，培养学习者的信息意识，并为实现探究式、发现式学习创造有利的条件。案例中，学校借助网络技术促进学生学习，布置开放性作业，有利于激发学生的学习兴趣，培养学生的探究精神和创造能力，培养学生的信息素养，这是值得肯定的。但同时，家长的吐槽也值得反思。

(2)网络教育在给学生学习带来便利的同时，也会因为学生缺乏指导、缺乏自制、使用不当，造成一定的弊端。对于教师来说，在利用网络布置作业时，要考虑到学生的能力需求和身心发展特点，适当、适度进行；对于家长来说，要配合学校对学生的学习情况进行监督，纠正学生的不良习惯；对于学校来说，要传递正确的教育理念，在培养学生的信息素养，提高学生学习能力的同时，引导学生正确对待网络这一学习工具，降低其对学生的不良影响。此外，学生也要积极进行自我管理，从内部出发克服网络教育带来的消极影响。

五、论述题(参考答案)

“双减”是指减轻义务教育阶段学生过重的作业负担和校外培训负担。在“双减”背景下，强化学校教育主阵地作用意味着，发挥学校在教育中的主导作用，让教育回归学校课堂，让学生回归校园。

(1)强化学校教育主阵地作用，学校应提高课堂教学水平，确保学生学足学好。学校应将国家课程标准分解细化到每堂课，精准设置学习目标、学习路径，对接学生差异化、个性化学习需求。同时，教师应当不断提升自身教育教学技能，精心选择教学方法与教学策略，调动学生学习的积极性与主动性，提升课堂教学质量，促进学生高效学习。学生在学校学足学好后，不仅能够减轻家庭教育支出和家长相应精力负担，而且能够避免校外培训泛滥所带来的不良风气的影响，从而真正发挥学校“教育主阵地”作用，构建教育良好生态。

(2)强化学校教育主阵地作用，学校应提高作业管理水平，减轻学生过重作业负担。应坚持压总量、控时间、调结构、提质量，完善作业管理办法，各学校应精准分析学情，强化作业设计研究，增强作业的针对性和有效性，切实减少重复性、机械性作业。如此不仅能够减轻学生的作业负担，也能缓解家长辅导作业的负担，为学生成长留出空间和时间，促进其健康成长。

(3)强化学校教育主阵地作用，学校应提高课后服务水平，满足学生多样化需求。学校教育不应局限于学校内部，学生是发展中的人，学生的发展是多样化的、全面的发展，且学生之间有巨大的差异性。为满足各个学生的不同学业需求，学校应当提升课后服务水平，如保证课后服务时间、拓展课后服务渠道、做强做优免费线上学习服务等。如此不仅能够缓解家长对学生学习成绩的焦虑，而且使学生学习有渠道、发展有途径，从而促进学生全面发展。

六、教学设计题(参考设计)

【教学目标】

(1)学生正确认识吸烟喝酒等不健康的生活方式对青少年身心健康的危害。

(2)加强对学生的健康教育,养成健康的生活习惯。

(3)学生通过参与展示烟酒危害资料活动、观点大碰撞活动和讨论交流活动,提高表达沟通的能力和合作意识,增强在生活中辨别是非的能力。

(4)促使学生在生活中主动远离烟酒,学会自我保护。

【教学过程】

一、导入新课

1. 同学们,上课之前,老师问大家两个问题:你们身边有人吸烟、喝酒吗? 你是怎样看待这种现象的呢?(同学回答)

2. 看来大家对烟酒的危害有一定的了解,但并不全面。那么今天这节课,老师就带领大家来探讨一下烟酒对人体的危害。

二、讲授新课

(一)吸烟危害知多少

1. 出示禁止吸烟标志,提问:这是什么标志? 你在哪见过?

2. 阅读角:爷爷的悔恨

吸烟有害健康,这已经成了公认的事实,生活中有很多深刻的例子也印证了这一点,下面我们来看一看这个例子。

(1)学生读故事。

(2)说一说:爷爷为什么悔恨? 读了这个故事,你有什么想说的?

3. 进一步认识吸烟的危害

(1)看有关吸烟损害身体健康的视频,了解吸烟的危害。

(2)"图"说危害。

出示课本 18 页的第一幅插图:正常人的肺和长期吸烟者的肺。

同学们仔细观察,了解正常人的肺和长期吸烟者的肺有什么不一样的地方,并说一说是什么原因造成了这样的差别?

教师小结:左边的是正常人的肺,而右边发黑的是吸烟者的肺。因为长期吸烟,他们的肺就发生了病变,变成了右边这幅图的样子,所以说,吸烟对人体是有害的。

(二)酗酒危害大家谈

1. 看过度饮酒导致严重行为后果的视频,谈感受

请同学们谈一谈过度饮酒为什么会带来这么严重的后果呢?(学生讨论交流)

2. "数"说危害

教师出示一组数据:据世界卫生组织发布的报告,饮酒与 200 余种疾病和伤害有关。2016年,我国因饮酒致癌而死亡的近 8 万人,因饮酒发生交通事故而死亡的近 9 万人。

SHANXIANG EDUCATION

请同学们读一读这一组数据,体会饮酒带来的危害。

(三)了解烟酒对未成年人的危害

出示课本第 18 页的相关链接,引导学生读一读,了解烟酒对人的危害,特别是对未成年人的危害。

(四)观点大碰撞

烟酒对未成年人的危害是非常大的,可是有很多人,对此认识不足,常常产生一些错误的认识。

(1)出示展板中展现的实际生活中人们对烟酒的危害产生的错误认识,想一想,当人们有这种错误的认识的时候,我们该怎样去劝说他们?

错误知识一:全家聚会,大人和孩子一起喝酒,能活跃氛围,还能促进血液循环。

说服理由:青少年喝酒会影响身体发育。过多饮酒会导致情绪失控,引发矛盾冲突。酒驾会引发交通事故。

错误知识二:只要是在家里吸烟,就没有关系。

说服理由:吸烟会对自己的身体产生危害,产生的二手烟还会危害家人的健康。

错误知识三:吸烟能忘记烦恼,结交新朋友,拉近与他人的距离,产生灵感。

说服理由:青少年吸烟会促成不良交友,影响身体发育。

(2)在日常生活中,大家还见到过哪些对烟酒的错误认识?如果我们遇到了这种情况,又该如何劝说他们。(学生讨论,发表各自的看法)

错误看法:吸烟喝酒是一件很酷的事情,这可以增添我们的魅力。

说服理由:一个人的魅力体现在学识、修养、品行等方面,吸烟不仅不能增添魅力,还会降低我们的修养,有损形象。

……

(3)想一想,说一说。

在朋友聚会上,朋友递给你一支香烟,你不想抽,可是害怕失去面子或得罪朋友。这时你会怎么办呢?

在家庭聚会中,有长辈让你喝酒,你不想喝,可是不想让长辈不高兴。这时你会怎么办呢?

(学生分小组讨论,学生代表发言)

三、结课

同学们,通过本节课的学习,你现在对烟酒的危害有什么新的认识?(教师小结:同学们,吸烟有害健康,吸二手烟更加有害健康,喝酒对身体也有危害,所以我们要主动远离烟酒)

七、教育写作(参考范文)

赏识教育

赏识是热爱生命,善待生命,是孩子生命中的阳光、空气和水。赏识是沟通,是平等,是生命之间交往的桥梁。

赏识教育是每位家长和教师都使用过,但无意中又遗忘的教育;赏识教育是让家长和教师

山香教育 SHANXIANG EDUCATION

捡回宝藏，回归到教孩子学说话学走路心态的教育；赏识教育是承认差异，允许失败的，是让家长和教师成为教育家的教育；赏识教育更是使孩子舒展心灵，尽展潜能的教育。要实现赏识教育，必须以表扬和鼓励为契机，赏识孩子，给他们自信。然而在孩子成长过程中，不免有些家长总是以严苛的标准要求孩子，批评、打压孩子，给孩子过重的压力和负担。有时候，孩子是脆弱的、敏感的，过于严格的标准和不恰当的教育方式，对孩子的健康成长是不利的。家长懂得教育、懂得欣赏，承认差异、允许失败、无限热爱孩子，才有可能使孩子的潜能充分开发、个性充分发展，最终成长为一个自信且独具个性的人。所以，注重赏识教育，树立孩子的自信是极为必要的。

那么，如何树立孩子的自信呢？表扬和鼓励对于树立孩子的自信心尤为重要。首先，我们应该坚信每个孩子都有优点，当然也都有缺点，这是一个最基本性的评价。其次，要善于发现孩子身上的才能，“东方不亮西方亮”，所有的学习障碍在孩子巨大的潜能面前都是微不足道的。这正如美国著名心理学家罗杰斯说过的：“学生只有在亲密、融洽的师生关系中才能产生安全感，并能真实地表现自己，充分地表现自己的个性，创造性地发挥自己的潜力。”另外，教师还要以课堂教学为主渠道实施赏识教育。在课堂教学的各个环节，教师都要做到正确地认识学生、评价学生，并逐渐形成以赏识教育为指导的教学模式。在教学过程中，教师要采用多学科渗透、探索发现、多元评价、审美心理发现等多种教学法，与其他学科的教师相结合共同施教。同时，教师要增强学生的主体地位，充分调动学生的学习积极性，引导学生主动参与学习，积极思考，主动探究，自觉实践，让学生始终保持一种愉快的情感，使学生自觉、主动地投入到教与学的过程中，形成和谐的教学气氛。

河南省特岗教师招聘考试教育理论基础预测试卷(十五)

一、单项选择题

1. C **【解析】**“六个必须坚持”是推进马克思主义理论创新的基本遵循和根本方法，是新时代中国共产党人理论创造、实践探索、政治品格的集中体现，是我们理解把握党的创新理论的“金钥匙”。A、B、D 三项正确。“十个明确”概括了习近平新时代中国特色社会主义思想的核心内容，是习近平新时代中国特色社会主义思想最为核心关键的组成部分。本题选 C。

2. C **【解析】**根据《中华人民共和国义务教育法》第五十八条规定，适龄儿童、少年的父母或者其他法定监护人无正当理由未依照本法规定送适龄儿童、少年入学接受义务教育的，由当地乡镇人民政府或者县级人民政府教育行政部门给予批评教育，责令限期改正。题干中的小刚父母无正当理由未依照《中华人民共和国义务教育法》有关规定送适龄的小刚入学接受义务教育，应当由当地乡镇人民政府或者县级人民政府教育行政部门给予批评教育，责令限期改正。

3. C **【解析】**根据我国《教师法》《未成年人保护法》的规定，学校和教师负有保护学生的法定义务。如果教师没有积极履行保护职责或阻止有害学生的行为即构成不作为侵权。学校和教师的不作为侵权行为的表现形式有：(1)对学生身体状况关照不力；(2)教师对生病或受伤学生救护不力;(3)在履行职责中违反工作要求、操作规程;(4)学校活动组织失职;(5)饮食安全事故;(6)未及时向学生监护人履行告知义务。题干中教师的行为属于对学生的身体状况关照不力,是不作为侵权的表现,故选 C 项。

4. C 【解析】教师劳动的创造性主要表现在三个方面:(1)因材施教;(2)教学方法上的不断更新;(3)教师需要"教育机智"。题干中的英语老师根据不同学生的学习水平安排不同的作业,做到了因材施教,这体现了教师劳动的创造性特点。

5. A 【解析】课程实施的忠实取向认为,设计好的课程是不能改变的,课程实施的过程应该是忠实地执行课程计划的过程。题干中的"按部就班地执行"体现了忠实取向的特点。

6. B 【解析】古代希腊的雅典教育在西方最早形成体育、德育、智育、美育和谐发展的教育,教育内容比较丰富,教育方法也比较灵活,教育目的是培养有文化、有修养和多种才能的政治家和商人。

7. D 【解析】强化有正强化和负强化之分。正强化也称积极强化,是通过呈现想要的愉快刺激来增强反应频率;负强化也称消极强化,是通过消除或中止厌恶、不愉快刺激来增强反应频率。惩罚是指当有机体做出某种反应以后,得到一个厌恶刺激或失去一个愉快刺激,以期消除或抑制此反应的过程。选项中 A 项属于正强化,B、C 两项属于惩罚,只有 D 项属于负强化。

8. C 【解析】赫尔巴特是康德哲学教席的继承者,近代德国著名的心理学家和教育学家,在世界教育史上被认为是"现代教育学之父"或"科学教育学的奠基人"。

9. D 【解析】"正如王老师所料,学生的学习热情高涨,成绩明显提高"体现的是教育的正向显性功能,"但没有想到的是学生之间相互猜忌、隐瞒学习资料的现象日趋严重"体现的是教育的负向隐性功能。

10. D 【解析】根据评价采用的标准,教学评价可以分为绝对性评价、相对性评价和个体内差异评价。其中,个体内差异评价是对被评价者的过去和现在进行比较,或对评价对象的不同方面进行比较。题干中的小明认为自己这一次的数学考试成绩跟上一次相比有进步,是对自己的过去和现在进行比较,属于个体内差异评价。故本题选 D 项。

11. C 【解析】陶冶教育法是教师利用环境和自身的教育因素,对学生进行潜移默化的熏陶和感染,使其在耳濡目染中受到感化的德育方法。陶冶教育法的方式主要有环境陶冶、情感陶冶、人格陶冶、艺术陶冶、科学知识陶冶、各种活动和交往情境陶冶等。题干所述内容属于陶冶教育法中的环境陶冶。

12. C 【解析】趋避冲突是指对同一目的兼具好恶的矛盾心理。表述中有"既想……又想……但不可兼得"含义的体现了双趋冲突;表述中有"既怕……又怕……"含义的体现了双避冲突;表述中有"既想……又怕……"含义的体现了趋避冲突;表述中的冲突因素为两个以上的体现了多重趋避冲突。因此,本题答案选 C 项。

13. C 【解析】启发性原则是指在教学活动中,教师要调动学生的主动性和积极性,引导他们通过独立思考、积极探索,生动活泼地学习,自觉地掌握科学知识,提高分析问题和解决问题的能力。启发性原则是在吸取中外教育遗产的基础上提出的,是教师主导作用与学生主体作用相统一的规律在教学中的反映。苏格拉底的“产婆术”、孔子的“不愤不启，不悱不发”的教学要求以及《学记》中“道而弗牵，强而弗抑，开而弗达”的教学思想，都是这一教学原则的体现。

14. D 【解析】桑代克提出学习要遵循三条重要的原则:准备律、练习律、效果律。其中，效果律是指刺激和反应之间的联结可因导致满意的结果而加强，也可因导致烦恼的结果而减弱。题干所述符合效果律。

15. C 【解析】按学习动机产生的诱因来源，可以把学习动机分为内部学习动机和外部学习动机。内部学习动机是指个体内在的需要引起的动机，即学生因对活动本身发生兴趣而产生的动机。外部学习动机是指诱因来自学习者外部的某种因素而产生的动机，即在学习活动以外由外部的诱因激发出来的学习动机。根据学习动机的社会意义，可以把学习动机分为高尚的学习动机和低级的学习动机。高尚的学习动机的核心是利他主义，如把学习看成是对社会做贡献和尽义务，就是高尚的学习动机;低级的学习动机的核心是利己的、自我中心的，学习动机来源于自己眼前的利益。题干中，周恩来总理立下“为中华之崛起而读书”的志向，是由外部因素引起的，并把学习看成是对社会做贡献，故属于外部的、高尚的学习动机。故答案选 C 项。

16. B 【解析】态度的结构包括认知成分、情感成分和行为成分。其中，态度的情感成分是指伴随着态度的认知成分而产生的情绪或情感体验，是态度的核心成分。

17. A 【解析】沉思型的学生在解决认知任务时，总是谨慎、全面地检查各种假设，在确认没有问题的情况下才会给出答案。根据题干所述，小丽的认知方式属于沉思型。

18. D 【解析】顺应是指当有机体不能利用原有图式接受和解释新刺激时，其认知结构发生改变来适应刺激的影响。“吃一堑”是不能利用原有图式接受和解释新刺激，“长一智”是认知结构发生改变，符合顺应的定义。

易错提示:考生易混淆同化和顺应的概念，在做这类题目时，可根据关键词进行区分。同化:补充、完善认知结构(量变)。顺应:改变认知结构(质变)。

19. D 【解析】题干引文的意思是:用自身行动教育人，别人就会服从;用语言来教育人，别人就会争辩是非。意指身教重于言教。从教师职业道德规范角度讲，这强调了为人师表的重要性。

20. B 【解析】美国精神分析学家埃里克森认为，人格发展是一个逐渐形成的过程，必须经历八个顺序不变的阶段。其中，四到五岁的儿童处在主动感对内疚感阶段，这一阶段的发展任务是培养主动性。在这一阶段，由于身体活动能力和语言的发展，儿童有可能把活动范围扩展到家庭之外。儿童喜欢尝试探索环境，承担并学习掌握新的任务。故答案选 B 项。

二、判断题

1. × 【解析】知觉的理解性是指人以知识经验为基础对感知的事物加工处理，并用语词加以概括赋予说明的加工过程。人在知觉的过程中，不是被动地把知觉对象的特点登记下来，而是以过去的知识经验为依据，力求对知觉对象做出某种解释，使它具有一定的意义。因此，知觉的理解性与人已有的知识经验有密切关系。知识经验越丰富，理解就越深刻，知觉也就越完整、精确。根据题干描述可知，成人和儿童对同样一幅画感知到的知识点不同，这是因为成人和儿童的知识经验存在差异，故体现了知觉的理解性。

2. √ 【解析】根据《中华人民共和国教师法》第十三条规定，取得教师资格的人员首次任教时，应当有试用期。

3. × 【解析】道德感是根据一定的道德标准评价人的思想、意图和言行时所产生的主观体验。它表现在对待国家、集体、工作、事业、学习以及人与人之间的关系等各个方面，如爱国主义情感、集体主义情感、责任感、事业心、荣誉感和自尊心等。因此，与人的责任心有关的情感体验最主要的是道德感。

4. × 【解析】根据学习情境由简单到复杂、学习水平由低到高的顺序，心理学家加涅把学习分为八类，依次是：(1)信号学习；(2)刺激—反应学习；(3)连锁学习；(4)言语联结学习；(5)辨别学习；(6)概念学习；(7)规则或原理学习；(8)解决问题的学习(高级规则的学习)。故最高层次的学习是解决问题的学习。

方法技巧：考生在做此类试题时，可以采用口诀帮助记忆。"信刺反锁，言别概念，原理解决"由低到高与加涅提出的学习类型一一对应。

5. × 【解析】流体智力是一种以生理为基础的认知能力。它受先天遗传因素的影响较大，主要表现为对新奇事物的快速辨认、记忆、理解等。一般人在20岁以后，流体智力的发展达到顶峰，30岁以后随着年龄的增长而降低。晶体智力是以学得的经验为基础的认知能力。它受后天经验的影响较大，主要表现为运用已有知识和技能去吸收新知识和解决新问题的能力。晶体智力与教育、文化有关，但在个体差异上与年龄的变化没有密切关系，晶体智力不因年龄增长而降低，有些人甚至因知识经验的累积，晶体智力随着年龄的增长而升高。因此，"老将出马，一个顶俩""姜还是老的辣"都说明了老年人的晶体智力还在发展。

6. × 【解析】学习是个体在特定情境下由于练习或反复经验而产生的行为或行为潜能的相对持久的变化。当学生表现出一次正确的行为时，并不能表示他已确实学到了该种行为。

7. √ 【解析】普雷马克原理，又称为"祖母法则"，即用高频活动作为低频活动的有效强化物。例如，教师在课堂中经常使用的"只要写完作业，就可以出去玩""学完这个难点，我们就休息一下"等都属于普雷马克原理的应用。

8. √ 【解析】历史上曾经有过从非正式教育、正式而非正规教育再到正规教育的演变。正规教育的主要标志是近代以学校系统为核心的教育制度，又称制度化教育。以制度化教育为参照，之前的非正式、非正规教育都可归为前制度化教育，而之后的非正式、非正规化教育则都归为非制度化教育。因此，教育制度的发展经历了从前制度化教育到制度化教育、再到非制度化教育的过程。

9. √ 【解析】增强学生体质是学校体育的根本任务，这是学校体育与学校其他活动最根本的区别。学校体育的基本组织形式是体育课。

10. √ 【解析】教育和其他社会现象一样，在其历史的发展过程中必然从各个方面吸收和利用以往历史阶段的教育成果和经验。教育的思想、制度、内容和方法等各个方面不仅反映着一定社会的生产力发展水平和政治经济制度的要求，而且与教育发展的历史沿革有着一定的渊

山香教育 SHANXIANG EDUCATION

源，都带有自己发展历程中的烙印。这就是教育自身的历史继承性。

11. × 【解析】“孟母三迁”的故事表明环境为个体的发展提供了多种可能，使遗传提供的发展可能变成现实，但环境不决定人的发展。个体的主观能动性是人的身心发展的内在动力，也是促进个体发展从潜在的可能状态转向现实状态的决定性因素。

12. × 【解析】为人师表是教师职业的内在要求。教书育人是教师的天职。

13. √ 【解析】课程现代化就是以现代化的思想、观念、价值来统摄课程编制，更好地解决“社会需求”“知识体系”“儿童发展”三者之间的关系，使课程系统诸要素在结构性的联系中展现整体效应。赞科夫、布鲁纳和瓦·根舍因一同被国际上誉为“课程现代化”的三大典型代表。

14. × 【解析】“三结合”教育是指学校、社会和家庭三种教育相结合。

15. × 【解析】广义的教育指有目的地增进人的知识与技能、发展人的智力与体力、影响人的思想观念的活动。广义的教育可能是无组织的、自发的或零散的，也可能是有组织的、自觉的或系统的。它包括社会教育、学校教育和家庭教育。狭义的教育指学校教育，是教育者依据一定的社会要求，依据受教育者的身心发展规律，有目的、有计划、有组织地对受教育者施加影响，促使其朝着所期望的方向发展变化的活动。“自有人生，便有教育”，这里的教育是广义的教育概念。

三、案例分析题(参考答案)

1.(1)违法主体是苏同学的奶奶、美容产品店店主和网络直播平台。

①根据《中华人民共和国未成年人保护法》第十六条规定可知，未成年人的父母或者其他监护人应当履行的监护职责有：为未成年人提供生活、健康、安全等方面的保障；对未成年人进行安全教育，提高未成年人的自我保护意识和能力；保障未成年人休息、娱乐和体育锻炼的时间，引导未成年人进行有益身心健康的活动等。材料中，苏同学的奶奶作为苏同学的监护人，在苏同学持续长时间晚归的情况下，没有及时了解真实情况。在向苏同学询问后，苏同学对其奶奶撒谎，但她奶奶也没有向学校核实苏同学说明的情况，说明苏同学的奶奶履行监护职责不到位，没有做好家庭保护。

②根据《中华人民共和国未成年人保护法》第六十一条规定，任何组织或者个人不得招用未满十六周岁未成年人，国家另有规定的除外。材料中，美容产品店店主为了营销产品，与正在上初一的苏同学进行签约，付费让其每天直播1小时，因此店主的行为违反了上述规定。

③根据《中华人民共和国未成年人保护法》第七十六条规定，网络直播服务提供者不得为未满十六周岁的未成年人提供网络直播发布者账号注册服务；为年满十六周岁的未成年人提供网络直播发布者账号注册服务时，应当对其身份信息进行认证，并征得其父母或者其他监护人同意。材料中，网络直播平台同意了上初一的苏同学注册直播账号，网络直播平台监管不到位，故违反了上述规定。

(2)周老师践行了自觉爱国守法、关心爱护学生、坚守廉洁自律的职业行为准则。

①自觉爱国守法，要求教师要忠于祖国，忠于人民，恪守宪法原则，遵守法律法规，依法履行教师职责；不得损害国家利益、社会公共利益，或违背社会公序良俗。材料中，周老师自觉遵守

法律法规，并依法履行教师应尽的义务，在店主不能认识和改正自身的错误行为时，及时采取法律手段向有关部门举报，这属于自觉爱国守法的体现。

②关心爱护学生，要求教师要严慈相济，诲人不倦，真心关爱学生，严格要求学生，做学生良师益友；不得歧视、侮辱学生，严禁虐待、伤害学生。材料中，周老师关注学生的学习情况，必要时进行家访，并及时制止有害于学生的行为，这属于关心爱护学生的体现。

③坚守廉洁自律，要求教师要严于律己，清廉从教；不得索要、收受学生及家长财物或参加由学生及家长付费的宴请、旅游、娱乐休闲等活动，不得向学生推销图书报刊、教辅材料、社会保险或利用家长资源谋取私利。材料中，面对店主的讨好，周老师不为所动，这属于坚守廉洁自律的体现。

2.（1）案例中师生一问一答，这说明教师运用的是问答法，亦称谈话法。运用谈话法的基本要求：①要做好计划，教师要对谈话的中心、提问的内容做充分准备，并拟定谈话提纲；②要善问，提出的问题要明确、具体、难易适宜，符合学生已有的知识程度与经验，还要有启发性，形式要多样化；③要善于启发诱导，谈话时，教师要面向全体学生，给学生留有思考的余地，因势利导，让学生一步步地去获得新知；④谈话结束后，应结合学生回答的情况进行归纳和小结，给出问题的正确答案，指出谈话过程中的优缺点。案例中的老师在运用谈话法时，首先，提出的问题超过学生现有知识水平，以致很多学生回答不上来；其次，学生不能回答问题时，老师直接让学生转向课本找答案，没有进行启发诱导；最后，老师在结束对一个学生的提问后，没有对该生的表现进行一定的评价或总结。此外，案例中老师提问的效果不佳，也从侧面反映了该老师没有充分准备提问内容。

（2）①案例中教师的做法违背了启发性原则。启发性原则是指在教学活动中，教师要调动学生的主动性和积极性，引导他们通过独立思考、积极探索，生动活泼地学习，自觉地掌握科学知识，提高分析问题和解决问题的能力。案例中的教师在学生回答不了问题时，没有及时进行启发引导，而是表情严肃地继续提问；然后直接让学生看课本找出答案，并且在学生给错答案时直接否定，没有进行针对性的点拨。②案例中的教师违背了直观性原则。该原则是指在教学活动中，教师应尽量利用学生的多种感官和已有的经验，通过各种形式的感知，使学生获得生动的表象，从而比较全面、深刻地掌握知识。这一原则的提出是由学生的年龄特征决定的。显然，案例中的教师没有很好地利用言语直观，在提问的过程中，语言过于僵硬、刻板，不够生动形象，不利于学生学习新知识。

3. 心智技能也称为智力技能、认知技能，是通过学习而形成的合乎法则的心智活动方式。我国教育心理学家冯忠良通过教学实验，提出了心智技能的形成理论，具体阶段为：

（1）原型定向。原型定向就是了解原型的活动结构，从而使主体明确活动的方向，知道该做哪些动作和怎样去完成这些动作。案例中，教师运用运算规律进行算式的变形，帮助学生明确计算的方向，即教师引导学生进行了原型定向的过程。

（2）原型操作。原型操作阶段，借助于实物模型、图片、示意图或动作等，依据智力活动的

山香教育 SHANXIANG EDUCATION

实践模式，把学生在头脑中已建立起来的活动程序计划，以外显的操作方式付诸实施，帮助学生理解心智技能学习的内容，以获得完备的动觉映像，有利于形成新的智力活动。案例中，教师通过出一些类似的题目引导学生进行纸笔操作练习，这是进行原型操作的过程。

(3)原型内化。原型内化，即智力活动的实践模式(原型)向头脑内部转化，由物质的、外显的、展开的形式变成观念的、内潜的、简缩的形式的过程。案例中，学生通过纸笔操作练习，从而产生言语表征，形成熟练的心算技能，这是进行原型内化的过程。

四、论述题(参考答案)

请结合实际，论述实际锻炼法的概念与运用要求。

(1)实际锻炼法的概念：实际锻炼法是有目的地组织学生参加各种实际活动，使其在活动中锻炼思想，增长才干，培养优良的思想和行为习惯的德育方法。锻炼的方式主要是学习活动、社会活动、生产劳动和课外文体科技活动。

(2)运用实际锻炼法的要求：①目的明确，计划周密，加强指导，坚持严格要求；②生动活泼，灵活多样，调动学生的主动性；③注意检查和持之以恒，随时总结。

五、教学设计题(参考设计)

【教学目标】

(1)认读“虐、踞”等生字，理解“肆虐、盘踞、归宿”等词语的意思。

(2)理解老人创造的奇迹。

(3)掌握青山不老的含义，领悟老人植树造林、绿化家园、造福后代的精神。

(4)在日常生活中热爱土地，实现人与自然相互依存。

【教学过程】

(一)导入环节

播放我国西北地区土地沙化的课件资料，引导学生畅谈感受：你看到了什么，想到了什么？

(二)初读课文

1. 认真快速朗读课文，要求读准生字。划出你认为比较难理解的词和句子。

2. 读了课文后，你对“青山不老”有哪些认识？(学生回答)

(三)品读课文

1. 老人创造了怎样的奇迹，这一奇迹是在什么样的情况下创造的？

学生自由朗读课文，边读边划出有关的内容，并用自己的话概括。

2. 学生分小组讨论，并请各小组代表分享讨论成果，教师指导并总结。

(四)总结提升

“青山不老，精神永存!”面对渐渐干涸的河流，面对皲裂的土地，在土地日益荒漠化的趋势下，像老人一样默默奉献的造林英雄还有很多很多，我们应当向英雄们学习。地球是我们共同的家，植树造林、绿化荒山，是每个公民的责任，让我们珍惜自然资源，共营生命绿色！

(五)布置作业

制定爱护环境、保护地球的实践计划,并用手抄报的形式将你的预想成果展示出来。

六、教育写作(参考范文)

德者师之魂

教育家陶行知曾说过,“德者师之魂”。教师是学生崇拜和模仿的对象,教师只有以身作则,才能有效引导学生怎样去做人和学习。学高为师,身正为范,这是对教师职业特征的概括,也是对现代教师人格塑造的要求。

做一名好教师应该有职业之爱。干一行,爱一行,既然选择了教师这一职业,就要把自己的这份职业当成一种事业来对待,从而产生一种对事业的执着和热爱,并且具有一种强烈的责任感。只有有了对事业的执着和热爱,崇高的使命感和责任心才会油然而生;只有有了对事业的执着和热爱,才会热爱学生;只有有了对事业的执着和热爱,才会在工作过程中高标准要求自己,时刻规范自己的言行。为人师表,以身立教,乐于奉献,不计个人得失,一切服从工作需要,自觉地、积极地为每一位学生的健康成长尽心尽力,尽职尽责。

做一名好教师,还要有一颗关爱学生的心。要爱学生,要让学生喜欢你。春雨能温暖冰封的泥土,朝阳能抚慰心灵的湖水,生命的歌声能唤醒一粒粒沉睡的种子。爱学生,就要像春风化雨般无声,让其成为莘莘学子心目中一种最为催人奋进的有效情愫,让其成为人的一生中一道最赏心悦目的亮丽景致。师爱应该是每个学生都能充分享受的权利,充分沐浴的爱的霞光。留有死角的师爱是一种不公平的师爱、不成熟的师爱,因此我特别关注那些有“问题”的特殊孩子,我用心去体会孩子的心情、孩子的感受,从来没有因为他们学习或行为习惯差而放弃他们。他们就像是一颗蒙着尘埃的珠子,作为教师的我有责任去发现他们,重视他们,为他们擦拭,让他们发亮。也许他们的光是微弱的,但是我们要相信有光就会有希望。他们的接受能力差,我们要不厌其烦地一遍又一遍为他们讲解,让这些孩子不断地取得进步,慢慢跟上班集体前进的脚步。

俗话说:“活到老,学到老。”更何况一名教师,要给学生一杯水,自己必须先有一桶水。我认为要做一名好教师,甚至要有一河的活水。这就要求我们不断学习,具备扎实的专业基础知识和渊博的文化知识。教师的专业知识是教书育人的资本,是将学生培养成才的必备条件,是教师必备的业务素质。只有这样才能培养出高素质的、对社会有用的人才。此外,教师还应具有渊博的文化知识。有学者说:“教师知道的东西,要大大超过他要教给学生的范围,要具有宽阔的科学视野,否则,他就不能唤起和发展学生对所学知识的兴趣,就不能满足他们的需要。”渊博的文化知识有益于增强教学效果,满足学生的求知欲,也是适应现代社会科技不断发展的需要。

做一名好教师应该成为我们每位教师终生为之奋斗的目标,只有脚踏实地,从小事做起,从眼前做起,坚持不懈,不断反思,不断改进,才能真正实现做一名好教师的崇高目标。

SHANXIANG EDUCATION

河南省特岗教师招聘考试教育理论基础预测试卷(十六)

一、单项选择题

1. B 【解析】《中共中央 国务院关于深化教育教学改革全面提高义务教育质量的意见》中提出的主要任务有:(1)坚持立德树人,着力培养担当民族复兴大任的时代新人。(2)坚持"五育"并举,全面发展素质教育。(3)强化课堂主阵地作用,切实提高课堂教学质量。(4)按照"四有好老师"标准,建设高素质专业化教师队伍。(5)深化关键领域改革,为提高教育质量创造条件。(6)加强组织领导,开创新时代义务教育改革发展新局面。因此,答案选 B 项。

2. A 【解析】根据《中华人民共和国义务教育法》第十二条规定,适龄儿童、少年免试入学。地方各级人民政府应当保障适龄儿童、少年在户籍所在地学校就近入学。故 A 项说法错误。

第十四条规定,禁止用人单位招用应当接受义务教育的适龄儿童、少年。根据国家有关规定经批准招收适龄儿童、少年进行文艺、体育等专业训练的社会组织,应当保证所招收的适龄儿童、少年接受义务教育;自行实施义务教育的,应当经县级人民政府教育行政部门批准。故 B 项说法正确。

第十五条规定,县级以上地方人民政府根据本行政区域内居住的适龄儿童、少年的数量和分布状况等因素,按照国家有关规定,制定、调整学校设置规划。新建居民区需要设置学校的,应当与居民区的建设同步进行。故 C 项说法正确。

第二十六条规定,学校实行校长负责制。校长应当符合国家规定的任职条件。校长由县级人民政府教育行政部门依法聘任。故 D 项说法正确。

3. C 【解析】根据《中华人民共和国教师法》第七条规定可知,教师享有"对学校教育教学、管理工作和教育行政部门的工作提出意见和建议,通过教职工代表大会或者其他形式,参与学校的民主管理"的权利。因此,题干中的张老师是在行使教师权利。

4. B 【解析】"以僧为师""以吏为师"是古代埃及教育的一大特征。

5. A 【解析】A 项:社会刻板效应指对一群人的特征或动机加以概括,把概括得出的群体的特征归属于团体中的每一个人,认为他们每个人都具有这种特征,而无视团体中成员的个体差异。B 项:首因效应指在总体印象形成上,最初获得的信息比后来获得的信息影响更大的现象。C 项:投射效应指由于个体具有某种特性,因而推断他人也有与自己相同特性的心理现象。D 项:近因效应指在总体印象形成上,新近获得的信息比原来获得的信息影响更大的现象。题干中英语吴老师认为英语学得差的学生应该数学学得不错,这属于社会刻板效应。

易错提示:考生应注意对社会刻板效应和晕轮效应进行区分:社会刻板效应是把群体特征推及个体,认为每个个体都具有这种特征。晕轮效应即"一好百好""一坏百坏""爱屋及乌",从个体的某种特征推及他的其他特征,并往往带有夸大的成分。

6. B 【解析】隐性课程的主要表现形式有:(1)观念性隐性课程,包括隐藏于显性课程之中的意识形态，学校的校风、学风，有关领导与教师的教育理念、价值观、知识观、教学风格、教学指导思想等。(2)物质性隐性课程，包括学校建筑、教室的设置、校园环境等。(3)制度性隐性课程，包括学校管理体制、学校组织机构、班级管理方式、班级运行方式。(4)心理性隐性课程，主要包括学校人际关系状况，师生特有的心态、行为方式等。故选 B 项。

7. B 【解析】概念学习是指掌握概念的一般意义，其实质是掌握一类事物的共同的本质属性和关键特征。题干中学习三角形的关键特征并排除无关特征，这种学习属于概念学习。

8. A 【解析】我国最早的师范教育产生于清末。盛宣怀在上海创办的南洋公学师范院，即中国最早的师范教育机构。故本题选 A 项。

9. C 【解析】社会本位论的基本观点如下：(1)确立教育目的的根据是社会的要求，个人的发展必须服从社会需要，因为个人生活在社会中，受制于社会环境。(2)教育的目的是为社会培养合格的成员和公民，使受教育者社会化。(3)社会价值高于个人价值，教育质量和效果可以用社会发展的各种指标来评价。简言之，教育以社会的稳定和发展为最高宗旨。题干中柏拉图认为公民教育的目的是维护城邦稳定有序，这符合社会本位论的观点，因此 C 项正确。

10. A 【解析】陶冶教育法是教师利用环境和自身的教育因素，对学生进行潜移默化的熏陶和感染，使其在耳濡目染中受到感化的德育方法。陶冶教育法的方式之一是环境陶冶。"让学校的每一面墙壁都开口说话"体现了运用环境对学生进行熏陶，充分运用了陶冶教育法。

11. C 【解析】思维的间接性是指思维能对感官所不能直接把握的或不在眼前的事物，借助于某些媒介物与头脑加工来进行反映。通过"地上湿漉漉的"来推知"昨天晚上可能下雨了"，这体现了思维的间接性。

方法技巧：理解"间接性"和"概括性"要抓住关键词，并结合题目具体分析：(1)把握题干中的关键词。间接性对应的关键词是："根据""推断"；概括性对应的关键词是："对……的认识""得出……结论"。(2)具体分析题目强调哪方面的意思。题目强调"间接地推测事物"，选间接性；题目强调人们通过自身多年劳动积累的生活经验，总结归纳出一定规律，选概括性。

12. B 【解析】巩固性原则指教师在教学中要引导学生在理解的基础上牢固地掌握基本知识和基本技能，而且在需要的时候，能够准确无误地呈现出来，以利于知识技能的利用。历代教育家都很重视知识的巩固问题，孔子要求"学而时习之""温故而知新"。

13. B 【解析】微格教学是指以少数的学生为对象，在较短的时间内(5 ~ 20 分钟)，尝试做小型的课堂教学，并把这种教学过程摄制成录像，课后再进行分析。

14. C 【解析】认知内驱力是指要求了解、理解和掌握知识以及解决问题的需要。一般来说，这种内驱力大多是从好奇倾向中派生出来的。根据题干描述可知，在小童的学习动机中占主导地位的是认知内驱力。

15. D 【解析】复式教学是把两个或两个以上不同年级的学生编在一个教室里，由一位教师分别用不同的教材，在一节课里对不同年级的学生进行教学的一种特殊组织形式。它适用于学生少、教师少、校舍和教学设备较差的农村及偏远地区。

16. C 【解析】德育过程由教育者、受教育者、德育内容和德育方法这四个要素构成。

山香教育 SHANXIANG EDUCATION

17. B **【解析】**维果斯基认为,儿童有两种发展水平:一是儿童的现有水平,即由一定的已经完成的发展系统所形成的儿童心理机能的发展水平;二是可能达到(即将达到)的发展水平,也就是通过教学所获得的潜力。这两种水平之间的差异,就是最近发展区。也就是说,最近发展区是儿童在有指导的情况下,借助成人的帮助所能达到的解决问题的水平与独自解决问题所达到的水平之间的差异,实际上是两个邻近发展阶段间的过渡状态。题干中,小学生需要在能力更强的老师和同学的帮助下才能完成某些任务,这符合最近发展区的定义。故答案选 B 项。

18. A **【解析】**处于前运算阶段的儿童的思维具有自我中心性,即儿童往往只注意主观的观点,不能向客观事物集中,只能考虑自己的观点,无法接受别人的观点,也不能将自己的观点与别人的观点协调。儿童还不能设想他人所处的情境,常以自己的经验为中心,从自己的角度出发来观察和理解世界。因此,处于该阶段的小小还不会从他人的角度看问题,他会认为丁丁回来后会到衣柜里找玩具。

19. B **【解析】**奴隶社会里,出现了专门从事教育工作的教师,产生了学校教育,教育从社会活动中分化出来,成为独立的形态。这一时期教育的共同特征表现在:(1)学校教育成为奴隶主阶级手中的工具,具有鲜明的阶级性;(2)学校教育与生产劳动相脱离和相对立;(3)学校教育趋于分化和知识化;(4)学校教育制度尚不健全。孔子处于奴隶制社会末期,题干中孔子骂"请学稼"的樊迟为"小人",说明孔子看不起樊迟种田种菜,认为教育没有培养生产劳动者的任务。这反映了古代教育与生产劳动相分离的特点。故选 B 项。

方法技巧:考生可通过记忆各历史阶段教育与生产劳动的关系,来提高答题效率。

(1)原始社会——结合。

(2)古代社会(奴隶社会和封建社会)——分离。

(3)现代社会——结合。

20. D **【解析】**刺激的泛化是指机体对与条件刺激相似的刺激做出条件反应。题干中,李玲由于数学老师的批评不喜欢上数学课,产生了条件反应,条件刺激是数学课。之后对与数学课堂相似的其他刺激,如其他课堂和学校,产生了讨厌和害怕的条件反应,符合泛化的定义,故选 D 项。消退现象指条件反射形成以后,如果得不到强化,条件反应会逐渐减弱,直至消失,题干中李玲对课堂和学校的恐惧并没有消失。排除 C 项。强化是采用适当的强化物而使机体反应频率、强度和速度增加的过程。题干中没有行为增加的过程,排除 A、B 两项。

二、判断题

1. × **【解析】**注意的转移是根据新的任务,主动地把注意从一个对象转移到另一个对象或由一种活动转移到另一种活动的现象。根据题干描述可知,上课后佳佳应当根据新的任务,主动地把注意转移到学习上,但他还沉浸在故事情节中,这说明佳佳的注意转移能力不够好。故本题说法错误。

2. √ **【解析】**根据《中华人民共和国未成年人保护法》第六十三条规定,任何组织或者个人不得隐匿、毁弃、非法删除未成年人的信件、日记、电子邮件或者其他网络通讯内容。故题干所述正确。

SHANXIANG EDUCATION

3. × 【解析】“隐性课程”一词是由杰克逊在1968年出版的《班级生活》一书中首先提出的。故题干表述错误。

4. √ 【解析】洛克反对天赋观念，提出了“白板说”。他认为人的心灵原来就像一块白板，没有一切特性，没有任何观念，天赋的智力人人平等。他明确指出：“我们日常所见的人中，他们之所以或好或坏，或有用或无用，十分之九都是他们的教育所决定的。人之所以千差万别，便是由于教育之故。”

5. × 【解析】教师的职业道德情感包括：(1)职业正义感；(2)职业责任感；(3)职业义务感；(4)职业良心感；(5)职业荣誉感；(6)职业幸福感。其中，职业正义感是一种最基本、最高尚的道德情感。职业幸福感是教师从事职业活动最强大的精神动力和根本目的。故本题表述错误。

6. √ 【解析】题干引文出自《学记》：“是故学然后知不足，教然后知困。知不足，然后能自反也；知困，然后能自强也。故曰：教学相长也。”这体现了我国新型师生关系中教学相长的特点。

7. × 【解析】新课程背景下教师教学行为的变化中，在对待师生关系上，新课程强调尊重、赞赏；在对待教学关系上，新课程强调帮助、引导。故题干描述错误。

8. × 【解析】有意义学习的条件有：(1)客观条件，是指受学习材料本身性质的影响。有意义学习的材料本身必须合乎这种非人为的和实质性的标准，即具有逻辑意义。(2)主观条件，是指受学习者自身因素的影响。主要表现在：①学习者必须具有有意义学习的心向；②学习者认知结构中必须具有适当的知识，以便与新知识进行联系；③学习者必须积极主动地使这种具有潜在意义的新知识与认知结构中有关的旧知识发生相互作用。所以，学习材料的逻辑意义不能确保产生有意义学习。

9. × 【解析】过度学习是指学习达到恰能背诵之后再继续学习。实验证明，过度学习达到50%，即学习的熟练程度达到150%时，学习的效果最好。记忆10次刚好能够达到背诵的程度，则过度学习达到5次，即记忆15次，学习效果最好。

10. × 【解析】由于刺激对感受器的持续作用而使感受性发生变化的现象，叫感觉适应。“总吃蜜，蜜也不甜”属于感觉适应中的味觉适应。

11. × 【解析】教育目的与培养目标是普遍与特殊的关系，二者并不等同。

12. √ 【解析】学习动机是指激发个体进行学习活动，维持已引起的学习活动，并使行为朝向一定学习目标的一种心理倾向或内部动力。题干所述符合学习动机的内涵。

13. × 【解析】依据加涅的学习结果分类，态度是指影响个人对人、事、物采取行动的内部状态。幼儿在听老师讲故事后，对大灰狼和小白兔产生不同的情感，这是发生了态度的学习。

14. × 【解析】智力表现的早晚存在着明显的差异，有的人在儿童时期就显露出非凡的智力或特殊能力，这叫“早慧”或“早熟”。也有不少人的能力表现较晚，这叫“大器晚成”。智力发展水平的差异(即一般能力的差异)，指的是个体之间或个体内部智力水平高低的不同程度。因此，“少年早慧”和“大器晚成”体现的是智力表现早晚的差异。故题干说法错误。

15. × 【解析】形式教育论认为教学的主要任务在于发展学生的智力，忽视知识的传授，是重智轻知的。实质教育论认为教学的主要任务在于传授给学生有用的知识，忽视对学生认识能力的训练,是重知轻智的。

三、案例分析题(参考答案)

1.(1)“耶克斯—多德森定律”表明,动机不足或过分强烈都会影响学习效果。具体表现在:①动机的最佳水平随任务性质的不同而不同。在比较容易的任务中,行为效果(工作效率)随动机的提高而上升;随着任务难度的增加,动机的最佳水平有逐渐下降的趋势。②一般来讲,最佳水平为中等强度的动机。③动机水平与行为效果呈倒U型曲线。

(2)①根据耶克斯—多德森定律,教师在教学时,要根据学习任务的不同难度,恰当控制学生学习动机的激起程度。在学习较容易、较简单的课题时,应尽量使学生集中注意力,使学生尽量紧张一点,动机激起水平达到中等偏高的最佳状态;而在学习较复杂、较困难的课题时,则应尽量创造轻松自由的课堂气氛,让动机激起水平处于中等稍低的最佳状态;在学生遇到困难或出现问题时,要尽量心平气和地慢慢引导,以免学生过度紧张和焦虑。本案例中,班主任的做法是不正确的,冲击中考状元是困难的任务,教师应使吴某的动机激起水平稍低一些,然而班主任通过谈话使吴某的动机激起水平过高,最终致使吴某的身体也出现了问题。②根据动机产生的诱因来源,学习动机可分为内部学习动机和外部学习动机。内部学习动机是指个体内在的需要引起的动机;外部学习动机是指诱因来自学习者外部的某种因素而产生的动机。一般来说,内部学习动机的作用比较持久,使学习者有较大的主动性;外部学习动机起作用的时间比较短,使学生的学习比较被动。班主任告诉吴某老师们看好他,认为他有考状元的实力,嘱托他不要辜负老师的期望。班主任过于注重激励学生的外部动机,而忽略了激发吴某的内部动机。

(3)激励吴某学习的正确做法有:①帮助吴某正确认识来自老师和家长的期望,同时,可以给予吴某一个宽松的心理环境,减轻吴某的心理负担。②帮助吴某保持一种适度的学习动机,避免过度紧张和焦虑。在学习上要注意劳逸结合,合理安排学习与休息时间,提高吴某的学习效率。学习之余可以适当参加体育活动,通过体育锻炼来缓解学习带来的紧张情绪。③帮助吴某树立正确的成败观,保持良好的心态来对待考试的过程和考试的结果,以一颗平常心对待考试。

2.(1)案例一中教师的做法值得学习与提倡,案例二中教师的做法不妥,应当避免。

(2)现代教育评价提倡发展性评价,评价的根本目的在于促进发展——淡化原有的甄别与选拔功能,关注学生发展中的需要,突出评价的激励与调控功能,激发学生的内在发展动力,促进其不断进步,实现自身价值。案例一中,学生B因为只写对了两个生字而感到羞愧,语文老师何某及时关注到学生的情绪表现,表扬他“第一个举手”“字写得很漂亮”,鼓励他“下次也能全写对”,这是以学生发展为本的表现。学生B的情绪受到抚慰,有利于其积极投入到接下来的学习中,也为其之后的进步垫下基石。案例二中,伍某认真答题,考试取得进步,却因为在班级排名靠后,受到了刘老师的批评。这表明刘老师在教学中,仍过度关注学生的学习成绩,过度关注相对性评价,而忽视了发展性评价,这样下去会严重打击学生的积极性和进取心,不仅不利于学生的学习进步,也会损害学生的心理健康。

(3)在实际教学中,教师应树立正确的教育评价理念,关注学生的健康、可持续发展,以学生的发展为本,这样才能取得良好的教学效果。

3.(1)表扬在课堂教学中的作用主要是通过鼓励学生表现出期望行为并对其适当的行为进行强化。教师对学生的肯定性评价具有积极的强化作用,能鼓励学生产生再接再厉、积极向上的心态,赞扬、奖励一般比批评、惩罚更具激励作用。但在运用表扬时应注意:①表扬的方式比表扬的次数更重要。当表扬是针对某一行为结果,并且具体可行时,表扬就是一种有效的激励因素。②表扬应该是针对优于常规水平的行为,也就是说,如果学生平常就做得比较好,那么就不宜对他达到常规水平的行为进行表扬。而对于那些平时表现不佳,但是有所进步的学生,教师就应该给予表扬。③表扬和奖励对学习具有推动作用,但使用过多或者使用不当,也会产生消极影响。案例中的老师对该表扬的大力表扬,不该表扬的也表扬,该批评的一句话也不说,这最终导致表扬失去了有效性,不但不能起到激励作用,反而产生了消极影响。

(2)在教学中要根据学生的具体情况进行适当奖励,当然,对于某些学生而言,适度而善意的批评有时也能促进学习。表扬的有效性取决于它的具体性、可靠性以及行为结果的依随性,教师在运用表扬与批评时,要根据学生的年龄特征与个别差异,做到客观、公正、全面、恰到好处,既要赏罚分明,又要以理服人,这样才能达到预期的教学效果。

四、论述题(参考答案)

试述师生关系的内容。

(1)师生在教育内容的教学上结成授受关系。①从教师与学生的社会角色规定意义上看,教师是传授者,学生是受授者;②学生在教学中主体性的实现,既是教育的目的,也是教育成功的条件;③对学生的指导、引导的目的是促进学生的自主发展。

(2)师生在人格上是平等的关系。①学生作为一个独立的社会个体,在人格上与教师是平等的;②教师和学生是一种朋友式的友好帮助关系。

(3)师生在社会道德上是互相促进的关系。①师生关系从本质上是一种人—人关系;②教师对学生的影响不仅仅是知识上的、智力上的影响,更是思想上的、人格上的影响。

五、教学设计题(参考设计)

【设计理念】

诚信是人类的普遍道德要求,是中华民族的传统美德,是培育和践行社会主义核心价值观的重要内容。诚信的要义是真实无欺不作假、真诚待人不说谎、践行约定不食言。通过本次的综合性学习,提升学生对诚信的认识;通过活动丰富学生的主体性体验,让学生更加深刻地理解诚信的魅力以及不诚信的坏处,培育其言而有信的优良品质。

【教学目标】

(1)提升学生对诚信的认识,感悟“诚信”的魅力。

(2)引导学生发现自己身边及社会上诚信的人和事,学会珍惜自己所拥有的“诚信”的美德。

(3)引导学生懂得信任别人和被别人信任都是一种幸福,从而陶冶情操,激发互信之心,学会诚信做人、做事。

(4)培养学生口语交际能力,掌握演讲技巧。

山香教育 SHANXIANG EDUCATION

【教学过程】

(一)导入环节

播放视频《弟子规》,通过播放"凡出言,信为先。诈与妄,奚可焉"的相关视频,揭示主题——诚信。"信",即诚信,是中华民族的传统美德之一,也是社会主义核心价值观之一。无论古今,诚信都应该成为个人必有的精神品质。这节课,就让我们一起走近综合性学习活动:"人无信不立"。

(二)活动环节

活动一:引经据典话诚信

1. 各组分别搜集有关"信"的名言警句、成语典故、名人逸事及其他经典论述,理解"信"的传统内涵。

2. 汇总并整理本组所搜集的资料。

3. 研读整理后的资料,小组内讨论:我国古代典籍中出现的"信"有哪些含义?"信"对于个人、社会、国家有怎样的重要意义?

活动二:环顾身边思诚信

1. 邀请学生讲述身边的诚信故事。

2. 联系身边或社会上一些不讲诚信的事情,如考试作弊、借钱不还、制售假冒伪劣商品等,小组展开讨论:诚信缺失会带来什么不良影响?

活动三:班级演讲说诚信

围绕"诚信"这一话题,每人写一篇演讲稿,在小组内试讲。小组推荐一篇写得精彩的演讲稿,在班级内演讲。

(三)总结提升

通过本次活动,学生们了解了诚信的一些经典论述、诚信的典型事例等,并且深刻地认识到诚信对一个人的价值观和世界观形成的重要性。每个学生都要继承中华民族重承诺、守信义、以诚立业、以信取人的道德传统,在以后的学习和生活中努力做一个诚信的人!

(四)布置作业

学生根据这次活动及感受,写一篇作文,力求突出所受到的启迪和认识。

六、教育写作(参考范文)

换位思考,走进学生的心灵

苏霍姆林斯基讲过这样一个故事:他小时候住在一间杂货铺附近,每天都能看到大人把某些东西交给杂货铺老板,然后换回自己需要的物品。有一天,他想出一个坏主意,将一把石子递给老板"换"糖,杂货铺老板迟疑片刻后收下了石子,然后把糖换给了他。苏霍姆林斯基说:"这个老人的善良和对儿童的理解影响了我终身。"这位杂货铺老板不是教育家,但他拥有教育者的智慧:他没有用成人的逻辑去分析孩子的行为,而是从孩子的角度,用宽容维护了一个儿童的尊严。在教育教学中,教师需要站在学生的位置思考问题,了解他们的感受,这就是"换位"。这样做可以帮助教师找到教育教学的障碍,对症下药,解决问题。那么怎样才能换位思考呢?

首先,体验感受,善待学生。有一位教育界前辈曾说:"学生时代曾经有过差生经历的老师,更

SHANXIANG EDUCATION

容易体会学困生的难处;学生时代曾有过调皮经历的老师,更容易了解调皮生的心理,这些老师容易成为好老师。”正是由于这些老师经历过多种学生角色,有着亲身的体验,眼前的学生就是某个时间段自己的再现,清楚“自己”真正的需要,知道教育“自己”的方法。才能使他们更容易走近学生,更容易成为好老师。

当我们面对学生的调皮捣蛋,对他们恶言相向的时候,不妨想想如果自己听到那些话,是否会受到心灵的伤害;当我们一遍又一遍为一位“笨”学生讲解习题,学生仍不明白,自己偃旗息鼓的时候,学生是否也在为自己的“笨”而自惭形秽;当我们对一位偶然成绩不理想的“好”学生进行批评教育的时候,不妨想一想,他是否也在为成绩不理想而困惑、伤心。所以,我们应该时时换位地体验一下学生的感受,善待每一个幼小的心灵。

其次,学会倾听,理解学生。倾听是沟通的桥梁;倾听是最美的语言;倾听是一种尊重,倾听更是学生的需要。然而很多时候,在学生面前,老师总是喜欢扮演先知者的角色,好像自己对学生的所有都了解,一遇到事情,总是在还没有任何了解的情况下就下结论。结果好像事情处理得很圆满,却有可能已经深深伤害了学生。

教学是师生的双边活动,学生亦有自己的认知和思维,在教学过程中学生在想什么,这是教师应该及时了解的。只有这样才能在教学过程中随时把握住学生思想的脉搏,更好地实现与他们的沟通,拓宽学生的思路,使学生对所学知识有较为深刻的认知和理解。所以在教学过程中,教师不妨做一个倾听者,在遇到事情的时候,不妨多听听学生的心声,试着去理解一下学生的想法。不要总是“两耳不闻窗外事,一心只‘讲’圣贤书”。

最后,以人为本,关爱学生。以人为本,要求教师在教学过程中要学会尊重学生的个性,试着从学生的角度去发现学生个性中的闪光点,从而学会发展学生个性中的优点,让学生的个性成为学生发展的特殊才能,从而促进学生顺利成长、成才。发展学生的个性强调的是接纳、宽容、和谐、快乐,就是让他们将自己的个性和潜能发挥到极致,获得生命的乐趣。作为教师要有一颗海纳百川的心,要适时调整自己的位置,去包容学生的个性。

在教育生涯中,未来的路还很长很长,但无论遇到什么样的困难,只要一如既往地用爱心去浇灌每一位学生的心灵,如同对待我们心爱的孩子一样,我们就没有理由不成功。我坚信,今天用爱心托起的太阳,必将在明天绽放灿烂夺目的光芒。

总之,换位思考是沟通师生内心世界的一座桥梁;换位思考需要教师对学生付出满腔的热爱,教师的理解和宽容会使教育更有成效;换位思考可以更好地理解学生,善待学生,善待教学,善待自己。让我们在教学过程中蹲下身来去寻找问题,贴近学生去发现问题,换个位置来解决问题。让我们从心里记住:假如我是孩子,我希望老师……

山香教育 SHANXIANG EDUCATION

河南省特岗教师招聘考试教育理论基础预测试卷(十七)

一、单项选择题

1.C 【解析】根据《学生伤害事故处理办法》第九条规定可知,学校组织学生参加教育教学活动或者校外活动，未对学生进行相应的安全教育，并未在可预见的范围内采取必要的安全措施造成的学生伤害事故，学校应当依法承担相应的责任。

2. A 【解析】《义务教育质量评价指南》在坚持正确方向原则中要求，践行为党育人、为国育才使命，坚持正确政绩观和科学教育质量观，促进义务教育公平发展和质量提升。B 项，坚持以评促建原则要求，坚持实事求是、客观公正，强化过程性评价和发展性评价，有效发挥引导、诊断、改进、激励功能，促进义务教育优质均衡发展。C 项，坚持育人为本原则要求，面向全体学生，注重综合素质评价，促进全面培养，引导办好每所学校、教好每名学生。D 项，坚持问题导向原则要求，完善评价内容，突出评价重点，改进评价方法，统筹整合评价，着力克服“唯分数、唯升学”倾向，促进形成良好教育生态。

3. B 【解析】学校和教师必须尊重学生的人格尊严，严禁对学生实施体罚、变相体罚或其他侮辱人格尊严的行为。题干中的黄老师当众对该同学进行粗暴的言语辱骂，侵犯了该学生的人格尊严权。

4. A 【解析】操行评定是以教育目的为指导思想，以“学生守则”为基本依据，对学生一个学期内在学习、劳动、生活、品行等方面的小结与评价。题干描述的是操行评定的含义。

5. C 【解析】有意后注意也叫随意后注意，是指有预定目的，但不需要意志努力的注意。它是在有意注意的基础上，经过学习、训练或培养个人对事物的直接兴趣达到的。题干中亮亮开车的技术由很不熟练到非常熟练，是在有意注意的基础上经过训练达到的。因此，这时亮亮的注意属于有意后注意。

6. B 【解析】课程表的安排应遵循的原则有：(1)整体性原则；(2)迁移性原则；(3)生理适宜原则。

7. D 【解析】《新时代中小学教师职业行为十项准则》中的“潜心教书育人”准则要求教师落实立德树人根本任务，遵循教育规律和学生成长规律，因材施教，教学相长；不得违反教学纪律，敷衍教学，或擅自从事影响教育教学本职工作的兼职兼薪行为。故题干中初中教师李某的行为违反了“潜心教书育人”准则。

8. D 【解析】洛克在其著作《教育漫话》一书中详细论述了绅士教育的内容（即体育、德育和智育）及方法。故本题选 D 项。A 项，“泛智”教育思想是由夸美纽斯提出的。B 项，卢梭在《爱弥儿》中宣扬了他的自然主义教育思想。C 项，要素教育论是由裴斯泰洛齐提出的。

9. C 【解析】逃避条件作用是指当厌恶刺激出现时，有机体做出某种反应，从而逃避了厌恶刺激，则该反应在以后的类似情境中发生的概率便增加的一类条件作用。题干描述的是逃避条件作用的典型事例。

10. A 【解析】教师劳动的示范性指教师的言行举止，如人品、才能、治学态度等都会成为学生学习的对象。该特点要求教师必须以身作则、为人师表。故选 A 项。

11. D 【解析】《学记》指出：“大学之教也，时教必有正业，退息必有居学。”意为：大学的教育活动，按时令进行，各有正式课业；休息的时候，也有课外作业。这体现的是课内与课外相结合的教育思想。

12. B 【解析】疏导原则是指进行德育时要循循善诱、以理服人,从提高学生认识入手,调动学生的主动性,使他们积极向上。疏导原则也就是循循善诱原则。我国古代教育家孔子很善于诱导他的学生,其弟子颜回这样称赞道:“夫子循循然善诱人,博我以文,约我以礼,欲罢不能。”题干所述体现的是德育的疏导原则。

13. B 【解析】言语智力是说话、阅读、书写的能力,表现为个人能够顺利而高效地利用语言描述事件、表达思想并与人交流的能力,以及对声音、韵律、单词的意义和语言不同功用的敏感能力。故选 B 项。

14. D 【解析】人对社会的适应是通过调节情绪来进行的,情绪调控的好坏会直接影响到身心健康。情绪和情感的健康功能表现为积极的情绪有助于身心健康,消极的情绪会引起人的各种疾病。“笑一笑,十年少。”体现了情绪与情感的健康功能。故答案选 D 项。

15. C 【解析】学校教育制度是国民教育制度的核心和主体,体现了一个国家国民教育制度的实质。

16. C 【解析】认知发展处于具体运算阶段的儿童不能想象独立于他们直接经验之外的事物,但能够考虑多个感知特征,即去自我中心,得出具体问题的解决方法。题干中的儿童可以同时从两个或两个以上角度思考问题,说明其思维已经具有了去中心化的特征,故表明该儿童的认知发展水平处于具体运算阶段。

17. C 【解析】精加工策略是指把新信息与头脑中的旧信息联系起来从而增加新信息意义的深层加工策略。它常被描述成一种理解记忆的策略,其要旨在于建立信息间的联系。形象联想法是精加工策略中记忆术的一种,是通过人为联想,使无意义的、难记的材料和头脑中的鲜明奇特的形象相结合,从而提高记忆效果。想象的形象越鲜明、越具体越好,形象越夸张、奇特越好,形象之间的逻辑联系越紧密越好。故题干所述属于形象联想法的运用,即精加工策略的运用。

18. B 【解析】题干中的数学老师从李岩现在数学学习上的表现推断其以后物理、化学会学习困难,否定了学生巨大的发展潜能,忽视了学生是发展中的人,没有用发展的观点认识学生。

19. C 【解析】双避冲突是指从希望回避的两种事物中必取其一的心理状态。孩子得了蛀齿感觉疼痛和看医生时治病打针都是其希望回避的事情,故选项 C 正确。

20. D 【解析】引起无意注意的客观条件,即刺激物本身的特点。主要包括:(1)刺激物的强度。例如,一道强烈的光线。(2)刺激物之间显著的对比关系。例如,万绿丛中一点红。(3)刺激物的活动和变化。例如,多媒体课件中的动画。(4)刺激物的新异性。例如,新张贴的广告。因此,“万绿丛中一点红”体现了刺激物之间显著的对比关系。

二、判断题

1. √ 【解析】根据《中华人民共和国义务教育法》第二条规定,国家实行九年义务教育制度。义务教育是国家统一实施的所有适龄儿童、少年必须接受的教育,是国家必须予以保障的公益性事业。实施义务教育,不收学费、杂费。国家建立义务教育经费保障机制,保证义务教育

山香教育 SHANXIANG EDUCATION

制度实施。

2. × 【解析】根据《中华人民共和国义务教育法》第二条规定，国家实行九年义务教育制度。义务教育是国家统一实施的所有适龄儿童、少年必须接受的教育，是国家必须予以保障的公益性事业。高中教育不属于义务教育，故题干说法错误。

3. √ 【解析】班杜拉认为，学习是个体通过对他人的行为及其强化结果的观察，从而获得某些新的行为反应或已有的行为反应得到修正的过程。“上行下效、耳濡目染”正是观察学习的体现。

4. × 【解析】能够在较短的时间内记住较多的东西是记忆敏捷性良好的表现。记忆的准确性是指记忆内容正确和精确。故本题说法错误。

5. √ 【解析】抑郁质的人以敏锐、稳重、体验深刻、外表温柔、怯懦、孤独、行动缓慢为特征。故题干所述正确。

6. √ 【解析】道德感是根据一定的道德标准评价人的思想、意图和言行时所产生的主观体验。它表现在对待国家、集体、工作、事业、学习以及人与人之间的关系等各个方面，如爱国主义情感、集体主义情感、责任感、义务感、事业心、荣誉感、自尊心等。因此，题干所述的情感体验属于道德感。

7. √ 【解析】机体对与条件刺激相似的刺激做出条件反应，属于刺激的泛化。如果只对条件刺激做出条件反应，而对其他相似刺激不做反应，则出现了刺激的分化。泛化是对事物的相似性的反应，分化则是对事物的差异性的反应。故刺激的泛化和刺激的分化是互补的过程。

8. √ 【解析】从广义上说，教育是文化的一部分，但教育又是一种非常特殊的文化，因为教育既是文化的构成体，又是文化传递、深化与提升的手段。这就是教育的双重文化属性。

9. × 【解析】《基础教育课程改革纲要（试行）》规定，小学阶段以综合课程为主，初中阶段设置分科与综合相结合的课程，高中以分科课程为主。

10. × 【解析】教材是根据学科课程标准系统阐述学科内容的教学用书，它是知识授受活动的主要信息媒介，是课程标准的进一步展开和具体化。教材可以是印刷品（包括教科书、教学指导用书、补充读物、图表等），也可以是音像制品（包括幻灯片、电影、录音带、录像带、磁盘、光盘等）。一般来说，教科书是教材的主体，二者不能等同。

易错提示：部分考生会认为“教材 = 教科书”，这种观点是不准确的。教材不仅包括教科书，还包括教学指导用书、电影、幻灯片等。教科书只是教材的一个重要组成部分。

11. × 【解析】全面发展不能理解为要求学生“样样都好”的平均发展，也不能理解为人人都要发展成为一样的人。全面发展的教育同“因材施教”“发挥学生的个性特长”并不是对立的、矛盾的。人的发展应是全面、和谐、具有鲜明个性的。

12. × 【解析】班主任做好个别教育工作，包括做好先进生的教育工作、中等生的教育工作和后进生的教育工作。

13. × 【解析】智育是传授给学生系统的科学文化知识、技能，发展他们的智力和与学习有关的非认知因素的教育。智育的主要内容和任务包括传授知识、发展技能、培养自主性和创造性。智育的根本任务是培育或发展学生的智慧,尤其是智力,不能认为智育就是知识教育。故题干说法错误。

14. × 【解析】诊断性评价是在学期开始或一个单元教学开始时,为了了解学生的学习准备状况及影响学习的因素而进行的评价。诊断性评价是针对所有学生展开的,不管是在学习上存在障碍的学生还是正常的学生都应该进行诊断性评价。故题干说法错误。

15. √ 【解析】泰勒是美国课程评价专家,享有"课程评价之父"的美誉。

三、案例分析题(参考答案)

1. (1)李老师的行为主要违背了2008年修订的《中小学教师职业道德规范》中关爱学生的要求。"关爱学生"的教师职业道德规范所规定的具体职业行为要求有:关心爱护全体学生,尊重学生人格,平等公正对待学生;对学生严慈相济,做学生的良师益友;保护学生安全,关心学生健康,维护学生权益;不讽刺、挖苦、歧视学生,不体罚或变相体罚学生。

(2)①李老师在教学过程中,首先要注意提高自己的职业道德素养。良好的教师职业道德素养要求教师要热爱学生。热爱学生是教师职业道德的核心,是教师高尚道德品质的表现。案例中,李老师用粗暴的语言批评学生和打骂学生,说明李老师并没有做到热爱学生。所以,李老师应该注意提升自身的职业道德素养,热爱学生,拉近与学生的距离。

②良好的教师职业道德修养要求教师做到为人师表。教师的言行举止、品德才能、治学态度等方面都会对学生产生潜移默化的影响,成为学生学习的对象。案例中,李老师把粉笔头扔到某个男生眼睛上,致使其眼睛红肿,却视而不见,不承认错误,也没有主动道歉,这种不负责任、不敢承认自己错误的行为说明其没有做到为人师表。所以,李老师今后应该加强自身的道德修养,为学生树立良好榜样。

③李老师在教学过程中还应努力构建良好的师生关系。要做到尊重学生,尊重学生的人格尊严,主动关心学生,积极与学生沟通,正确处理师生间的矛盾,构建尊师爱生、民主平等、教学相长、心理相容的新型师生关系。

2. (1)徐老师侵犯了该生的隐私权。隐私权是指公民生活中不愿为他人公开或知悉的个人秘密的不可侵犯的人身权利。学校和教师侵犯学生隐私的表现形式有:故意隐匿、毁弃或者非法开拆学生信件,披露、宣扬学生自身及家庭成员的资料,提供学生成绩的方式不适当等。案例中,徐老师将该学生的妈妈是单亲妈妈这一信息披露、宣扬出去的行为侵犯了该学生的隐私权。

(2)徐老师违反了《中华人民共和国未成年人保护法》《中华人民共和国教师法》等法规。

根据《中华人民共和国未成年人保护法》第四条规定,处理涉及未成年人事项,应当符合下列要求:①给予未成年人特殊、优先保护;②尊重未成年人人格尊严;③保护未成年人隐私权和个人信息;④适应未成年人身心健康发展的规律和特点;⑤听取未成年人的意见;⑥保护与教育相结合。案例中,徐老师侵犯该学生隐私权的行为违反了《中华人民共和国未成年人保护法》。

根据《中华人民共和国教师法》第八条规定可知,教师应当履行"关心、爱护全体学生,尊重学生人格,促进学生在品德、智力、体质等方面全面发展"的义务。案例中徐老师侵犯学生隐私权的行为最终导致学生觉得抬不起头，再也不愿意去上学，这违反了《中华人民共和国教师法》的此条规定。

(3)徐老师应当承担民事责任。《中华人民共和国未成年人保护法》第一百二十九条规定，违反本法规定，侵犯未成年人合法权益，造成人身、财产或者其他损害的，依法承担民事责任。徐老师的行为侵犯了学生的隐私权，因此应当依法承担民事责任。

3. 谢老师主要采用了演示法、谈话法、发现法、讲授法和讨论法。

(1)演示法是指教师通过展示实物、教具和示范性的实验来说明、印证某一事物和现象，使学生掌握新知识的一种教学方法。谢老师播放短视频、用 PPT 展示动植物的图片，运用的是演示法。

(2)谈话法也叫问答法，它是教师按一定的教学要求向学生提出问题，要求学生回答，并通过问答的形式来引导学生获取或巩固知识的方法。谢老师提出一系列的问题让学生自己去发现问题、分析问题，运用的是谈话法。

(3)发现法，又称探索法、研究法，是指学生学习概念和原理时，教师只是给他们一些事例和问题，让学生自己通过阅读、观察、实验、思考、讨论、听讲等途径去独立探究，自行发现并掌握相应的原理和结论的一种方法。谢老师先是提出一系列问题，启发学生自己去发现、分析问题，然后在讲解完课堂内容之后组织学生讨论并绘制食物网，解决之前提出的问题，从而提高学生分析问题、解决问题的能力。这一系列过程运用的是发现法。

(4)讲授法是教师运用口头语言系统连贯地向学生传授知识、技能，发展学生智力的教学方法。谢老师讲解食物链和食物网的概念，运用的是讲授法。

(5)讨论法是全班或小组成员在教师的指导下，围绕某一中心问题发表自己的看法和见解，从而进行相互学习的一种方法。谢老师将全班学生分为 4 个小组，要求他们讨论并绘制食物网，运用的是讨论法。

四、论述题(参考答案)

在教学中如何促进学生的学习迁移?

学习迁移也称训练迁移，是指一种学习对另一种学习的影响，或习得的经验对完成其他活动的影响。促进学生有效的迁移的措施有：

(1)改革教材内容，促进迁移。①精选教材，提高对概念和原理的理解水平。②合理编排教学内容，突出知识的组织特点。

(2)合理编排教学方式，促进迁移。教师在组织教学时，一方面要抓住教材内容的核心；另一方面要合理安排教学程序，使得学生顺利地将所学习的内容融会贯通，提高迁移的效果。

(3)教授学习策略，提高学生的迁移意识。学习不只是要让学生掌握一门或几门学科的具体知识与技能，而且还要让学生学会如何去学习，即掌握学习方法的知识与技能。

(4)改进对学生的评价。教学条件下的评价作为教学活动的组成部分，同样具有教育性，有效运用评价手段对学生形成积极的学习态度，对学习迁移都具有积极的作用。

五、教学设计题(参考设计)

【教学目标】

(1)了解人大代表产生的方式、程序和选举资格。

(2)通过探究、交流活动认识选举是公民参与国家政治生活的重要途径,是责任的体现。

(3)充分理解我国宪法规定的公民所享有的选举权和被选举权。

(4)培养公民意识、法律意识和主人翁精神。

【教学过程】

一、导入新课

今天老师向大家介绍一个朋友,是一个“双心”男孩。他有哪两颗心呢?一颗是细心,一颗是好奇心。看,他来了。(出示刘力的图片)

大家好,我叫刘力,也是一名六年级的学生。昨天放学路上,我在社区宣传栏上发现了一张公告,很有趣,想和大家分享一下。

1. 读了这张公告,你知道了什么?

2. 哦,要选举区人大代表了。什么是人大代表呢?让我们来了解一下。

出示课文:作为国家的主人,为了行使当家作主的权利,人民通过选举代表组成人民代表大会,统一管理国家和地方事务。

二、采访人大代表

1. 那么对于人大代表,你有什么想问的吗?

你们的这些疑惑呀,也是刘力感到好奇的。让我们赶紧跟着他去看看(出示图片)。

学生预设:怎么选呢?选谁呢?谁来选呢?

2. 让我们跟随刘力一起去采访一下区人大代表李叔叔吧。在采访前,细心的刘力要准备一份采访提纲,想请大家帮帮忙。

出示:如果让你去采访人大代表,你会提哪些问题?

请大家讨论一下,小组完成一张采访提纲。

3. 来交流一下你们准备好的提纲吧,看看哪些问题是大家都很关心的。

学生上台讨论,统计出大家都想问的问题。

4. 看来大家都想知道人大代表是如何当选的,看看李叔叔是怎么回答的吧。

(出示图片和音频)

5. 各级人大代表的选举方式还有不同呢,来看一看我们的选举法的规定吧。

三、了解选举过程

1. 身为区人大代表的李叔叔就是通过人民直接选举产生的。瞧,爷爷奶奶过两天也将参与选举呢!

2. 让我们跟随爷爷奶奶的脚步一起去现场看看吧。看视频(爷爷奶奶去现场选举)

3. 你们注意到了吗,去选举的人们胸口都挂着什么?他们填写的那张纸叫什么?(图片出示选民证和选票)它们的作用是什么呢?

山香教育 SHANXIANG EDUCATION

是的,选民证表示这个公民拥有选举权,而选票上填写的就是被选举的代表的名字。

4. 选票填写完投入投票箱,选举并没有结束,让我们继续看一看(播放唱票和公示的视频)。

5. 这样,区级人大代表才被选举了出来。

刘力把这个过程记录了下来,你能帮助他排列好这些活动的顺序吗?

6. 选票在选举活动中反复出现,每一个选民的意愿都通过这张薄薄的选票来体现,有一个想当人大代表的人却在收购这张选票,一起看这则新闻。你觉得这么做可以吗?

7. 是啊,这是一种违法行为。怪不得爷爷这么说(出示音频:爷爷的话),让我们也牢记在心。

四、读懂宪法规定

1. 刘力听了爷爷的话,也觉得非常激动,让我们来听一听他的心里话。(出示音频:多么神圣的选举呀,我也想参加,投上属于我的一票)有没有同学和刘力的想法一样呀?

2. 那下列图片中哪些人可以参与选举呢? 你来猜一猜。

教师出示图片:成人、小学生、老人、少数民族、罪犯、外国人、富人……

3. 关于选举资格,法律是这样规定的,让我们来读一读。(出示选举的相关法律规定)

4. 现在,你再看看这些人,哪些是可以参与选举的,哪些是不可以的呢? 让我们来连一连、写一写吧。

五、课堂总结

我国是一个幅员辽阔、人口众多的国家,不可能做到让人人都直接参与国家和社会事务的管理。为此,我国宪法规定了公民享有选举权和被选举权,公民通过行使自己的选举权利,选出自己满意和信赖的人大代表代表自己讨论、决定国家和社会事务。这是一项神圣的权利,每一个人都应该珍惜。下一节课,我们将具体了解人大代表们都在做什么。

六、教育写作(参考范文)

无论碧红黄白,皆是花中第一

但丁说:"能够使我漂浮于人生的泥沼中而不致陷污的,是我的信心。"爱默生也说:"相信你自己的思想,相信你内心深处所确认的东西。"人生纷杂,社会万象。何不认清自我,自信人生?

当李清照吟出"何须浅碧深红色,自是花中第一流"时,我们钦佩的不仅仅是作者的灼见,更能体会到一种睿智的自信。

自信是一种智慧。自信的人不是相信自己优于别人,而是相信自己是独特的存在。你绽放你的浅碧深红,我呈现我的鹅黄素雅。山峰耸入云霄,自有其高峻;小草铺成草原,自有其柔顺。在天空划出优美弧线的,是雄鹰;在水底悠闲摆尾的,是鱼儿;在沙漠中走出苍凉风景的,是骆驼。虎牢关刀光剑影,吕布有战三英之勇;西城上焚香操琴,孔明有退司马之智。树上没有完全相同的两片叶子,世上没有完全相同的两个人。我就是我,古往今来独一无二的我。相信自己是独特的存在,是自信,是智慧。

自信是一种勇气。自信的人不是相信自己优于别人,而是敢于正视自己的不足。正如鲁迅先生所言:“必须敢于正视,这才可望敢想,敢说,敢作,敢当。”我是梅,但逊雪之洁白;我是雪,却输梅之幽香。我是刘邦,但运筹帷幄之中,决胜千里之外,我不如张良;镇守国家,安抚百姓,不断供给军粮,我不如萧何;率百万之众,战必胜,攻必取,我不如韩信。真的猛士,敢于直面惨淡的人生,敢于袒露自己的不足,承认自己有所不能,这是自信,是勇气。

自信是一种豪气。自信的人不是相信自己优于别人,而是相信自己能在时代中成为优秀的自己。“天生我材必有用,千金散尽还复来”,他把豪气融入诗篇,赢得万古诗仙的美誉;“自信人生二百年,会当水击三千里”,他中流击水,满怀信心,无限豪迈,成为中国救星,旷世伟人。

“数风流人物,还看今朝。”如今,国人越来越豪气,中华民族越来越自信。2016 年夏季奥运会,决战塞尔维亚,直面小组赛曾经击败我们的对手,女排在首局失利的情况下,从容应对,豪气冲天,最终拿下比赛,逆转夺金。南海危机,云谲波诡。我国领导人“不管风吹浪打,胜似闲庭信步”“谈笑间,樯橹灰飞烟灭”。习近平总书记说道:“要说哪个政党、哪个国家、哪个民族能够自信的话,那中国共产党、中华人民共和国、中华民族是最有理由自信的。”豪气冲天,令人点赞。

花开浅碧深红,自有一番美丽;花开鹅黄素雅,也是一番风景。今夜,我愿如“只恐夜深花睡去”般痴情的苏轼,点亮蜡烛,去陪一陪庭院中月光下那株海棠。

河南省特岗教师招聘考试教育理论基础预测试卷(十八)

一、单项选择题

1. A **【解析】**习近平在全国教育大会上强调,我们要抓住机遇、超前布局,以更高远的历史站位、更宽广的国际视野、更深邃的战略眼光,对加快推进教育现代化、建设教育强国作出总体部署和战略设计,坚持把优先发展教育事业作为推动党和国家各项事业发展的重要先手棋,不断使教育同党和国家事业发展要求相适应、同人民群众期待相契合、同我国综合国力和国际地位相匹配。

2. B **【解析】**《义务教育课程方案(2022 年版)》在指导思想中提出:以习近平新时代中国特色社会主义思想为指导,全面贯彻党的教育方针,遵循教育教学规律,落实立德树人根本任务,发展素质教育。以人民为中心,扎根中国大地办教育。坚持德育为先,提升智育水平,加强体育美育,落实劳动教育。反映时代特征,努力构建具有中国特色、世界水准的义务教育课程体系。聚焦中国学生发展核心素养,培养学生适应未来发展的正确价值观、必备品格和关键能力,引导学生明确人生发展方向,成长为德智体美劳全面发展的社会主义建设者和接班人。

3. C **【解析】**我国教育法律关系的主体可分为三类:公民(自然人)、机构和组织(法人)、国家。

4. A **【解析】**根据“耶克斯—多德森定律”,教师在教学时,要根据学习任务的不同难度,恰当控制学生学习动机的激起程度。所谓“平时如战时,战时如平时”,就是要求在学习较容易、较简单的课题时,应尽量使学生集中注意力,使学生尽量紧张一点,动机激起水平达到中等偏高的最佳状态；而在学习较复杂、较困难的课题时，则应尽量创造轻松自由的课堂气氛，让动机激起水平处于中等稍低的最佳状态；在学生遇到困难或出现问题时，要尽量心平气和地慢慢引导，以免学生过度紧张和焦虑。从这个角度来看，平日在学生中流传的"大考大要，小考小要，不考不要"的俏皮话，在一定程度上是有积极意义的。

5.C 【解析】隐性课程亦称潜在课程、自发课程，是学校情境中以间接的、内隐的方式呈现的课程。心理性隐性课程是隐性课程的主要表现形式之一，它主要包括学校人际关系状况，师生特有的心态、行为方式等。故题干所述属于隐性课程。

6.A 【解析】量力性原则（可接受性原则），是指教学的内容、方法、分量和进度要适合学生的身心发展，使他们能够接受，但又要有一定的难度，需要他们经过努力才能掌握，以促进学生的身心发展。故选A项。

7.D 【解析】个体的主观能动性是人的一种内在需要，是一种寻求发展的积极动机和渴望。所以，个体的主观能动性是人的身心发展的内在动力，也是促进个体发展从潜在的可能状态转向现实状态的决定性因素。题干中的校长虽然因为家庭原因没有走进大学，但是他充分发挥了自己的主观能动性，凭借自己过硬的学习能力，一步步提升自己，最终成为了校长，这表明主观能动性是个体身心发展的动力。

8.B 【解析】演示法是指教师通过展示实物、教具和示范性的实验来说明、印证某一事物和现象，使学生掌握新知识的一种教学方法。题干中的老师通过做实验让学生了解有关电荷的知识，采用的教学方法是演示法。

方法技巧：部分考生看到题目中有"实验"二字就认为题目考查的是实验法，从而造成误选。在复习过程中，演示法中的实验演示与实验法容易造成混淆，考生可结合以下内容进行理解：

实验演示——教师做实验，学生看；

实验法——学生做实验，教师指导。

9.C 【解析】教师通过改变教学方式以激发学生的学习兴趣体现了教师劳动的创造性特点。

10.D 【解析】关爱学生的教师职业道德规范要求教师关心爱护全体学生，尊重学生人格，平等公正对待学生。林老师关心爱护小舒，从不把他当智障学生对待，遵循了关爱学生的教师职业道德规范。教书育人的教师职业道德规范要求教师培养学生良好品行，激发学生创新精神，促进学生全面发展。林老师随机地渗透了帮助他人、与他人友好合作等情感教育，有助于培养学生的良好品行；鼓励小舒参加广播操比赛、队列比赛、英语比赛等，有助于小舒的全面发展。这些做法遵循了教书育人的教师职业道德规范。

11.C 【解析】激情是一种爆发式的、猛烈而时间短暂的情绪状态。它往往带有特定的指向性和较明显的外部行为表现，如暴跳如雷、浑身战栗、手舞足蹈等。根据题意，选择C项。

12.B 【解析】无意注意也称不随意注意，是没有预定目的、无需意志努力、不由自主地对一定事物所发生的注意。引起无意注意的客观条件：(1)刺激物的强度；(2)刺激物之间显著的对比关系;(3)刺激物的活动和变化;(4)刺激物的新异性。题干中学生对老师新发型的注意属于由刺激物的新异性引起的无意注意。答案选 B 项。

13. A 【解析】学习是个体在特定情境下由于练习或反复经验而产生的行为或行为潜能的相对持久的变化。B 项属于无条件反射,C 项属于感觉适应,D 项属于由药物引起的行为改变。

14. D 【解析】题干引文体现的德育方法是实际锻炼法。实际锻炼法是有目的地组织学生参加各种实际活动,使其在活动中锻炼思想,增长才干,培养优良的思想和行为习惯的德育方法。D 项的意思是:宝剑的锐利刀锋是从不断的磨砺中得到的,梅花飘香来自它度过了寒冷的冬季。喻义要想拥有珍贵品质或美好才华等是需要不断地努力、修炼,克服一定的困难才能达到的。D 项也体现了实际锻炼法。

15. D 【解析】操作熟练是操作技能掌握的高级阶段。通过动作练习形成的活动方式对各种变化的条件具有高度的适应性,动作的执行达到高度的程序化、自动化和完善化。

16. C 【解析】课程资源是指课程设计、实施和评价等整个课程教学过程中可以利用的一切人力、物力以及自然资源的总和,包括教材、教师、学生、家长以及学校、家庭和社区中所有有利于实现课程目标,促进教师专业成长和学生有个性的全面发展的各种资源。AD 项错误。开发和利用课程资源要遵循经济性原则、因地制宜原则等,课程资源并不是越多越好。B 项错误。课程资源的特点包括:(1)多样性;(2)潜在性;(3)多质性;(4)动态性。故 C 项正确。

17. D 【解析】在德育工作中,教育者要用一分为二的观点,全面分析,客观地评价学生的优点和不足。如果只一味地看到学生差的地方,认为学生一无是处,就违背了依靠积极因素,克服消极因素的原则。

18. B 【解析】美国教育家孟禄提出了教育的心理起源说,认为教育起源于日常生活中儿童对成人的无意识模仿。

方法技巧:考生易混淆不同教育起源说的内容,在做题时考生要通过题干中的关键词判断对应学说。例如"上帝或天""最古老"对应的是神话起源说;"动物的本能""动物界"对应的是生物起源说;"无意识模仿"对应的是心理起源说;"劳动""马克思"对应的是劳动起源说。

19. A 【解析】巴甫洛夫在研究高等动物的条件反射时发现,动物高级神经系统活动的兴奋和抑制有强度、平衡性、灵活性三种特性。根据这三种特性的结合,巴甫洛夫将动物的高级神经活动分为四种类型:强、不平衡;强、平衡、灵活;强、平衡、不灵活;弱。其中,"强、平衡、灵活"对应多血质,"强、不平衡"对应胆汁质,"强、平衡、不灵活"对应黏液质,"弱"对应抑郁质。故答案选 A 项。

20. D 【解析】强化是采用适当的强化物而使机体反应频率、强度和速度增加的过程。强化有正强化和负强化之分。正强化也称积极强化,是通过呈现想要的愉快刺激来增强反应频率;负强化也称消极强化,是通过消除或中止厌恶、不愉快刺激来增强反应频率。孩子哭闹后,家长让步给予玩具,是对孩子的哭闹反应给予愉快刺激,这属于正强化。

山香教育 SHANXIANG EDUCATION

二、判断题

1. √ 【解析】根据《中华人民共和国未成年人保护法》第三十九条规定,对严重的欺凌行为,学校不得隐瞒,应当及时向公安机关、教育行政部门报告,并配合相关部门依法处理。

2. √ 【解析】学生的合法财产受法律保护,教师不得侵占、破坏或非法扣押、没收等。教师侵犯学生财产权的表现形式有:损坏学生财物、非法没收学生物品、乱罚款、乱摊派、推销商品等。

3. × 【解析】量力性原则也称可接受性原则,是指教学的内容、方法、分量和进度要适合学生的身心发展,使他们能够接受,但又要有一定的难度,需要他们经过努力才能掌握,以促进学生的身心发展。这一原则是为了防止发生教学难度低于或高于学生实际程度而提出的。

4. × 【解析】对任何社会、任何时期的教育来说,正向和负向的功能都存在,只不过比重不同而已。

5. √ 【解析】义务教育阶段的教学计划具有强制性、普遍性、基础性的特点。

6. × 【解析】知行统一原则是指教育者在进行德育时,既要重视对学生进行系统的思想道德的理论教育,又要重视组织学生参加实践锻炼,把提高认识和行为养成结合起来,使学生做到言行一致。"纸上得来终觉浅,绝知此事要躬行"意为:书本上得到的知识毕竟比较肤浅,要透彻地认识事物还必须亲自实践。这句话体现了知行统一原则。

7. √ 【解析】教师职业道德的发展,不仅仅是提出一定的职业道德规范或根据社会及教育的实际变化更新教师职业道德,同时总是伴随着对这些规范的理论解释,它反映着教育对自身文明和社会文明的系统思考和追寻,体现出浓郁而又独特的文化意蕴,进而使教师职业道德不仅呈现出一种独特的规范存在,也体现出一种独特的文化存在。所以题干表述正确。

8. √ 【解析】英国教育家斯宾塞在其著作《什么知识最有价值》中第一次提出"课程"这个术语。

9. √ 【解析】知觉的理解性是指人以知识经验为基础对感知的事物加工处理,并用语词加以概括赋予说明的加工过程。"外行看热闹,内行看门道"体现的是知觉的理解性。

10. √ 【解析】垂直迁移也称纵向迁移,是指先行学习内容与后续学习内容是不同水平的学习活动之间产生的影响。垂直迁移表现在两个方面:(1)自下而上的迁移,即下位的较低层次的经验影响上位的较高层次的经验的学习。这类迁移类似奥苏贝尔所称的上位学习。(2)自上而下的迁移,即上位的较高层次的经验影响下位的较低层次的经验的学习。类似奥苏贝尔说的下位学习。因此,上位学习和下位学习中都可能发生垂直迁移。

11. √ 【解析】先行组织者是先于某个学习任务本身呈现的引导性学习材料。先行组织者的抽象、概括和综合水平高于学习任务,并与认知结构中的原有观念及新的学习任务相关联。题干所述为先行组织者的定义。

12. √ 【解析】顺向迁移是指先前学习对后继学习产生的影响,因此,顺向迁移有助于新知识的理解和掌握。逆向迁移是指后继学习对先前学习产生的影响,因此,逆向迁移有助于对已有知识的巩固和完善。

13. × 【解析】英国心理学家斯皮尔曼认为,智力包括两种因素:一般因素(即 G 因素)和特殊因素(即 S 因素)。一个人智力水平的高低取决于 G 因素的数量。音乐节奏感,属于特殊因素，小辉音乐节奏感很强并不能说明他的智商高。

14.× **【解析】**多动症儿童的主要特征有：(1)活动过多；(2)注意力不集中；(3)冲动行为。但是，不能简单的因为儿童的活泼、多问就认为其是多动症。

15.√ **【解析】**个体身心发展的个别差异性，是指个体之间的身心发展以及个体身心发展的不同方面之间，存在着发展程度和速度的不同。“人心不同，各如其面”的意思是：人的内心世界各不相同，就好像他们的面貌各不相同一样。这说明人的身心发展具有个别差异性。

三、案例分析题(参考答案)

1.(1)材料中支月英老师的事例主要体现了以下职业道德规范：

①爱岗敬业。爱岗敬业的教师职业道德规范要求教师忠诚于人民的教育事业，志存高远，勤恳敬业，甘为人梯，乐于奉献。材料中支月英老师自愿成为一名深山女教师，在条件异常艰苦的山村教学长达36年，体现了她对教育事业的忠诚，做到了爱岗敬业。

②关爱学生。关爱学生的教师职业道德规范要求教师关心爱护全体学生，尊重学生人格，平等公正对待学生；保护学生安全，关心学生健康，维护学生权益。支月英老师无论刮风下雨、结冰打霜，都把孩子一个个送回家，像对待自己的亲人一般对待学生，体现了她对学生的关爱。

(2)支月英老师的事迹启发我：要不断提高自身的素质，做一名具有高尚师德的教师。

高尚的师德要求教师：①热爱教育事业，富有献身精神和人文精神。热爱教育事业，是搞好教育工作的基本前提。支月英老师这种对教育事业崇高的热爱，不怕吃苦、献身教育的精神，激励着广大教师和即将迈入教师行列的我们，更加坚定地投身教育，奉献乡村教育事业。②热爱学生，诲人不倦。热爱教育事业具体体现在热爱学生上。爱学生是教育好学生的重要条件。在日常的教育教学实践中，面对众多个性差异明显的学生，内外各种教育因素的交织带来的困境，我们要学习支月英老师对学生无限的热爱与关心，对所有学生一视同仁，坚决不放弃任何一名学生，充分发挥自己的“师爱”。

2.(1)李宏老师主要运用了直观性原则。直观性原则是指在教学活动中，教师应尽量利用学生的多种感官和已有的经验，通过各种形式的感知，使学生获得生动的表象，从而比较全面、深刻地掌握知识。直观手段的种类繁多，一般分为三大类：实物直观、模像直观和言语直观。李宏老师借助挂图和标本等教具进行教学，这是运用直观性原则的典型表现。

(2)李宏老师正确运用直观性原则需要做到：①正确选择直观教具和教学手段。李宏老师应准备大小适当的挂图和标本，让教室内的所有学生都能看清楚，改善直观教学的效果。

②将直观教具的演示与语言讲解结合起来。李宏老师应在翻看课件期间，配以合适的语言讲解，这有利于学生将直接经验与间接经验相结合，加深对所学知识的理解，提高教学效率。

③重视运用言语直观。李宏老师在使用直观教具的同时，也可借助生动形象的言语唤起学生头脑中关于两栖动物的表象，以帮助学生理解教材内容。

3.辛老师是分别从归属与爱的需要、尊重需要和自我实现的需要制定教育措施的，具体表现为：

(1)辛老师根据归属与爱的需要制定教育措施。归属与爱的需要，也称社交需要，是指每个人都有被他人或群体接纳、爱护、关注、鼓励及支持的需要。在该案例中,辛老师为小丁组建“学习帮帮团”帮助他学习;开展以“我们是一个友爱和谐的家”为主题的班会课,让同学们接纳小丁。这些措施满足了小丁归属与爱的需要。

(2)辛老师根据尊重需要制定教育措施。尊重需要是在生理、安全、归属与爱的需要得到基本满足后产生的对自己社会价值追求的需要,包括自尊和受到别人的尊重两个方面。这种需要得到满足,就会感受到自信、价值和能力,否则就会产生自卑或保护性反抗。在该案例中,辛老师让小丁当班级宣传委员,发挥他画画的特长;对小丁取得的进步给予赞赏;针对小丁在课堂上做小动作的行为,没有当众训斥他而是委婉地提示。这些措施满足了小丁的尊重需要。

(3)辛老师根据自我实现的需要制定教育措施。自我实现的需要,是充分发挥个人潜能、才能的心理需要,也是一种创造和自我价值得到体现的需要。在该案例中,辛老师让小丁发挥画画的特长,鼓励其树立理想,实现人生价值,体现了鼓励学生去发挥个人潜能、才能。这些措施满足了小丁自我实现的需要。

总之,辛教师是在对小丁充分了解的基础上,采取措施,满足其需要,有利于他向更好的方向发展。

四、论述题(参考答案)

论述在品德培养中教师应如何避免奖励与惩罚所产生的负面心理效应。

奖励和惩罚作为外部的调控手段,不仅影响着认知、技能和策略的学习,而且对个体态度与品德的形成也起到一定的作用。

奖励有物质的,也有精神的;有内部的,也有外部的。给予奖励时,应注意:(1)要选择确定可以得到奖励的道德行为;(2)应选择恰当的奖励物;(3)应强调内部奖励。

给予惩罚时,应注意:(1)应严格避免体罚或变相体罚,否则,将损害学生的自尊,或导致更严重的不良行为。(2)惩罚不是最终目的,给予惩罚时,教师应让学生认识到惩罚与错误行为的关系,使学生从心理上能接受,心服口服。同时还要给学生指明改正的方向,或提供正确的、可替代的行为。

五、教学设计题(参考设计)

《心中的“110”》

(一)教学目标

(1)通过具体的情境了解“心中的110”,知道心中没有“110”的危险。

(2)意识到生活中许多看似平常的事却暗藏着危险,要时刻警惕,不上当受骗。

(3)帮助学生在生活中学会简单的自救自护方法。

(4)培养自信心,提高和坏人坏事做斗争的勇气和智慧。

(二)教学重、难点

(1)教学重点:识破生活中潜藏的危险,会拨打110报警电话。

(2)教学难点:培养自信心,提高与坏人坏事做斗争的勇气和智慧。

山香教育 SHANXIANG EDUCATION

（三）教学过程

1. 活动导入

教师：生活中总会遇到陌生人。在这些陌生人中，有很多人会像朋友一样关心、爱护、帮助我们，但也有少数人不怀好意，会危及我们的安全。

播放视频“我绝对不跟陌生人走”，学生看完谈感受。

2. 知识讲授

教师：如果你独自一个人在家，这时有陌生人敲门，你该怎么办？

学生：自由讨论。

教师：讲述场景一，如果是你，你该怎么办？

学生：自主发言。

教师：你也有过独自在家的经历吧？与大家分享一下你处理的方式。

学生：“千万不要随便给陌生人开门。”“有人敲门，给爸爸妈妈打电话。”“让陌生人给爸爸妈妈打电话确认。”……

教师：结合场景二，打开课件，阅读“智捉小偷”故事。

你最欣赏陈宇遇事后的什么表现？如果你遇到类似的情况，会怎么处理呢？

学生：小组讨论。

3. 教师小结

我们要在生活中学会面对陌生人，既不能把陌生人都当成坏人，但也要有一定的警惕性，有自我保护的意识。

4. 活动延伸

师生齐读儿歌“心中要有110”。让学生在日常生活中，潜移默化地增强自我保护意识，提高警惕性。

儿歌

心中要有110，安全防范记在心。
生人敲门莫乱开，给你东西不能要。
有人问路指方向，莫跟他人后面走。
若遇坏人速报警，赶快拨打110。
遇人遇事多动脑，提高警惕保平安。

六、教育写作（参考范文）

爱岗敬业，传递正能量

何谓“爱岗敬业”？每个人都有对这个词的不同定义。作为老师，诲人不倦，披星戴月，严谨治学，上好每一节课，爱生如子，带病坚持上课、抱着生病的孩子上课；作为商家，出售真品，坚守诚信……正是社会中每个不同角色的人，所做的积极向上的事情，发出璀璨的光芒，为我们的世界增添了一笔又一笔鲜艳明亮的色彩。

不敬业就会受到惩罚。比如，有个别老师玩忽职守，高考监考期间，伙同他人组织作弊，组

山香教育 SHANXIANG EDUCATION

织学生文体活动时，分工不明，造成踩踏事故，甚至在上班期间喝酒等；还有一些学问不大的青年，没有脚踏实地地学习技术，只是每天寻找不用出力就能挣钱的工作；有一些政府官员，没有搞好百姓关心的大事，只是搞一些假、大、空的“形象工程”，想以此充作升迁的政绩……这些玩忽职守的人最终收获了什么？——那些老师受到社会和学生的批评，那些青年一次次地碰壁，那些官员受到法律制裁。

爱岗敬业的名字叫鞠躬尽瘁，不计回报。

我永远不会忘记梁老师，自走上工作岗位以来，她一直是语文老师兼班主任。在教书育人的过程中，她用具体行动实践教师誓言，也实践着她的人生价值与追求：“生活中我可以不讲究吃穿住行，但我必须百分之百地投入到我们的教育事业中去，为党的教育事业鞠躬尽瘁。”即使在她不幸遭遇车祸，腿部骨折及严重挫伤不得不住院医治时，她的内心依然牵挂着学生们，总是打电话了解学生的情况，对学生的学习、生活给予及时指导，在她刚能下床拄着拐杖活动时，就不顾医生劝告，毅然决定出院，拄着拐杖走进学校，走上课堂，不愿耽搁学生们的课程，不愿影响学生学习。我清晰地记得，同学们感动得在教室哭了起来。

张老师抱着患病的孩子仍坚持上课，不耽误学生一节课，这是高度的责任心铸就的师德，是一种无私的奉献精神，也是爱岗敬业的深刻体现。同学们通过网络发布其先进事迹，本身就是对老师的赞美，更是正能量的传递。

这个社会需要我们每一个人爱岗敬业，制造正能量，传递正能量！

河南省特岗教师招聘考试教育理论基础预测试卷（十九）

一、单项选择题

1. B 【解析】人身自由是公民的一项基本权利，包括身体行动自由和表达的自由。侵害学生人身自由的表现形式有：非法拘禁和限制学生、非法搜查学生、非法限制学生表达自由的权利等。教师将学生关在办公室反省，禁止学生参加课外活动属于侵犯学生人身自由权的行为。

2. C 【解析】《关于深化教育教学改革全面提高义务教育质量的意见》中指出，提升校长实施素质教育能力。校长是学校提高教育质量的第一责任人，应经常深入课堂听课、参与教研、指导教学，努力提高教育教学领导力。

3. C 【解析】根据《中华人民共和国教师法》第十四条规定，受到剥夺政治权利或者故意犯罪受到有期徒刑以上刑事处罚的，不能取得教师资格；已经取得教师资格的，丧失教师资格。

4. B 【解析】2008 年修订的《中小学教师职业道德规范》中关于“爱岗敬业”方面所规定的具体职业行为要求有：(1) 对工作高度负责；(2) 认真备课上课；(3) 认真批改作业；(4) 认真辅导学生；(5) 不得敷衍塞责。题干中的教师深夜备课，体现了爱岗敬业的教师职业道德规范。

5. A 【解析】生物起源说认为教育是一种生物现象，而不是人类所特有的社会现象。它的提出标志着在教育的起源问题上开始从神话解释转向科学解释。

6. B 【解析】教师劳动的示范性指教师的言行举止，如人品、才能、治学态度等都会成为学生学习的对象。张老师不顾个人安危救助学生的行为对全体学生产生了积极影响,体现了教师劳动的示范性。

7. A 【解析】知识的表征方式能影响问题的解决。以九点连线图问题为例,实验时要求人们用一笔连续画四条直线把图中的九个点连在一起。人们常常不能成功地解决这一问题,其原因在于,9 个点在知觉上组成了方形,人们总是试图在这个方形的轮廓中连线,这种知识的表征方式阻碍了问题的解决,如果在实验中告诉被试,连线时可以突破方形的限制,被试的成绩就会得到很大的提高。

8. C 【解析】启发性原则是指在教学活动中,教师要调动学生的主动性和积极性,引导他们通过独立思考、积极探索,生动活泼地学习,自觉地掌握科学知识,提高分析问题和解决问题的能力。题干引文意为:教导学生,不到他想弄明白而不得的时候,不去开导他;不到他想说却说不出来的时候,不去启发他;如果他不能举一反三,就不要再反复地给他举例了。这遵循的是启发性教学原则。

9. D 【解析】“学不躐等”是《学记》中的主张。“学不躐等”,即教学要遵循学生心理发展特点,循序渐进。故本题选 D 项。

10. C 【解析】一种感觉兼有另一种感觉的心理现象叫联觉。题干中的小晶听到小刀刮玻璃的声音时,就会觉得很冷,浑身不舒服,这是听觉兼有温度觉的心理现象。故答案选 C 项。

11. A 【解析】有意注意也称随意注意,是有预先目的、必要时需要意志努力、主动地对一定事物所发生的注意。题干中初学骑车的人的注意有预定目的,也需要意志努力,故属于有意注意。

12. A 【解析】波斯纳提出了“经验 + 反思 = 成长”这一教师成长公式。

13. D 【解析】意志的自制性是一个人善于控制和支配自己的情绪,约束自己言行的品质。与自制性相反的意志品质是任性和怯懦。前者不能约束自己的行动;后者在行动中畏缩不前,惊慌失措,题干中学生甲和乙的表现都是意志的自制性薄弱的表现。

14. A 【解析】思维的特点为:间接性和概括性。其中,概括性包含两层意思:(1)把同一类事物的共同特征和本质特征抽取出来加以概括。例如,把枣树、苹果树、梨树等依据其根、茎、叶、果的共性称为“果树”等。(2)将多次感知到的事物之间的联系和关系加以概括,得出有关事物之间的内在联系的结论。

15. B 【解析】条件性知识即教师必备的教育科学知识。其中,教育学、心理学及各科教材教法是教师首先要掌握的最为基本的教育科学知识。当学生问老师怎样解决自己考试紧张的问题时,老师却说该生是因为没有复习好才紧张的。这说明该老师缺乏教育学、心理学知识,不能从教育学、心理学角度帮助学生解决考试紧张的问题。

16. B 【解析】皮亚杰认为,10 岁是儿童从他律道德向自律道德转化的分水岭,10 岁前儿童对道德行为的思维判断主要依据他人设定的外在标准,也就是他律道德;10 岁以后儿童对道德行为的思维判断大多依据自己的内在标准,也就是自律道德。

17. A 【解析】投射效应指由于个体具有某种特性,因而推断他人也有与自己相同特性的

山香教育 SHANXIANG EDUCATION

心理现象。“以小人之心,度君子之腹”即为典型的投射效应。

18. D 【解析】创造想象是按照一定目的、任务,使用自己以往积累的表象,在头脑中独立地创造出新形象的过程。文学家对人物形象的塑造属于创造想象的过程。

19. C 【解析】教学是智育的主要途径,但不是唯一途径。一方面,教学也是德育、美育、体育、劳动技术教育的途径;另一方面,智育也需要通过课外活动等才能全面实现。故 C 项错误。

20. D 【解析】弗洛伊德是内发论的代表人物之一,他认为人的性本能是最基本的自然本能,它是推动人发展的潜在的、无意识的、最根本的动因。故本题选 D 项。

二、判断题

1. × 【解析】奥苏贝尔从两个维度对学习做了区分:从学生学习的方式上,将学习分为接受学习与发现学习;从学习内容与学习者认知结构的关系上,又将学习分为有意义学习和机械学习。故题干表述错误。

2. √ 【解析】惩罚并不能使行为发生永久性的改变,它只能暂时抑制行为,而不能根除行为。惩罚的运用必须慎重,惩罚一种不良行为应与强化一种良好行为结合起来,方能取得预期的效果,即指出正确的行为方式,在学生做出正确的行为后给予强化。因为惩罚只能让学生明白什么不能做,但不能让学生知道什么能做和应该怎么做。故题干说法正确。

3. × 【解析】知识的掌握和能力(智力)的发展是不同步的。知识多了,智力并不一定就高。创造力,也称为创造性,是一种较特殊的智力品质,是智力发展的结果。创造性与智力的关系并非简单的线性关系,二者既有独立性,又在某种条件下具有相关性,在整体上呈正相关趋势。高智力可能有高创造性,也可能有低创造性。故题干说法错误。

4. × 【解析】班级民主管理是指班级成员在服从班集体的正确决定和承担责任的前提下,参与班级全程管理的一种管理方式。班级平行管理是指班主任既通过对集体的管理去间接影响个人,又通过对个人的直接管理去影响集体,从而把对集体和个人的管理结合起来的管理方式。题干所述的管理方式属于班级民主管理,故说法错误。

5. √ 【解析】消退是指条件刺激形成以后,如果得不到强化,条件反应会逐渐减弱,直至消失的现象。消退是减少不良行为、消除坏习惯的有效方法。故题干表述正确。

6. √ 【解析】一个总是失败并把失败归因于内部的、稳定的和不可控的因素(即能力低)的学生会形成一种习得性无助的自我感觉,因而更可能放弃学习。

7. √ 【解析】聚合思维,也叫求同思维、集中思维、辐合思维、会聚思维,是指人们解决问题时,思路集中到一个方向,从而形成唯一的、确定的答案。

8. × 【解析】爱与责任是贯穿 2008 年修订的《中小学教师职业道德规范》的核心和灵魂。

9. √ 【解析】霍尔是遗传决定论的代表人物,他认为“一两的遗传胜过一吨的教育”。

10. √ 【解析】教育的本质属性是育人,即教育是一种有目的地培养人的社会活动,这是教育区别于其他事物现象的根本特征。

11. √ 【解析】教师职业道德修养的最高层次是“慎独”,“慎独”一语最早出自儒家经典《礼记·中庸》。“慎独”用现代语言来表述,就是指在没有外界监督、独自一人的情况下,也能

山香教育 SHANXIANG EDUCATION

自觉遵守道德规则,不做任何对国家、对社会、对他人不道德的事情。

12. √ **【解析】**根据《中小学班主任工作规定》第四条,中小学每个班级应当配备一名班主任。

13. √ **【解析】**直接导入是指教师上课伊始直接阐明本节课的学习内容、目标和要求的导入方法。这是最简单和最常用的一种导入方法。

14. × **【解析】**从理论上讲,个人本位论和社会本位论具有同等的合理性与同等的局限性。社会需要与个人发展是辩证统一的,教育目的必须体现这种辩证统一的关系。单纯从社会出发或单纯从个人出发的教育目的价值取向都是不正确的。

15. √ **【解析】**非制度化教育是相对于制度化教育而言的。它指出了制度化教育的弊端,但又不是对制度化教育的全盘否定。非制度化教育所推崇的理想是:"教育不应再限于学校的围墙之内。"一般认为,库姆斯等人的"非正规教育"概念、伊里奇的"非学校化"主张都是非制度化教育的核心思想。提出构建学习化社会的理想是非制度化教育的重要体现。

三、案例分析题(参考答案)

1. (1)教师幸福也称教育幸福,是指处于一定社会经济关系和历史环境中的教育工作者,在教育教学过程中,由于感受到目标和理想的实现,而获得的精神上的满足。准确把握和理解教师幸福的含义,应从四个方面着眼:①教师幸福更多体现在精神层面;②教师幸福具有给予性和被给予性;③教师幸福具有集体性;④教师幸福具有无限性。

(2)①2008 年修订的《中小学教师职业道德规范》中关于"关爱学生"方面所规定的具体职业行为要求之一是:关心爱护全体学生,尊重学生人格,平等公正对待学生。关爱学生的范围是全体学生,而不是某一部分。不管是喜欢篮球的梁正君,从小性格腼腆内向的黎萍,还是一直活在"学不好、考不好"的阴影里的唐杉,吴老师都给予了充分的关心和爱护,尊重他们的人格,最终帮助他们实现自己的理想。②2008 年修订的《中小学教师职业道德规范》中关于"教书育人"方面所规定的具体职业行为要求之一是:循循善诱,诲人不倦,因材施教。符合教书育人要求的教师职业劳动行为应当是"耐心"的、"引导"的、充满教育"热情"的,而且能够实施针对每一个学生"量身定做"的教育。材料中的吴老师针对三位学生的不同性格特点,善于发现他们的兴趣爱好,由此因材施教,促进他们个性发展。

2. (1)①归属与爱的需要,也称社交需要,是指每个人都有被他人或群体接纳、爱护、关注、鼓励及支持的需要。尊重需要是在生理、安全、归属与爱的需要得到基本满足后产生的对自己社会价值追求的需要,包括自尊和受到别人的尊重两个方面。②在上述材料中,王同学家庭关系破裂,这会导致其归属与爱的需要缺失;李同学受到班主任的公开辱骂,其尊重需要没有得到满足。③根据马斯洛的需要层次理论,这两种需要均属于缺失需要,缺失需要是个体生存所必需的。较低级的需要至少必须部分满足之后才会出现对较高级需要的追求。王、李两位同学均因为低级需要的缺失而使得学习动机降低,学习成绩下降。

(2)对于王同学,要满足其归属与爱的需要。教师和家长要尽可能地给王同学关爱,要为其创造一个良好和善的学习环境;要重视师生之间的交互作用,要让王同学在集体中受到欢迎和接纳,得到友情、友谊。

对于李同学,要满足其尊重需要。首先,班主任应对其伤害李同学的行为给予公开道歉,并在以后的教育教学中尊重学生的人格尊严;其次,要使李同学有成功和获得赞许的机会,使他从中获得成功的体验,同时要重视和珍惜他的每一点进步和每一次成功。

3.(1)加强人生观、世界观和价值观的教育。吴明的父母忙于农活,并且文化水平不高,对吴明缺乏教育,老师要多注意这一点,加强对吴明人生观、世界观和价值观的教育。

(2)及时强化学生的积极行为。吴明对于学习马马虎虎,每次写作业都是应付了事,老师应多注意观察他的积极行为,并给予及时的强化。

(3)充分利用榜样人物的示范作用。教师应经常给学生讲解优秀人物的事迹,激励学生向他们学习。吴明成绩排名靠后,可以引导他将品学兼优的学生作为榜样,帮助他树立学习目标。

(4)利用集体的教育力量。生活在一个优秀的集体里,才能让学生产生集体荣誉感和归属感,并在集体活动中锻炼自己的毅力,通过与他人的合作、交流、建立良好的人际关系,逐步完善自己的性格。因此,应该加强班集体对吴明的吸引力,让他真正成为班级的一员,改掉对集体利益漠不关心的态度。

(5)提供实际锻炼的机会。学生的性格是在后天的各种实践活动中不断形成的,性格的不断发展与完善也还要通过具体的实践活动才能实现。老师在为吴明提供实际锻炼机会的同时,也要给他提出明确的锻炼要求与目的。

(6)及时进行个别指导。个别指导在性格培养中特别重要。教师在对学生进行性格培养时,既要考虑学生的共性,也不能忽视学生的个别性。吴明的情况比较特殊,老师应该给予其特别的关心和个别辅导,帮助他更快地形成良好的性格。

(7)提高学生的自我教育能力。做任何事情想要成功都要有强烈的自觉能动性,外因只是起一个辅助作用,而内在的主观能动性是决定性的因素。因此,应注重培养吴明的自我教育能力,让他养成良好的自我教育习惯。

四、论述题(参考答案)

结合实际,谈谈教师应如何备课。

(1)教师备课要做好三方面的工作,即钻研教材、了解学生、设计教法,也即备教材、备学生、备教法。①钻研教材:钻研教材包括学习学科课程标准、钻研教科书和阅读有关参考资料。②了解学生:了解学生应当是全面的。首先要考虑学生总体的年龄特征,熟悉他们身心发展的特点;其次要了解学生个体的能力水平、学习态度和兴趣特点;此外,还要了解班级的一般状况,如班纪、班风等。③设计教法:教师要在钻研教材、了解学生的基础上,考虑用什么方法使学生有效地掌握知识并促进他们能力、品德等方面的发展。教师应根据教学目的、内容、学生的特点等来选择最佳的教学方法。此外,还要相应地考虑学生的学法,包括预习、学生在课堂中的学习活动以及课外作业等。

(2)教师备课要写好三种计划,即学年(或学期)教学计划、课题(或单元)计划、课时计划(教案)。①学年(或学期)教学计划:该计划包括学生情况的简要分析、本学期或学年的教学总要求、教科书的章节或课题、各课题的教学时数和时间的具体安排、各课题所需要运用的教学手段等。②课题(或单元)计划:在制订好学年教学计划的基础上,教师还要制订出课题计划。课题计划一般包括:课题名称、课题教学目的、课时划分、各课时课的类型、主要教学方法、必要的教具。此外,教师还要考虑课题之间的联系,做好协调工作。③课时计划:即教案,它通常是指教师为某一节课而拟订的上课计划,一般包括班级、学科名称、授课时间、课题、教学目的、课的类型、教学进程等。其中教学进程是教案的主要部分,教师要详细设计和安排教学内容的展开,教学方法的运用和时间的分配等。

五、教学设计题(参考设计)

【教学目标】

(1)了解法律是什么,对法律的概念和法律后果有正确的认识,学会区别道德和法律,懂得道德与法律缺一不可,我们既要遵守法律,也要遵守道德。

(2)能够正确认识法律的保护和规范作用,能够遵守法律和道德。

(3)学生树立正确的法治观念和法治意识,自觉遵守法律与道德。

(4)学生在生活中能遵守法律和道德,有意识地依法行使自己的权利并履行自己的义务。

【教学重难点】

重点:认识法律,做守法公民。

难点:懂得道德与法律缺一不可,既要遵守法律,也要遵守道德。

【教学过程】

(一)导入新课

我们常说"国有国法,家有家规,无规矩不成方圆。"那么国法指的是什么呢?它和家规、规矩又有什么相同之处和不同之处呢?

(二)讲授新课

1.法律是什么

(1)展示图片:①学生乘坐大巴去秋游。②爸爸妈妈带孩子到医院看病。

(2)思考:这些事情都和法律有关吗?可能跟哪些法律有关呢?

(3)过渡语:这些活动都要受法律的约束,也会受法律的保护。那么,法律究竟是什么呢?

(4)法律大家谈:法律是什么?请根据自己的理解,谈谈你对法律的认识。

(5)归纳一:①法律保护我们的权利,如财产权、受教育权等。②说一说作为一名小学生,我们在家庭、学校和社会中有哪些权利呢?

(6)归纳二:①法律规定了我们的义务,如要求我们遵守交通法规、保护野生动物。②说一说作为一名小学生,我们在家庭、学校和社会中有哪些义务呢?

(7)总结:法律既保护了我们的权利,又规定了我们的义务。

2.生活中的法律与道德

(1)探究与分享:判断下列情景属于道德、法律还是纪律?违反的后果是什么?

①小伙子,能给老人让个座位吗?

山香教育 SHANXIANG EDUCATION

②无故迟到、旷课,是违反校规的。

③无证驾驶,真让人后悔啊!

(2)真知灼见:你认为违反法律的后果和违反学校纪律的后果是一样的吗?法律和道德、纪律有什么不同呢?

(3)播放视频:《成都法院公开审判毒品大案:三名主犯被判死刑》

(4)罗列:违反法律的后果。

(5)比一比:法律、道德与纪律的区别。

(6)小提示:纪律、道德与法律规范着我们的行为。与纪律、道德不同,法律由国家制定和颁布,具有强制力和权威性。所有社会成员都要遵守法律,依法行使自己的权利,依法履行自己的义务。

(7)道德无用论:有人说,法律在规范人的行为方面已经发挥了非常大的作用,没有必要再强调道德了。你觉得道德有没有用呢?(辩论)

(8)讨论:顾客为了旅游买了 18 件衣服,旅游后退货。律师说,无破损可退货。你是如何看待这名顾客的做法的?在法律约束的范围之外,我们应该怎么做?

(9)总结:道德与法律,是基本的社会规则。对社会而言,它们如同鸟之双翼、车之两轮,缺一不可。我们每一位公民,不仅要遵守法律,自觉守法,还应该要遵守社会道德,做一个有道德的人。

(三)归纳总结

鸟儿在蓝天中飞翔,花儿在阳光下绽放,我们生活在蓝天和阳光下,也生活在法律中。我们每个人都要做一个遵纪守法的好学生。

六、教育写作(参考范文)

如何做一名好老师

一个人遇到好老师是人生的幸运,一个学校拥有好老师是学校的光荣,一个民族源源不断地涌现出一批又一批好老师则是民族的希望。国家繁荣、民族振兴、教育发展,需要我们大力培养造就一支师德高尚、业务精湛、充满活力的高素质、专业化的教师队伍,需要一大批好老师。那么,如何做一名好老师呢?在了解了"七一勋章"获得者,张桂梅校长的先进事迹后,我有了更深的理解。

做一名好老师,要坚守初心。所谓"初心",就是本真、本源、本念。一个人该如何坚守初心,张桂梅校长做了最好的表率。改变大山里女孩的命运,这是张桂梅决定办学的初心。她用自己的"坚守"挑起了偏远地区女孩的读书梦,给她们搭建了受教育的平台,为她们铺就了改变命运的道路;她用自己的"坚守"告诉我们,总有一种精神,穿越时空,化育人心,那是"春蚕到死丝方尽,蜡炬成灰泪始干",那是"只要还有一口气,我就要站在讲台上"。这种对教育信念的执着坚守,是一名好老师做出的有力回答。

做一名好老师,要勇担责任。总有一种力量,担当使命,苦干实干,那是"千磨万击还坚劲,任尔东西南北风",那是"老师学生一起苦教、苦学,就是把命搭上,也要把学校办出名堂"。从

SANXIANG EDUCATION

成为教师的那一刻起,张桂梅30多年如一日地坚守在教书育人的第一线,足以称得上是桃李满天下,可如今已经60多岁的她一身病痛却仍然坚定前行。在她的身上,体现出一名共产党员勇担为社会主义事业培养合格接班人使命的高尚情操,她以自己的行动诠释了基层教育工作者的责任和担当。这种对教育责任的勇于承担,是一名好老师做出的真挚承诺。

做一名好老师,要无私奉献。“捧着一颗心来,不带半根草去。”张桂梅的精神,也在于她的无私奉献。几十年来,她的心里只有学生,她的心里只有教育。她把自己每天的生活费控制在3元钱,却舍得“花大钱”请学生出去改善生活;她连一件像样的衣服都没有,却出手“阔绰”地捐出100多万元兴办教育……这种对教育事业的无私奉献,是一名好老师做出的默默壮举。

在中国的教育历史中,不仅有扎根大山的“燃灯者”张桂梅,还有“一生只为一事来”的支月英,用一根扁担挑起山村希望的张玉滚,多年在悬崖天梯上接送学生的李桂林、陆建芬夫妇……正是许许多多像他们一样坚守初心、勇担责任、无私奉献的好老师,激励着更多教育工作者在筑梦之路上坚守初心、点亮他人。

河南省特岗教师招聘考试教育理论基础预测试卷(二十)

一、单项选择题

1.D 【**解析**】自2021年3月1日起施行的《中小学教育惩戒规则(试行)》第三条规定,学校、教师应当遵循教育规律,依法履行职责,通过积极管教和教育惩戒的实施,及时纠正学生错误言行,培养学生的规则意识、责任意识。

2.C 【**解析**】2022年,教育部发布《义务教育课程方案(2022年版)》,将劳动从原来的综合实践活动课程中完全独立出来,并发布《义务教育劳动课程标准(2022年版)》,分学段设置目标。从2022年秋季学期起,劳动课将正式成为中小学的一门独立课程。

3.C 【**解析**】根据《中华人民共和国教师法》第七条规定,教师享有下列权利:(1)进行教育教学活动,开展教育教学改革和实验;(2)从事科学研究、学术交流,参加专业的学术团体,在学术活动中充分发表意见;(3)指导学生的学习和发展,评定学生的品行和学业成绩;(4)按时获取工资报酬,享受国家规定的福利待遇以及寒暑假期的带薪休假;(5)对学校教育教学、管理工作和教育行政部门的工作提出意见和建议,通过教职工代表大会或者其他形式,参与学校的民主管理;(6)参加进修或者其他方式的培训。C项属于教师的义务,故本题选C项。

4.B 【**解析**】启发性原则是指在教学活动中,教师要调动学生的主动性和积极性,引导他们通过独立思考、积极探索,生动活泼地学习,自觉地掌握科学知识,提高分析问题和解决问题的能力。题干所述是启发性原则的典型示例。

5.C 【**解析**】思维的批判性是指既善于批判地评价他人的思想和成果,吸取别人的长处、优点和思想的精华,摒弃别人的短处、缺点和思想的糟粕,又善于严格而精细地思考问题,冷静而客观地评价和自觉地控制自己的思维活动,不易受自己的情绪和偏爱的影响。

6.B 【**解析**】遗传素质是人的身心发展的前提,为人的发展提供了可能性,但不能决定人

山香教育 SHANXIANG EDUCATION

的发展,故A项说法错误。遗传素质的个别差异是人的身心发展的个别差异的原因之一,题干强调的就是有无数学运算天赋对学生学习数学的影响,B项符合题意。C、D两项与题干无关,故不选。

7. A 【解析】心境是一种微弱的、持续时间较长的、带有弥漫性的情绪状态。心境一经产生就不只表现在某一特定对象上,而是在相当长的一段时间内,使人的整个心理活动都染上某种情绪色彩,影响人的整个行为表现,成为情绪生活的背景。

8. C 【解析】实验研究法是根据研究目的,运用一定的人为手段,主动干预或控制研究对象的发生、发展过程,通过观察、测量、比较等方式探索、验证所研究现象因果关系的研究方法。实验研究的目的是发现事物间的因果关系,是各类研究中唯一能确定因果关系的研究。

9. D 【解析】2008年修订的《中小学教师职业道德规范》要求教师要终身学习,因此,教师不思进取是不符合师德要求的。

10. B 【解析】A选项中的王老师没有做到作风正派,廉洁奉公,违背了为人师表的师德规范;C选项中的李老师利用职务之便谋取私利,违背了为人师表的师德规范;D选项中的宋老师每天都给学生布置过量的作业说明其没有遵循教育规律,实施素质教育,违背了教书育人的师德规范。

11. A 【解析】流体智力是一种以生理为基础的认知能力。它受先天遗传因素的影响较大,主要表现为对新奇事物的快速辨认、记忆、理解等。流体智力的发展与年龄有密切的关系。一般人在20岁以后,流体智力的发展达到顶峰,30岁以后随着年龄的增长而降低。

12. C 【解析】压抑说认为,遗忘是由情绪或动机的压抑作用引起的,如果压抑被解除,记忆就能恢复。该理论是弗洛伊德在给病人催眠时发现的。他认为个体之所以无法回忆,是因为该记忆使病人感到痛苦而被人为地压抑到潜意识中。由于情绪紧张而引起的遗忘(考试时经常发生)就属于这种类型。

13. B 【解析】教育具有永恒性、历史性、继承性、长期性、相对独立性、生产性、民族性等社会属性。题干中,"西汉初期实行的'罢黜百家,尊崇儒术'的文教政策"说明在同一社会的不同历史阶段,教育的性质、目的、内容等各不相同,体现了教育的历史性。故选B项。

方法技巧:关于教育的社会属性的考查,一般有三种考查方式:(1)考查教育的社会属性有哪些;(2)考查教育的某一社会属性的具体含义;(3)提供一个社会现象考查其反映了教育的哪一社会属性。针对第三种考查方式,考生可识记一些常考的社会现象以便快速答题。

属性	范例
永恒性	教育与人类社会共始终
历史性	春秋战国时期"百家争鸣",秦朝"焚书坑儒",西汉初期"尊崇儒术"
继承性	《论语》《学记》等古代著作中的一些教育理念至今仍被借鉴
长期性	十年树木,百年树人
相对独立性	教育先行/教育优先发展
民族性	运用民族语言教学

14. C 【解析】自我提高内驱力是指个体因自己的胜任或工作能力而赢得相应地位的需要。附属内驱力是指个体为了获得长者们(如家长、教师)的赞许或认可而表现出把工作、学习做好的一种需要。因此,小张的学习动机属于自我提高内驱力,小王的学习动机属于附属内驱力。这两个人的学习动机都是外部动机。

15. C 【解析】班杜拉把强化分为:直接强化、替代强化、自我强化。其中,自我强化是指对自己表现出的符合或超出标准的行为进行自我奖励。题干中的学生对自己按时完成家庭作业的奖励就属于一种自我强化。D 项消极强化又称负强化,是通过消除或中止厌恶、不愉快刺激来增强反应频率,不合题意。

16. C 【解析】巩固性原则指教师在教学中要引导学生在理解的基础上牢固地掌握基本知识和基本技能,而且在需要的时候,能够准确无误地呈现出来,以利于知识技能的利用。陈老师在给学生讲解完等差数列的基本概念后,不断给学生出新的题目进行练习,加深学生对知识的理解,体现的就是巩固性原则。

17. B 【解析】实际锻炼法是有目的地组织学生参加各种实际活动,使其在活动中锻炼思想,增长才干,培养优良的思想和行为习惯的德育方法。锻炼的方式主要有学习活动、社会活动、生产劳动和课外文体科技活动。题干中的小学通过开展“当一次环卫工”主题教育活动,来提高学生爱护公共环境卫生的意识,体现了对实际锻炼法的运用。

18. B 【解析】班级平行管理是指班主任既通过对集体的管理去间接影响个人,又通过对个人的直接管理去影响集体,从而把对集体和个人的管理结合起来的管理方式。肖老师使用的班级管理模式为平行管理。

19. D 【解析】处于形式运算阶段的儿童的思维具有灵活性,他们不再刻板地恪守规则,反而常常由于规则与事实的不符而违反规则。在本题中,该学生不刻板地恪守文明规则,认为当遇到孕妇和老人时,可以让他们“插队”,这表明其思维具有灵活性,故该学生处于形式运算阶段。

20. B 【解析】“记问之学,不足以为人师”可译为:仅仅靠背诵和记忆前人的东西而没有自己的见解和想法,这样的人是不足以给别人当老师的。“记问之学”说的是掌握知识,“不足以为人师”说明仅仅掌握知识是不够的,还要发展能力,这句话主要体现的是掌握知识与发展能力相统一的规律。

二、判断题

1. × 【解析】根据《中华人民共和国预防未成年人犯罪法》第五十八条规定,刑满释放和接受社区矫正的未成年人,在复学、升学、就业等方面依法享有与其他未成年人同等的权利,任何单位和个人不得歧视。

2. √ 【解析】地方性教育法规是地方国家权力机关制定的规范性文件的专称。由省、自治区、直辖市和设区的市、自治州的人民代表大会及其常务委员会制定。地方性教育法规只在该行政区域内有效,不得同宪法、法律、行政法规相抵触,其名称通常有条例、办法、规定、规则、实施细则等。因此,题干说法正确。

山香教育 SHAN XIANG EDUCATION

3. × 【解析】根据《中华人民共和国义务教育法》第二十九条规定，教师在教育教学中应当平等对待学生，关注学生的个体差异，因材施教，促进学生的充分发展。故题干表述错误。

4. × 【解析】德育过程是一个长期的、反复的、逐步提高的过程，据此规律，教育者必须树立"反复抓、抓反复"的德育思想。

5. × 【解析】考试本身没有错，只能说，应试教育中使用者将其看作学习的目的是错误的。素质教育中，考试只是衡量学生发展的尺度之一，并不是学习的目的。

6. × 【解析】教学的首要任务是使学生掌握系统的科学文化基础知识，形成基本技能、技巧，其他任务的实现都是在完成这一任务的过程中和基础上进行的。

7. √ 【解析】马克思主义教育学（社会主义教育学）认为教育是一种社会历史现象，在阶级社会中具有鲜明的阶级性，不存在脱离社会影响的教育。

8. × 【解析】过度学习是指学习达到恰能背诵之后再继续学习。实验证明：过度学习达到 50%，即学习的熟练程度达到 150% 时，学习的效果最好；超过 150% 时，效果并不递增，很可能引起厌倦、疲劳而成为无效劳动。故并不是复习次数越多越好。

9. √ 【解析】训练学生陈述自己的假设及其步骤，鼓励自我评价和反思有利于培养学生的问题解决能力。学生能够清楚地意识到自己的解题过程，就能自觉地对自己的解题过程和方法加以指导，明白自己理解上的错误和偏差，也能理清自己的思路，有利于及时、正确地归纳和总结解题的经验和策略，进行自我指导和监察。题干中的王老师在讲课时，要求学生说出每一个解题步骤的原因，是在帮助学生理清自己的思路，有利于及时、正确地归纳和总结解题的经验和策略。故题干表述正确。

10. × 【解析】艾利斯提出了解释人的行为的 ABC 理论。其中，A 是指个体遇到的主要事实、行为、事件；B 是指个体对 A 的信念、观点；C 是指事件造成的情绪结果。因此，题干说法错误。

11. √ 【解析】教师的自我教育就是专业化的自我建构，它是教师个体专业化发展最直接、最普遍的途径。

12. √ 【解析】教学效能感一般指教师对自己影响学生行为和学习结果的能力的一种主观判断。题干所述正是教学效能感的定义，故说法正确。

13. √ 【解析】教学环境包括物质环境和社会环境两个方面，前者包括课堂自然条件、教学设施以及空间布置等，后者包括课堂纪律、课堂气氛、师生关系、同学关系、校风以及社会文化背景等。

14. × 【解析】观察法是班主任了解、研究学生的最基本方法。

15. × 【解析】合理宣泄法指的是当人受到不良刺激而产生消极情绪时，应让不良情绪充分得以宣泄，通过合理的宣泄来减轻心理负担，恢复心理平静。宣泄可以采用适当的方式，如找亲朋好友倾吐不愉快的事；大哭一场或自言自语，以发泄心中的委屈和不满等。宣泄必须合理、适当，否则可能导致消极后果。因此，小郑通过写日记调节情绪的方法是合理宣泄法。

三、案例分析题（参考答案）

1. (1)案例中的梁老师的做法体现了依靠积极因素、克服消极因素的德育原则，也即长善救失原则。在德育工作中,教育者要善于依靠、发扬学生自身的积极因素,调动学生自我教育的积极性,克服消极因素,以达到长善救失的目的。

(2)①案例中的梁老师看到李小刚在数学试卷中写下的一段看似“胡闹”的话,并没有马上斥责,而是在他的这段话里加上标点,改正错字,使其成为美丽的诗句。这体现了梁老师能够全面分析、一分为二地看待李小刚的出格行为,同时也体现了梁老师能够有意识地创造条件,将学生思想中的消极因素转化为积极因素。②在梁老师的鼓励下,李小刚坚定信心,端正态度,这说明梁老师提高了李小刚自我认识、自我评价的能力,能够启发他自觉思考,克服缺点,发扬优点。最终李小刚顺利考上高中,这表明梁老师对该原则的运用取得了良好的效果。

2.(1)甲属于抑郁质的气质类型,乙属于胆汁质的气质类型,丙属于多血质的气质类型。

(2)①抑郁质的人以敏锐、稳重、体验深刻、外表温柔、怯懦、孤独、行动缓慢为特征;②胆汁质的人以精力旺盛、粗枝大叶、表里如一、刚强、易感情用事为特征;③多血质的人以反应迅速、有朝气、活泼好动、动作敏捷、情绪不稳定为特征。

(3)①对甲的教育:应采取委婉暗示的方式,对其多关心、爱护,不宜在公开场合下指责,不宜过于严厉地批评。教师应培养他亲切、友好、善于交往、富有自信的精神,培养其敏感、机智、认真、细致、高自尊的优点。

②对乙的教育:应采取直截了当的方式,但不宜轻易激怒,对其严厉批评要有说服力,培养其自制力、坚持到底的精神和豪放、勇于进取的个性品质。

③对丙的教育:可以采取多种教育方式,但要定期提醒,对其缺点严厉批评。教师应鼓励她勇于克服困难,培养扎实专一的精神,防止其见异思迁;创造条件,多给她活动的机会,培养她朝气蓬勃、足智多谋的优点。

3.(1)关心爱护学生准则要求教师严慈相济,诲人不倦,真心关爱学生,严格要求学生,做学生良师益友;不得歧视、侮辱学生,严禁虐待、伤害学生。材料中,对于家境困难即将中断学业的学生,张老师冒雨步行几十里崎岖的山路进行家访,并与家长进行沟通,最终改变家长的想法而让学生完成学业;对于无心读书的学生,张老师对学生进行悉心开导,最终让学生改变想法,认真读书。这些做法都体现了张老师践行了关心爱护学生的行为准则。

(2)坚守廉洁自律准则要求教师严于律己,清廉从教;不得索要、收受学生及家长财物或参加由学生及家长付费的宴请、旅游、娱乐休闲等活动,不得向学生推销图书报刊、教辅材料、社会保险或利用家长资源谋取私利。材料中,张老师拒绝了李某家长请其在家吃饭的邀请以及学生林某的付费旅游邀请。这些做法都体现了张老师践行了坚守廉洁自律的行为准则。

(3)潜心教书育人准则要求教师落实立德树人根本任务,遵循教育规律和学生成长规律,因材施教,教学相长;不得违反教学纪律,敷衍教学,或擅自从事影响教育教学本职工作的兼职兼薪行为。材料中,张老师从学生爱下棋的特点入手,通过对弈来对学生进行教育;根据学生的特点,专门为学生准备系统的学习资料并精心辅导。这些做法都体现了张老师践行了潜心教书育人的行为准则。

(4)坚持言行雅正准则要求教师为人师表,以身作则,举止文明,作风正派,自重自爱等。

山香教育 SHANXIANG EDUCATION

材料中,张老师自身教育教学能力突出,关心爱护学生,并有多项特长,如写诗、书法等,这些给自己的学生树立了良好的榜样,他的这些品质也深深地影响着自己的学生。学生苏某提议林董事长建立教育基金的做法即体现了张老师对学生的正面影响。这些都体现了张老师践行了坚持言行雅正的行为准则。

四、论述题(参考答案)

论述遗忘的规律以及影响遗忘进程的因素。

(1)遗忘的规律:最早对遗忘进行实验研究的是德国心理学家艾宾浩斯,提出了著名的"遗忘曲线"。这条曲线表明,遗忘是有规律的,即遗忘的进程是不均衡的,其趋势是先快后慢、先多后少,呈负加速,且到一定的程度就几乎不再遗忘了。

(2)影响遗忘进程的因素有:①学习材料的性质。学习材料的性质指材料的种类、长度、难度以及意义性。有意义的材料比无意义的材料遗忘得慢;形象、直观的材料比抽象的材料遗忘得慢;比较长的、难度较大的材料遗忘快;凡是能引起主体兴趣,符合主体需要、动机,激起主体强烈情绪体验,在主体的工作、学习、生活上具有重要意义的材料,一般不易遗忘;反之,则遗忘得快。②系列位置效应。系列位置效应就是指接近开头和末尾的记忆材料的记忆效果好于中间部分的记忆效果的趋势。③识记材料的数量和学习程度。一般来说,材料越多,越容易遗忘;学习程度太小或太大,都不利于对知识的记忆。实验证明,过度学习达到50%,即学习的熟练程度达到150%时,学习的效果最好;超过150%时,效果并不递增,很可能引起厌倦、疲劳而成为无效劳动。过度学习是指学习达到恰能背诵之后再继续学习。④记忆任务的长久性与重要性。一般来说,长久的识记任务有利于材料在头脑中保持时间的延长,不重要和未经复习的内容则容易遗忘。⑤识记的方法。研究表明,以理解为基础的意义识记比机械识记的效果好得多。⑥时间因素。根据遗忘规律,记忆的最初阶段遗忘的速度快,随后逐渐变慢。学习内容的保存量随着时间的变化而减少。⑦情绪和动机。学习者的情绪和动机等也影响遗忘进程。学习者情绪差、动机弱、目的不明确都不利于记忆。

五、教学设计题(参考设计)

1. 教学目标

(1)让学生了解班级的优点和存在的不足。

(2)回忆班级生活中温暖有趣的故事,激发学生的集体感。

(3)培养学生的主人翁意识,热爱班集体,愿意为班集体做贡献。

(4)促使学生积极为班级建设和发展提出改进建议,共同致力于良好班集体的建设。

2. 导入环节

(1)游戏导入

师:同学们,你们了解我们班吗?让我们玩个游戏吧?

(《班级默契度大考验》,出示抢答题)

师:大家对我们的班级很了解,我们每个人都是集体的一员,是班级的小主人。

(2)谈话导入

师:同学们,我们在一起学习已经三年多了,三年多的班级生活给我们留下了许多美好的回忆。请同学们举手发言,说一说班级留给自己的印象。

教师总结:我们在班集体中慢慢地长大。并引出课题"与班级共成长"。

六、教育写作(参考范文)

教育的境界

我常想,教育者应该和金庸先生创造的武林世界一般,有门派之分和武功高下。而我所崇敬者可用杜子美《春夜喜雨》中的"随风潜入夜,润物细无声"来阐释,这就是我心目中理想的教育境界了。

面对孩子们求知的热情,我们不能用简单重复的灌输方式进行教育。其实,通过对许多情况的窥测,学生是有较强的辨别能力的,他们对于聒噪的灌输训导已是腻了,而比谆谆教导更有力的便是"春风化雨"般的教育方式了。

有魅力的教育者不一定是只站在讲台上努力上课的人,把人生码放得整齐的人才能在潜移默化中感染其他人,与学生日日接触的老师,其言行举止更是引得学生观看、模仿。学生像是在黑夜中寂静吸收营养的小草,不用劝导,学生会自觉模仿那些优秀的人。

高山仰止,景行行止。优秀的老师正如兰花一样,散发着丝丝幽香。想要学生学习专注认真,那么老师就不能在课堂上随意接打电话;想要学生敢于创新,那么老师就要带头第一个打破束缚,敢做第一个吃螃蟹的人……

我的大学老师,一位教授,70 多岁高龄了,每次上课都不迟到,梳理整齐,穿着正装,自带教具,声如洪钟,无论坐在教室的哪个角落里,都能听清他极认真的讲述。台下的我就思考,遇到这样精神劲头十足的老师,学生应该知晓何谓"学为人师,行为世范"了吧,也应该知道仪容仪表、礼仪规范了吧,尽管他没有告知我们应该注意礼仪。同样,他没有告诉我们应该多学习,但是每次要求学生背诵的篇章,他都能倒背如流,这就在无形中暗示学生,学习不是三天打鱼,两天晒网的事,要持之以恒。

说教不等同于教育,说教也不是教育的唯一方式。教育的最高方式应如高手过招,不言不语,在静默中已成定局。春风化雨的教育,收获的是于无声处听惊雷贯耳。

图书反馈

重磅！真题有奖征集！

「凡提供当年度考试真题者，根据真题完整度，可获得500元以内现金奖励。」

具体请联系QQ:1831595423

（温馨提示：所提供真题须是当年度考试真题，且真实有效。）

亲爱的考生：

感谢您对山香教育的信任和支持，您的建议是我们前进的动力！为进一步提高图书质量，我们特向全国各地的考生开展图书反馈活动。

凡通过图书反馈链接提供山香图书意见反馈者，均可获得**相关网课1套**。

联系方式：400-600-3363　　研发部QQ：1831595423

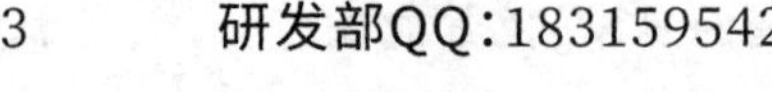

招教网
招考资讯平台

山香官网
考编服务平台

山香网校
线上学习平台

图书订正链接
勘误更新平台